目的地婚礼策划

———— 王云斌　/　主编 ————

中国社会出版社
国家一级出版社·全国百佳图书出版单位

图书在版编目(CIP)数据

目的地婚礼策划 / 王云斌主编． -- 北京：中国社会出版社，2024.9． -- ISBN 978-7-5087-7081-9

Ⅰ．K891.22

中国国家版本馆 CIP 数据核字第 2024VS7628 号

目的地婚礼策划

出 版 人：程　伟
终 审 人：陆　强
责任编辑：卢光花
装帧设计：时　捷
出版发行：中国社会出版社
　　　　　（北京市西城区二龙路甲 33 号　邮编 100032）
印刷装订：北京联兴盛业印刷股份有限公司
版　　次：2024 年 9 月第 1 版
印　　次：2024 年 9 月第 1 次印刷
开　　本：185mm×260mm　1/16
字　　数：406 千字
印　　张：20.25
定　　价：48.00 元

版权所有·侵权必究（法律顾问：北京玺泽律师事务所）
凡购本书，如有缺页、倒页、脱页，由营销中心调换。
客服热线：(010) 58124852　投稿热线：(010) 58124812　盗版举报：(010) 58124808
购书热线：(010) 58124841；58124842；58124845；58124848；58124849

致学习者的一封信

尊敬的读者朋友：

你是否渴望在希腊爱琴海旁、罗马古老教堂里，或者是净土拉萨，与挚爱的 TA 手牵手，宣誓永恒的爱，在世界最浪漫之地开启崭新人生？

目的地婚礼能令你的浪漫梦想成真。独特的场地、个性化的服务、强烈的仪式感，正吸引着越来越多追求浪漫与个性的新人。随着中国经济的发展和婚礼需求的提升，目的地婚礼快速普及——每年都有数以万计的中国情侣选择国内外目的地，寻求与众不同的婚礼体验。

新人可以根据自身的喜好、风格取向和预算，选择心仪的海内外婚礼目的地。

然而，对于大多数准新人来说，独立策划一个异域风情、梦幻浪漫的目的地婚礼并不简单……

语言不通、地理位置偏远、风俗文化的差异，为目的地婚礼策划带来诸多挑战。如果选址不当，语言交流出现障碍，甚至会影响婚礼的顺利进行。此外，国外目的地的场地选择和供应商管理也需要准新人亲力亲为，稍有不慎都可能导致不必要的经济损失。

自 2018 年起，笔者开设目的地婚礼策划课程。通过 6 年教学实践和行业积累，总结出行之有效的目的地婚礼策划方法，并完成此书的编写。本书内容系统翔实，是国内第一本系统介绍目的地婚礼策划知识和技能的教材，填补了行业空白。它可作为高职院校婚庆服务与管理专业的主线教材，也可作为行业入门指导书和实操手册。通过学习，读者可以逐步了解目的地婚礼的概念、形态、策划基础知识、目的地选择、场地供应商选择等理论知识，并通过案例分析、任务训练等活动加深理解与运用。此外，读者还将学习到目的地婚礼的方方面面，如需求分析、设计方案、预算管理、细节安排、客户管理、当天执行等实际操作技能。书尾提供的常用术语解释、工具箱和策划模板，是助读者把理论知识运用于实践的利器。

  对于想要在目的地婚礼领域开启事业的人来说，本书将是一本极佳的启蒙书籍。它能够帮助读者构建系统的知识框架，并掌握实用的技能，在职业起步阶段立于不败之地。相信对这个蓬勃发展的领域感兴趣的每位读者，都可以在这本书的帮助下迅速成长。衷心希望本书能成为读者专业成长提供贴心指导，助力你们在这个充满可能性的行业实现梦想。

  最后，衷心祝愿读者们能够在这个浪漫且富有想象力的目的地婚礼行业中实现自己的人生梦想，策划出一场场令新人终生难忘、意义非凡的婚礼。让我们携手努力，为这个日新月异的行业贡献自己的力量！希望每一位读者都能够成为这个行业的中流砥柱，共同创造出更加美好的婚礼体验。

王云斌

2024 年元旦

目 录
Contents

导学指南　　i

项目一：中国婚庆服务产业发展与目的地婚礼的演进　　001

项目二：目的地婚礼场地形式与选择策略　　023

项目三：目的地婚礼策划基础与实战技能　　053

项目四：婚礼目的地选择的艺术与策略　　098

项目五：目的地婚礼场地服务供应商优选与协作　　122

项目六：目的地婚礼细节规划与执行　　141

项目七：宾客邀请与行程规划　　172

项目八：目的地婚礼预算制定与管理　　202

项目九：婚礼前全方位准备与规划　　229

项目十：婚礼当天的执行与管理　　249

项目十一：婚礼后续工作与蜜月旅行规划　　268

附　录

　　附录一：目的地婚礼常用术语解释　　297

　　附录二：目的地婚礼工具箱　　302

　　附录三：目的地婚礼策划模板　　303

参考文献　　306

导学指南

 项目一：中国婚庆服务产业发展与目的地婚礼的演进

本项目旨在系统地探讨中国婚庆服务产业的起源、发展和现状，并着重研究目的地婚礼的产生与发展，全面分析目的地婚礼的概念、特点和优势。

知识点 1 将详细梳理中国婚庆服务的起源。学习者将全面了解从传统婚礼到现代婚庆服务的演变过程，以及婚庆服务产业的初步形成和发展。

知识点 2 将着重探讨新中国成立后婚庆服务产业的蓬勃发展历程。学习者将深入了解婚庆服务产业逐步壮大的发展脉络，以及其在社会经济发展中不断提升的角色和地位。

知识点 3 将深度分析中国婚庆服务产业的发展现状。学习者将全方位了解行业规模、结构、市场主体和特点，并对行业发展态势进行科学评估。

知识点 4 将展望中国婚庆服务产业的未来趋势和方向。学习者将准确把握行业发展面临的机遇和挑战，洞察行业发展的主要趋势和变化方向。

知识点 5 将重点探索目的地婚礼的产生背景和发展过程。学习者将深入理解目的地婚礼的内涵、主要特点，以及其与传统婚礼的区别与联系。

知识点 6 深入了解了目的地婚礼的概念和特点，进一步认识这种新型婚礼形式，目的地婚礼以其独特的场地选择、旅行与婚礼的完美结合、个性化的定制服务等特点，为新人及宾客带来一种全新的婚礼体验。

知识点 7 将准确定位目的地婚礼的优势所在。学习者将明确目的地婚礼的独特性，如个性化的场景、浪漫氛围、共享旅行乐趣等。

通过系统学习，学习者将全面系统地掌握中国婚庆服务产业发展的脉络，并对目的地婚礼有清晰而深入的认识。这将为学习者在婚庆服务行业的发展与创新提供科学指导和思路启示。

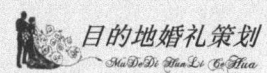

 项目二:目的地婚礼场地形式与选择策略

本项目旨在全面介绍婚礼目的地的不同场地选择,包括海滩婚礼、教堂婚礼、草坪婚礼、古堡婚礼、婚礼堂婚礼和校园婚礼。

知识点1 将重点探讨婚礼目的地场地的选择策略。学习者将深入理解场地选择的重要性,以及如何综合考量个人喜好、主题和预算等因素,选择最合适的场地。

知识点2 将具体介绍海滩婚礼的独特魅力及其准备和注意事项。学习者将全面了解海滩婚礼的自然特点,以及如何选择氛围恰当的海滩场地。

知识点3 将重点展示教堂婚礼的庄严肃穆与教堂婚礼的仪式流程。学习者将深入理解教堂婚礼的传统内涵,以及如何选择风格匹配的教堂场地。

知识点4 将生动讲解草坪婚礼,详细介绍草坪婚礼的布置和装饰。学习者将全面了解草坪婚礼的自然本真,以及如何选择布局幽雅的草坪场地。

知识点5 将深入剖析古堡婚礼的浪漫与奢华,具体介绍古堡婚礼的筹备和细节安排。学习者将准确理解古堡婚礼的贵族气派,以及如何选择贴合主题的古堡场地。

知识点6 将重点描述婚礼堂婚礼的庄严盛大,详尽讲解婚礼堂婚礼的仪式和流程。学习者将深刻认识婚礼堂婚礼的隆重氛围,以及如何选择装修典雅的婚礼堂场地。

知识点7 将重点讲述校园婚礼适合的对象和意义,并详尽说明举办校园婚礼的流程和应该注意的事项。学习者将充分认识校园婚礼的特殊意义,以及如何举办一场回忆青春的特殊婚礼。

通过系统学习,学习者将全方位掌握婚礼目的地多样的场地选择,并能根据个人喜好和需求选择最合适的婚礼场地。这将为学习者精心筹划属于自己的梦幻婚礼提供重要借鉴和指导。

 项目三:目的地婚礼策划基础与实战技能

本项目旨在系统介绍目的地婚礼策划师的角色和工作流程,并重点探讨目的地婚礼策划的创意设计、主题选择、市场定位等核心要素,同时还将详细讲解目的地婚礼策划书的构成要素、内容框架、撰写技巧以及需要注意的关键事项。

知识点 1　将具体阐述目的地婚礼策划师的多维角色和关键职责。学习者将全面认识策划师的工作内涵，包括客户沟通、创意设计、场地选择、供应商管理等方面。

知识点 2　将系统梳理目的地婚礼策划的标准工作流程。学习者将掌握策划工作的整体流程，包括需求分析、方案制订、执行监管等环节。

知识点 3　将着重讲解目的地婚礼策划中的创意设计。学习者将学习提供独特婚礼创意的方法，包括场景设计、主题选择、互动环节等。

知识点 4　将重点解析目的地婚礼主题策划的精髓。学习者将掌握根据客户需求和场地特色确定恰当主题，并贯穿婚礼各个细节的技巧。

知识点 5　将详细阐释目的地婚礼的定位策划。学习者将学习内容定位和形式定位的要点，确保婚礼与新人的需求和期望相符合。

知识点 6　将全面介绍目的地婚礼创意的构成要素。学习者将学习婚礼的时间策划、花艺策划、微电影策划、舞美策划、流程与创意策划、服饰与化妆策划、道具策划等内容，掌握各要素的关键要点。

知识点 7　将全面介绍目的地婚礼策划书的组成部分和内容框架。学习者将理解和掌握婚礼策划书的具体内容、基本结构和格式。

知识点 8　将提供撰写高质量婚礼策划书的具体技巧。学习者将学习引人入胜的策划书写作技巧，并掌握避免常见错误的注意事项。

知识点 9　将强调目的地婚礼策划中的重点关注事项。学习者将牢固掌握时间管理、场地熟悉、节点控制、细节关注等策划要诀。

通过系统学习，学习者将全面深入掌握目的地婚礼策划的流程和方法，并能熟练运用策划的创意、主题、定位等核心技能。这将显著提高学习者的实际目的地婚礼策划能力。

项目四：婚礼目的地选择的艺术与策略

本项目旨在系统探讨婚礼目的地选择的全过程，包括对新人需求的精确分析、选择考量因素的综合研判、相关法规和文化习俗的合规遵循，以及最终决策的科学流程。

知识点 1　将详细解析新人对婚礼目的地的多维需求。学习者将全面洞悉新人对场地类型、氛围风格、主题风格等方面的期望。

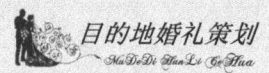

知识点 2 　将深入剖析影响目的地选择的复杂考量因素。学习者将准确评估预算范围、地理位置、季节气候、交通便利度、设施配套等诸多因素。

知识点 3 　将着重强调目的地婚礼的法律合规性和文化适应性。学习者将在选择目的地时严格遵守当地婚礼法规并尊重不同文化习俗。

知识点 4 　将全面介绍科学的目的地决策流程。学习者将掌握目的地选择的决策流程、决策工具和方法、决策结果沟通和确认。

通过系统学习，学习者将能全面准确把握目的地选择的全流程，并依据新人需求及各项因素作出最优决策。这将显著提升学习者的实际目的地婚礼策划与组织能力。

 项目五：目的地婚礼场地服务供应商优选与协作

本项目旨在系统介绍选择婚礼场地服务供应商的全过程，包括确定选择优质供应商的重要性、寻找供应商备选名单、进行供应商能力和信誉评估、实地考察场地、合同条款谈判、签订正式合同，以及服务跟进与效果评价等步骤。

知识点 1 　将着重阐明选择出色供应商对婚礼质量的关键性影响。学习者将了解供应商选择场地的质量、服务的专业程度、可靠性等方面对婚礼的影响。

知识点 2 　将具体说明寻找供应商候选人的途径。学习者将掌握如何通过网络搜索、口碑推荐、婚礼展览等途径找到合适的供应商。

知识点 3 　将提供评估供应商专业能力和信誉的详细方法。学习者将掌握如何进行供应商的背景调查、查看其项目案例和客户评价，以确定其专业能力和信誉。

知识点 4 　将强调亲自考察场地的重要性。学习者将了解如何亲自考察场地，包括实地参观、与场地负责人交流、了解设施和服务等内容。

知识点 5 　将讲解与供应商进行合同谈判和签署的注意事项。学习者将全面洞悉如何与供应商进行合同谈判，明确服务内容、价格、付款方式等条款，并签订合同保证权益。

知识点 6 　将介绍跟进和评估供应商的服务的策略。学习者将了解如何与供应商保持良好的沟通，及时解决问题，并进行服务评估，以确保婚礼场地服务的质量和客户的满意度。

通过系统学习，学习者将能够运用专业方法对婚礼场地服务供应商进行选择、管理与评估，确保婚礼场地提供高质量的服务和保证婚礼顺利实施。

 项目六：目的地婚礼细节规划与执行

本项目旨在探讨如何在婚礼中融入目的地的文化，加入目的地的特色元素，如何选择婚礼的色系，以及如何进行交通和机票预订、婚礼场地和住宿的预订与安排、婚礼日程和活动安排、婚礼团队的协调与管理，以及婚礼饮食和服务的选择与预订。

知识点 1 将研究如何在婚礼中融入目的地的文化。学习者将了解如何洞悉目的地的文化特点，并将其融入婚礼的各个环节中，包括仪式、服饰、音乐、风俗等方面。

知识点 2 将探讨如何加入目的地的特色元素。学习者将了解如何在婚礼中加入目的地的特色元素，例如当地的传统艺术、手工艺品、美食等，以增强婚礼的独特性和吸引力。

知识点 3 将学习如何选择婚礼的色系。学习者将了解选择色系的重要性，学习色系选择的因素，了解当前流行的婚礼色系及其未来趋势预测。

知识点 4 将介绍交通和机票预订的重要性。学习者将了解如何根据目的地和婚礼日程，合理安排婚礼参与者的交通和机票预订，以确保顺利到达目的地和返回。

知识点 5 将讨论婚礼场地和住宿的预订与安排。学习者将了解如何选择合适的婚礼场地和住宿，考虑因素包括场地容量、设施、价格、位置等，以满足婚礼的需求。

知识点 6 将介绍婚礼日程和活动安排。学习者将了解如何制定合理的婚礼日程，包括仪式时间、活动安排、参与者安排等，以确保婚礼顺利进行。

知识点 7 将讨论婚礼团队的协调与管理。学习者将了解如何与婚礼策划团队、供应商、场地负责人等进行有效的沟通和协调，以确保婚礼各个环节的顺利进行。

知识点 8 将介绍婚礼饮食及服务与选择方法。学习者将了解如何根据婚礼主题和目标客户的口味偏好，选择合适的食物、饮品及其供应商。

通过以上知识学习，学习者将掌握如何为婚礼融入目的地的文化和特色元

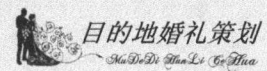

素，以及如何合理安排交通、场地、住宿、日程、团队和饮食等方面的事宜。这将为学习者在目的地婚礼策划和组织中提供指导，确保婚礼的独特性和顺利圆满。

 ## 项目七：宾客邀请与行程规划

本项目旨在设计婚礼邀请函、协助宾客办理签证和旅行手续，以及提供婚礼目的地的旅行指南和建议。

知识点 1   将介绍设计婚礼邀请函。学习者将了解如何设计独特而个性化的婚礼邀请函，包括选择恰当的样式、颜色、字体等，以及包含完整的信息和细节。

知识点 2   将介绍如何协助宾客办理签证和旅行手续。学习者将了解如何提供宾客所需的签证申请指导、旅行保险建议，以及提供周全的旅行手续办理支持，确保宾客能够顺利抵达目的地。

知识点 3   将讲述婚礼目的地的旅行指南和建议。学习者将了解旅行指南中提供的目的地概况和建议、季节信息和建议、交通与交通工具信息和建议、住宿信息和建议等内容。

以上知识学习，将为学习者在婚礼策划和组织中提供综合性支持，确保宾客能够顺利参加婚礼和享受旅行。

 ## 项目八：目的地婚礼预算制定与管理

本项目旨在帮助学习者设定明确的预算、研究目的地费用、列出所有费用项目、优先级排序和预算分配的具体步骤、寻找优惠和折扣、减少费用支出、预留一些额外的预算，以及提供预算管理的建议。

知识点 1   将讨论如何设定明确的预算。学习者将了解制定婚礼预算的重要性，并学习如何考虑各个方面的费用，包括场地租赁、装饰、餐饮、婚纱、摄影等，以确定一个合理的预算。

知识点 2   将介绍研究目的地费用的途径和方法。学习者将了解如何调查目的地的生活费用、酒店价格、交通费用等，以便在预算中考虑与目的地相关的费用。

知识点 3   将讨论如何详细列出所有费用项目。学习者将了解如何把婚礼策

划中的各个费用项目（包括必备项目和可选项目）全面列出，以便掌握预算情况。

知识点 4 介绍优先级排序和预算分配的具体步骤。学习者将掌握目的地婚礼预算如何进行优先级排序，以便更好地管理时间和资源。

知识点 5 将探讨寻找优惠与折扣的策略。学习者将了解如何通过与供应商谈判、参加婚礼展览、利用团购等方式寻找优惠与折扣，以减少费用支出。

知识点 6 将介绍如何减少费用支出。学习者将了解如何在各个费用项目上寻找替代方案、节省开支，比如选择经济实惠的场地、DIY 装饰等，以减少总体费用。

知识点 7 将讨论预留额外预算的重要性。学习者将了解在预算中留出一定余地的好处，以应对意外或不可预见的情况。

知识点 8 将提供预算管理的建议。学习者将学习如何跟踪和记录费用、制定优先级、控制支出，以确保预算的有效管理和合理使用。

以上知识学习，将为学习者在婚礼策划和组织中提供指导，确保预算的合理性、有效性和可控性。

项目九：婚礼前全方位准备与规划

本项目致力于引导和帮助新人筹备和规划婚礼前的准备工作。将深入探讨从婚礼前的准备到婚礼当天的所有关键环节。

知识点 1 将详细展示婚礼前的准备工作清单。学习者将全面了解准备婚礼所需的各项细节，以及如何制定和执行一份完整的准备工作清单，以确保婚礼的顺利进行。

知识点 2 将具体解读如何合理安排酒店入住。学习者将学习根据客人数量、预算和酒店地理位置等因素进行最佳的酒店选择，并掌握如何高效地安排酒店入住。

知识点 3 将深入分享如何规划举办欢迎宴。学习者将了解欢迎宴的重要意义，以及如何策划和举办一场温馨难忘的欢迎宴。

知识点 4 将详细探讨如何规划理想的目的地旅行。学习者将学习如何选择合适的婚礼目的地，以及如何有效地规划一次难忘的目的地旅行。

知识点 5 将全面解析婚礼彩排的重要性。学习者将了解如何进行高效的婚礼彩排，以确保婚礼当天一切顺利。

知识点 6 将具体讨论如何选择合适的婚礼礼服。学习者将学习如何根据个人风格和婚礼主题选择最恰当的婚礼礼服。

知识点 7 将详细介绍如何选择婚礼化妆造型。学习者将学习如何根据个人风格选择能够凸显自身魅力的婚礼化妆造型。

通过学习上述知识要点，学习者将能够全面掌握婚礼筹备的各个环节，从而能够按照个人需求和喜好，规划一个完美难忘的婚礼。

 ## 项目十　婚礼当天的执行与管理

本项目旨在帮助学习者系统掌握婚礼当天的工作流程，包括详细展示婚礼当天的工作清单，温馨提示新人、确认各项准备工作、协调仪式进行、时间管理、拍摄活动协调、婚宴服务安排，以及解决问题和应对突发情况的方法。

知识点 1 将详细展示婚礼当天的工作清单。学习者将全面了解婚礼当天的工作重点，掌握婚礼过程中的各项准备工作。

知识点 2 将具体介绍如何温馨提示新人应注意的事项。学习者将学习温馨提示新人的内容，包括重要注意事项、常见问题和解决方法，帮助新人顺利举办婚礼。

知识点 3 将逐一解读需要确认的各项准备工作。学习者将掌握确认场地布置、道具准备、音乐等所有准备工作，确保婚礼现场一切就绪。

知识点 4 将详细讲解如何协调仪式的进行。学习者将学习协调仪式进行的技巧，包括参与者顺序、仪式节奏控制等，确保仪式庄重圆满。

知识点 5 将全面解析婚礼时间流程的管理。学习者将掌握时间管理技巧，确保各环节准时进行，保证婚礼流程顺畅。

知识点 6 将具体分享拍摄活动的协调方法。学习者将学习与摄影师、摄像师合作的技巧，精心安排拍摄环节，记录婚礼美好回忆。

知识点 7 将详细讨论婚宴服务的协调。学习者将学习与酒店、餐厅配合的技巧，精心安排婚宴的各项细节，保证宴会顺利进行。

知识点 8 将提供应对突发事件与解决问题的策略。学习者将掌握处理突发情况、投诉等的技巧，妥善应对婚礼过程中的各种意外。

通过学习，学习者将系统掌握婚礼当天的工作流程，协调各项工作，解决问题，为新人营造梦想中的完美婚礼。

项目十一　婚礼后续工作与蜜月旅行规划

本项目旨在系统分享婚礼结束后的各项工作,包括送别宾客、回访感谢、编辑婚礼影像、获取客户反馈、处理账单、维护客户关系,以及提供蜜月旅行和拍摄指导。

知识点 1　将详细介绍如何高雅送别宾客。学习者将掌握制订送别计划、准备感谢礼物、写感谢信等技巧,完美结束婚礼。

知识点 2　将具体分享回访宾客表达感谢的方法。学习者将学会如何通过电话、邮件或见面等方式回访宾客,表达感激之情。

知识点 3　将全面讲解婚礼影像的后期编辑。学习者将掌握编辑处理婚礼照片、制作精美婚礼视频的技巧。

知识点 4　将详细解读获取客户反馈和评价的途径。学习者将学会主动与客户沟通,收集他们的建设性反馈。

知识点 5　将具体指导客户反馈的处理技巧。学习者将掌握回应客户问题、改进服务的方法,提高客户满意度。

知识点 6　将系统介绍婚礼账单的结算和支付。学习者将全面了解婚礼财务管理,供应商结算等内容。

知识点 7　将深入探讨与新人保持长期联系的策略。学习者将学会通过定期沟通、提供婚礼咨询等方式维系客户关系。

知识点 8　将详细介绍蜜月旅行的目的地选择、行程规划、预算控制等内容。学习者将全面掌握蜜月旅行的各项准备工作。

知识点 9　将具体分享旅行中的拍摄技巧。学习者将掌握选择最适合自己的旅拍方案,学习运用构图、光线等拍摄出出色的旅行照片。

通过学习,学习者将全面系统地掌握婚礼后的各项工作以及蜜月旅行的安排,成为高质量的婚礼服务专家。

 附　录

附录一为目的地婚礼常用术语解释,对目的地婚礼中的常见术语进行定义和说明,有助于读者正确认识和使用这些术语。

附录二介绍目的地婚礼工具箱,列出了策划目的地婚礼可能需要的各类工具,供读者参考和使用。

　　附录三提供目的地婚礼策划模板，包括婚礼主题和风格、婚礼场地、婚礼时间表等 12 个部分，可供读者选择使用。

　　3 个附录内容针对性强，实用性高，可作为目的地婚礼策划的重要参考资料。读者可以通过参考附录内容，更好地开展目的地婚礼的策划工作。

项目一：中国婚庆服务产业发展与目的地婚礼的演进

【学习目标】

【知识要点】

　　知识点1：中国婚庆服务的历史演变与当代发展

　　知识点2：新中国婚庆服务产业的蓬勃发展

　　知识点3：婚庆服务产业的现状与发展态势

　　知识点4：婚庆服务产业的未来趋势与机遇

　　知识点5：目的地婚礼的产生背景与特色解析

　　知识点6：目的地婚礼的概念和特点

　　知识点7：目的地婚礼的优势分析

【技能训练】

　　任务1：目的地婚礼探索之旅

　　任务2：适合举办目的地婚礼吗

　　任务3：目的地婚礼的SWOT分析

【内容回顾】

【能力检测】

【实务案例】

　　北京海外婚礼梦想家

【拓展阅读】

　　目的地婚礼的SWOT分析

　　测试新人是否适合目的地婚礼

　　了解定制婚礼

学习目标

1. 了解中国婚庆服务的历史演变与当代发展，包括其历史背景、早期形式等。
2. 掌握新中国婚庆服务产业的发展，包括各个发展阶段、主要的驱动因素等。
3. 学习并分析婚庆服务产业的现状与发展态势，包括行业规模、市场竞争状况、主要的服务形式等。
4. 预测并理解婚庆服务产业的未来趋势与机遇，包括可能的市场需求变化、技术创新等。
5. 理解目的地婚礼的产生背景与特色解析，包括其出现的背景、发展阶段和关键的影响因素。
6. 掌握目的地婚礼的概念和特点，包括其独特的服务形式、主题等。
7. 学习并分析目的地婚礼的优势所在，包括对新人、婚庆服务提供商和目的地地区的价值等。

知识要点

知识点1：中国婚庆服务的历史演变与当代发展

中国"婚庆公司"的起源可以追溯到清朝末期的北京城，当时出现的专门为结婚的人服务的行业——喜轿铺，可以说是现代婚庆公司的"原始版"，至今已有超过百年的历史。据《当代北京婚恋史话》记载："当时的喜轿行业很兴旺，四九城都有喜轿铺，北京城有120余家。当时的喜轿铺大体分为两类：一类是多在内城的满俗婚礼喜轿铺；另一类是在外城的汉俗婚礼喜轿铺。"喜轿铺主要是为结婚的人提供花轿，并附带轿夫、锣鼓手、执事等。当时，在北京城结婚普遍采取传统婚姻礼仪，照例用花轿、旗锣伞扇、金灯执事、八面大鼓等迎娶新娘。

20世纪以后，随着新文化运动的兴起，旧的封建礼教被逐渐否定，一些上层人士和知识阶层开始尝试新的结婚仪式，"文明结婚"逐渐受到社会各界的欢迎。文明结婚，指辛亥革命推翻封建帝制后，北京逐渐实行文明结婚仪式。男女双方不再去"命馆"合婚，也不必许"龙凤帖"，而是买来两张印好的结婚证书，填上新郎、新娘的姓名、年龄、籍贯，举行婚礼时，由证婚人、介绍人和男女双方的主婚人见证就行了。

当时的年轻人逐渐打破"父母之命，媒妁之言"的传统礼俗，倡导男女自由恋爱，或经介绍人撮合，征得双方家长同意后，互相交换纪念品，摄影留念，并于报端合登《订婚启事》，双方备订婚礼饼喜糖馈赠亲友，婚约即告确立。结婚前夕，男女双方又在报上合登《结婚启事》，告知亲友结婚日期，亲友即送礼品贺仪或登报祝贺。

迎娶时，花罩的马车或汽车，由乐队前导，开到女方家后，新妇由伴娘搀着，手捧花束，由两个小孩拉着头纱，在乐队高奏《美酒高歌》的乐曲声中，踏过红毡子上车。到男方家后，新郎向新娘三鞠躬，新娘下车后，来宾即扬起"文明结婚五色纸"，表示庆贺、助兴。

"文明结婚"通常有如下程序：奏乐，来宾入席，请证婚人、介绍人入席，证婚人宣读结婚证书，请证婚人、介绍人、男女主婚人用印（打开印盒盖章），新郎、新娘一起分别向证婚人、介绍人、主婚人及全体来宾三鞠躬，新郎、新娘相对一鞠躬和交换饰物（新郎和新娘把自己手上的戒指各自给对方戴上），证婚人、介绍人致贺词，男女主婚人致答谢词，请证婚人、介绍人、男女主婚人退席，礼成奏乐。整个结婚庆典由司仪掌握进行。

礼成之后，摄影留念。然后新郎、新娘即可入洞房休息了。接着，摆桌招待亲戚、朋友吃饭。"文明结婚"倡导改进习俗，提倡节约，结婚的筵席只预备茶点，或只是象征性的酒会，仅一些糕点、水果、色酒、汽水而已。酒会开始，先由新郎、新娘向各位来宾敬酒，在司仪提议下，全体来宾起立向新郎、新娘祝福。来宾稍坐片刻，说几句客套话，就主动告退了。"文明结婚"没有"闹洞房"，搞恶作剧，调笑新郎、新娘等不雅举动。

1935年2月7日，上海市政府颁布《上海市新生活集团结婚办法》，4月3日，在市政府大礼堂举办了第一届集体婚礼，有57对新人参加。上海首届集体婚礼传遍海内外，轰动全世界。此后，上海又举行了多届集体婚礼，报名者更加踊跃，集体婚礼成为上海新时尚。1935年10月2日，上海举行第四届集体婚礼，参加者已增至142对新人。北平、天津、南京、汉口、杭州、无锡等城市，纷纷仿效，举行集体婚礼，集体婚礼成为当时全国的社会新时尚。

当时的有识之士看准"文明结婚"这个"商机"，在京城开办了供应新式结婚用品的服务商店。据《北京民俗文化史略》记载：1915年，骡马市大街开办了"喜庆婚礼用品租赁社"，专门出租文明结婚的用品。它原本是一家有着30多年历史的喜轿铺，掌柜依据"文明结婚"的需求，将旧式的花轿、锣鼓手、执事等取消，改为备花车、司仪，同时向新郎、新娘出租结婚时穿的礼服、用的花篮等。可以说"喜庆婚礼用品租赁社"是京城第一家"婚庆公司"，所承办的事宜与今天婚庆公司承办的内容很相近，只是提供的服务项目较少，经营规模也不大。

1934年9月，江苏无锡人郁炽昌在西单绒线胡同西口内开办了"紫房子新婚用品服务社"，为"文明结婚"的年轻人提供"一条龙"式服务。除了专门出租"文明结婚"礼堂上用的各种陈设，新郎、新娘穿的西式礼服，新娘用的头纱、珠冠、头花、手花、花篮等，还代雇花车、乐队、司仪，甚至连结婚典礼的仪式单都给印好了。"文明结婚"仪式受到许多年轻人的欢迎，由此促进了"紫房子"业务的蒸蒸日上，原店址已不敷

应用，1938 年迁到六部口旁边，三间紫色的大门脸儿较前更为壮观。

此后，京城出现了多家为婚庆服务的婚庆公司，如东城的"福双新婚用品服务社"，西城的"金丽新婚服务公司"，南城的"美馨新婚服务所""喜临门婚庆服务公司"等，但其门店规模和服务业务与"紫房子"相比，均略为逊色。到 20 世纪 40 年代末，北京城有婚庆公司近 10 家。

知识点 2：新中国婚庆服务产业的蓬勃发展

新中国成立后，婚庆企业同其他私营企业一样，在"公私合营"的历史大潮中迎来了所有制的变革。由于婚庆服务的业务被取消，其有的停业，有的转行，有的参加了"公私合营"，业务较为单一，不得不改为照相馆、服装店。直到改革开放以后，随着年轻人对新事物的不断追求，婚礼的花样越来越多，全国各地的婚庆企业又如雨后春笋般发展起来。

现代意义上的婚庆行业进入中国市场是在 20 世纪 80 年代末 90 年代初，至今只有 30 余年。从 1998 年开始，请司仪主持婚礼基本成为婚礼现场的标配，婚庆公司也呈现多样化和专业化，有专门提供设备器材的公司，也有专门负责婚礼策划的公司。总体而言，我国婚庆服务产业经历了四个发展阶段，1990—1998 年是我国婚庆行业的导入期，市场上鲜见婚嫁服务企业，主要靠个体经济或朋友帮忙完成婚嫁仪式。1998—2012 年，行业进入起步期，业内涌现出一大批小型婚庆公司，规模较小，服务品类较为单一。2012—2018 年，行业开始进入探索整合期，企业获得客户成本增加，进入壁垒增厚，婚嫁市场消费者的要求更高，行业逐渐规范化。互联网综合婚庆平台形成，开始抢占市场份额。2018 年至今，婚庆市场从探索整合后期走向繁荣成熟期，头部企业优势开始显现，逐步开始整合婚庆服务上下游产业链，为消费者提供一站式的解决方案。

在婚庆服务产业快速发展的过程中，相关企业也越来越注重品牌服务和规模经营，婚庆的高端服务也在增多，整个行业都在为满足当代青年多元化、时尚化、个性化、追求浪漫的需求而努力提升服务质量，婚庆服务行业巨大的产业链逐步形成。目前，婚庆服务产业已经成长为一个朝阳产业，婚庆消费市场的婚纱礼服、婚纱摄影、婚礼服务、婚宴、珠宝首饰等行业的发展日趋成熟，并与新婚消费的其他行业，如家电、家具、床上用品、室内装修、房地产、汽车、银行保险等众多行业关联，再加上与互联网的结合，逐步形成令人瞩目的婚庆服务产业链，充满了巨大的潜在商机。

知识点3：婚庆服务产业的现状与发展态势

目前，我国的婚庆服务产业呈现出快速发展的态势。随着人们生活水平的提高和婚礼消费的增加，婚庆服务行业逐渐成为一个庞大的市场。只有清楚认识到婚庆服务市场的现状，才能使这个朝阳产业成为一个稳定、成熟的产业。

1. 婚庆市场广阔，行业快速增长

随着经济的持续发展，人们的生活水平普遍提高，对婚庆服务的需求也逐渐增加。尤其是新生代消费者，他们追求个性化和高品质的服务，愿意花费更多资金来追求一场独一无二、完美如梦的婚礼。婚庆服务业在不断创新，从传统的婚庆服务向主题婚庆、目的地婚庆、环保婚庆等多元化、个性化的婚庆服务转变，以满足消费者日益增长的多元化需求。

随着互联网的普及、电子商务的发展，越来越多的婚庆服务公司开始通过互联网线上平台提供婚礼策划和预订服务，方便了新人的选择和交流，这不仅使婚庆服务业的市场规模得以扩大，同时也为消费者提供了更多的选择。一些新兴科技（如无人机摄影、VR技术等）也逐渐被应用于婚礼现场，为新人带来更多创新和个性化的体验。

同时，中国婚庆服务业在保持与传承传统婚礼、婚俗文化的基础上，还广泛吸收世界许多国家、民族和地区优秀的婚礼文化，使多元化、多样性、个性化的婚礼成为都市婚礼的主流趋向。不仅如此，婚庆服务产品日益丰富，婚庆消费市场呈现出人们更加注重婚礼精神层面的感受，更加注重婚礼过程中的情感线索，更加追求婚礼内涵的人文要素的趋势。婚庆服务产业链正在逐步形成，各种专业化的婚庆服务公司如雨后春笋般涌现，从策划到执行，提供全方位的婚庆服务，力求为新人打造一场完美的婚礼。

婚庆服务作为一个有潜力的行业，在全国已到了火爆的程度。以北京为例，婚庆服务公司林林总总，已超过1000家。行业竞争日益激烈，当前已进入洗牌期，那些产品、服务同质化，不能满足个性化需求且缺乏创新服务，通过低价低质的恶性竞争以及违规经营的企业正在逐步被市场淘汰。

2. 问题挑战发展，亟须行业规范

近年来，随着人们生活水平的不断提高，适婚人群不断增加，婚庆消费持续升级，婚庆市场空前繁荣，婚庆行业面临无限商机，但因为婚庆市场的发展处于初级阶段，所以存在一些亟待解决的问题。

（1）缺乏行业标准和监管。目前，婚庆服务行业缺乏统一的行业标准和监管机制。

这使得市场乱象丛生，一些不良企业得以存在和发展，消费者的权益难以得到有效的保障。同时，缺乏行业标准也导致无法对婚庆服务质量进行客观评价和比较。

（2）价格不透明和不合理。由于婚庆服务涉及多个环节和专业领域，消费者往往难以准确评估服务的价值。一些婚庆服务公司存在价格不透明和不合理的问题，如低价吸引消费者后再收取高额附加费用，或者提供以次充好的服务，这给消费者带来了困扰和不满。

（3）虚假宣传和欺诈行为。一些不良婚庆服务公司通过虚假宣传、夸大宣传效果等手段吸引消费者，但实际提供的服务与宣传不符。甚至有些企业存在欺诈行为、拖延交付、违约等问题，给消费者带来经济损失和精神困扰。

（4）行业内部信息不对称。由于消费者对婚庆服务行业了解较少，很难判断和评估不同企业的服务质量和信誉度。一些不良企业可能通过虚假宣传、不合理的价格和附加费用等手段误导消费者，使消费者处于信息不对称的劣势。

（5）消费者权益难以保障。消费者对婚庆服务行业了解有限，很难判断和评估不同企业的服务质量和信誉度。一些企业通过虚假宣传和不合理的价格手段误导消费者，同时，一些消费者在服务过程中遇到问题时，难以进行及时和有效的维权。

（6）行业发展不平衡。一些地区的婚庆服务市场相对饱和，而另一些地区的婚庆服务市场相对薄弱。这导致了市场竞争不均衡，一些企业面临市场份额争夺激烈、价格竞争加剧等问题。行业规范的制定可以促进资源的合理配置和市场的均衡发展，推动行业整体水平的提升。

（7）行业管理不力。目前，尽管不少地方已经成立了婚庆行业协会，但是协会的会员有限，大部分婚庆服务机构未被纳入婚庆行业协会的会员范围，而且行业协会作用发挥有限。因此，应进一步发挥婚庆行业协会的作用，尽快制定相关的行业标准，注重从业人员的素质，推广先进管理经验，从而改变行业混乱无序、服务规范缺失、行业标准欠缺、行业管理力不从心的现状。

3."互联网＋婚庆服务"，优势与劣势并存

"互联网＋婚庆服务"将网络平台和适婚族联系起来的商业模式极具发展潜力。2010年，大众点评、新娘街、喜事网等网络"一站式婚嫁服务平台"进入人们的视野。"互联网＋婚庆服务"是指将互联网技术与婚庆服务相结合，通过在线平台和数字化工具提供更便捷、高效、个性化的婚庆服务。这种模式在一定程度上具有优势和劣势并存的特点。

（1）"互联网＋婚庆服务"优势。第一，便捷高效。"互联网＋婚庆服务"可以让新人通过在线平台快速查找和比较不同的婚庆服务供应商，可以节省大量的时间和精力。在线预订和支付也使得整个流程更加便捷高效。第二，个性化定制。"互联网＋婚庆服务"为新人提供了更多的选择和个性化定制的机会。通过在线平台，新人可以自

由选择婚礼策划、场地布置、婚车租赁、婚纱摄影等各个环节的服务，并与供应商进行直接沟通，定制更加符合自己需求和口味的婚礼。第三，创新体验。"互联网＋婚庆服务"不仅提供了传统婚庆服务的数字化工具，还融合了新兴科技（如无人机摄影、VR技术等），为新人带来更多创新和个性化的婚礼体验。第四，市场透明。"互联网＋婚庆服务"可以增加市场的透明度，让新人更容易获取相关信息并作出明智的选择。在线评价和用户反馈也能够帮助新人更好地了解婚庆服务供应商的口碑和信誉度。

（2）"互联网＋婚庆服务"劣势。第一，无法实现实地体验。"互联网＋婚庆服务"虽然提供了很多便利和选择，但无法真正实现实地的婚庆体验。对于一些重视细节和氛围的新人来说，缺乏实地的交流和感受可能会影响他们对婚庆服务的选择。第二，存在信任度不足和风险。由于互联网的开放性和匿名性，一些不良婚庆服务供应商也可能通过虚假宣传、欺诈等手段误导消费者。因此，新人在选择"互联网＋婚庆服务"时需要更加谨慎，加强对供应商的信任度评估和风险控制。第三，服务质量参差不齐。尽管"互联网＋婚庆服务"提供了更多选择，但服务质量参差不齐的问题仍然存在。一些供应商可能无法提供高质量的服务，给新人带来困扰和不满。

因此，在选择"互联网＋婚庆服务"时，新人需要谨慎选择供应商，并加强交流和沟通，以确保满足自己的需求和期望。但从行业整体角度看，线下的重要性远远大于线上，"互联网＋婚庆服务"形式依然处在早期阶段。

知识点4：婚庆服务产业的未来趋势与机遇

趋势一：个性化定制。随着社会的发展和消费者需求的多样化，个性化定制将成为婚庆服务的主要趋势。新人将更加注重婚礼的个性化和独特性，千篇一律的婚礼形式越来越满足不了现在新人对婚礼的需求，他们希望通过婚庆服务打造出与众不同的婚礼体验。婚庆公司需要提供更加灵活和多样化的服务，以满足新人的不同需求。一些张扬个性的婚礼主题也越来越多地被新人选择，婚礼趋向于"私人定制"。

趋势二：线上线下结合。"互联网＋婚庆服务"的发展将继续推动线上线下结合的趋势。通过在线平台，新人可以方便地查找和比较不同的婚庆服务供应商，并与供应商进行直接沟通。同时，实地体验和现场服务也是婚庆服务的重要组成部分，将持续受到重视。

趋势三：创新科技应用。随着科技的不断进步，创新科技的应用将成为婚庆服务的重要趋势。例如，无人机摄影、VR技术、智能化设备等都将为婚礼带来更多创新和惊喜。新人希望通过科技手段打造独特的婚礼体验，婚庆公司需要不断跟进和应用新技术。

趋势四：融合多元文化。随着全球化的进程，越来越多的新人希望在婚礼中融合

多元文化元素。跨文化、跨国家的婚礼将成为一种趋势，婚庆公司需要具备跨文化交流和理解的能力，提供多元化的服务。

趋势五：环保和可持续发展。人们的环保和可持续发展意识正在不断提高，未来婚庆服务也将更加注重环保和可持续发展。例如，减少一次性用品的使用、提倡绿色婚礼等将成为婚庆服务的重要方向。

趋势六：目的地婚礼越来越受到青睐。传统婚礼首先想到的场地就是酒店，但当下的新人更青睐海岛、草坪、古堡、教堂，到生活以外的地方举办婚礼成为新人的必选项之一，酒店不再是婚礼场地的"唯一选择"。目的地婚礼因具有独特的体验、与旅行融合、亲友聚会机会、美丽的场景和独特文化背景而受到青睐。向往自然、感受美景，感受异域风情，目的地婚礼有着广阔的前景。

知识点 5：目的地婚礼的产生背景与特色解析

结婚是人生的一桩大事，每个人都期望自己的婚礼能留下人生的美好记忆。随着时代的发展，当今社会，婚礼不再简单地以婚宴的奢侈为新人的表达方式，而是出现了个性化与多元化的展现趋势。跳出传统婚宴的框架，选择轻松、浪漫的旅行结婚，以及将婚纱外拍与目的地结婚融合为一体，成为时下年轻人热衷选择的结婚方式。

20世纪50年代一张床，60年代一包糖，70年代红宝书，80年代"三转一响"，90年代星级宾馆讲排面，21世纪主题婚礼个性张扬。这几句简略的总结，归纳了新中国成立后不同年代的结婚特点，描绘了中国婚礼的改变进程。自20世纪80年代起，婚宴就是婚礼不可或缺的重要环节。到了90年代，婚宴更要讲究排面，上星级酒店、婚宴司仪、长龙般的花车等，成为新人举办婚礼的标配。

进入21世纪以后，越来越多的人不愿意面对繁文缛节，更想要还原婚礼本来的面目，携至亲好友，单纯地见证属于新人的关键时刻，只有至亲好友参加的婚礼不会让人觉得烦琐，而是更加自然温馨。同时，目的地婚礼可以伴随蜜月旅行一起进行，不必过多地规划行程，自由自在地享受最浪漫的时光。

目的地婚礼的特点在于婚礼地点多为远离故土、自然小巧且风景文化背景不错的地方，新人不再将婚礼举办地局限在家乡，而是邀请亲友来到旅游胜地参加婚礼并享受旅游度假，开销较大。此种婚礼形式虽令人神往，但由于其费用较高、距离较远等一直未能得到普及。如今，随着国人经济收入大幅增加，这种过去只有名人富豪才能享有的"目的地婚礼"开始飞入寻常百姓家，成为新人的新宠。

目的地婚礼形式起源于旅行婚礼。相传，英国古代的多顿族盛行抢婚习俗，丈夫将心爱的妻子抢到手后，不带回家，而是先旅行，度过一段甜蜜的"隐居生活"。在此期间，夫妻俩愉快地饮蜂蜜酿制的酒，甜美无比，于是产生了"旅行结婚"风俗。

目的地婚礼和旅行婚礼有着相似的地方，新人都要离开生活的故土去旅行。最重要的区别是举办婚礼的地点。旅行婚礼一般是在家乡举办婚礼，婚礼完成后，新人共赴心仪的地方去开展一场新婚蜜月旅行；而目的地婚礼是新人携亲朋好友一同到对自己来说有纪念意义或特别向往的地方举办婚礼，婚礼后一般再旅行。因此，一般目的地婚礼的开销要大于旅行婚礼，特别是走出国境的目的地婚礼。

知识点6：目的地婚礼的概念和特点

1. 目的地婚礼的概念

目的地婚礼是指在新人生活居住地以外特定的目的地举办婚礼。这种形式打破传统的束缚，由新人及其亲友一同前往目的地，共同参与婚礼的举办和庆祝，一起完成终身大事。

目的地婚礼的概念主要包括以下几个方面。

（1）特定的地点。目的地婚礼通常选择特定的地点或者目的地来举办婚礼。这些地点可能是具有美丽风景的海滩、山脉或者湖泊，也可能是拥有悠久历史和文化底蕴的城市或者古堡。选择特定地点可以给婚礼增添独特的氛围和特色。

（2）融入旅行体验。目的地婚礼将婚礼和旅行融合在一起。新人和亲友们一同前往目的地，在参加婚礼和庆祝的同时，还可以顺便进行蜜月旅行或者探索目的地的各种旅行活动。这种融合的体验使婚礼更加具有意义和价值。

（3）亲友聚会的机会。目的地婚礼也是亲友们相聚的机会。亲友们可以一同前往目的地，一起参加婚礼和庆祝活动，增进彼此之间的联系和感情。

（4）独特的婚礼体验。目的地婚礼可以提供与众不同的婚礼体验。新人可以选择在风景秀丽的海滩、古老的城堡、浪漫的庄园等特殊地点举办婚礼，享受特殊的氛围和环境，让婚礼更加浪漫、难忘。

（5）美丽的场景和独特的文化背景。很多目的地婚礼的地点都具有美丽的自然风景或者独特的文化背景，为婚礼增添了更多的美感和情调。同时，这些美丽的场景和背景也为婚照和婚礼影像提供了更多的选择及创作空间。

2. 目的地婚礼的特点

特点一：选择独特的场地。目的地婚礼是在一个特定的目的地举行的，通常是一个旅游度假胜地或具有浪漫氛围的地方。这些地点往往具有自然美景、独特的建筑或文化遗产，能够为婚礼增添特殊的氛围和背景，使得婚礼更加难忘。

特点二：旅游和婚礼结合。目的地婚礼不仅是一场婚礼，更是一次旅行体验。让

新人和宾客有机会在婚礼之外，享受几天目的地的风景、美食和文化，这种独特的旅行体验成为婚礼的一部分，让婚礼更加难忘。

特点三：规模通常较小。由于目的地距离家乡较远，参加婚礼需要旅行和住宿安排，成本相对较高，因此，一般目的地婚礼会限制宾客的数量。目的地婚礼往往更加私密和精选，参加婚礼的人数通常较少，主要是亲朋好友。

特点四：个性化定制。目的地婚礼展现了新人的个性和喜好，通常可以根据新人的喜好和需求进行定制。可以选择不同的婚礼场地、主题、装饰和活动，以满足新人对婚礼的独特要求和个性化需求。

特点五：需要更多的计划和准备。由于婚礼地点可能在远离家乡的地方，所以需要更多的时间和精力进行计划和准备，如场地预订、婚礼策划、住宿安排等。新人和宾客通常需要提前几天到达目的地，以便适应环境。

特点六：成本较高。目的地婚礼可能会比传统的婚礼更昂贵，因为除了正常的婚礼成本，还需要考虑到旅行、住宿、交通等额外的费用。但在一些情况下，如果选择的目的地生活成本较低，且婚礼规模较小，费用可控制在合理的预算内。

特点七：策划复杂。由于目的地婚礼需要在一个陌生的地方进行策划和安排，所以相较于传统的婚礼，它的策划复杂度更高。需要考虑目的地的气候、文化差异、语言沟通等因素来进行相关的预订和安排。

知识点 7：目的地婚礼的优势分析

目的地婚礼的优势在于提供了独特的婚礼体验，结合了旅游和婚礼元素，推动了婚礼产业的发展。它能够满足多样化的市场需求，并为新人和宾客创造难忘的回忆。

1. 提供了一种独特的婚礼体验

目的地婚礼给新人和宾客带来了独特的婚礼体验，通过选择迷人的目的地、结合当地文化和风俗习惯以及丰富的活动内容，让婚礼成为一次难忘的旅行和庆祝活动。

目的地婚礼通常选在迷人而独特的地点，如度假胜地、海滩、山脉、古堡等。这些地点提供了绝佳的背景和景观，让婚礼有了独特的视觉效果和氛围。

目的地婚礼通常结合了当地的文化和风俗，给婚礼增添了地方特色和浓厚的文化氛围。新人和宾客可以感受到不同国家或地区的独特风情，体验到当地的传统音乐、舞蹈、美食等，让婚礼更加丰富多彩。

目的地婚礼提供了更多的活动和娱乐选择。新人和宾客可以参加一些特别安排的活动，如沙滩派对、浮潜、滑雪、品酒等，使婚礼不仅是一个单一的仪式，更是一次完整的婚礼体验。

2. 结合了婚礼和旅游的元素

目的地婚礼结合了婚礼和旅游的元素，让婚礼不仅是一个简单的仪式，也是一次旅行和庆祝的全新体验。新人和宾客可以在美丽的目的地度过婚礼的难忘时光，也可以享受旅行的乐趣。

目的地婚礼让新人和宾客能够在一个美丽的目的地度过婚礼时光，这本身就是一次旅行体验。新人和宾客可以欣赏到目的地的风景，感受文化和历史，探索当地的特色和魅力。他们可以参观著名的景点、品尝当地美食、体验当地的活动和娱乐，丰富自己的旅行经历。

目的地婚礼往往是多天的活动，给新人和宾客提供了更多探索和享受目的地的时间。他们可以在婚礼前后安排一些自由活动，如观光游览、购物、水上活动等，让旅行更加丰富多彩。

目的地婚礼为新人和宾客提供了一个与亲朋好友共度更多时光的机会。由于需要提前抵达婚礼目的地，参加婚礼的亲朋好友往往会在目的地停留几天，这样新人和宾客可以有更多的时间相聚、交流和分享美好的时刻。

3. 推动了婚礼产业的发展

目的地婚礼的兴起推动了婚礼产业的发展。从婚礼策划和组织服务到婚纱摄影、婚礼摄影和婚礼旅行服务，各个环节都得到了提升和发展，为整个婚礼产业注入了新的活力。

目的地婚礼需要专业的策划和组织，因此婚礼策划和组织服务的需求也随之增加。婚礼策划师和婚礼服务提供商可以协助新人选择和安排目的地、预订场地和住宿、组织活动和娱乐等，帮助新人实现他们梦想中的婚礼。

目的地婚礼通常在旅游景点、度假村或特定地区举办，这为当地经济带来了积极的影响。举办婚礼的新人和宾客会在目的地花费大量的资金，包括住宿、就餐、交通、购物等，从而促进当地旅游和服务业的发展。

目的地婚礼的举办通常需要做宾客的旅行安排，包括机票、住宿、交通等。因此，婚礼旅行服务也得到了推动和发展。

同时，目的地婚礼的需求也促进了婚纱摄影和婚礼摄影服务的发展。新人希望将婚礼的美好瞬间永远保留，因此对专业摄影师和摄影团队的需求也随之增加。

4. 满足不同新人多样化需求

新人可以根据自己的喜好和偏爱选择合适的目的地，并在那里创造出独一无二的婚礼体验。目的地婚礼为新人提供了实现各种主题婚礼的机会。无论是海滩婚礼、山地婚礼、农庄婚礼还是城堡婚礼，目的地的选择可以根据新人的喜好和梦想来确定。

这样的婚礼可以根据主题进行装饰和布置，创造出独特而令人难忘的氛围。

目的地婚礼也可以满足新人对特定文化的需求。例如，一对新人可以选择在意大利举办一场传统的意大利婚礼，包括传统的仪式、食物、音乐和服装。这样的婚礼可以让新人和宾客体验到当地文化的魅力，并与之融为一体。

目的地婚礼还适合那些希望举办小型私密婚礼的新人。在目的地婚礼中，新人可以只邀请最亲密的家人和朋友参加，营造出更加亲密和温馨的氛围。这样的婚礼可以让新人更加专注于与宾客的互动，并与之共享特殊时刻。

另外，对于那些喜欢冒险和刺激的新人来说，目的地婚礼为他们提供了实现自己梦想的机会。例如，在目的地进行户外婚礼，如滑雪婚礼、潜水婚礼或登山婚礼。这样的婚礼不仅能够满足新人的冒险需求，还能为宾客带来独特和刺激的体验。

当然，因为目的地婚礼涉及旅行、住宿和其他额外费用，需要更高的预算。因此，目的地婚礼市场的发展也受到消费者的经济能力和意愿的影响。尽管存在一些经济上的挑战，但目的地婚礼仍然吸引着越来越多的新人。

技能训练

任务1：目的地婚礼探索之旅

活动目标

通过互动和实践，让学生认识目的地婚礼的概念、特点和魅力，培养他们的观察、分析和创新能力。

活动材料

目的地婚礼候选地点资料：准备几个不同的目的地婚礼候选地点资料，包括文字描述、视频、图片等信息。

活动步骤

（1）简介和导入：简要介绍目的地婚礼的定义和特点，激发学生的兴趣。

（2）视频展示：播放一段关于目的地婚礼的视频，展示不同目的地婚礼的场景和特色，让学生能够直观地了解目的地婚礼的概念和魅力。

（3）图片展示：展示一系列精美的目的地婚礼照片，包括不同目的地的婚礼场景、仪式和庆祝活动，激发学生的兴趣，让他们感受到目的地婚礼的独特魅力。

（4）分组讨论：将学生分成若干小组，每个小组需要就以下问题展开讨论：目的地婚礼为什么越来越受欢迎？它的优势有哪些？学生可以结合实例和个人观点进行讨论，并归纳总结出目的地婚礼的概念和特点。

（5）总结和反思：总结学生的讨论和观点，分析目的地婚礼发展的趋势。

通过这个教学活动，学生将能够更好地了解目的地婚礼的优势，掌握目的地婚礼未来发展的方向。

任务 2：适合举办目的地婚礼吗

活动目标

帮助学生了解评估新人是否适合举办目的地婚礼的重要因素和考虑因素，提高他们在婚礼策划中的决策能力。

活动材料

（1）目的地婚礼考虑因素列表：准备一份目的地婚礼考虑因素列表，如预算、时间、家庭和朋友的参与度、旅行安排等。

（2）情景卡片：准备一些情景卡片，每张卡片描述一个情景和因素，例如预算有限、家庭成员无法参加、时间紧迫等。

活动步骤

（1）简介和导入：简要介绍目的地婚礼的定义和特点，解释为什么新人需要评估自己是否适合举办目的地婚礼，激发学生的兴趣。

（2）考虑因素讨论：将目的地婚礼考虑因素列表分发给学生，让其讨论和确定他们认为最重要的因素，并解释为什么。

（3）情景分析：让学生抽取一张情景卡片，并根据该情景卡片描述的情景和因素，讨论和评估是否适合举办目的地婚礼。学生可以根据自己的观点和经验来阐述意见。

（4）小组分享和讨论：要求学生分享他们对不同情景的评估结果，并与其他学生进行讨论和辩论。教师引导学生分析每个情景的优点和缺点，并帮助学生理解如何作出最佳决策。

（5）总结和反思：总结学生的讨论和观点，强调适合举办目的地婚礼的重要因素和考虑因素。鼓励学生分享他们从这个活动中得到的收获与体会。

活动延伸

（1）角色扮演：将学生分为新人和策划师的角色，让他们在模拟情境中进行目的地婚礼的评估和决策。通过角色扮演，加深对适合举办目的地婚礼的理解和实践。

（2）案例分析：提供一些真实的案例，让学生分析和评估案例中的新人是否适合举办目的地婚礼，并提出他们的建议和解决方案。

通过这个教学活动，学生将能够更好地理解和应用评估新人是否适合举办目的地婚礼的方法和技巧，提高他们在婚礼策划中的决策能力和分析能力。这个活动可以帮助学生学会权衡不同的考虑因素，并作出符合新人需求和情况的最佳决策。

任务3：目的地婚礼的 SWOT 分析

SWOT 分析是一种常用的战略管理工具，可以帮助人们评估一个项目、产品或活动的优势、劣势、机会和威胁。设计一个目的地婚礼的 SWOT 分析课堂活动可以帮助学生了解婚礼策划的各个方面，并培养他们的分析和决策能力。

活动目标

（1）帮助学生了解 SWOT 分析的概念和基本原理。

（2）培养学生的分析和决策能力。

（3）让学生了解目的地婚礼策划的优势、劣势、机会和威胁。

活动步骤

（1）简要介绍 SWOT 分析的概念和四个要素（优势、劣势、机会和威胁）。

（2）分组讨论：将学生分成若干小组，每个小组进行目的地婚礼的 SWOT 分析。

（3）SWOT 分析：每个小组分析目的地婚礼的优势、劣势、机会和威胁。鼓励小组成员积极参与讨论，并提出自己的观点。

（4）小组报告：每个小组派出一名代表向全班汇报该组的 SWOT 分析结果。其他小组可以提出问题或提供建议。

（5）全班讨论：引导全班讨论 SWOT 分析结果，并就不同分析结果进行比较和评价。讨论如何利用优势、克服劣势、抓住机会和应对威胁来制订目的地婚礼策划方案。

（6）总结和反思：总结本次活动的收获和体会，让学生反思 SWOT 分析在婚礼策划中的应用价值。

活动要求

（1）每个小组需要准备一份 SWOT 分析的报告，包括对优势、劣势、机会和威胁的分析，以及针对分析结果的策略建议。

（2）学生需要积极参与小组讨论和全班讨论，提出自己的观点和建议。

内容回顾

1. 社会化的婚庆服务起源于清末的"喜轿铺"，主要是为结婚的人提供花轿，并附带轿夫、锣鼓手、执事等。1915 年，骡马市大街开办了"喜庆婚礼用品租赁社"，专门出租文明结婚的用品。1934 年 9 月，江苏无锡人郁炽昌在西单绒线胡同西口内开办了"紫房子新婚用品服务社"，为"文明结婚"的年轻人提供"一条龙"式服务。此后，京城出现了多家为婚庆服务的公司，如东城的"福双新婚用品服务社"，西城的"金丽新婚服务公司"，南城的"美馨新婚服务所""喜临门婚庆服务公司"等。到 20 世纪

40年代末,北京城有婚庆公司近10家。

2. 我国婚庆服务产业大体经历了四个发展阶段,1990—1998年是我国婚庆行业的导入期,市场上鲜见婚嫁服务企业,主要靠个体经济或朋友帮忙完成婚嫁仪式。1998—2012年,行业进入起步期,业内涌现出一大批小型婚庆公司,规模较小,服务品类较为单一。2012—2018年,行业开始进入探索整合期,企业获得客户成本增加,进入壁垒增厚,婚嫁市场消费者的要求更高,行业逐渐规范化。互联网综合婚庆平台形成,开始抢占市场份额。2018年至今,婚庆市场从探索整合后期走向繁荣成熟期,头部企业优势开始显现,逐步开始整合婚庆服务上下游产业链,为消费者提供一站式的解决方案。

3. 婚庆服务产业链正在逐步形成,婚庆作为一个有潜力的行业,竞争日益激烈,婚庆市场空前繁荣,婚庆行业面临无限商机,但由于婚庆市场的发展处于初级阶段,还存在一些亟待解决的问题:

(1) 缺乏行业标准和监管;

(2) 价格不透明和不合理;

(3) 虚假宣传和欺诈行为;

(4) 行业内部信息不对称;

(5) 消费者权益难以保障;

(6) 行业发展不平衡;

(7) 行业管理不力。

4. "互联网+婚庆服务"将网络平台和适婚族联系起来的商业模式极具发展潜力。这种模式在一定程度上具有优势和劣势并存的特点。

"互联网+婚庆服务"优势:

第一,便捷高效;

第二,个性化定制;

第三,创新体验;

第四,市场透明。

"互联网+婚庆服务"劣势:

第一,无法实现实地体验;

第二,存在信任度不足和风险;

第三,服务质量参差不齐。

5. 中国婚庆服务产业的未来趋势及机遇:

(1) 个性化定制;

(2) 线上线下结合;

(3) 创新科技应用;

(4) 融合多元文化;

（5）环保和可持续发展；

（6）目的地婚礼越来越受到青睐。

6. 目的地婚礼和旅行婚礼有着相似的地方，新人都要离开生活的故土去旅行。最重要的区别是举办婚礼的地点。旅行婚礼一般是在家乡举办婚礼，婚礼完成后，新人共赴心仪的地方去开展一场新婚蜜月旅行；而目的地婚礼是新人携亲朋好友一同到对自己来说有纪念意义或特别向往的地方举办婚礼并旅行。因此，一般目的地婚礼的开销要大于旅行婚礼，特别是走出国境的目的地婚礼。

7. 目的地婚礼是指在新人生活居住地以外特定的目的地举办婚礼。这种形式打破传统的束缚，由新人及其亲友一同前往目的地，共同参与婚礼的举办和庆祝，一起完成终身大事。目的地婚礼的概念主要包括以下几个方面：

（1）特定的地点；

（2）融入旅行体验；

（3）亲友聚会的机会；

（4）独特的婚礼体验；

（5）美丽的场景和独特的文化背景。

8. 目的地婚礼的特点包括：

（1）选择独特的场地；

（2）旅游和婚礼结合；

（3）规模通常较小；

（4）个性化定制；

（5）需要更多的计划和准备；

（6）成本较高；

（7）策划复杂。

9. 目的地婚礼的优势：

（1）提供了一种独特的婚礼体验；

（2）结合了婚礼和旅游的元素；

（3）推动了婚礼产业的发展；

（4）满足不同新人多样化需求。

能力检测

1. 描述中国婚庆服务的起源，包括婚庆服务在中国的历史背景和早期形式。

2. 解析新中国婚庆服务产业的发展过程，包括关键的发展阶段和主要的驱动因素。

3. 评估目前婚庆服务产业的现状，包括行业规模、市场竞争状况、主要的服务形式等。

4. 预测中国婚庆服务未来的发展趋势，包括可能的市场需求变化、技术创新等。

5. 讨论目的地婚礼的产生与发展，包括其出现的背景、发展阶段和关键的影响因素。

6. 解释目的地婚礼的概念和特点，包括其独特的服务形式、主题等。

7. 分析目的地婚礼的优势，包括对新人、婚庆服务提供商和目的地的价值。

实务案例

北京海外婚礼梦想家

随着新人对海外婚礼需求的不断增加，北京海外婚礼梦想家应运而生。作为一家专门从事海外目的地婚礼策划的公司，北京海外婚礼梦想家致力于为新人打造梦幻般的海外婚礼体验。

公司介绍

1. 公司名称与定位：公司名称为"北京海外婚礼梦想家"，专门从事海外目的地婚礼策划服务。公司定位为为北京新人实现海外婚礼梦想的专业团队。

2. 公司理念与价值观：公司的理念是"将爱情的誓言放飞到世界的每一个角落"，通过精心策划和个性化服务，帮助新人实现独特、难忘的海外婚礼。公司的价值观是专业、创新、贴心和诚信。

服务内容

1. 目的地选择与策划：根据新人的需求和偏好，提供全球范围内的目的地选择，如巴厘岛、马尔代夫、意大利等。与当地的婚庆公司和供应商建立合作关系，制订详细的策划方案，包括场地选择、婚礼主题、装饰、活动等。

2. 预订与安排：负责预订目的地的酒店、场地、交通工具等，确保婚礼期间各项工作的顺利进行。安排专业的婚礼策划团队，包括策划师、摄影师、化妆师、摄像师等，确保婚礼的每一个细节都得到精心安排。

3. 法律与文化咨询：提供目的地国家的法律咨询服务，包括婚姻登记、证件办理等。了解目的地国家的文化习俗，为新人提供相关礼仪和文化指导，确保婚礼的顺利进行。

4. 婚礼活动与娱乐：根据新人的需求和预算，安排各类婚礼活动与娱乐项目，如欢迎酒会、主题晚宴、水上婚礼、沙滩派对等。提供音乐、舞蹈表演、烟花等特色项目，让新人和宾客度过难忘的时光。

市场推广与合作

1. 树立专业形象与品牌：通过精美的网站设计、专业的媒体宣传和优质的服务，树立公司的专业形象和品牌。提供真实案例和客户见证，以增加信任度和口碑。

2. 合作伙伴与供应商：与目的地的酒店、婚礼场地、摄影师等建立合作关系，获

取优惠价格和优先预订权。与旅行社、婚纱摄影公司、婚庆公司等行业合作，共同推广海外婚礼服务。

3. 线上与线下推广：通过社交媒体、婚礼平台、婚礼展览等渠道进行线上与线下的广告推广。定期发布海外婚礼策划的相关内容，分享婚礼策划的经验和知识，吸引潜在客户的兴趣和关注。

4. 客户关系管理：建立良好的客户关系管理系统，与潜在客户和现有客户保持有效的沟通和互动。提供个性化的咨询和建议，根据客户的需求和预算，量身定制婚礼方案。

5. 反馈与改进：定期收集客户的反馈和意见，不断改进服务质量和提升用户体验。通过客户满意度调查和口碑传播，提升公司的信誉和声誉。

总结

北京海外婚礼梦想家是一家专门从事海外目的地婚礼策划的公司，致力于为新人打造独特、难忘的海外婚礼体验。通过提供全方位的服务，包括目的地选择与策划、预订与安排、法律与文化咨询、婚礼活动与娱乐等，帮助新人实现他们的梦想婚礼。在市场推广与合作方面，公司可以通过树立专业形象与品牌，与合作伙伴、供应商建立长期合作关系，通过线上与线下推广等方式来扩大影响力和吸引潜在客户。通过持续的客户关系管理和不断的反馈与改进，公司可以提供质量更好的服务，赢得客户的信任和口碑传播，进一步推动公司的发展。

拓展阅读

目的地婚礼的 SWOT 分析

优势（Strengths）

（1）独特的婚礼体验：目的地婚礼提供了一种独特的婚礼体验，让新人能够在一个特殊的环境中庆祝他们的大喜日子。

（2）地理优势：目的地婚礼通常选择在风景如画的地方举行，如海滩、山区、城市或乡村。这些地方提供了美丽的背景和独特的氛围，能够为婚礼增添特殊的魅力。

（3）供应商网络：目的地婚礼策划公司通常有广泛的供应商网络，包括酒店、摄影师、化妆师、花艺师等。他们能够通过与供应商的合作获得更好的价格和服务，为新人提供更多的选择和优惠。

（4）创意和个性化：目的地婚礼策划公司可以根据新人的喜好和主题提供创意和个性化的婚礼策划方案，打造独一无二的婚礼体验。

劣势（Weaknesses）

（1）预算成本：目的地婚礼通常需要较高的预算，因为它涉及旅行、住宿和其他额外费用。这对一些新人来说可能是一个挑战，需要在预算和实际需求之间作出权衡。

（2）组织和协调的复杂性：目的地婚礼涉及跨地域的组织和协调工作，这可能增加了一些困难和挑战。需要由专业的策划公司来处理烦琐的安排和细节，确保婚礼顺利进行。

机会（Opportunities）

（1）促进旅游和婚礼产业的融合：目的地婚礼可以促进旅游和婚礼产业的融合，为当地经济增长和发展带来机会。

（2）提升国际婚礼市场的吸引力：目的地婚礼可以吸引更多的外国新人来中国举办婚礼，提升了国际婚礼市场的吸引力和潜力。

威胁（Threats）

（1）天气和自然因素：目的地婚礼可能面临天气突变、自然灾害等风险，这可能对婚礼的顺利进行造成一定的影响。

（2）供应商和服务质量：在目的地婚礼中，供应商的选择和服务质量对婚礼至关重要。如果供应商出现问题或服务质量不达标，可能会对婚礼产生负面影响。

目的地婚礼具有独特的婚礼体验、地理优势、供应商网络及创意和个性化等优势。然而，预算成本与组织和协调的复杂性是劣势。通过促进旅游和婚礼产业的融合，提升国际婚礼市场的吸引力，可以为目的地婚礼市场带来机会，但天气和自然因素以及供应商和服务质量可能构成威胁。为了充分利用优势和机会，应注意以下几点。

（1）品牌建设：建立强大的品牌形象，使目的地婚礼成为新人和宾客的首选。通过营销和宣传活动，将目的地婚礼的独特魅力和优势展示给潜在客户。

（2）合作伙伴关系：与当地的旅游和婚礼产业合作伙伴建立良好的合作关系，共同推动目的地婚礼市场的发展。这样可以提供更多资源和服务，提高婚礼策划的质量和效率。

（3）客户定制化：根据不同的客户需求，提供个性化的婚礼策划方案。将新人的喜好和主题融入目的地婚礼中，打造独特的婚礼体验。

（4）提供全方位的服务：除了婚礼策划，还可以提供旅行安排、住宿预订、交通安排、婚礼摄影等全方位的服务。这样可以提供更便利的婚礼体验，减轻新人和宾客的负担。

（5）持续改进和创新：不断改进和创新，提高服务质量和客户满意度。借鉴其他国家和地区的成功案例，引入新的婚礼概念和理念，为新人提供独特的体验。

目的地婚礼市场具有独特的优势和机会，但也面临一些劣势和威胁。通过建立品牌形象、发展合作伙伴关系、提供客户定制化服务、全方位的服务以及持续改进和创新，可以充分发挥优势和机会，应对劣势和威胁，推动目的地婚礼市场的发展。

测试新人是否适合目的地婚礼

目的地婚礼并不一定适合每一对新人。如果新人还在犹豫不决、举棋不定的纠结中，策划师不妨给新人做一个评估。

1. 测试题目

以下是一些测试的题目，用于测试新人是否适合目的地婚礼。这些题目可以通过面谈、问卷调查或其他形式进行测试。通过评估新人对目的地婚礼的了解和接受程度，他们的预算、时间安排、对挑战和困难的认知以及与家人和朋友的关系，可以更好地判断他们是否适合选择目的地婚礼。

对目的地婚礼的了解程度	
你对目的地的文化、景点和特色有多少了解？	你是否去过目的地，对其有亲身体验？
对目的地婚礼的喜好和兴趣	
你对目的地婚礼的选择有何特殊原因或意义？	你是否对目的地的风格、氛围和活动有浓厚的兴趣？
目的地婚礼的预算和时间安排	
你是否有足够的预算和时间来实现目的地婚礼的计划？	你是否愿意为了目的地婚礼而作出适当的经济和时间上的牺牲？
对目的地婚礼的挑战和困难的认知	
你是否了解目的地婚礼可能面临的语言、文化、交通等方面的困难？	你是否有足够的心理准备和应对能力来应对这些挑战？
与家人和朋友的关系	
你对于亲友对目的地婚礼的支持和理解有何预期？	你是否愿意与家人和朋友协商及解决可能出现的问题？

2. 评估指标

根据以上题目的答案，可以综合评估新人是否适合选择目的地婚礼。以下是一些评估的指标。

（1）对目的地婚礼的了解程度：如果新人对目的地的文化、景点和特色有较高的了解，并且拥有亲身体验，说明他们对目的地有一定的熟悉和喜爱，更适合选择目的地婚礼。

（2）对目的地婚礼的喜好和兴趣：如果新人对目的地的风格、氛围和活动有浓厚的兴趣，并且选择目的地婚礼有特殊的原因或意义，说明他们对目的地婚礼有较高的适应度。

（3）目的地婚礼的预算和时间安排：如果新人有足够的预算和时间来实现目的地婚礼的计划，并且愿意为了目的地婚礼作出适当的经济和时间上的牺牲，说明他们有足够的资源和准备来承担目的地婚礼的要求。

（4）对目的地婚礼的挑战和困难的认知：如果新人了解目的地婚礼可能面临的语言、文化、交通等方面的困难，并且有足够的心理准备和应对能力来应对这些挑战，说明他们对目的地婚礼的适应能力较强。

（5）与家人和朋友的关系：如果新人预期亲友对目的地婚礼的支持和理解，并且愿意与家人和朋友协商及解决可能出现的问题，说明他们在家庭和人际关系方面有良好的处理能力。

通过综合评估以上指标，可以初步判断新人是否适合选择目的地婚礼。然而，最终的决策仍应由新人自行考虑，并与家人、朋友和专业的婚礼策划师进行多方面的沟通和交流，以获得更全面的建议和指导。

了解定制婚礼

定制婚礼是一种个性化的婚礼策划和组织服务。与传统的标准化婚礼不同，定制婚礼是指根据新人对婚礼的期望与梦想，以及婚礼预算，结合自身的恋爱经历、职业、气质、性格、爱好、恋爱中有意义的细节等，由婚礼策划师设计婚礼风格和仪式流程，打造独特的婚礼体验。

定制婚礼通常由专业的婚礼策划师或团队负责，他们会与新人进行沟通，了解新人的婚礼愿望、主题、风格以及其他细节要求。然后，策划师会根据这些信息为新人提供创意建议、场地选择、供应商推荐、预算管理、日程安排、装饰设计等一系列婚礼相关的服务。

1. 为什么要定制婚礼

标准的套餐模式让婚礼成为流水线上的产品，而定制婚礼则可以实现新人天马行空般的奇思妙想。标准的套餐模板中不免有许多新人并不中意的婚礼元素，但由于固有模式的局限，新人对细节的要求并不能一一实现，而定制婚礼可以由策划师将新人的梦想变为现实，让新人拥有一场独一无二的婚礼和永久的美好记忆。

（1）定制婚礼可以根据新人的个性、品位和喜好进行设计，打造出与众不同的婚礼体验。无论是在主题选择、场地布置，还是食品和饮料、装饰和花艺设计等方面，都可以根据新人的需求进行个性化定制，让婚礼更贴合新人的个性，更能展现新人的

风格和品位。

（2）每对新人都有自己独特的需求和期望，定制婚礼可以满足这些特殊需求。无论是关于婚礼主题、宴会风格、仪式形式，还是关于场地选择、音乐和娱乐等方面，定制婚礼都能够根据新人的要求进行个性化安排，让婚礼更符合他们的期望。

（3）定制婚礼通常由专业的婚礼策划师或团队负责，他们有丰富的经验和专业的知识，能够提供专业的建议和帮助。他们会根据新人的需求和预算，提供全方位的婚礼策划服务，包括场地选择、供应商推荐、预算管理、日程安排等。这样可以减轻新人的压力，确保婚礼的顺利进行。

（4）定制婚礼能够创造出独特而难忘的婚礼回忆。因为婚礼是新人一生中重要的时刻，定制婚礼可以让这个时刻更加特别和难忘。无论是对新人还是对亲友而言，定制婚礼都能够留下深刻的印象和美好的回忆。

2. 定制婚礼的注意事项

（1）预算管理。定制婚礼可能会增加一些额外的费用，因此在开始策划之前，要明确自己的预算，并确保能够合理控制花费。与婚礼策划师或团队进行沟通，了解每个细节的预计费用，并在策划过程中持续进行预算管理。

（2）提前规划。定制婚礼通常需要更长的策划时间，因为需要更多的细致安排和个性化定制。因此，建议在婚礼日期确定后尽早开始策划，确保有足够的时间来处理各种细节和安排。

（3）与专业人士合作。找到经验丰富的婚礼策划师或团队合作，他们能够提供专业的建议和帮助，确保婚礼顺利进行。选择有良好口碑和信誉的专业人士，通过面谈和参考其以前的工作，确保他们能够理解并满足新人的需求。

（4）沟通和明确需求。与婚礼策划师或团队进行充分的沟通，明确新人的需求、喜好和期望。提供足够的信息和细节，让他们能够更好地理解新人的愿望，并根据新人的要求进行个性化的定制。

（5）监督和协调。定制婚礼涉及多个供应商和服务提供商，需要进行监督和协调，以确保一切顺利进行。与婚礼策划师或团队保持密切联系，了解进展情况，并及时解决或处理任何问题或变动。

（6）灵活性和妥协。尽管定制婚礼可以满足个性化需求，但也要保持一定的灵活性和妥协。有时候，可能会遇到一些限制或困难，需要作出一些调整。保持开放的心态，与婚礼策划师或团队共同探讨解决方案，以确保最终的婚礼结果符合新人的期望。

项目二：

目的地婚礼场地形式与选择策略

【学习目标】
【知识要点】
  知识点1：目的地婚礼场地选择的重要性与策略
  知识点2：海滩婚礼的魅力与筹备要点
  知识点3：教堂婚礼的庄重与仪式流程
  知识点4：草坪婚礼的自然与布置技巧
  知识点5：古堡婚礼的浪漫与筹备细节
  知识点6：婚礼堂婚礼的庄重与仪式细节
  知识点7：校园婚礼的青春回忆与特色
【技能训练】
  任务1：目的地婚礼形式展示
  任务2：目的地婚礼场景设计比赛
  任务3：寻找适合举办目的地婚礼的古堡
【内容回顾】
【能力检测】
【实务案例】
  草坪上的誓言：苏格兰古堡内草坪婚礼的完美体验
【拓展阅读】
  适合举办婚礼的10座城堡
  国内优美的婚礼教堂

学习目标

1. 对各类目的地婚礼的形式有初步的理解，包括海滩婚礼、教堂婚礼、草坪婚礼、古堡婚礼、婚礼堂婚礼和校园婚礼。
2. 掌握海滩婚礼的仪式流程、关键要点以及在策划和执行过程中应注意的事项。
3. 掌握教堂婚礼的仪式流程，包括教堂婚礼的特殊要求和注意事项。
4. 理解草坪婚礼的仪式流程，以及在策划和执行草坪婚礼时应注意的关键要点。
5. 掌握古堡婚礼的一般流程，以及在策划和执行古堡婚礼时应注意的事项。
6. 理解婚礼堂婚礼的特点和优势，同时了解重资产和轻资产婚礼堂婚礼的区别与特性。
7. 掌握校园婚礼适合的对象和意义，举办校园婚礼应该注意的事项。

知识要点

知识点1：目的地婚礼场地选择的重要性与策略

1. 目的地婚礼场地的选择视角

举办目的地婚礼的场地有哪些类型呢？策划师可以从三个视角进行选择。

一是风景优美的自然风光场地。无论是山川、湖泊、溪流、沙滩、森林，还是草甸……都可以；下一步就要看配套——交通是否方便、有没有场地附近的民宿可以解决供餐和住宿问题，再来判断它是不是好的选择。

二是对新人有意义的场地。也许这里是新人相识的地方，也许这里是新人梦中或者某一部影响深远的电影的同款场地，也许这里有很多民族文化吸引或者震撼了新人，那么婚礼本身承载的内容就会更多，也就有更多的谈资可以给到宾客，从而加深婚礼的意义。

三是特殊场地。提到目的地婚礼，多数人只会想到山川、丛林这样风景壮美的地方，其实还有很多特殊的场地也可以举办目的地婚礼，比如教堂、古堡、校园、婚礼堂、画廊、酒吧、Live-House（现场音乐场所）等。

2. 目的地婚礼场地的种类

（1）海滩。海滩婚礼是最受欢迎的目的地婚礼之一。在沙滩上举办婚礼，可以享受到绵延的海岸线、金黄的沙滩以及壮丽的海景。可以在沙滩上搭建花坛、帐篷或露天场地，让新人在海浪声中交换誓言。

（2）教堂。教堂是传统而庄重的婚礼场地选择之一。新人可以在古老的教堂里举行仪式，享受庄严而肃穆的氛围。教堂内部通常装饰华丽，有精美的壁画、彩色玻璃窗和雕刻装饰，为婚礼增添了神圣感。

（3）草坪。草坪是一种理想的户外婚礼场地，尤其适合春夏季举办婚礼。草坪绿草茵茵，宽敞平坦，给人一种宜人和轻松的感觉。在草坪上举办婚礼可以自由选择布置，可以搭建帐篷、舞台、花坛等，打造出浪漫而随意的氛围。同时，草坪也提供了足够的空间让宾客尽情活动和享受婚礼。

（4）古堡。在古堡或城堡中举办婚礼，可以为婚礼带来浓厚的历史和文化氛围。古堡通常拥有宏伟的建筑和精美的内部装饰，为婚礼提供了独特的背景。新人和宾客可以在古堡的花园、大厅或宴会厅举行仪式和宴会。

（5）婚礼堂。婚礼堂是一种专门用于举办婚礼仪式和宴会的场所。婚礼堂通常设有舞台、座位和音响设备，为婚礼提供了一个正式和庄重的环境。婚礼堂的装饰和设计通常非常华丽，可以根据新人的喜好和主题进行个性化的布置。婚礼堂通常还提供婚礼策划和协调服务，以确保婚礼顺利进行。

（6）山景。山景婚礼是追求大自然美景的新人的首选。在山区举办婚礼可以欣赏到壮丽的山脉、蜿蜒的小溪和茂密的森林。这样的环境赋予了婚礼一种宁静和神秘的氛围。可以选择在山顶、山坡或山谷等地点举行仪式和宴会，让新人和宾客充分感受大自然的魅力。

（7）葡萄园。葡萄园是浪漫而生机勃勃的婚礼场地选择。在葡萄藤垂挂的花园中举行婚礼，可以欣赏到葡萄的香气和葡萄园的美景。通常可以在葡萄园里举行婚礼仪式和宴会，品尝美味的葡萄酒，并让宾客尽情享受乡村的宁静和宜人。

（8）校园。校园是年轻人喜爱的婚礼场地之一。在大学校园举办婚礼，可以回忆起浪漫的学生时代。可以在校园里的草坪、图书馆或礼堂举行婚礼仪式和宴会，让新人和宾客沉浸在青春活力的氛围中。

以上是一些常见的目的地婚礼场地选择，每种场地都有其特点和优势。选择合适的婚礼场地要考虑到个人喜好、主题和预算等因素，以确保婚礼能够按照预期的方式进行。

近年来，随着目的地婚礼为更多新人所选择，根据婚礼目的地的场地不同，逐渐形成了一些独具特色的目的地婚礼形式，如海滩婚礼、古堡婚礼、教堂婚礼、沙漠婚礼、草坪婚礼、婚礼堂婚礼等。

知识点 2：海滩婚礼的魅力与筹备要点

蔚蓝的天空、湛蓝的海水、飘浮的白云与洁白的沙滩，不用任何装饰，已经将浪漫、永恒的美淋漓挥洒。海边背景为多种创意非凡的婚礼主题提供了发挥平台，"海洋主题"婚礼经久不衰，其中的海滩婚礼是一种最重要的"海洋主题"婚礼形式。

一般的海滩婚礼在春季、秋季举行比较合适，夏天的海滩婚礼，由于天气炎热，如果要选择，需要做好防暑防晒工作，夏天的海风会比较温柔，可以选择风和日丽的天气来进行海滩婚礼。关注一下新人的婚期最近几天的天气预报以及海岸的风力和日照时间长短，如果海滩的风力过大，可以选择一个漂亮的屏风阻挡海风，尽量避开日照最强的时间段，可以选择在早晨或者傍晚的时候举行婚礼仪式。另外，要注意涨潮和落潮的时间段，尽量避开相关时间段，以免布置好的婚礼物品被潮水冲走。

1. 海滩婚礼仪式流程

（1）新人入场仪式。新娘的父亲挽着新娘步入仪式主场，到新郎面前，把美丽的新娘交给新郎。

（2）宣誓仪式。新人面对面宣读爱情宣言，然后将爱情宣言放进玻璃瓶内，漂入海水中，让碧水蓝天为新人见证这段美好的爱情。

（3）交换戒指仪式。新郎单膝跪地向新娘求婚，然后从沙滩中找出爱情信物，戒指可以装在一个椰壳当中，新郎新娘互相交换婚戒。

（4）新郎亲吻新娘。点燃沙滩上的爱心火环，新人在其中相互亲吻，气氛达到最高潮。

（5）切蛋糕仪式。由水果组成的蛋糕寓意更加美满甜蜜，新人携手切开并互相喂食一口，甜蜜的感觉自然由心而生。

（6）亲友参加观礼仪式后，可以参与一些互动环节，让婚礼的热闹气氛持续高涨。

2. 举办海滩婚礼要点

（1）色彩搭配。大海是婚礼绝美的背景，所以配色上可以以淡蓝色为主色调，以白色或是明黄色等其他色调为辅色调。在现场布置时，可以用浅蓝色的薄纱包裹纯白色的椅子，并以同样质地、相应颜色的纱幔做成别致的天篷。婚礼现场的角落可以都缠上雅致的轻纱，沙滩上立着的鲜花拱门、白色的玫瑰和银色的小风铃会更加增添婚礼的浪漫氛围。

（2）婚礼请柬。婚礼的请柬也要体现海边沙滩的感觉。例如，外盒采用和戒枕一般的玻璃盒，在里面也同样铺上细沙，再放上一个贝壳。由于是海滩婚礼，请柬的字体颜色就应采用和海洋相近似的蓝色调。

（3）新娘花束。告别传统捧花，用花瓣、海星和贝壳创造充满奇趣的海洋花束。这些贝壳花束融合了羽毛的柔软和贝壳、海星的坚硬，充满动感和生机。在海滩婚礼中，婚鞋不再是重点，更应该关注脚链和沙滩拖的选择。

（4）装饰。既然婚礼在海边举行，可以为粗布制作的椅子飘带添上一个漂亮的海星。要注意裁出长度和大小适当的粗麻布，系在每把婚椅上，再用与婚礼色调相称的细绳或酒椰纤维把海星固定在飘带中央，或者用小彩旗为折叠沙滩椅增添海洋风情，切记旗子的颜色要和婚礼色调相称。粗布海星旗是一个很好的创意，把海星画在事先准备好的麻布上，再在海星中央添上几颗复古小珠或纽扣，让海星"活"起来。

（5）细节布置。海滩婚礼上，贝壳海星是必不可少的装饰，可以装饰在桌子上，与烛台搭配温馨又浪漫。此外，瓶中船、帆船造型糖果盘、贝壳风铃串、蚌壳和珍珠等都是极具海洋气息的绝妙装饰品，无处不在的海洋饰品时刻散发着大海的浪漫，令现场陶醉在爱的海洋里。蚝壳花环是餐桌中心饰物的美丽之选，另外，美妙的婚礼串饰创意是用一串串明艳的鲜花丰富婚礼色调，既有真花，也有纸花。这种花饰能为婚宴主餐桌提供很好的背景，也可以用于婚礼仪式和拍照。

3. 举办海滩婚礼注意事项

（1）选择合适的季节与地点。一般来说，海滩婚礼不适合在太低或太高的温度下举行，如果没有游泳或戏水的安排，那么春天和初秋都比较合适，那时气候比较稳定，阳光也好，如果希望安排一场浪漫的水中故事，那么选择初夏，比如6月就是很好的时机，太阳不会太毒，也不会晒得众人昏昏欲睡。如果条件允许，不妨选择热带或者亚热带的海滩，那里风光宜人，而且气候更为温润，昼夜温差不大，可以全天狂欢。在婚礼中加入有趣的堆沙堡比赛或是沙滩排球能更好地增强现场的互动性及调动宾客的情绪。一般的海滩婚礼是3~5小时，当然也完全可以根据新人和宾客的兴趣延长，延长几个小时或者是一整天都无所谓，只要高兴就好。

（2）交通安排。如果宾客由外地开车赶过来的话，一定要在请柬上给宾客一些提示，告诉他们几条行车路线；如果宾客是当天由机场直接到达仪式现场，就要告诉他们由机场到海滩的最近路线，以防宾客迷路，耽误参加仪式的时间，还需特别注意的就是在高峰季节，海滩会非常拥挤；如果婚礼举办地距离宾客住的酒店很远，那么在海滩附近停车就会成为一件麻烦事，所以在选定日子之前一定要在海边预留车位，最好办法是为宾客提供往返班车。

（3）婚礼服装。①宾客服装。要告知宾客婚礼将在海滩上举行，以使他们穿着恰当。因此在请柬上要特别注明，如"海边婚礼"或"沙滩上的婚礼"等。②婚纱。在沙滩上，有长长拖尾的层层叠叠的婚纱看起来太正式了。建议穿着设计简单、活泼轻盈的礼服，不要穿紧身衣裤。为了避免出汗，要选择轻、薄、透气性好的面料，如透

明纱、雪纺绸、绉绸等。切记不要用丝绸，因为丝绸比较厚，不适合炎热的室外海滩婚礼。③鞋子。高跟鞋是不适合海滩婚礼的，赤脚或穿一双平底的时髦凉拖走在沙滩上才是最得体的打扮。

知识点3：教堂婚礼的庄重与仪式流程

教堂婚礼指的是在教堂内举行的结婚仪式。通常由牧师或神父担任主持人，遵循特定宗教教派的仪式和传统。教堂婚礼被视为一种庄严神圣的仪式，代表着两个人在神的见证下郑重承诺彼此的终身婚姻关系。

教堂婚礼是一种婚姻观。它所代表的含义包括：专一性，即一夫一妻制，夫妻双方应彼此忠诚；不可拆散性，意味着选择了彼此就要一生相伴，无论遇到何种挑战，都要牵手一起克服，一起走下去；尊重生命，意味着对上主所赏赐的子女应珍视和呵护，不能随意抛弃。

近年来，很多新人对教堂婚礼情有独钟，他们渴望得到彼此的忠诚，而教堂具有的庄严、神圣的特点正好迎合了他们这种心理需求。他们认为教堂婚礼不仅是经历神圣典礼，更是领受上帝赐福和教会祝福。不但是一对新人心与心的表白，更是在神和人前立约。

1. 教堂婚礼仪式流程

虽然教堂婚礼不同于中式婚礼的喜庆、热闹，但神圣而又浪漫的教堂婚礼充满了新人的憧憬。

（1）神父到位。教堂婚礼都是由神父主持的，故神父到位的时候，仪式就开始了，并且在神父到位之后就会播放婚礼背景音乐。

（2）新郎入场。伴随音乐，伴郎伴娘会先行入场。在伴郎伴娘入场之后，新郎也会缓步走到神父身边，等待新娘入场。

（3）交托礼。新娘会挽着父亲进入教堂，新娘父亲会一直将新娘送至新郎身边，并且将新娘的手交托至新郎的手上，而后退场入席。

（4）问誓。当新郎新娘都到达神父身边后，神父会让新郎新娘对视而立，开始问誓。在问誓结束之后，还会询问现场是否有人反对这段婚姻。

（5）诵经祷告。在问誓之后，神父就开始祷告，予以新人最美好的祝愿。在祷告结束后，就由主婚人开始宣读《圣经》，《圣经》宣读之后就由圣诗班开始献诗，祝福新人。

（6）宣誓。主婚人带领新人一起，宣读结婚誓词。在宣誓的时候，新人要相对而立，握住对方的手，看着对方的眼睛，真挚宣誓。

（7）交换戒指。在宣誓结束后，伴郎伴娘递上结婚戒指，新郎新娘互相为对方戴上象征婚姻的结婚戒指。在交换戒指之后，新郎亲吻新娘。

（8）签署婚书。新郎新娘签署婚书，象征着婚姻关系的建立。

（9）祷告、祝福新人。婚书签署完毕后，神父还会为新人祷告一次，祝愿其永不分离，而现场的宾客也将祝福新人百年好合。

（10）宣告。神父宣告新郎新娘已经结为夫妻，永不分离，而后新人退场，仪式结束。

2. 举办教堂婚礼要点

（1）结婚者一般至少有一方是本堂信徒（指已经受洗者）。倘若未受洗者提出申请，则必须经本堂牧师特别同意，考究他（她）确系慕道多时及经常出席礼拜者。若申请者二人均非本堂信徒，则要取得他（她）所在教会牧师的委托信函，以免因不了解情况而出现种种意外。这点新人也可以委托自己所选择的婚礼策划公司去协助办理。

（2）男女双方都必须是未婚，教会要了解双方婚姻状况的最好办法是要求申请者出示民政部门对双方的婚姻合法登记证件（若有一方是离异者就不接纳）。

（3）针对当今社会上普遍婚前同居现象，为了表明教会反对之立场，教会提出这项严格要求，即双方婚前必须没有同居行为，还要当事人、双方父母及教会牧师签字。如经了解已经是同居者，教会不会答应其在教堂举行婚礼的请求，但可以酌情考虑在家庭或酒宴上举行祈祷和祝福。

（4）双方在品德上没有不良的社会记录，作风正派。

（5）双方父母都支持儿女在教堂举行婚礼，对有关程序进行配合。

教会如此认真对待教堂婚礼，并不是故设障碍，而是根据《圣经》关于婚姻的有关教导和教会的处境。"婚姻，人人都当尊重！""婚姻是神圣的，非同儿戏。"那么，作为进入婚姻的重要关口——婚礼同样必须被严肃对待，郑重其事。尤其是在教堂这个神圣的地方举行，事关教会自身形象和对外见证，故不得草率从事。为此，每一对希望在教堂举行婚礼的青年，必须按照教堂的有关规定和条件提出申请，为了日后备案查考，一般需要书面填写申请表格，并由牧师与新人进行婚前辅导性的交谈，包括对婚礼仪式的若干指导。

3. 举办教堂婚礼注意事项

（1）尊重信仰。不论是自己举办教堂婚礼，还是去参加朋友的教堂婚礼，都应尊重彼此，不论是否相信这种信仰，都不能用一种看热闹的心态去面对。这是举办及参加教堂婚礼应有的基本素质。

（2）证件。由于是教堂婚礼，新人应注意时间安排。不要因为一个人的行为影响其他人的活动进程。活动进行中，听从工作人员安排，才能保证婚礼的顺利进行。另外，婚礼前准备好结婚证书的原件和复印件是必不可少的。教会只为合法夫妻举行祝裤仪式。因此，这项准备极其重要。

（3）着装问题。教堂婚礼的美丽新娘一定要穿白色的婚纱，若是婚纱拖尾较长，则头纱应相对较短。头纱的花边在腰部上方即可，这样可以使头纱和白纱的层次得以充分展现，拖尾婚纱的线条显得更为摇曳，使整个人看起来更为高挑。新郎则是正统的燕尾服装扮，要佩戴红色或黑色的领结。如果有白色的西式礼服也是很好的搭配，王子的形象更加突出。新人只有这样穿才与教堂婚礼的氛围相协调。

到教堂举行婚礼的新娘建议穿白色的抹胸式婚纱，参加教堂婚礼的宾客也不要着装太随意。男士尽量避免短裤和无袖无领的上装，女士也不要穿得过于暴露。教堂婚礼中，因为新娘穿着白色的婚纱，因此，鞋的颜色要与婚纱的颜色相协调，比如金色、银色、白色，这些淡雅的百搭色鞋都是不错的选择。新郎的婚鞋也以搭配和谐为主。尽量以同色系的鞋或比服装深一色的鞋进行搭配，但不要形成颜色反差。比如，白色礼服配黑色皮鞋，那将是颜色搭配的败笔。

（4）新人家属的座位安排。需要在前排留出一部分座位给新人最亲近的家人。按传统来讲，新娘的父母要和祖父母、兄弟姐妹一起坐在左手边的第一排。如果新娘的父母已经离异希望可以分开坐，那么新娘的母亲和她现在的丈夫可以一起坐在第一排，父亲和他的妻子可以坐在第二排。其他特别的亲属也可以坐在第二排、第三排。新郎的家人也是以同样的形式在右手边就座。

（5）伴郎把宾客引到座位上。在宾客到达之后，伴郎会带领他们到自己的座位上。和新娘的家人一样，新娘的宾客也坐在左边，新郎的宾客坐在右边。但是如果其中一方的人来得比较多，最简单的方法就是让他们在两边随便坐，这样他们就都能有一个很好的观礼视线。伴郎应该用右手把女宾客请到座位上，男宾客就不需要顾虑这些。如果同时到了一大批宾客，以年长者优先。

（6）入场顺序。伴郎从教堂大门进入，由矮到高一对一对行进。如果人数是单数，就请最矮的单独走在最前面，后面是一对一对的跟随进入。每一对之间隔 3~4 排的距离。接下来，伴娘进入，与最后一对伴郎保持间隔 4~5 排的距离。如果伴娘团人数少于 5 人，就采取一队入场，否则看起来不协调。如果人数为单数，最矮的走在前面带队。年轻的姐妹团成员走在主伴娘的前面。如果有两个主伴娘，一对走和单独走皆可。在新娘和其父亲进入之前是戒童和花童。待这些人在通道上站好之后，新娘挽住其父亲的左臂步入教堂。如果新娘穿的是长裙裾婚纱或是有长长的头纱，可以安排两个人在其身后托住婚纱。

（7）整体布置。神圣的婚礼肯定是以圣洁的白色为主的，用花也要以淡雅高贵的颜色为主，比如白色的百合花、香槟色玫瑰花都是教堂婚礼首选，可以配以绿叶和花边辅材，效果很好。白色装饰会显得相当高雅。

（8）进入教堂后，通信工具最好调成静音或暂时关闭，尽量保持安静，以免杂乱的声音影响婚礼的氛围。

知识点 4：草坪婚礼的自然与布置技巧

选择一片依山傍水的绿地，或者是郊外别墅花园、湖边草坪，经过精心装点，在阳光、草地之中与亲朋好友共同投入大自然的怀抱，共享别致的婚礼氛围。户外草坪婚礼典雅、新颖、时尚，在国外早已成为流行，特别是高尔夫球场草坪婚礼。

草坪婚礼是由教堂婚礼演变而来的，除了举办地不在教堂，而是在草地、花园举行，基本流程跟教堂婚礼是一样的，目的是让亲友团见证新人结合的"证婚"仪式。在国外，新人会选择在教堂或者草坪上举行婚礼，主持婚礼的是牧师或者律师等，这种主持的婚姻具有法律效力。

而在国内，草坪婚礼更多是让亲友见证、朋友社交的一种仪式，主持婚礼的多数是婚庆主持人，参与者更多是新人的朋友。国外的教堂婚礼、草坪婚礼都比较简单，如今演变到国内婚礼流程变得多样化，新人可以根据需要添加一些流程，往往仪式流程至少要 30 分钟。

1. 草坪婚礼仪式流程

（1）安排座位。草坪婚礼是一种在户外举行的婚礼仪式，场地婚礼服务人员要安排所有宾客的座位。一般会安排在入场通道的两侧，这样可以让每位宾客都欣赏到新娘入场的情景。

（2）新人入场。等所有的亲朋好友到场后，新娘准备入场，在入场的地方要铺上红地毯，不可以让新娘直接踩到草地上。新娘沿着红地毯开始慢慢入场，或由家中男性长辈牵着入场，一步步走到礼台后，长辈将新娘的手交给新郎。

（3）宣誓。新娘和新郎站到礼台后，由证婚人开始主持婚礼宣誓。通常来说，草坪上举办的婚礼都偏向西式婚礼，因此宣誓这项流程非常重要，等到宣誓完毕，双方新人互换信物，为自己的伴侣戴上唯一的婚戒。

（4）扔花球。等到婚礼流程完成以后，新娘将自己手上的花球扔到现场未婚女性当中，接到花球的人会得到来自新娘的喜气，同时接收到新人最诚挚的祝福，在现实生活中可以说下一位要结婚的人就是抢到捧花的人。

（5）宴会。草坪婚礼的宴会一般是自助餐形式，宾客可以根据自己的口味选择餐食或酒水。这时，新娘需要更换一套礼服，与新郎共同向亲朋好友敬酒。因此，在结婚当天，新娘要准备两套礼服。

2. 举办草坪婚礼要点

（1）婚礼场地。草坪婚礼场地的美丽景观是吸引人们选择的重要因素之一。确保场地有优美的草坪、花园或其他自然元素，以增添婚礼的浪漫氛围；确定需要的场地大小，以容纳婚礼仪式、宴会和其他活动。

（2）迎宾牌。使用长脚立式迎宾牌，缀以用珠光白色或淡绿色缎带包扎好的常春藤和白色羽毛，制成瀑布式下垂样式，用料需丰满。迎宾牌可以用新人精美写真，印上"××年我们结婚啦！"下方附上新郎、新娘名字。

（3）迎宾台。长方形桌子两张，上面铺红色桌布且放精美台花一束；全新两本红色宾客签到簿，签字笔两支。全新透明玻璃长形立式容器一至两个（装礼金红包用），容器下部系金色宽缎带。

（4）迎宾区。作为迎接宾客的场地，往往也是给宾客留下第一印象的地方。不同的设计布置会有不同的效果：简洁的鲜花布置，清爽的花朵，浪漫的感觉；蓝色的迎宾区，适合童话婚礼和海洋婚礼；喜气洋洋的红色，给人热闹喜庆的感觉。

（5）签到台。签到台为宾客签到的地方，也是一个婚礼形象的展示窗口，会给宾客留下第一感觉。所以，一个温馨而不失创意的签到台会给宾客留下更多的好印象。宾客在此留下自己的姓名，见证新人幸福的爱情，精致的签到台会给人舒服、温馨的感觉。一般来说，签到台的布置和整场婚礼的风格是一致的。

（6）照片展示区。告诉新人不要把精心拍摄的婚纱照珍藏在家中，婚礼当天应该让所有人见证他们的幸福时刻。

（7）通道区。一般会铺上幸福的红地毯，红地毯两边使用路引，如果场地条件允许，可以考虑燃放冷焰火，在新人经过的时候燃放会使人惊喜，增加热闹的氛围；也可以全部使用花瓣，会使现场更温馨浪漫。

3. 举办草坪婚礼注意事项

（1）举办户外婚礼的季节。草坪婚礼的天气因素是最不可忽视的，由于婚礼的策划时间较长，因此很难预测婚礼当日的天气状况。为防备婚礼当天天气变化，要事先准备防风防雨工具，如简易防雨棚等。一般举办户外婚礼的季节在每年的5月上旬到9月中旬，而最佳时间，是在5月中旬到6月中旬和8月下旬到9月上旬。这两个时间段，天气稳定，风沙小。如果考虑举办户外婚礼，一定要先考虑下雨和打雷的因素。

（2）举办婚礼的地点。如果是草坪婚礼，地点选择的原则最好是坐北朝南，因为举办婚礼仪式中要拍摄，坐南朝北拍摄的逆光效果不好，是婚礼摄像的大忌。如果选择在树林中举行仪式，要注意避免树影遮挡，光线不要正好投射在新人的身上，影响拍摄效果；仪式地点要选择远离公路的地方，防止噪声的干扰。另外，仪式地点不要远离婚礼用餐地点，免得宾客走很长的路，特别是老人。婚礼当天如果是阴天，那是最好的，既避免了暴晒，又不会淋雨，还利于拍摄。

（3）舞台和背景。舞台不一定要很大，够用就行。舞台后面的背景，最好与舞台的宽度差不多。舞台和背景要与周围的景色相宜，可以选择纱幔作背景，鲜花门、路引的布置。一般情况下，不宜使用紫色的纱幔进行点缀，因为紫色不是结婚用的颜色。

（4）音响系统。由于在户外，婚礼的场合在开阔地，声音的传送没有遮挡，音响的功率要大些，至少是4只音箱，分布在婚礼现场的四角，音响功率小了，效果不好。同时，设备要做好防雨工作。

（5）宾客的座椅。要根据宾客的人数准备座椅，但事先一定与场地所有者打好招呼，因为座椅有可能会对草地造成破坏。避免在婚礼过后，出现索赔的问题。婚礼的过程中要注意环保的问题。如果在婚礼现场吃饭，要准备桌子和餐具及废物的收集桶。另外，准备好擦椅子的抹布，下雨后用。

知识点5：古堡婚礼的浪漫与筹备细节

大多女孩在年幼时希望拥有一场童话般的婚礼，婚礼中一定要有一座美丽的古堡。古堡婚礼作为一种非常古老的婚礼方式，受到很多喜欢西方文化的新人喜爱，古堡婚礼是一种比较奢华的皇室贵族婚礼，让人感觉非常有仪式感。

古堡，作为欧洲历史的一个象征符号，和教堂差不多一样坚固与古老，沉寂在现代喧嚣里。也许，它没有教堂那样神圣，却比教堂更神秘，总会有一些异乎寻常的故事。城堡最原始的用途并不是享受，而是抵御外来侵略，因此，欧洲的城堡大多建在山崖或河边。而今，历史的影子已经无处可寻，当人们坐在船上向两岸的古堡眺望时，早已忘却了远古的硝烟和厮杀声，现在古堡中除了常见的各地游客，就是盛装举办婚礼的新人。

1. 古堡婚礼仪式流程

古堡主要在境外，特别是集中在欧洲，如德国、英国、意大利、爱尔兰等国。在婚礼流程方面，古堡婚礼一般分成三部分，主要是婚礼仪式部分、晚宴部分和After party部分。古堡婚礼一般选择在古堡内的教堂或者草坪举行，因此婚礼流程就是教堂婚礼和草坪婚礼的流程。

在古堡中完成婚礼，一般在当天安排晚宴，宴请参加婚礼的宾朋。婚礼After party其实就是一场好友、年轻人间的狂欢派对。在西方国家，After party是婚礼上的标配，所谓After party，就是发生在仪式结束后，一个小范围的Party，只邀请少部分亲朋好友留下来参与其中。在婚礼上没来得及好好问候的小伙伴，许久未见的好朋友无须来去匆匆，为婚礼忙前忙后的伴郎、伴娘和新人，在此刻都可以放松下来，一起喝喝酒聊聊天。After party可以是那种喝酒唱歌跳舞状态，也可以是温馨浪漫的，可以等晚宴结束之后和朋友一起，气氛特别好。最美的是在夜幕时分，婚礼过后，安排一场After party，在树影之间点起串灯，在灯火璀璨之中浪漫起舞。

2. 举办古堡婚礼要点

（1）提前预订。古堡婚礼场地通常非常抢手，因此需提前预订。有些古堡可能需要提前一年或更长时间预订。

（2）主题和装饰。根据古堡的风格和氛围选择婚礼主题和装饰。古堡婚礼通常以奢华、古典和浪漫为主题，可以使用华丽的装饰、鲜花和烛光来营造独特的氛围。

（3）仪式流程。根据自己的喜好和文化背景，制定古堡婚礼的仪式流程。可以包括传统的宣誓、交换誓词环节和仪式以及个性化的元素和仪式。

（4）宾客住宿。古堡通常提供宾客住宿的设施，但可能容纳的人数有限。在预订古堡时，要确保有足够的住宿空间可以容纳所有的宾客。另外，可以提供附近的酒店或民宿作为住宿选择。

（5）安排交通。古堡通常位于乡村或偏僻的地方，所以要为宾客提供交通服务，确保宾客能够方便到达。可以提供巴士、小型班车或预约出租车等选项，确保宾客能够方便地抵达和离开古堡。

3. 举办古堡婚礼注意事项

（1）隐藏费用。有些古堡的网页有注明婚礼的费用，不过要留意场地的价格会因季节变化而有不同，冬季（12月至次年2月）多是下雪天，收费会较低；夏季（7—9月）天气相对较好，而且日照时间较长，收费会相对较高。

（2）婚礼筹备时间。婚礼要尽早筹备，大约于1年以前就要着手开始各项准备，要一早就预订好场地，并且还要预订下整座古堡（包括古堡建筑物、草地及湖边），以便新人与亲友可以自由随处摄影、摄像，且整个古堡中都是参加婚礼的宾客，大家更可尽欢，不用担心打扰其他人。只是因此会使得费用增加。

（3）倒时差。新人不妨将大日子安排在旅程的中间部分，好让众人有时间适应时差。尤其是年龄较大的长辈适应力较弱，早几天入住并休憩调整，则不会于婚礼及晚宴中感到特别疲累。

（4）要留意仪式地点。古堡内并非任何位置都可举行婚礼仪式，可能只是某个大厅可以，草坪或其他地方均不能举办仪式，因此，新人务必要看清场地。

（5）婚礼策划。如果新人没有婚礼策划的相关经验，一定要聘请专业的婚礼策划师代为安排，因为举行海外婚礼过程真的十分繁复，一定要心思细密，再加上路途遥远，如果遗漏物资未必能在一时三刻内安排得到，所以事先要有充足准备。

（6）交通问题。古堡通常在偏远的地方，没有公共交通工具可抵达，所以会衍生出大量的交通费用，用以接送宾客。

知识点6：婚礼堂婚礼的庄重与仪式细节

婚礼堂婚礼指的是在专门设计和装饰用于举行婚礼的场所举行的婚礼。婚礼堂，即"一站式结婚服务"婚礼堂，简称"一站式"婚礼堂，也有人称为"一站式"婚礼会所、婚礼主题酒店、婚礼宫、婚礼服务中心等，是提供婚礼宴会、婚礼策划、婚礼主持、婚礼化妆、婚礼影像、婚纱礼服、婚礼用品等一站式服务的婚礼服务机构。

婚礼堂起源于日本，是把婚前、婚中、婚后需要集中办理的事项和具有内在关联性的收费、服务及其他事项最大限度地调度，形成完整的服务链，对结婚消费者而言主要优势为省时、省力、省心。

从21世纪初开始，婚礼堂由日本传入我国，在上海率先发展起来。因为其唯美浪漫的西式风格而受到年青一代新婚夫妇的喜爱。婚礼堂采用的是自营会所的模式，将婚庆策划、婚礼宴会服务两大核心环节进行整合，提供专业的婚礼服务，可复制性强。

婚礼堂分为重资产的婚礼堂和轻资产的婚礼堂。所谓重资产的婚礼堂是指婚礼堂的运营场所和设施设备全部由经营者投入、经营者运营，运营成本高。例如，北京重资产的婚礼堂有花嫁丽舍、LAVIN玫瑰里、蓝调庄园国际婚礼中心等。重资产的婚礼堂又可以分为"一站式"婚礼会馆和婚礼会所两类。前者即婚礼堂，不仅提供婚礼庆典服务和婚宴服务，还提供婚纱摄影、珠宝首饰、婚纱礼服等其他相关服务，一般来讲宴会厅数量比较多，至少有4个。而后者即婚礼会所，一般来讲仅提供婚礼庆典服务和婚宴服务，宴会厅只有1~3个。轻资产的婚礼堂模式是在不改变酒店的主营业务的情况下，在酒店增加婚礼庆典和婚礼宴会服务，酒店里的宴会厅由婚庆公司承包装修并运营。比如，北京金朋友婚礼顾问公司与酒店合作式轻资产的"一站式"婚礼堂，包括凤凰苏源酒店、维也纳婚礼堂、广运国际饭店、广州大厦、外国专家大厦、希尔顿逸林酒店等7家"一站式"婚礼酒店。

1. 婚礼堂的特点

（1）特色鲜明，场所设施专为婚礼服务建设。很多重资产的婚礼堂是为婚礼服务专门建造的，只做婚礼婚宴服务，不作他用。婚礼堂一般具有不同风格的宴会厅、仪式堂、宾客休息室、新人化妆室等，既可提供婚礼所需要的时尚喜庆气氛，也可提供神圣庄严的氛围。同时，建筑风格的设计以及合理的动线安排，能够保证新人在享受服务的同时避免其他干扰，使婚礼具有较强的私密性和安全性。

（2）省时省心，提高新人婚礼筹备效率。对新人来说，举办婚礼庆典需要婚宴场地、场地布置、灯光、化妆、摄影摄像、司仪、婚礼策划等，这些准备工作较为烦琐，也较为专业，初涉其中的新人处理起来较为困难。婚礼堂提供的专业性的"一站式"婚礼服务解决了这个难题，让婚礼筹备变得省心，也迎合了当下"懒人经济"的趋势，提升了新人筹婚效率，降低了新人筹婚成本。

婚礼堂一般采用集团化统一管理的模式，将婚宴场地、婚宴菜品、婚礼策划、婚礼服装，甚至婚礼用品、婚宴酒水及相关延展项目作了汇总，婚礼堂服务可让新人在同一时间、同一地点，解决多种需求，缩短了新人筹备婚礼的时间，让新人一次性解决婚礼需求。

（3）整体采购，降低新人婚礼成本。婚礼堂采用集团化统一管理定价的模式，将婚宴场地、婚宴菜品、婚礼策划、婚礼服装，甚至婚礼用品、婚宴酒水及相关延展项目作了统一的服务及定价，相比于以往的零散采购，降低了新人的婚礼成本，有效节约了婚礼资金。对于婚礼机构来说产业链作了充分整合，节省了灯光、搭建、舞美，以及人工费用、物料成本等费用，提高了经济效益。

（4）资源整合，打破婚礼服务领域条块分割。传统的婚礼服务，婚礼宴会、婚礼策划、婚纱礼服、化妆、花艺、摄影摄像等，均由不同的主体提供，新人要与这些经营主体分头联系，多方奔波。后来，有一些婚礼服务机构开始推出"一条龙"服务，为新人提供除婚宴以外的所有婚礼相关服务，极大地方便了新人。但由于婚礼服务与婚宴服务仍由不同的主体提供，双方为了追求各自的利益最大化，不可避免地会发生矛盾。一旦发生矛盾，新人就需要与他们分别协调，耗费了新人的时间、精力，如果婚礼当天发生矛盾，则会大大影响新人结婚的心情，留下终生的遗憾。

婚礼堂整合了各方资源，打破了婚礼服务市场的条块分割，从婚礼策划开始一直到婚宴结束，为新人提供全流程的"一站式"服务，保证了婚礼各环节顺畅衔接、圆满完成。改变了婚礼服务机构的轻资产模式，出现了有固定资产的婚礼服务机构。婚礼堂服务模式出现之前，婚礼服务机构都是轻资产模式，无固定场所。重资产的婚礼堂出现后，婚礼服务机构有了固定资产，社会信誉度、品牌形象大大提升。

2. "一站式"婚礼服务的优势

（1）节省新人的时间和精力。"一站式"婚礼服务能够帮助新人节省大量的时间和精力。服务团队会负责整个婚礼的策划、预订场地、联系供应商、制定日程安排等烦琐的事务，让新人能够更轻松地享受筹备婚礼的过程。

（2）具有专业经验和知识。"一站式"婚礼服务团队通常具有丰富的经验和专业知识，他们了解婚礼的各个细节和流程，并能够提供专业建议和指导，可以帮助新人作出明智的决策，并确保婚礼的顺利进行。

（3）精心策划和个性化定制婚礼。"一站式"婚礼服务能够根据新人的需求和喜好，量身定制独特的婚礼。服务团队会与新人合作，了解新人的愿望，为新人实现梦想中的婚礼。

（4）节约预算。尽管"一站式"婚礼服务可能会有一定的费用，但服务团队通常与供应商建立长期合作关系，可以获得更好的价格和折扣，还可以帮助新人合理分配预算，避免浪费。

（5）统一协调和沟通。"一站式"婚礼服务作为中间人，能够与所有相关供应商进行统一协调和沟通。这有助于确保各个环节的顺利衔接，避免信息传达不准确或出现不协调的情况。

（6）快速应变和解决问题的能力。在婚礼筹备和执行过程中，难免会遇到一些意外情况和问题。"一站式"婚礼服务团队通常具备快速应变和解决问题的能力，能够在紧急情况下迅速采取行动，保证婚礼的顺利进行。

3. 婚礼堂婚礼适合对象

（1）期望豪华大气婚礼的新人。婚礼堂通常有专业的布置和设施，能为新人提供豪华和大气的婚礼环境。如果新人期望他们的婚礼是豪华和大气的，那么他们可能会选择在婚礼堂举办婚礼。

（2）喜欢"一站式"服务的新人。婚礼堂通常提供"一站式"服务，包括婚礼规划、场地布置、餐饮服务等。新人无须在各个地方寻找服务，省时省心。

（3）时间和精力有限的新人。由于婚礼堂提供全方位的服务，新人不需要花费大量的时间和精力去筹备婚礼，这对于那些工作繁忙或者不擅长筹划的新人来说，是非常合适的。

（4）有特定主题或风格需求的新人。如果新人希望他们的婚礼有特定的主题或风格，例如复古风、海洋风、森林系等，婚礼堂能提供专业的实现方案。

（5）参加婚礼人数较多的新人。如果婚礼的参加人数较多，需要更大的空间和更完善的设施，婚礼堂是一个很好的选择。

总的来说，婚礼堂婚礼适合那些对婚礼有较高期望、希望"一站式"解决问题、期望节省筹备时间和精力，或者有特定主题需求的新人。

知识点 7：校园婚礼的青春回忆与特色

校园婚礼是指在校园内举行的婚礼仪式。这种婚礼方式通常发生在恋人或夫妻其中一方是学生或校友的情况下。校园婚礼可以在校园内的特定场地举行，如校园花园、校园礼堂、校园讲堂或其他适合举办婚礼的地方。

对于从读书时代就开始谈恋爱一直走到婚姻殿堂的新人来说，校园里珍藏着他们最美好的回忆。校园婚礼不仅能让新人回忆起他们在学校度过的美好时光，还能与学校的氛围和回忆紧密相连。校园婚礼可以让新人和宾客共同感受到学校的特殊氛围和情感联系。此外，校园婚礼还可以提供独特的拍照机会，利用校园内的美景作为背景，留下难忘的照片和回忆。

1. 校园婚礼仪式流程

校园婚礼通常拥有更加轻松和非正式的氛围，其流程可以根据个人喜好和学校的规定来定制。

（1）准备阶段。

预订地点：需要与学校沟通，确认可以使用的场地，并预定婚礼日期。需要得到学校的许可，确保婚礼活动不会干扰学校的正常运转。

邀请嘉宾：制作并发送婚礼邀请函，可以是传统的纸质邀请函，也可以是电子邀请函。

布置场地：根据婚礼主题和个人喜好来布置场地，可能包括椅子、礼台、装饰品等。

（2）正式流程。

迎宾：安排迎宾人员在入口处欢迎宾客。提供指示牌或者人员引导宾客至座位。

开场：背景音乐开始，为仪式营造氛围。婚礼策划人或主持人简单介绍婚礼流程。

入场：首先是新郎入场，然后是伴郎伴娘入场，最后是新娘入场，一般由父亲或亲近的家人陪同。

仪式：开场白或诗歌朗诵；双方交换誓词；交换戒指；宣读婚姻宣言。

签字：新人和证婚人在婚礼证书上签字。

祝福：家人、朋友或学校领导为新人祝福。

闭幕：主持人宣布新人正式结为夫妇。新人退出仪式场地，通常伴随音乐和掌声。

（3）庆祝环节。

拍照：新人与宾客在校园的特定地点拍照留念。

接待会：安排一场简单的接待会，可以是下午茶或是自助餐，让新人与宾客互动、致谢。

婚礼晚宴：如果有安排晚宴，通常会在校园内的食堂或者租用的宴会厅举行。

派对：可以安排一个更加随意的派对，其中加入音乐、舞蹈和游戏等活动。

2. 校园婚礼的特点

校园婚礼是一个充满个性和纪念意义的选择，它能够提供一种与众不同的婚礼体验，同时也让新人回忆起在校园中度过的美好时光。

（1）情感纽带。校园婚礼在一个特殊的地点举行，可以增强新人与校园之间的情感纽带。如果新人是校友，校园婚礼可以成为回忆和情感的延续，让他们重温校园时光。

（2）非传统场地。与常见的酒店、教堂或户外场地不同，校园提供了一个更为独特和个性的环境。校园通常拥有美丽的景观和建筑，可以为婚礼提供独特的背景。校园中的某些地点，如树荫下的长椅、学校的小教堂或者中心广场，对情侣来说可能有着特别的意义，使得婚礼更加个性化和有故事性。

（3）学术氛围。校园内的图书馆、讲堂、历史建筑等地标性场所，能够为婚礼增添独特的学术和文化氛围。

（4）便利的设施。学校具备完善的设施，包括宴会厅、接待区和宿舍，这为婚礼的筹备和宾客的住宿提供了便利。校园婚礼可以利用学校的资源和设施，如礼堂、餐厅、音响设备等。校园婚礼通常可以吸引学生的参与和关注，他们可以扮演伴郎、伴娘、乐队成员、文艺表演者等角色，为婚礼增添活力和喜庆氛围。这些资源通常可以提供更多的选择和便利，同时也能为学校增加额外的收入。

（5）预算友好。对于预算有限的情侣来说，校园婚礼往往是一个经济实惠的选择，因为校园场地的租金可能比其他场所更低。

3.举办校园婚礼注意事项

（1）与学校联系。在决定举办校园婚礼之前，与学校的相关部门联系，了解校园婚礼的规定和限制。不同学校可能有不同的政策和程序，包括场地使用、安全规定和时间限制等。

（2）预订场地和服务。提前预订婚礼场地和相关服务，如礼堂、花园、音响设备、餐饮服务等。确保场地和服务在婚礼时可用，并与校方确认预订细节。例如，避开学校的大型活动或考试周期，选择一个相对安静的日期。如果学校内的餐饮服务不能满足需求，就需要外部餐饮服务，这时需要了解校园的外部食品政策。

（3）安全和保安。校园婚礼的安全是至关重要的。确保与学校协商并遵守相关的安全规定，如人数限制、应急计划和消防安全等。根据需要，可以考虑雇用校园保安人员来维护秩序和安全。

（4）婚礼布置和装饰。根据个人喜好和场地特点，进行婚礼布置和装饰。注意遵守学校的规定，不损坏或破坏校园财产。同时，确保布置和装饰的安全，避免使用易燃或不安全的材料。

（5）告知亲友和婚礼参与者。提前告知亲友和婚礼参与者婚礼举办的地点和时间，并提供相关的交通指引和停车信息。确保他们了解校园的规定和限制，以便顺利参加婚礼。

（6）沟通和筹备。与校方、亲友和相关供应商保持良好的沟通，及时解决问题和调整安排。提前做好筹备工作，确保婚礼的各个方面都得到妥善安排。例如，如果希望有学生参与婚礼，担任伴郎、伴娘或表演者，就要提前与学生组织或相关部门联系，

协商安排事宜。

（7）尊重校园社区。校园是教职工和学生的生活空间，婚礼的举办应尽量减少对校园日常活动的干扰。例如，由于校园是学习的地方，所以音响设备的使用需要特别注意，不要影响到校园的正常运转。

技能训练

任务1：目的地婚礼形式展示

活动目标

让学生了解和探索不同的目的地婚礼形式，并了解它们的特点和适用场景。

活动步骤

（1）将学生分成若干小组，并为每个小组分配一个目的地婚礼形式（如海滩婚礼、教堂婚礼、古堡婚礼、婚礼堂婚礼、草坪婚礼、校园婚礼等）。

（2）在课前提供一份资源列表，包括图书馆、互联网、杂志等，供学生收集目的地婚礼形式的相关信息。

要求每个小组收集关于他们分配的目的地婚礼形式的信息，包括地点的特点、装饰风格、场地设施等。学生可以使用文字、图片、视频等方式进行收集。

（3）学生在小组内分享他们收集到的信息，讨论每个目的地婚礼形式的特点和适用场景。他们可以把信息整理成一个小册子、PPT或海报，用于展示。

每个小组准备一个展示，介绍他们分配的目的地婚礼形式，可以使用图片、视频或模型等方式进行展示。

学生可以在展示过程中分享他们收集到的信息，解释每个目的地婚礼形式的特点和适用场景。他们可以用实例或故事来说明。

（4）在展示结束后，学生可以提问和讨论，深入了解每个目的地婚礼形式的优点和限制，可以就场地选择、装饰风格、氛围等方面进行讨论。

通过这个教学活动，学生有机会深入了解不同的目的地婚礼形式，并通过展示和讨论，加深对它们的理解。他们还可以通过收集信息和分享经验，培养信息检索和表达能力。最后的讨论环节可以促进学生思考和培养批判性思维，了解每个目的地婚礼形式的优点和限制。

任务2：目的地婚礼场景设计比赛

活动目标

鼓励学生发挥创造力，设计自己理想的目的地婚礼场景，并理解每个场景的特点和设计考虑。

活动步骤

（1）将学生分成若干小组，并要求每个小组设计一个自己理想的目的地婚礼场景（如海滩婚礼、教堂婚礼、古堡婚礼、婚礼堂婚礼、草坪婚礼、校园婚礼等）。

（2）在课前提供一份资源列表，包括图书馆、互联网、杂志等，供学生收集目的地婚礼场景设计的灵感和素材。

要求学生在设计中考虑场地的布置、装饰、主题、氛围等方面，并提供相应的理由和解释。他们可以使用绘图、模型、图片等方式进行设计。

（3）每个小组将他们的设计呈现给其他学生，可以自由选择展示形式，如口头演讲、展示板、视频等。

学生观看其他小组的设计展示，并互相评论和评价每个设计的特点。他们可以提出建议和改进意见，分享自己对目的地婚礼场景的理解和喜好。

为了增加趣味性和互动性，可以组织一个评选比赛，让学生投票选择他们认为最佳的目的地婚礼场景设计。

（4）在比赛结束后，组织讨论，让学生分享他们的设计思路和创意，以及在这个过程中遇到的挑战及其解决办法。

通过这个教学活动，学生有机会发挥创造力，设计自己理想的目的地婚礼场景。他们还可以通过观看和评价其他小组的设计，了解不同设计的特点和考虑因素。比赛环节可以增加竞争和乐趣，激发学生的热情和参与度。最后的讨论环节可以促进学生思考和培养批判性思维，分享设计过程中的经验和教训。同时，这个活动还可以培养学生的团队合作和沟通技巧。

任务3：寻找适合举办目的地婚礼的古堡

活动目标

通过课堂探索和讨论，帮助学生了解和评估适合举办目的地婚礼的古堡，并提出相应的建议和解决方案。

活动材料

（1）古堡资料：准备一些古堡的资料，包括图片、描述、历史背景、设施等信息。

（2）目的地婚礼考虑因素列表：准备一份目的地婚礼考虑因素列表，如预算、地点美感、设施、交通、旅行安排等。

活动步骤

（1）简介和导入：简要介绍目的地婚礼的定义和特点，解释为什么选择古堡作为目的地婚礼场地是一个独特的选择。激发学生的兴趣和参与。

（2）古堡介绍：将古堡资料分发给学生，让他们仔细阅读和研究每个古堡的相关信息。教师可以提供一些额外的背景知识和故事，以增加学生对古堡的兴趣。

（3）目的地婚礼考虑因素讨论：将目的地婚礼考虑因素列表分发给学生，让他们讨论和确定在选择古堡作为目的地婚礼场地时，需要考虑的重要因素。通过讨论，学生可以理解古堡作为目的地婚礼场地的优势和限制。

（4）古堡评估和决策：要求学生根据古堡资料和目的地婚礼考虑因素列表，评估每个古堡作为目的地婚礼场地的适合程度。学生应该考虑古堡的美感、设施、地理位置、预算等因素，并给出他们的建议和决策。

（5）小组分享和讨论：要求学生分享他们的评估结果，并与其他学生进行讨论和交流。教师引导学生分析每个古堡的优点和缺点，并帮助学生理解如何根据新人的需求和情况作出最佳决策。

（6）总结和反思：总结学生的讨论和观点，强调在选择古堡作为目的地婚礼场地时需要考虑的重要因素。鼓励学生分享他们从活动中学到的知识和感想。

活动延伸

角色扮演：将学生分为新人和策划师的角色，让他们在模拟的情境中进行目的地婚礼的评估和决策。通过角色扮演，加深对适合举办目的地婚礼的古堡的理解。

通过这个教学活动可以帮助学生了解古堡作为目的地婚礼场地的独特魅力和潜在限制，从而更好地为新人提供更加精准、专业的婚礼策划建议。此外，通过与其他学生的讨论和分享，学生还可以从彼此的经验和观点中获得启发和借鉴。

内容回顾

1.举办目的地婚礼场地的选择一般有三个视角：第一是风景优美的自然风光场地；第二是对新人有意义的场地；第三是特殊场地。

2.海滩婚礼注意事项：（1）选择合适的季节与地点；（2）交通安排；（3）婚礼服装。

3.教堂婚礼的仪式流程包括：（1）神父到位；（2）新郎入场；（3）交托礼；（4）问

誓；（5）诵经祷告；（6）宣誓；（7）交换戒指；（8）签署婚书；（9）祷告、祝福新人；（10）宣告。

4. 草坪婚礼注意事项：（1）举办户外婚礼的季节；（2）举办婚礼的地点；（3）舞台和背景；（4）音响系统；（5）宾客的座椅。

5. 古堡婚礼一般分成三部分，主要是婚礼仪式部分、晚宴部分和 After party 部分。古堡婚礼一般选择在古堡内的教堂或者草坪举行，因此婚礼流程就是教堂婚礼和草坪婚礼的流程。

6. 婚礼堂整合了各方资源，打破了婚礼服务市场的条块分割，从婚礼策划开始一直到婚宴结束，为新人提供全流程的"一站式"服务，保证了婚礼各环节顺畅衔接、圆满完成。"一站式"婚礼服务具有省心、省力、省钱、服务好、品质好、效率高的优势。

7. 校园婚礼的特点：（1）情感纽带；（2）非传统场地；（3）学术氛围；（4）便利的设施；（5）预算友好。

能力检测

1. 提供一个实际的案例，谈谈如何根据新人的需求和预算以及婚礼的主题来选择婚礼的目的地场地。
2. 解析一次成功的海滩婚礼策划案例，包括场地布置、仪式流程以及解决的挑战和问题。
3. 设计一份教堂婚礼的策划书，内容包括婚礼主题、仪式流程、装饰设计等。
4. 列举草坪婚礼可能遇到的问题，并提出相应的解决策略。
5. 叙述一次古堡婚礼的策划过程，包括场地选择、主题设定、仪式流程设计等。
6. 对比婚礼堂婚礼与其他形式的婚礼，列出其优势和可能存在的问题。
7. 设计一份在学校举办校园婚礼的策划书。

实务案例

草坪上的誓言：苏格兰古堡内草坪婚礼的完美体验

背景

苏格兰古堡拥有悠久的历史和浪漫的氛围，成为许多新人梦寐以求的婚礼举办地。草坪婚礼在古堡内举行，将为新人和宾客带来难忘的体验。以下是一个关于如何在苏格兰古堡内草坪举办婚礼的案例。

婚礼筹备

（1）确定婚礼日期和场地：选择合适的日期，并与古堡管理部门联系，预定草坪作为婚礼举办地点。提前了解古堡的规定和限制，以便合理安排婚礼细节。

（2）婚礼主题与装饰：根据个人喜好和古堡的氛围，选择婚礼主题。苏格兰古堡常常与传统的苏格兰文化和高地风格联系在一起，可以选择相应的装饰和细节，如苏格兰格子、高地花纹等。

（3）婚礼场地布置：在草坪上搭建婚礼仪式用的帐篷或临时建筑物，为婚礼仪式和婚宴提供舒适和安全的空间。在草坪周围设置花坛、花环、绿植等装饰元素，营造浪漫的氛围。

（4）婚礼摄影与音乐：选择专业的摄影师和摄像师，记录下婚礼中珍贵的瞬间。同时，安排合适的音乐，如小提琴、风笛等苏格兰传统乐器，为婚礼增添音乐的魅力。

婚礼当天

（1）婚礼仪式：在草坪上设立仪式场地，以白色花坛或花环作为背景。新人在自然的绿意中举行婚礼仪式，交换誓词，庄重而浪漫。

（2）酒会与婚宴：在帐篷或临时建筑物中举行酒会和婚宴。提供精美的餐点和饮品，让宾客享受美食和欢乐的时刻。可以在帐篷内设置舞池，为婚礼增添热闹的氛围。

（3）活动与娱乐：安排一些特色活动和娱乐项目，如苏格兰传统舞蹈表演、高地游戏等，为婚礼增添趣味和互动性。让宾客参与其中，共同分享喜悦与快乐。

（4）灯光与烟花：在婚礼晚宴结束时，可以安排烟花表演和特殊的灯光效果，给整个婚礼画上完美的句号。点亮夜空，营造浪漫而难忘的氛围。

总结

苏格兰古堡内草坪婚礼是一种别具一格的婚礼方式，让新人与宾客融入自然与历史的氛围。通过精心的筹备和细致的安排，可以打造出一种难忘的婚礼体验。在苏格兰古堡内草坪举办婚礼，新人和宾客可以在宏伟的古堡背景下，感受浪漫和独特的氛围。无论是仪式、酒会还是婚宴，都可以根据个人喜好和古堡的风格来定制，让每一位宾客都能够留下美好的回忆。

> 拓展阅读

适合举办婚礼的 10 座城堡

在城堡举办婚礼是一种浪漫、梦幻般的体验。本书介绍的 10 座适合举办婚礼的古堡都可以提供一系列专业的婚礼服务。城堡的工作人员可以帮助安排婚礼仪式、宴会和住宿，还可以提供婚礼设计、摄影和音乐等服务，确保婚礼顺利进行。

（1）费拉拉埃斯特城堡（Castle of Estense），位于意大利费拉拉市中心，是一座历史悠久的中世纪城堡。该城堡建于14世纪末，是费拉拉当地著名的地标之一，也是该市重要的旅游景点之一。

费拉拉埃斯特城堡以其壮观的建筑和丰富的历史而闻名。它的外观是典型的中世纪意大利城堡风格，由巨大的砖石墙壁、角楼和城堡门组成。城堡内部有一系列精美的宴会厅、宫殿和博物馆，展示了费拉拉的历史和艺术品。

在费拉拉埃斯特城堡举办婚礼是一种浪漫的体验。城堡内有豪华的宴会厅，可以容纳大型婚礼宴会。宴会厅装饰着华丽的壁画、雕塑和家具，营造出一种优雅而庄重的氛围。此外，城堡周围还有美丽的花园和庭院，提供了一个浪漫的户外婚礼场所。

费拉拉埃斯特城堡所在的费拉拉市也是一个迷人的地方。这个历史悠久的城市有着独特的文化和建筑风格，值得新人和宾客在婚礼之余探索和欣赏。

城堡的壮观建筑、丰富历史和优雅氛围以及城市本身的魅力，将为新人和宾客带来一次独特而令人难忘的婚礼体验。

（2）香波尔城堡（Chateau de Chambord），位于法国卢瓦尔河谷地区，是法国著名的城堡之一，也是世界上既大又宏伟的城堡之一。它建于16世纪，以其独特的法式文艺复兴建筑风格和壮丽的庭院而闻名于世。

香波尔城堡位于一个巨大的公园中，占地面积达到5440公顷，拥有广袤的森林、湖泊和美丽的花园。城堡本身是一座宏伟的建筑，拥有壮观的石雕、雕塑和拱门，以及精美的宫殿和宴会厅。它是由法国国王弗朗索瓦一世下令建造的，被认为是法国文艺复兴建筑的杰作。

城堡内部有华丽的宴会厅，可以容纳大型婚礼宴会。宴会厅装饰着雕塑、壁画和精美的家具，营造出一种优雅而豪华的氛围。此外，城堡附近的花园和庭院也是举办户外婚礼的理想场所。

香波尔城堡所在的卢瓦尔河谷地区是法国著名的旅游景点之一，卢瓦尔河谷地区还拥有许多其他迷人的城堡和风景名胜。新人和宾客可以在婚礼之余探索和欣赏这个美丽的地区。

（3）温莎城堡（Windsor Castle），位于英格兰伯克郡温莎-梅登黑德皇家自治市镇温莎，是世界上既古老又大的仍然有人居住的城堡，也是英国女王伊丽莎白二世的主要居所。温莎城堡建于11世纪，拥有超过900年的历史，是英国皇室的象征之一。

温莎城堡是一座宏伟的建筑，融合了中世纪和哥特式风格。它包括多个宫殿、塔楼、教堂和花园，拥有壮观的城墙和防御设施。城堡内部有华丽的宴会厅、房间和大

厅，装饰着珍贵的艺术品、家具和绘画作品。

在温莎城堡举办婚礼是一种独特的体验。城堡内有专门用于举办婚礼的场地，包括圣乔治教堂和圣乔治礼堂。圣乔治教堂是一座迷人的哥特式教堂，具有悠久的历史和壮观的建筑。而圣乔治礼堂是一座豪华的宴会厅，可容纳大型婚礼宴会。

温莎城堡所在的市镇是一个迷人的地方，拥有许多历史悠久的建筑和美丽的公园。新人和宾客可以在婚礼之余探索和欣赏这个古老而秀丽的地区。

（4）阿尔罕布拉宫（Alhambra Palace），位于西班牙格拉纳达市，是一座世界闻名的伊斯兰宫殿和堡垒复合体。它建于13世纪，是伊斯兰艺术和建筑的杰作，也是西班牙重要的历史遗迹之一。

阿尔罕布拉宫被誉为"伊斯兰艺术在西班牙的瑰宝"。宫殿内部有华丽的花园、宴会厅、庭院和喷泉，装饰着精美的瓷砖、壁画和雕塑。它展示了伊斯兰建筑的独特风格，包括几何图案、拱门和穹顶。

在阿尔罕布拉宫举办婚礼是一种浪漫而神圣的体验。宫殿内有适合举办婚礼仪式和宴会的场地，如纳斯尔宴会厅和庭院。这些场所都充满了历史和文化的氛围，为婚礼增添了独特的魅力。

阿尔罕布拉宫所在的格拉纳达市是一座美丽的城市，拥有丰富的历史和文化遗产。新人和宾客可以在婚礼之余探索和欣赏这个城市的壮丽景观和独特风情。

（5）布拉格城堡（Prague Castle），是位于捷克共和国首都布拉格的一座古老而壮丽的城堡。它是欧洲古堡之一，也是捷克重要的历史和文化地标之一。

布拉格城堡建于9世纪，是一个庞大的建筑群，包括宫殿、教堂、塔楼和花园。城堡内部有精美的建筑和装饰，展示了不同历史时期的建筑风格，如哥特式、文艺复兴和巴洛克。城堡内有适合举办婚礼仪式和宴会的场地，如圣维图斯大教堂和皇家宫殿。这些场所都充满了历史和文化的氛围，为婚礼增添了独特的魅力。

布拉格城堡所在的布拉格市是一座迷人的城市，拥有许多历史悠久的建筑和美丽的景点。新人和宾客可以在婚礼之余探索和欣赏这个城市的独特风景和文化遗产。

（6）新天鹅城堡（Schloss Neuschwanstein），是一座位于德国巴伐利亚州的浪漫童话城堡，也是世界上著名的城堡之一。它是由巴伐利亚国王路德维希二世在19世纪下半叶下令建造的，作为他的私人避暑居所。这座城堡以其壮观的建筑风格和奇幻的外观而闻名于世。

新天鹅城堡是一座巴洛克和罗曼蒂克风格相结合的建筑，灵感来源于中世纪的神话和传说。它坐落在一座陡峭的山丘上，俯瞰着附近的山脉和湖泊，景色美丽壮观。城堡外观采用了浪漫主义的设计元素，如尖塔、尖顶、雕刻和精美的壁画。

城堡内部设有华丽的宴会厅、大厅和客房。宴会厅装饰着华丽的黄金画和壁画，而客房则以其精致的家具和装饰品而闻名。城堡的设计充满了奇幻和浪漫的元素，给人一种置身于童话世界的感觉。

新天鹅城堡每年吸引着数百万的游客，不仅因为其壮丽的外观和建筑风格，还因为它是迪士尼动画电影《睡美人》的灵感来源之一。参观者可以通过导游引领参观城堡的内部，并欣赏到城堡周围的美景。

无论是对于历史爱好者、建筑迷还是对于浪漫主义者来说，德国新天鹅城堡都是一个值得一游的地方，也是一个独特的婚礼场地选择地。

（7）安伯利城堡（Amberley Castle），是一座位于英国西萨塞克斯郡的历史悠久的城堡，建于12世纪初，位于南唐斯山脚下风景如画的安伯利村。1377年这里被作为防御之处，至今仍保留着一堵60英尺高的围墙，两旁是一座双塔门楼和一座塔楼。远远地望见城堡，那恢宏的气势就足以让人想象，这里必定发生过很多故事。

安伯利城堡的建筑风格典雅精致，保留着许多中世纪的原貌，包括石墙、尖塔和城堡壕沟。城堡内部则经过精心的装修，提供豪华的客房和套房，以及现代化的设施和服务。成片的庭院和花园，到处可见的绿色草坪和花球，甚至还有孔雀漫步其中。皇后室的桶形天花板可以追溯到12世纪，路法主教在1165年建造的"大房间"，有高高的柳叶刀窗、开放式壁炉、橡木地板、挂毯和盔甲套装。

这座城堡也是一家知名的豪华酒店，酒店里的餐厅久负盛名，提供融合了当地特色的创意菜肴，为游客提供高品质的住宿体验和美食享受。在这里，游客可以感受到中世纪的历史氛围，漫步在宁静的花园中，欣赏壮丽的景色，体验英国乡村生活的宁静与优雅。

（8）爱丁堡城堡（Edinburgh Castle），位于苏格兰首府爱丁堡，是苏格兰著名的古堡之一，也是该国重要的历史和文化地标之一。它坐落在火山岩上，俯瞰着整座城市，拥有着壮丽的景色和宏伟的建筑。

爱丁堡城堡的历史可以追溯到公元12世纪，它曾经是苏格兰皇家的居所和国王的居住地。这座古堡经历了多次战争和重建，如今成为一个重要的旅游景点和博物馆。

城堡内部有许多令人惊叹的建筑和展品，包括皇室礼堂、石头炮台、圣玛格丽特教堂等。城堡还设有苏格兰王冠和王杖的陈列室，以及其他珍贵的文物和艺术品。参观者还可以通过导游引领参观城堡的内部及周围的美景。每年都有数百万的游客来到这座古堡，探索其丰富的历史和文化价值。

（9）沃子爵城堡（Château de Vaux-le-Vicomte），位于法国巴黎附近，是法国著名的巴洛克风格建筑之一。这座古堡建于17世纪，是法国巴洛克艺术的杰作，以其精美的建筑和美妙的花园而闻名于世。

古堡的内部装饰非常豪华，包括壮观的大厅、华丽的客厅和卧室，以及装饰精美

的壁画和壁炉。每个房间都展示着巴洛克时期的艺术和奢华。

古堡周围的花园也是其魅力的一部分。安德烈·勒诺特尔设计的花园以对称和几何形状为特色，包括花坛、喷泉和雕塑。花园的设计和布局与古堡的建筑相互呼应，营造出宏伟而优雅的氛围。

古堡提供专业的婚礼服务，可以根据新人的要求和预算进行定制，并提供精心策划的婚礼仪式和宴会。无论是在室内的大厅还是在室外的花园，都可以为新人和宾客带来难忘的婚礼体验。此外，沃子爵城堡还开设了游客参观和导览服务，让游客可以了解其丰富的历史和文化价值。

（10）海德堡城堡（Schloss Heidelberg），位于德国巴登-符腾堡州海德堡市，是德国很著名和壮丽的城堡之一，也是欧洲极具代表性的文艺复兴建筑之一。该城堡坐落在尼克河畔，俯瞰着整座海德堡市和周边风景。

海德堡城堡建于13世纪，历经数百年的兴衰变迁，曾是法尔茨选帝侯的居所和政治中心。在城堡的建筑群中可以看到不同历史时期的建筑风格，包括哥特式、文艺复兴和巴洛克风格。城堡内部包括宫殿、宝座厅、宗教建筑、花园和塔楼等建筑物，展示了其丰富的历史和文化遗产。这里的葡萄酒酒桶是世界上少见的大酒桶，可以装下22万升的酒。另外，此处还有医药博物馆，展示了数百年前的药学。作为海德堡市的标志性建筑，海德堡城堡吸引了大量游客前来参观。游客可以参观城堡内部的博物馆，了解德国历史和城堡的故事，还可以登上城堡塔楼，俯瞰尼克河和海德堡市的壮丽景色。

除了有历史和文化价值，海德堡城堡也是一个热门的旅游目的地，吸引着来自世界各地的游客。城堡周边环境优美，附近有美丽的花园和步行道，游客可以在这里欣赏自然风光。海德堡城堡每年还举办各种文化活动和节日庆典，例如音乐会、艺术展览和传统庆典，为游客提供丰富多彩的体验。

国内优美的婚礼教堂

在教堂举办婚礼，可以提供一个庄严而浪漫的氛围。无论是在美丽的建筑和艺术品前交换誓词，还是在庄严的仪式中庆祝爱的盛会，这些教堂都会为婚礼增添难忘的回忆。

（1）青岛圣弥爱尔天主教堂，位于山东省青岛市南区，是青岛市的重要地标之一。这座教堂以其哥特式建筑风格的外观而闻名。教堂广场作为青岛老城的中心，塔楼高度超过北京、天津、大连以及济南等中国北方大城市的所有教堂。

圣弥爱尔天主教堂建于1932年，本名圣弥厄尔教堂，由德国设计师毕娄哈依据哥特式和罗马式建筑风格设计。拟建教堂应高百米，适逢第二次世界大战爆发，希特勒严禁德国本土资金外流，该教堂不得不修改图纸，即建成现在规模。占地面积11480平方米，其中建筑面积6301.54平方米。

它的建筑风格融合了哥特式和罗马式的元素，拥有尖顶、尖拱、飞扶壁和彩色玻璃窗等典型特征。教堂的外观装饰着大理石和雕塑，展示了精美的工艺和细节。教堂内部有宽敞的礼拜厅、精美的祭坛和彩色玻璃窗。

圣弥爱尔天主教堂是青岛天主教信徒进行宗教仪式的场所，每天都有弥撒和其他宗教活动。此外，教堂还是青岛重要的宗教和文化活动的举办地，吸引了许多游客和信徒。

（2）哈尔滨圣·索菲亚教堂，位于黑龙江省哈尔滨市道里区，是中国较大的俄罗斯东正教堂，也是哈尔滨市的标志性建筑之一。这座教堂以其拜占庭风格的建筑和独特的历史背景而闻名。

圣·索菲亚教堂建于1907年，建筑风格融合了拜占庭和哥特式的元素，拥有5个金色的圆顶和尖拱，外观装饰着彩色的瓷砖和壁画。

教堂内部有宽敞的礼拜厅、精美的壁画和雕塑。教堂的壁画描绘了圣经故事和宗教图案，雕塑展示了精湛的工艺和细节。

在历史上，圣·索菲亚教堂曾经是哈尔滨最重要的教堂之一，吸引了许多东正教信徒和朝圣者。然而，在"文化大革命"期间，教堂被关闭。直到1997年，教堂才重新开放。

周日的清晨和日落时分，教堂响起祈祷的钟声，使得东方古国的塞北名城哈尔滨笼罩着浓重的宗教气氛。如今，圣·索菲亚教堂是哈尔滨重要的旅游景点和文化地标。游客可以参观教堂内部，了解其丰富的历史和文化背景，并欣赏其壮丽的建筑和艺术品。

（3）广州石室圣心大教堂，位于广东省广州市越秀区，是广州最大的天主教堂，也是举办婚礼的理想场所之一；是国内现存的双尖塔哥特式建筑之一，也是全球4座全石结构哥特式教堂建筑之一。当时耗资40万法郎，法国人仿照巴黎的圣克洛蒂尔德教堂并融合中国元素进行设计，被称为"东方的巴黎圣母院"。

石室圣心大教堂建于1863年，是由法国传教士设计和建造的。它的建筑风格融合了哥特式、罗马式和拜占庭式的元素，拥有尖顶、尖拱、飞扶壁和彩色玻璃窗等典型特征。教堂的外观装饰着大理石和雕塑，展示了精美的工艺和细节。

教堂的内部装饰着壁画、雕塑和圣像，营造出庄严而浪漫的氛围。

石室圣心大教堂是广州天主教信徒进行宗教仪式的场所，每天都有弥撒和其他宗教活动。此外，教堂也是举办婚礼的热门选择地之一，吸引了许多新人和他们的家人、朋友。

（4）洪家楼天主教堂，位于山东省济南市历城区，是哥特式建筑与济南传统风格结合的经典之作，是济南市最大的教堂，一座历史悠久的天主教堂。由奥地利修士庞

会襄设计，1901年动工，1905年建成。1906年，洪家楼天主教堂扩建成哥特式建筑。在圣弥爱尔教堂建成之前是华北地区最大的教堂。教堂体量高大，气势宏伟，平面为拉丁十字形，立面为典型的哥特式建筑风格。

洪家楼天主教堂展现了欧洲中世纪教堂的特点。教堂建筑高大宏伟，有着尖塔和尖顶，营造出庄严肃穆的氛围。教堂内部的中殿宽敞明亮，两侧有彩色玻璃窗，展现了精美的艺术造型和细腻的色彩。教堂的内部装饰华丽，墙壁上有宗教画和雕塑，营造出一种庄重而神圣的氛围。

洪家楼天主教堂是济南地区天主教的重要场所，每天都有多场宗教仪式和弥撒活动。特别是在重要的宗教节日（如圣诞节和复活节），教堂会举办盛大的庆祝活动，吸引大批教徒和游客前来参与。周围有洪楼公园和济南市博物馆等其他历史文化景点，游客可以一同参观，感受济南的历史和文化魅力。

（5）徐家汇天主教堂，位于上海市徐汇区，是一座哥特式教堂，建筑外观庄严大气，具有典型的中世纪教堂特征。教堂的尖顶和尖塔是其最显著的特点之一。

这座教堂是鸦片战争后上海建造的重要天主教堂之一，为天主教上海教区主教座堂，正式的名称为"圣依纳爵堂"，始建于19世纪末。整幢建筑高5层，砖木结构，法国中世纪样式。大堂内圣母抱小耶稣像是1919年于巴黎制成后运抵上海的。经过多次修缮和重建，教堂得以保存至今，成为上海市的一处重要的宗教和历史遗迹。

徐家汇天主教堂是上海地区天主教的重要场所之一，每天举行多场宗教仪式和弥撒。教堂内部装饰精美，有彩色玻璃窗和宗教画作，为信徒和游客提供了一个庄严而神圣的宗教场所。徐家汇天主教堂位于徐汇区的徐家汇商圈，交通便利，周边有许多商业和文化设施，是一个热门的旅游和观光目的地。

（6）王府井天主堂，位于北京市东城区王府井大街74号，是一座有300多年历史的天主教堂，世称"东堂"。旧时，北京天主教共有东、西、南、北四堂，东堂一名来源于此。

王府井天主堂由利类思和安文思两位神父于1655年设计和建造，是北京市著名的天主教堂，也是中国北方地区重要的天主教堂之一。

王府井天主堂现存的教堂建筑是一座三层罗马式建筑，在建筑细部的处理上，融入了许多中国传统建筑的元素，整座建筑成功地融合了中西建筑的风格。2000年，伴随王府井大街的改造，北京市政府投资在教堂前兴建了一座广场，从而使王府井天主堂成为王府井步行街的一处景观，而王府井天主堂也因之成为北京最为市民所熟知的一座天主教堂。

王府井天主堂是北京地区天主教的重要场所，每天举行多场宗教仪式和弥撒。由于位于北京市中心的繁华地段王府井大街，交通便利，周边有许多商业和文化设施，所以是一个热门的旅游和观光目的地。

(7)沈阳小南天主教堂，位于辽宁省沈阳市沈河区南乐郊路40号，始建于清朝同治十二年（1873年），为法国传教士方若望所建。光绪二十六年（1900年），沈阳天主堂被义和团焚烧。现存建筑为1912年由法国苏悲理斯主教利用庚子赔款在原址上重建，由法国人梁亨利设计。这是一座风格纯正的哥特式大教堂。1949年以前，一直是沈阳的标志性建筑物。

教堂南北长66米，东西宽17米，通高40米，总面积9264平方米。教堂是典型的哥特式建筑。青砖素面，顶部有方锥形尖顶，东西并列，上部装饰有十字架，前面是三扇拱门，两侧有成排小窗。

(8)天主教西开总堂，又名西开教堂，位于天津市和平区，是天津市重要的天主教堂之一。

该教堂始建于1913年8月，到1916年6月竣工，包括天主教总堂和大教堂，由法国传教士杜保禄主持修建。建筑面积1891.95平方米，可同时容纳1500人，平面呈十字形。

大教堂采用一些法国罗马式建筑造型，楼座以黄、红色花砖砌成，上砌翠绿色圆肚形尖顶，檐下为半圆形拱窗，是天津教堂中规模最大的一座。

西开教堂有3个并列的绿色穹顶，高达45米，每座穹顶上有一个青铜十字架。由于主教拒绝在穹顶安装避雷针，20世纪50年代一个十字架被雷劈下，以后补装了避雷针。不过80年代以后，周围高楼迭起，教堂已经不是最高建筑，避雷针就没有必要了。西开教堂建筑主体是用红、黄色花砖砌造的，教堂内有许多壁画和大管风琴，前面院中有圣水坛，有左右两道大门，信徒分男女从不同的门入内。

西开教堂的结构是带厢堂长殿式，教堂横殿和长方形教堂相交构成十字连拱廊。大门采用拱门形式，通常用石头作材料，在石门上凿出一个拱券，一个套一个拱券由表入里，一个比一个小，最里层是木质大门。正厅从正门两侧到底部的祭台，有2排（每排7根）共14根立柱，形成三通廊式。中殿以叠式复合方柱廊，支撑大小半圆券顶。室内八角形的穹窿顶及侧窗均以彩色玻璃镶嵌作画。内墙彩绘壁画，装饰华丽，充满了宗教神秘气息。

(9)香港圣约翰大教堂，位于中环花园道，是香港最早的基督教教堂。香港第一间礼拜堂是木建筑，1841年由菲利浦牧师筹建。1842年，圣公会信徒在花园道口玛丽操场建了一座棚厂作为临时礼拜之所。1844年，史丹顿牧师倡建一座永久性的礼拜堂，获港督戴维斯的支持。1847年3月11日举行奠基典礼，1849年3月11日落成，完成了该堂的中座及钟楼。堂内有座位640个，耗资8736英镑，其中一半由英国政府承担，另一半则由在港的信徒共同筹募。后来由于信徒日增，1872年加建侧翼，增加了60个座位，加建的奠基石仍可在东面的墙壁上看到。

1941年底，香港沦陷，其信徒及牧师多被关进赤柱的集中营。1944年7月，日本人将大教堂改为公众会堂及日本人的俱乐部。当时香港天主教主教获悉此事后，及

时将大部分家具迁至铜锣湾圣保罗书院。在 1945 年的一次空袭行动中，半数的家具被炸毁，其余则物归原主。战后，由于座堂受到严重的破坏，耗费 2 年修葺。现今这座历经沧桑的大教堂除了日常作主日礼拜之用，更是成为举行婚礼及葬礼的重要场所。

项目三：

目的地婚礼策划基础与实战技能

【学习目标】

【知识要点】

  知识点 1：目的地婚礼策划师的多维角色与关键职责解析

  知识点 2：目的地婚礼策划的标准工作流程梳理

  知识点 3：目的地婚礼策划的创意设计与实践

  知识点 4：目的地婚礼主题策划的精髓与策略

  知识点 5：目的地婚礼的定位策划与策略

  知识点 6：目的地婚礼创意策划与策略

  知识点 7：婚礼策划书的内容框架与结构解析

  知识点 8：婚礼策划书的撰写技巧与避错指南

  知识点 9：目的地婚礼策划中的重点关注与管理策略

【技能训练】

  任务 1：是否适合目的地婚礼

  任务 2：拍摄目的地婚礼微电影

  任务 3：设计云南洱海目的地婚礼流程

【内容回顾】

【能力检测】

【实务案例】

  热带岛屿的梦幻爱情：巴厘岛热带之恋主题婚礼策划

【拓展阅读】

  "First Look"时刻

  婚礼策划调查问卷

  目的地婚礼流程

  了解森系主题婚礼

学习目标

1. 对目的地婚礼策划师的角色定位和岗位职责有深入的理解，包括整个策划过程中的各项任务和责任。

2. 理解并掌握目的地婚礼策划的工作流程，包括从接触新人到婚礼结束的各个阶段。

3. 学习并掌握婚礼策划的创意思维和创意方法，包括如何提出并实现独特的婚礼主题和设计等。

4. 对目的地婚礼策划书的构成要素有深入的理解，包括婚礼环境分析、婚礼的基本框架、婚礼价格及预算方案等重要部分。

5. 掌握目的地婚礼策划书的内容、结构与格式，能够编写出专业、全面、清晰的婚礼策划书。

6. 学习并掌握目的地婚礼策划书的撰写技巧，包括如何有效地传达信息，如何使策划书更具吸引力。

7. 了解目的地婚礼策划应该注意的事项，包括做好时间安排、全面了解婚礼场地、拍摄注意事项等。

知识要点

知识点 1：目的地婚礼策划师的多维角色与关键职责解析

目的地婚礼策划师是为新人提供目的地婚礼流程创意策划、进行婚礼现场监督，帮助新人完成梦想婚礼的专业人士。其主要工作是根据客户的具体需求作出个性化的安排，策划实施婚礼方案，并对整场婚礼进行现场监督。

目的地婚礼策划师不仅需要掌握婚庆服务的知识、技能，而且需要熟悉目的地有关婚礼的各种风俗习惯等，同时还需要准确掌握、理解新人的想法和需求。婚礼策划师就如同婚礼的"总导演"。在婚礼前期，婚礼策划师会和新人一起挑选目的地、挑选吉日、挑选酒店、挑选婚礼服装、寻找婚礼场地、确定场景布置及背景音乐和喜烟喜糖等，并为新人设计一套适合他们个性的婚礼方案。同时，婚礼策划师还要组织婚礼当天各项工作，安排好婚礼现场的灯光、舞美、音乐和礼仪主持人。为避免新人忙中出错，婚礼策划师会在各个环节中设计独有的手势引导新人。新郎、新娘只要耳听礼仪主持人、眼看婚礼策划师就能有条不紊地进行仪式。为做到礼仪主持人、音乐、灯光三位一体同步进行，婚礼策划师会用对讲机读倒计时，用独有的手势进行引导。

1. 目的地婚礼策划师的岗位职责

目的地婚礼策划师是一个易学难精的职业，硬性门槛虽不是很高，但要熟知包括礼仪、舞美、心理等在内的多种行业知识。同时，对细节有非常高的要求，如拍摄机位、新人礼服的搭配等都要考虑周全。

（1）咨询服务。需要与新人进行沟通，了解他们的期望、预算和特殊需求，为他们提供关于目的地的专业建议，包括最佳季节、合适的场地、当地的法律和习俗等。

（2）策划与设计。需要根据新人的需求和预算对婚礼进行整体设计，包括主题、装饰、音乐、菜单、摄影等。

（3）预订与协调。需要负责预订和协调所有的服务供应商，包括场地、餐饮、摄影、音乐、花艺、交通等。

（4）时间管理。需要制定详细的时间表，确保婚礼当天的所有活动都能按时进行。

（5）预算管理。需要负责管理婚礼的预算，确保所有的花销都在预算范围内。

（6）问题处理。需要及时解决在婚礼策划和执行过程中出现的问题。

（7）当天执行。需要在婚礼当天现场协调各个部分的工作，确保婚礼顺利进行。

（8）后期跟进。需要负责婚礼结束后的后期跟进工作，比如收集和整理婚礼现场照片，处理可能出现的问题等。

2. 目的地婚礼策划师的角色定位

（1）顾问和咨询者。目的地婚礼策划师作为专业人士，向新人提供婚礼策划方面的专业建议和咨询。他们了解目的地婚礼的最新趋势和最佳实践，并能根据新人的需求和偏好提供个性化的建议。

（2）策划和组织者。目的地婚礼策划师负责整场婚礼的策划和组织工作。他们与新人沟通确定婚礼的主题、预算、时间表、场地选择等，并与供应商和服务提供商协调安排各项细节。

（3）供应商和服务提供商的联系人。目的地婚礼策划师与各类供应和服务提供商（如场地经理、酒店、餐饮、摄影师、化妆师等）建立联系，并协调他们的工作。同时负责与供应商签订合同、安排付款和确认服务细节。

（4）预算和成本管理者。目的地婚礼策划师负责协助新人制定婚礼预算，并在整个策划过程中控制和管理成本。他们与新人一同评估供应商报价、比较不同选项，并提出经济可行性建议。

（5）时间管理和协调者。目的地婚礼策划师负责制定婚礼的时间表，安排、协调不同供应商和服务提供商的工作，确保各项工作按时完成，整个婚礼顺利进行。

（6）风险管理和问题解决者。目的地婚礼策划师负责识别和管理婚礼策划中的风

险和问题，制定应急预案，解决突发性问题，确保婚礼顺利进行。

（7）新人代表和沟通者。目的地婚礼策划师代表新人与供应商和服务提供商进行沟通和协商。代表新人表达其需求和期望，确保供应商和服务提供商能够满足这些需求。

目的地婚礼策划师的角色定位旨在为新人提供全方位的婚礼策划服务，帮助新人实现梦想中的目的地婚礼。丰富的专业知识和经验，以及与各类供应商和服务提供商的密切合作，使婚礼策划师成为新人可信赖和依赖的合作伙伴。最终，目的地婚礼策划师的目标是确保新人和宾客在目的地婚礼中度过一段难忘的时光。

3. 目的地婚礼策划师的岗位要求

（1）重视沟通。专属的婚礼策划师采取的是"一对一"的顾问式服务，为新人打点婚礼，筹备各项事宜，从目的地、婚礼场地的选择、婚礼风格的确定、设计制作各种婚礼用品、拍摄爱情故事 MV 到婚礼现场的各项细节，掌控新人的婚礼全程。

（2）提供专职服务。重视新人对自己婚礼的想法，在参考预算下，结合新人的工作、背景、喜好、认识交往的过程等，通过沟通为其策划出最佳方案。针对许多新人对预算的担忧，婚礼策划师会根据新人的预算，为其设计出独特的婚礼方案。

由于婚礼的过程十分烦琐，因此在婚礼统筹上，必须针对不同的状况作确认、修改以及时间点的提醒，严谨地提醒新人不同时间该做的事，该选购的结婚用品，让新人无须担心漏掉任何一项，也不会手忙脚乱。

（3）担任总联络人。筹备婚礼过程中，婚礼策划师需与各服务提供商接洽并议价。作为总联络人，婚礼策划师将基于新人的需求与预算，挑选最适合的人员与产品，确保所有的婚礼事宜简化成单一窗口的服务。

（4）处理各种突发事件。婚礼当天应该是最完美的呈现，婚礼策划师将作为督导出现在现场，帮新人处理各项事宜，应对突发事件，消除紧张的情绪，让其享受婚礼的喜悦。

4. 一支优秀的策划团队需要具备的特质

（1）专业知识和技能。策划团队需要对策划的领域有深入的了解，掌握相关的技术和方法。例如，一支婚礼策划团队应该熟悉各种婚礼流程、文化习俗、装饰风格，以及音乐、照明、摄影等方面的知识。

（2）创新能力。在策划过程中，能够提出独特、新颖的想法是非常重要的。每对新人都希望他们的婚礼是独一无二的。因此，策划团队需要有足够的创新能力，为新人提供独特的婚礼主题、装饰设计、活动安排等。此外，创新能力还体现在解决问题上，优秀的策划团队应该能够在遇到问题时提出解决方案。

（3）灵活适应能力。婚礼策划中总会出现意料之外的情况，比如天气变化、供应商的问题、时间安排的改变等。优秀的策划团队应该能够快速适应这些变化，并及时作出调整。此外，每对新人的需求各有不同，策划团队也需要灵活应对新人的需求，提供个性化服务。

（4）团队协作能力。策划工作往往需要团队的合作，优秀的策划团队应该有良好的团队协作精神，能够有效地分工合作，共同完成策划任务。

（5）沟通能力。策划工作需要与客户、供应商、执行团队等多方进行沟通，因此，策划团队应具备良好的沟通能力，能够准确、清晰地表达自己的想法，也能够理解并尊重他人的观点。

（6）细心和严谨。策划工作涉及很多细节，优秀的策划团队应该对每一个细节都非常关注，以严谨的工作态度，对自己的工作负责，避免出现错误，确保策划方案能够精确地被执行。

知识点2：目的地婚礼策划的标准工作流程梳理

目的地婚礼策划的工作流程包括五个阶段。第一阶段是收集客户信息，第二阶段是策划准备，第三阶段是撰写策划方案，第四阶段是具体执行方案，第五阶段是评估总结归档。要使婚礼呈现最佳的策划效果，每一阶段都是至关重要的。在这五个阶段中，需要按照设定的步骤来完成婚礼设计策划。一般来讲，主要包括如下十个步骤。

（1）婚礼目标确定。
（2）婚礼地点选择。
（3）婚礼形式选择。
（4）婚礼主题确定。
（5）婚礼创意确定。
（6）婚礼效果确定。
（7）婚礼应急预案。
（8）婚礼氛围营造。
（9）婚礼实施策略。
（10）婚礼效果评估。

五个阶段、十个步骤的完成就是一场婚礼的全过程。

阶段1：收集客户信息

接待客户并且了解、掌握客户信息是婚礼策划的首要且至关重要的环节。全面收集客户信息，不仅能把握他们的婚礼预期，确保策划方案的顺利执行，还能预估执行

中面临的潜在问题。在这里，收集信息有两层含义：一是对新人自身资料的收集，也称客户基本信息的收集；二是对各种相关资料的收集，也称客户策划信息的收集。即使是收集关联不大的信息，也可以完善自身的积累。

一个优秀的婚礼创意人才，必须具备两个特性：一是对生活中的各类事物都充满好奇；二是广泛涉猎各个学科的知识，这也为收集客户信息打下了坚实的基础。客户基本信息包括年龄、社会地位、兴趣爱好、消费能力、审美风格等。它可以包括多个方面，简单的内容诸如新人职业、喜好的色彩，复杂的内容包括新人的感情经历等。

客户策划信息包括宴会场地、参加人数、受众阶层、消费计划、婚礼要素需求（车辆、鲜花、主持人、摄像、灯光）等。婚礼对新人而言是一部浪漫的电影，而对策划师来说是一场自我挑战。收集客户信息阶段是策划方向把握的关键阶段，只有深入了解客户，才能抓住其想要的是什么，从而确定策划方向和策略。在这个阶段，需要收集资料和对婚礼环境进行分析。收集客户信息的主要方式有以下几种。

（1）从与新人的接触中收集资料，这包括明显资料和隐含资料。所谓明显资料即新人自述的，隐含资料就是在策划过程中从新人的谈吐、穿着里观察出来的。

（2）从第三方收集，包括新人的家人、朋友，还包括网络资料，如新人的家乡、喜好、风俗、文化氛围等，这些都会关系到策划方案的整体概念。

（3）和新人反复交流，包括他们的性情、习惯、崇尚的生活方式等，能全面了解新人，更好地把握他们的需求。同时，与新人一同去看婚礼场所，考察对方的理解程度，展示自己的设计实力。

（4）找出新人婚礼的主要诉求点。从各种信息资料中找出婚礼诉求点，并通过分析新人信息，避免婚礼盲点。

（5）婚礼环境分析。新人信息分析里最主要的是婚礼环境分析。所谓婚礼环境，主要指两个方面，一是婚礼大环境，即新人的国籍、地区；二是婚礼小环境，即新人举办婚礼的场所。婚礼环境分析也是策划的基础条件。首先，对婚礼大环境的了解，涉及新人的国籍、地区、民族、宗教信仰等，这些环境会影响新人的禁忌和喜好。其次，对婚礼小环境的了解，举办婚礼的场所是在教堂还是在酒店，抑或是在酒吧，这些环境对婚礼风格、氛围乃至婚礼音乐都会有所影响。因此，对婚礼环境的分析是非常必要且重要的。知己知彼，百战不殆。信息的准确性和分析的正确性是呈现婚礼策划效果的保障。收集信息阶段是后续策划阶段的基础，也是整个策划流程中不可或缺的关键环节。

阶段2：策划准备

策划准备阶段，即客户收集信息完毕之后对自身创意的一个发掘阶段。这个阶段既要注意对客户信息的挑选，又要注意对思维的拓展和深挖。通过对客户信息的整理，分析出客户的基本需求，并对此需求做好场地、人员、器材、方案等方面的介绍、推荐及联系准备。这一阶段是婚庆公司和婚礼策划师策划工作的基础，要具备一定的资源筹备基础。如婚庆用车的车源准备等。

此阶段是策划创意形成初级概念和筛选的时期，对策划方向及元素具有很大的影响，是前期引导与策划导航的重要阶段。这个阶段需要确定婚礼目标、预期效果以及婚礼主题，从而为后续的策划做好准备。

（1）婚礼目标确定。新人想要在婚礼上表达什么，想要什么样的婚礼效果，策划方案通过什么手段才能达到新人所要求的目的和效果。婚礼目标的确定过程是一个复杂的工程，策划案要以此为目的，色彩、场布、环节、语言、音乐、灯光，所有的元素都要为这个目的去协调和搭配。

（2）婚礼效果确定。婚礼策划师要对婚礼想达到的效果做一个明确的计划，就需要根据所需效果进行准备。例如，若追求童话效果，自然要在服装和道具的童话、浪漫方面下功夫，相应地做准备，排除其他不相关的干扰因素。若倾向于简约风格，则要对设计的场景布置进行精简等。

（3）婚礼主题确定。婚礼设计通常借助语言词汇的妙用，给婚礼一个恰到好处的命名，往往会成为设计人性化的点睛之笔，可谓是设计中的"以名诱人"。如同写文章一样，一个绝妙的题目能给读者以无尽的想象，给主题以无言的深化。一个好的策划有时也需要好的名字来点化，引发人去想象和体味，让人心领神会而怦然心动。

根据和新人聊天的结果，准备几张自己设计好的婚礼鲜花的图片、婚礼现场图片或手绘3D效果图等，这样既能表达设计理念又能提供直观的现场感觉。

阶段3：撰写策划文案

撰写策划文案阶段即创意形成策划文案的阶段，这是对创意的可行性和效果有了一定思维的阶段。有了足够的信息积累和相关准备后，要保证策划方案被顾客接受，还需要在细节和创意上多下功夫，这是将思维和策划详细化付诸文案的阶段。这个阶段要求策划师有非常明确的策划目的，还要对策划效果进行评估，考虑音乐、灯光、意外情况等对婚礼的影响，可以说是一个万能准备阶段，不只是策划书的撰写，还包括各方面的详细计划和周密安排。这个阶段需要做的是确定婚礼创意、选择婚礼形式、撰写策划文案以及制定婚礼应急预案。

（1）确定婚礼创意。婚礼创意是个抽象的概念，最主要是找到创意的突破口和灵感。产生创意的方法包括以下三种。

①直线思维。直线思维也被称为线性思维或逻辑思维，是一种以步骤和顺序为基础的思考方式。它按照一条明确的路径进行，每个步骤都基于前一个步骤的结果，像一条直线一样，从起点到终点。

直线思维的优点在于其清晰性和效率。它能够迅速导向结果，避免无关或无效的想法。直线思维和发散思维是两种互补的思维方式。在解决问题时，需要同时使用这两种思维方式，先通过发散思维提出各种可能的想法，然后通过直线思维评估这些想法，确定最好的解决方案。

②发散思维。发散思维是一种创造性思考过程，其主要特点是从一个点出发，向各个方向延伸、拓展，以找到多种可能的解决方案。它鼓励打破思考的框架，不受传统和常规的限制，以产生新的、原创的观点和解决方案。

在目的地婚礼策划过程中，策划师需要运用发散思维，考虑各种可能的婚礼主题、场地布置、婚礼流程等，以创造出独特而难忘的婚礼体验。发散思维的方法包括头脑风暴、自由写作、思维导图、六顶思考帽等。这些方法可以打破思考的限制，激发创新的想法。同时，发散思维也需要一定的批判思维能力，以评估并选择最佳的解决方案。发散思维是一种强大的思考工具，可以看到更多的可能性，促进创新和解决问题。

③联系和想象。联系和想象是两种重要的思维工具，它们在日常生活和问题解决中起着关键的作用。联系，或者说关联思维，是将不同的概念、事物或想法联系在一起的能力。通过建立这种联系，可以更好地理解和记忆信息，也可以创造出新的想法。例如，将一首歌与某个重要的人或事件联系起来，或者将一个复杂的概念与一个熟悉的比喻联系起来。在解决复杂问题时，联系思维可以帮助人们看到不同部分之间的关系，从而找到整体的解决方案。

想象，或者说创造性思维，是人们在心中形成新的图像或想法的能力。可以是想象一个不存在的场景，如在小说或电影中；也可以是想象一个新的解决方案或创新。想象力可以超越现实的限制，探索未来的可能。

联系和想象在很多领域非常重要，特别是在需要创新和解决复杂问题的领域，如科学研究、艺术创作、产品设计、企业策略制定等。通过训练和实践，人们可以提高自己的联系和想象能力，从而更好地应对生活和工作中的挑战。

（2）选择婚礼形式。选择婚礼形式需要详细的执行清单和人员安排，进而对后期的执行实施起到协调和指导的作用。实施策略是执行的任务表，也是策划书的重要辅助，有利于策划方案准确和完善地实施。一着不慎，满盘皆输，一个细节没有设计好，一个小地方没有顾及，都可能导致婚礼效果的失误和混乱，甚至决定整场婚礼的成败。

（3）撰写策划文案。撰写策划文案是执行的前提，也是策划思路最直观的体现。一个好的创意需要用大量详细的文字，给客户以及执行团队一个条理清晰的说明，以确保婚礼的顺利进行。在产生创意和撰写文案阶段，需要对头脑中那些零碎、不完善、一闪而过的想法做进一步的酝酿和推敲，最终将其形成相对完整的创意。当然，这一过程还包括一个评价决定阶段，这是最后一个步骤，即对已形成的创意进行评价、补充、修改，使其更加完善和有针对性。策划文案作为策划方案的文件型表达，其主要内容包括婚礼成本、婚礼内容及婚礼效果三方面。

①婚礼成本。婚礼成本是婚礼所需费用，一般来说会以报表形式来体现。婚庆公司需详细列出所用物品的名称、性能、品牌、价格，确保每项费用都清晰透明。如今，这些成本主要体现在婚礼策划书、婚礼合同上。

②婚礼内容。婚礼内容主要是指婚礼仪式的策划方案。婚庆公司将婚礼具体策划内容制作成精美、良好的婚礼策划书，作为重要的婚庆商品推荐给新人。

③婚礼效果。婚礼效果是对婚礼预期效果的描述和说明。婚礼策划效果的描述，对于吸引新人、实现消费具有重大的影响。

（4）制定婚礼应急预案。

婚礼应急预案是对婚礼中可能出现的意外情况和因素做提前的预防。例如，若策划草坪婚礼，则需提前准备雨天应对措施。缺乏应急预案，则可能导致婚礼无法顺利进行。

阶段4：具体执行方案

本阶段由婚礼策划师根据策划文案，对婚礼当天各项工作进行安排、实施。婚礼策划师在婚礼当天扮演婚礼督导师的角色，对婚礼内容、流程等相关事宜进行周密的布置，确保达到婚礼策划的预期效果。

婚礼效果的完成程度是最终评定策划方案成功与否的标准。策划阶段的方案即使再完美，后期执行没能很好地落实，都将使策划方案失去意义。执行阶段可谓是策划的终极目标，然而，很多优秀的策划方案正是在这一步功亏一篑，或许因为某个细节的失误。或许因为某个人员的疏忽，又或许因为对某个小物品的不重视等。正是这些看似细枝末节的失误，往往能够毁掉一个原本完美的策划方案。一旦执行达不到策划的预期要求，即使前期工作准备得再充分、细致，这个策划方案也很可能完全失败。

执行阶段即婚礼现场阶段。婚礼策划的执行实施阶段一般分为前期布置、准备阶段和婚礼现场阶段。下表是目的地婚礼在执行过程中应该注意的问题及建议。

问题	建议
选择合适的目的地	考虑婚礼主题、季节、预算和客户需求，选择合适的目的地。务必了解目的地相关的法律和许可要求
了解当地婚礼规定和习俗	研究目的地国家或地区的婚礼规定和习俗，确保婚礼计划符合当地法律，尊重当地文化
预订合适的场地和住宿	预订婚礼场地和住宿，确保它们符合客户的要求和预算。考虑预订一个包含住宿和婚礼场地的度假村或酒店，以简化安排流程

续表

问题	建议
安排交通和机场接送	考虑如何安排客户的交通和机场接送服务。提供明确的指示和信息,以便客户能够顺利到达目的地并参加婚礼
研究当地供应商和服务提供商	找到可靠的当地供应商和服务提供商,例如婚礼策划师、摄影师、餐饮服务等。对其进行背景调查,确保其在目的地拥有良好的声誉和专业能力
考虑天气因素	详细了解目的地的天气状况,并在计划婚礼活动时考虑天气因素。如果需要,提前准备在室内或户外场地备用方案
管理语言和文化差异	如果在一个与自己语言和文化不同的地方举行婚礼,建议考虑雇用当地翻译或婚礼策划师,以协助沟通和了解当地文化
安排时间表和活动	制定详细的时间表和活动安排,确保婚礼过程顺利进行。为客户提供详细的日程安排和活动信息,以便他们能够准时参加
确保婚礼细节符合预期	在目的地婚礼执行过程中,保持与供应商和策划团队的沟通,确保婚礼细节按照预期进行。定期检查进展,并及时解决潜在问题
考虑客户体验	确保为客户提供良好的体验,包括当地文化的体验活动、餐饮选择和旅游建议。关注客户的需求和兴趣,以确保他们在目的地婚礼中度过愉快的时光

阶段5：评估总结归档

一场婚礼结束之后,婚礼策划师还有一项重要的工作,就是对此场婚礼效果进行评估和总结。这是提升个人工作能力、积累工作经验的有效方式。每场婚礼的效果评估都是为了寻找自身在策划和执行中的不足,同时也是对策划方案的一次反思。这在婚礼策划师的能力提升和发展过程中非常重要。

此阶段为婚礼策划的收尾阶段,即对婚礼策划的所有设计环节和实施环节进行评估,并对所出现的问题及时总结,对优秀的策划案例进行归档。评估阶段侧重于分析目的地选择、预算管理、供应商表现和新人对婚礼的体验等方面。总结阶段则需要剖析成功因素、问题和挑战,并总结经验教训。归档阶段涵盖相关文件和合同的归档、财务记录的归档以及照片和视频的归档。这些步骤有助于从目的地婚礼中吸取经验教训,并为未来的婚礼策划工作提供参考依据和管理指导。

例如,检查婚礼是否达到新人预期的目标,是否因灯光与音乐现场搭配不当而未达到预期效果,是否因花朵的质量而影响了花艺造型的整体美感等。这一过程往往极其复杂且具挑战性,因为当局者迷,作为亲手策划并执行婚礼的策划师,很容易对自己的作品产生情感上的依赖,就像父母看待自己的孩子一样,总会觉得处处完美,难以客观识别并改进不足之处,从而增加了正确判断的难度。

知识点3：目的地婚礼策划的创意设计与实践

创意有静态和动态两层含义，静态是指有创造性的意念、巧妙的构思，即好主意；动态是指创造性的思维活动，是从无到有这一逻辑思维的活动过程。婚礼创意策划也有静态和动态两层含义，静态的婚礼创意策划是指为了达到婚礼策划的目的，对未来婚礼策划主题、内容和表现形式提出有创造性的主意；动态的婚礼创意策划是指婚礼策划人员进行创造性思维活动。

1. 婚礼创意策划的内涵及方式

婚礼创意策划是一种注重个性化、创新和独特体验的婚礼策划理念，通过婚礼创意策划使婚礼更加个性化、创新和令人难忘，从而打造一场独一无二的婚礼，让新人和宾客在婚礼中感受到独特的情感和美好的回忆。其创意方式主要包括以下几个方面。

（1）主题设计。婚礼创意策划强调通过特定主题的设计来打造独特的婚礼体验。主题可以根据新人的喜好、兴趣和个性来确定，如浪漫、复古、童话、海洋等。主题设计贯穿婚礼的各个环节，包括场地装饰、服装选择、音乐、食物和活动等。

（2）创意装饰。婚礼创意策划注重通过创意的装饰元素来营造独特的婚礼氛围。这包括场地布置、花艺设计、灯光效果、背景墙等。创意装饰可以通过使用特殊材料、独特的造型、非传统的颜色搭配等方式来实现。

（3）活动体验。婚礼创意策划注重给新人和宾客提供独特和难忘的活动体验。除了传统的婚礼仪式和宴会，还可以增加一些娱乐和互动环节，如游戏、表演、DIY工作坊等。这些活动可以增加婚礼的互动性、趣味性和宾客的参与感。

（4）创新婚礼元素。婚礼创意策划注重引入创新和非传统的婚礼元素。这包括创意婚纱设计、非传统的婚礼交换物、个性化的婚礼宴会菜单等。创新婚礼元素可以使婚礼更加与众不同，展现新人个性和品位。

（5）故事叙述。婚礼创意策划注重通过故事叙述来传达婚礼的主题和意义。故事叙述可以通过婚礼仪式的讲述、视觉呈现、音乐和演讲等方式来实现。通过故事叙述，婚礼可以更有情感、更有意义。

2. 婚礼创意策划的思维方式

婚礼创意策划的思维方式具有开放性、创新性、细致性。它强调从传统的婚礼策划模式中解放出来，寻找新的切入点和可能性。以下是常用的婚礼创意策划的思维方式。

（1）开放思维。

婚礼策划的开放思维是指在策划过程中保持开放、包容和接受新观念、新想法的思维方式。它强调不拘于传统观念和限制，鼓励策划者从多个角度思考问题，寻找创新的解决方案。

婚礼创意策划鼓励开放思维，允许新的想法和观点的出现。它不受传统观念的限制和束缚，鼓励不同的思维方式和创新的方法。开放思维可以帮助策划者发现新的婚礼元素、活动形式和主题概念。婚礼策划的开放思维包括以下几个方面。

一是接受多样性。开放思维鼓励接受多样性，包括不同文化、不同背景和不同观点的存在。策划者应该尊重和理解不同人群的需求和喜好，不断寻找适合他们的创意和方案。接受多样性可以使婚礼更具包容性和亲和力。

二是汲取灵感。开放思维要求策划者积极地汲取灵感，从各个领域和行业中寻求创意。可以通过关注时尚潮流、艺术设计、旅行经历、自然景观等途径来获得灵感。策划者应该保持对新事物的好奇心，并灵活运用这些灵感来丰富婚礼的内容和体验。

三是鼓励创新。开放思维鼓励策划者勇于尝试和实践创新想法。它要求策划者不仅要追随潮流，还要有自己的独特见解和风格。策划者可以通过创新的婚礼元素、独特的活动设计、创意的场地布置等方式来展现创新思维。

四是探索未知领域。开放思维鼓励策划者不断探索未知领域，挑战传统的思维模式和方式。策划者可以尝试引入新的技术、新的材料、新的活动形式等，以打造全新的婚礼体验。探索未知领域可以为婚礼带来更多可能性和创意。

五是学习与分享。开放思维要求策划者保持学习的心态，并愿意与他人分享自己的知识和经验。策划者可以通过参加行业研讨会、与同行交流、阅读专业书籍等方式来不断提升自己的专业水平。同时，策划者也应该乐于与团队成员、供应商和新人分享自己的想法和创意。

婚礼策划的开放思维是一种积极、包容和创新的思维方式。它能够帮助策划者从多个角度思考问题，寻找新的创意和方案，为新人提供更具个性和独特性的婚礼体验。

（2）创新思维。

婚礼策划的创新思维是指在策划过程中寻找与众不同的创意和解决方案的思维方式。它强调在传统婚礼策划模式之外寻找新的切入点和可能性，以打造独特、个性化的婚礼体验。以下是婚礼策划的创新思维的几个重要方面。

一是突破常规。创新思维要求策划者不拘于常规，挑战传统的婚礼策划方式和传统的观念。策划者可以尝试突破传统的婚礼仪式、场地布置、菜单选择等，提供新颖的体验和惊喜。通过突破常规，婚礼可以更具个性和独特性。

二是跨界合作。创新思维鼓励策划者与其他领域或行业进行跨界合作，汲取新的创意和灵感。策划者可以与艺术家、设计师、音乐人等合作，将他们的专业知识和技能应用到婚礼策划中。跨界合作可以带来新颖的创意和独特的视角，使婚礼更具个性和独特性。

三是引入新技术。创新思维要求策划者积极引入新技术（如虚拟现实、3D 投影技术等），为婚礼带来全新的体验和效果。新技术可以将婚礼与数字化、智能化结合，增加婚礼的互动性和趣味性。

四是设计独特的婚礼元素。创新思维鼓励策划者设计独特的婚礼元素，如个性化的婚纱设计、非传统的婚礼交换物、特殊的餐具和装饰品等。设计独特的婚礼元素可以使婚礼更加与众不同，展现新人的个性和品位。

五是重新定义婚礼体验。创新思维要求策划者重新定义婚礼的意义和体验，超越传统的婚礼仪式和宴会。策划者可以通过增加娱乐和互动环节、打造特殊的活动体验、创造非凡的故事叙述等方式，使婚礼成为一次独特的体验和回忆。

婚礼创意策划鼓励策划者思考如何将新的元素和想法融入婚礼中，从而营造出与众不同的体验。创新思维可以通过跨界合作、引入新技术和重新定义婚礼元素等方式来实现，能够为婚礼带来新颖、个性化和独特的元素，使婚礼成为一次令人难忘的体验。

（3）立体思维。

婚礼策划的立体思维是指在策划过程中以全面、系统和综合的视角来思考问题的思维方式。它强调将婚礼策划视为一个立体的整体，考虑各个方面之间的关系和相互影响，以达到更好的效果。婚礼策划的立体思维包括以下几个方面。

一是要综合考虑，策划者不仅要关注单个细节，还要综合考虑整场婚礼的各个方面。策划者需要思考婚礼的主题、场地选择、装饰布置、活动安排、菜单选择等各个方面，并将它们融合在一起，形成一个有机的整体。

二是要系统思考，策划者要以系统的角度思考问题，考虑各个环节之间的相互关系和影响。策划者需要思考婚礼的流程、时间安排、资源调配等，以确保各个环节之间的协调和顺畅。系统思考可以提高婚礼的效率和流程的连贯性。

三是要分析问题，策划者要具备良好的分析问题能力，能够从多个角度和维度来分析问题。策划者需要对婚礼的目标、需求、预算、风格等进行全面的分析，找出问题的根源和解决方案。分析问题可以避免盲目决策和遗漏重要细节。

四是要灵活应变，策划者要具备灵活应变的能力，能够在面对变化和挑战时迅速调整策略和方案。策划者需要考虑各种可能性，并及时作出调整和决策，以确保婚礼的顺利进行。

五是要整体优化，策划者需要思考如何将各个环节和细节优化到最佳状态，以达到最佳的婚礼体验和效果。整体优化可以提高婚礼的质量和客户的满意度。

婚礼策划的立体思维是一种全面、系统、综合和灵活的思维方式。它能够帮助策划者从多个角度和维度来思考问题，考虑各个方面的关系和影响，以达到更好的婚礼

策划效果。

（4）故事化思维。

婚礼创意策划强调通过故事叙述来传达婚礼的主题和意义。婚礼策划的故事化思维是指在婚礼策划过程中以故事为核心，将新人的故事和情感融入婚礼设计和策划中的思维方式。策划者需要思考如何将故事元素融入婚礼的各个环节，通过视觉、音乐、演讲等方式来讲述新人的故事，创造情感共鸣和营造独特氛围来打造独特、个性化的婚礼体验。故事化思维可以给新人带来情感共鸣和更深层次的体验。以下是故事化思维的几个重要方面。

一是要了解新人故事。要求策划者深入了解新人的故事、背景和情感，以将其融入婚礼策划中。策划者可以与新人进行深入的交流，了解他们的相识过程、爱情故事、共同的兴趣爱好等，以寻找故事的元素和主题。

二是要创造情感共鸣。鼓励策划者通过婚礼策划来创造情感共鸣，让婚礼的每个环节都能够触动人心。策划者可以通过音乐、影像、讲故事等方式来表达新人的情感，以引发婚礼参与者的共鸣和感动。

三是要打造独特氛围。要求策划者通过婚礼的场景、装饰、音乐和活动来打造独特的氛围，以呈现故事的主题和情感。策划者可以选择特定的场地、设计个性化的装饰、选择恰当的音乐等，以创造出与故事相符合的氛围。

四是要会故事叙述。鼓励策划者将故事的叙述融入婚礼策划的各个环节。策划者可以通过婚礼主持人、影像展示等方式来讲述新人的故事，并将其与婚礼的流程和仪式相结合。

五是要创意互动。故事化思维强调策划者应通过创意互动来增加婚礼参与者的参与度和互动性。策划者可以设计有趣的游戏、互动环节和小活动，让婚礼参与者能够参与其中，体验和分享新人的故事。

故事化思维是一种以故事为核心的思维方式。它能够使婚礼更富有意义，让新人和婚礼参与者都能够沉浸在一个独特的氛围中。

3. 如何产生创新的婚礼主题和设计思路

（1）研究和收集灵感。浏览婚礼杂志、网站和其他社交媒体，寻找独特的婚礼主题和设计概念。同时，可以参考其他婚礼的照片和视频，以及从艺术、时尚、自然等领域汲取灵感。

（2）考虑新人的喜好和个性。因为婚礼是展示新人个性的最佳场合。可能将新人的兴趣爱好、文化背景或职业特点融入婚礼设计中，找到最符合他们的婚礼主题。比如，可以以他们某个共同的兴趣爱好（如旅行、音乐、电影等）为灵感。

（3）探索非传统的元素。寻求与传统婚礼不同的元素和观点，以产生创新的主题和设计。例如，可以选择举办户外婚礼，或者在非传统场地举办婚礼，如博物馆、艺术画廊或森林等。

（4）利用色彩和装饰。色彩和装饰是婚礼主题和设计的关键元素。选择一种或多种适合婚礼主题的颜色，并在整个婚礼中贯穿使用。此外，还可选择与主题相符的装饰品、花卉或背景，以营造出独特的氛围。

（5）创新婚礼活动和娱乐。设计与主题相关的创新活动和娱乐节目，使婚礼更加有趣和独特。例如，可以组织一个主题化的婚礼游戏，或邀请特殊的表演者、艺术家来参与。

（6）个性化的细节和定制化的服务。通过自定义的细节和定制化的服务，为婚礼增添个人化和创新的元素。例如，设计个性化的婚礼邀请函、座位卡和礼物，或为宾客提供特殊的定制化服务，如个人化的迎宾饮品或食物。

（7）寻求专业帮助。如果不太擅长设计和创新，可以考虑寻求专业设计师的帮助。他们拥有丰富的经验和创意，能够协助实现所期望的创新婚礼主题和设计。

知识点4：目的地婚礼主题策划的精髓与策略

婚礼的主题直接关系到环节创作、主持人筛选、风格色彩搭配等各个方面。一场完美的婚礼如果没有明确并贯穿于婚礼始终的主题，就会显得杂乱无章，即便有精彩的环节也可能被忽视，仅有个别环节给人留下深刻印象，而整场婚礼则很快被遗忘。因此，在设计婚礼时，必须把确定婚礼主题作为首要课程，精心地考虑研究。

1. 主题婚礼的概念和内涵

主题婚礼是以一个特定的概念或主题为中心来策划和组织的婚礼。这个主题可以围绕特定的颜色、地点、电影、音乐风格、时代，或是新人的爱好与故事。主题婚礼的目的是创造一种独特且个性化的庆祝氛围，让婚礼具有更强的个性化和记忆性。对于主题婚礼的内涵，以下几点可以帮助更好地理解。

（1）个性化。主题婚礼是新人展示个人风格和爱好的绝佳方式。这意味着选取能够表征他们个性或共同爱好的主题。

（2）创意展现。主题婚礼需要大量的创意来将主题融入婚礼的各个方面，包括装饰、服装、音乐、菜单和邀请函等。

（3）统一性。一个好的主题可以将婚礼的各个环节串联在一起，形成一个协调统一的整体。

（4）记忆性。选择独特的主题可以使婚礼更加难忘。确保宾客的体验不仅在当天令人愉悦，而且多年后仍记忆犹新。

（5）娱乐性。一场成功的主题婚礼往往融入娱乐元素。例如，策划一场20世纪20

年代的复古主题婚礼，通过现场爵士乐队的演出，营造出时代氛围；或是策划一场海滩主题婚礼，通过沙滩球游戏等互动活动，营造轻松愉快的氛围。

2. 主题婚礼的作用

主题是一场婚礼的灵魂，是婚礼环节创作与挑选的主要依据，也是婚礼现场风格与氛围营造的核心内容。

（1）主题婚礼能够为新人创造独特的婚礼体验。通过选择特定的主题，婚礼能够展现新人的个性、兴趣爱好和风格偏好，使整场婚礼充满个性化的元素和特点。

（2）主题婚礼能够通过故事和情感的延续，使婚礼参与者与新人产生情感共鸣。主题婚礼通常都有一个特定的故事背景或情感内涵，通过故事的讲述和主题元素的体现，能够引起婚礼参与者的情感共鸣。

（3）主题婚礼通过主题元素的融入和延展，能够创造特定的氛围和场景。无论是浪漫的森林婚礼、复古的年代婚礼，还是梦幻的童话婚礼，通过场地布置、装饰品选择、音乐和活动等方式，能够营造出与主题相符合的独特氛围。

（4）主题婚礼通常会设计与主题相关的活动和互动环节，来增加婚礼参与者的参与度和互动性。通过与主题相关的游戏、活动等互动环节，婚礼参与者能够更好地融入主题的故事和氛围，增强婚礼的趣味性和婚礼参与者的参与感。

（5）主题婚礼能够为新人和婚礼参与者创造难忘的婚礼体验。它通过独特的主题、情感共鸣、氛围营造和活动互动，赋予婚礼独特的魅力，为新人和婚礼参与者留下深刻的记忆。

3. 如何确定婚礼的主题

确定婚礼主题是一个充满创意和个性化的过程，以下是确定婚礼主题的方法和步骤。

第一，了解新人的兴趣爱好是确定婚礼主题的基础。考虑新人的共同爱好，特殊经历，喜欢的电影、音乐、文学作品等。通过与新人深入交流，了解他们的兴趣爱好、共同的经历和情感故事等，以找到主题的核心元素。

第二，婚礼主题应该基于新人的爱情故事和情感展开。从新人的相识、相恋、共同经历及他们的特殊情感出发，找到一个可以延续和展现的主题元素。通过故事的讲述和情感元素的体现，引起婚礼参与者的情感共鸣。

第三，季节和场地也是确定婚礼主题的重要考虑因素。根据婚礼举办的季节和场地的特点，考虑与季节和场地相符合的主题，以创造出更加和谐统一的氛围。

第四，考虑新人的文化背景和风格偏好，确定一个与之相符合的主题。可以考虑民族文化、城市风格、艺术风格等，使主题能够体现出新人的文化身份和个性风格。

第五，在确定主题时，要注重创意和个性化。思考一些别具一格的主题，使婚礼与众不同，给参与者留下深刻的印象。

婚礼主题的提炼和归纳旨在确定主题的核心要素和整体风格，以实现主题婚礼的统一和协调。通过充分的思考、创意和咨询，能够找到一个与新人契合、独特而有意义的主题，使婚礼成为一次难忘的体验。

4. 主题策划的思路视角

（1）捕捉社会潮流元素与时尚热点。关注当下的社会潮流和时尚热点，提取具有高度和前瞻性的主题元素。通过研究当年、当时、当地的流行风格，挖掘婚礼主题的灵感，以此来塑造独特而现代化的婚礼氛围和风格。

（2）利用节假日和主题日特点。了解节假日和主题日的特点，寻找与时俱进的新鲜主题。充分考虑特殊日子的不同特点和内在诉求，从中提炼出与时俱进的新主题。这样的主题能够让参与者产生共鸣，并且与特殊日子的核心价值相呼应，让婚礼更具个性和独特性。

（3）理解新人的目的和意愿。深入理解新人的目的和意愿，将其转化为适合婚礼表现的主题。新人举办婚礼的目的通常是表达爱情、友情和亲情。在婚礼策划过程中，要充分考虑新人的目的和意愿，将其想法转化为适合婚礼表达的主题。通过研究新人的背景和挖掘适合婚礼表现的内容和精神，丰富主题内涵，使主题更加鲜明。

（4）细化实施方案。将选定的主题细化，并制订实施方案。在细化过程中，考虑主题的视觉呈现、场地布置、音乐选择、互动活动等方面的细节。确保每个环节都与主题相符，形成一个和谐统一的整体。

5. 主题策划的模式

（1）文化主题策划。选择一个富有当地文化特色的目的地，将当地的传统和风俗融入婚礼。可以在婚礼仪式中加入当地的传统仪式或习俗，为婚礼参与者提供体验当地文化的机会，也可选择当地传统的服装、音乐和美食等元素来营造氛围。

（2）冒险主题策划。选择一个充满冒险和刺激的目的地，将婚礼变成探险之旅。可以安排一次户外婚礼仪式，如登山、徒步或热气球飞行等，让新人和婚礼参与者共同享受冒险的乐趣，也可选择与目的地相关的主题装饰或活动，营造出刺激和充满活力的氛围。

（3）海洋主题策划。选择一个海滨目的地，以海洋为主题。可以在沙滩上搭建婚礼场地，使用蓝色和白色作为主要色调，以海洋元素和贝壳装饰为特色。同时提供新鲜的海边美食，安排海上冲浪、浮潜或帆船之类的水上活动。

（4）花园主题策划。选择一座花园或庭院作为婚礼举办地，以自然和花卉为主题；也可以打造一个充满花香和绿意的场地，用鲜花和绿植作为装饰。同时提供精致的花园美食，安排户外音乐会或花园游戏等活动。

（5）城堡宫殿主题策划。选择一座古老的城堡或宫殿作为婚礼举行地，以皇室和贵族为主题。可以在宫殿的大厅或庭院举行仪式，使用华丽的装饰，同时提供皇室的宴会和美食，安排传统舞蹈表演和古典音乐演奏。

知识点 5：目的地婚礼的定位策划与策略

目的地婚礼的定位策划是指确定婚礼的整体风格、氛围和目标受众。通过确定婚礼的定位，可以帮助新人更好地规划和实施婚礼，确保婚礼与新人的需求和期望相符合。

定位策划与主题策划相互补充，在实际操作中通常是并行的。一般来说，定位策划紧紧围绕婚礼的主题展开，对婚礼的环节内容、呈现形式、现场气氛、格调风格等进行确定和设计。归纳起来，目的地婚礼的定位策划应有内容定位和形式定位两个方面。

1. 内容定位

婚礼的内容定位是指确定婚礼的具体活动、仪式和节目等方面的安排。通过确定婚礼的内容定位，可以帮助新人规划和实施婚礼，确保婚礼的内容符合新人的需求和期望。婚礼的内容定位包括以下几方面。

（1）确定婚礼的仪式安排，包括婚礼的开场、宣誓、交换婚戒、证婚等。根据新人的宗教信仰、家庭传统和个人喜好等因素，确定仪式的具体内容和形式。

（2）确定婚礼的活动项目，包括互动游戏、音乐演出、舞蹈表演、幸运抽奖等。通过丰富多样的活动项目，可以增加婚礼的趣味性和互动性，让参与者更加投入和享受。

（3）确定婚礼的节目安排，包括开场致辞、新人致辞、亲友祝福、婚礼视频播放等。通过合理安排节目的时间和顺序，可以让婚礼的节目流程更加紧凑和有序。

（4）确定婚礼的装饰布置，包括场地的装饰、鲜花的摆放、灯光的设置等。通过精心设计和布置，可以营造出浪漫、温馨或者奢华的婚礼氛围，让婚礼场地更加美观和富有特色。

（5）确定婚礼的餐饮安排，包括婚礼的菜单选择、餐桌布置、酒水供应等。根据新人的口味和偏好，选择合适的菜式和餐饮服务，为婚礼参与者提供美味的食物和良好的用餐体验。

通过婚礼的内容定位，可以规划和安排婚礼的各个环节，确保活动、仪式、节目和餐饮等方面的内容符合新人的需求和期望。同时，也要考虑婚礼参与者的喜好和兴趣，使婚礼的内容能够吸引和满足他们的期待，创造出难忘的婚礼体验。

2. 形式定位

在婚礼策划中，形式定位关乎婚礼的整体风格、演绎方式以及婚礼参与者的感受。形式定位的过程需要考虑的因素非常多，包括新人的个性、喜好，预算，婚礼场地，季节，参与者的年龄段等。

（1）新人的个性和喜好。婚礼应该是新人个性的体现，所以形式定位的首要任务就是了解新人的个性和喜好。例如，新人喜欢安静、浪漫的氛围，那么可以考虑在海滩或者花园举行婚礼，形式上更偏向于自然、轻松；新人喜欢传统文化，那么可以考虑中式婚礼，形式上更偏向于庄重、大方。

（2）预算。预算是决定婚礼形式的一个重要因素。例如，预算充足，可以考虑在豪华酒店举行婚礼，形式上更偏向于大气、奢华；预算有限，可以选择在户外或者小型场馆举行婚礼，形式上更偏向于简洁、亲近。

（3）婚礼场地。婚礼场地的选择会影响婚礼的形式。例如，在教堂举行婚礼，形式上会更加庄重、正式；在海滩或者花园举行婚礼，形式上会更加自然、轻松。

（4）季节。婚礼的举行季节也会影响婚礼的形式。例如，春季和夏季适合户外婚礼，形式可以更加自然、轻松；秋季和冬季则更适合室内婚礼，形式更加温馨、浪漫。

（5）参与者的年龄段。婚礼的参与者年龄段也会影响婚礼的形式。例如，参与者大多是年轻人，那么婚礼形式可以更加活泼、时尚；参与者大多是中老年人，那么婚礼形式会更加庄重、传统。

总的来说，形式定位需要根据各种因素进行综合考量，以确保婚礼能够满足新人的预期，同时让婚礼参与者有一个愉快的体验。

一个好的形式可以成为婚礼最大的亮点，新颖且富于技术含量的形式设计是婚礼创意策划中的关键。为了保证婚礼现场效果，策划师可以运用高科技带动形式创新。高科技的发展为婚礼形式创新增添了新的可能性。对于婚礼，参与者接受的终究是内容，所以要防止盲目的技术崇拜。在成功的婚礼中，技术肯定是有内容的技术，与艺术表现相得益彰的技术，是为充实节目内容表现所需，而非喧宾夺主。

知识点6：目的地婚礼创意策划与策略

婚礼创意的构成要素是进行婚礼创意策划的必备要件，主要包括婚礼时间策划、婚礼花艺策划、婚礼微电影策划、婚礼舞美策划、婚礼流程与创意策划、婚礼服饰与化妆策划、婚礼道具策划、婚礼车辆策划、婚礼费用策划。

1. 婚礼时间策划

婚礼时间策划主要是指围绕结婚这一时间节点进行相应的各项活动的时间安排。婚礼时间也可被称为婚期。婚期一般有三方面的含义：一是领取结婚证或建立婚姻关系的日期；二是婚礼举行的日期；三是从准备结婚到完成婚礼再到蜜月结束的整个过程，统称为婚期。为避免概念冲突，需要对婚礼时间分别进行了解。

（1）领取结婚证或建立婚姻关系的时间选择。领取结婚证或建立婚姻关系没有时间要求，只要新人符合《中华人民共和国民法典》规定的结婚条件就可结婚。需要注意的是要事先了解婚姻登记处的上班时间，以及需要提交的相关材料。在现实生活中，领取结婚证的时间有特别的讲究，有的新人会参考传统历法或者易学文化中的某些象征吉祥的元素，同时，也有很多人选择对个人有特别意义的日期，如每年的9月9日、七夕、情人节或某个对社会、个人有纪念意义的日期。当然时间只是一个美好的选择，幸福的婚姻生活还需要夫妻双方长久爱的付出和支持。

（2）婚礼仪式时间的选择。选择婚礼仪式举行的时间是非常重要的，因为这是婚礼最终呈现的时间，所以选择婚礼仪式时间要慎之又慎。一般讲究传统的新人选择婚礼仪式的时间会以传统历法或易学文化中的某些象征吉祥的元素为依据；其他的新人往往根据现实的工作和生活情况来安排。所以现在婚礼仪式举行的时间多集中在每年的1月、5月或10月。因为这些时间气候宜人，既不炎热也不寒冷，而且假期集中，更适合完成婚礼仪式的各项筹备工作。就具体的日期而言，中国人一般都喜欢"双数"（表示圆圆满满、成双成对）或者"8"（谐音"发"，意味发财）、"6"（顺顺利利）等数字。

（3）婚礼当日时间的选择。目的地婚礼当日时间的选择需要考虑多方面因素。

①目的地的气候和季节特点选择适合的时间段。避免极端天气，如高温、寒冷或多雨的季节。提前关注婚礼当日的天气情况，并制定应对措施。

②根据当地的日照时间，选择白天较长的时间段，确保婚礼当日阳光充足，能顺利举行婚礼并完成拍摄。

③考虑婚礼当日的活动安排，如仪式、宴会和娱乐节目等。根据活动的时间和顺序，合理安排婚礼当日的时间段，确保各个环节衔接流畅，不会出现时间冲突。

④根据婚礼当日流程和仪式的需要，选择合适的时间段。例如，有户外仪式或户外活动，可以选择在白天举行，充分利用自然光线和场地的美景；有室内舞会或晚宴，可以选择在傍晚或夜晚进行。

⑤考虑宾客的方便性，尽量选择一个大多数宾客易于参与的时间段。最好避免在工作日举办婚礼，以免宾客无法出席。

⑥现在婚礼提倡节俭，一般婚礼仪式环节不会太长，大约在40分钟。随着社会生活节奏的加快，这种时间安排既可以使婚礼达到热烈的气氛，又可以避免时间太长使

人疲劳且精力不集中，影响婚礼效果。因此，适宜的婚礼开始时间常定在上午，例如上午 11:00、11:08、11:18 等。

⑦根据婚礼总体时间安排，一般每个项目时间不宜超过 4 分钟，特别是主婚人、证婚人、家人代表等发言环节，要做好时间控制，避免过长的发言冲淡婚礼的主题，而像新人点烟敬酒、闹洞房等仪式，则根据新人安排灵活处理。

最重要的是根据目的地的特点和新人的喜好，选择一个合适的时间段，确保婚礼在良好的氛围和条件下举行。

（4）婚礼时间策划需要注意的事项。

①季节和天气。根据目的地的气候和季节特点选择合适的时间。避免极端天气，如高温、寒冷或多雨的季节。

②旅游旺季和淡季。如果目的地是热门的旅游胜地，需要考虑旅游旺季和淡季的影响。旺季时期会有游客过多、酒店难订、价格上涨等情况；淡季时期则会有更多的优惠和空房可供选择。

③日照时间。根据目的地的纬度和季节，关注当地的日照时间。确保在充足的阳光下举行婚礼仪式和拍摄照片，避免时间过晚而导致光线不足。

④节假日和重大事件。避免在节假日或当地有重大事件的日期举办婚礼。这样可以避免交通拥堵、酒店紧张和价格上涨等问题，同时也能确保宾客的参与度。

⑤宾客方便性。考虑宾客的方便性，选择一个大多数宾客易于参与的时间段。提前通知宾客，以便他们安排行程。

⑥婚礼流程和活动安排。根据婚礼流程和活动，合理规划婚礼时间。确保各个环节衔接流畅，并且不会出现时间冲突。

⑦预留充分的准备时间。在目的地婚礼中，由于考虑到更多的细节和安排，需要预留充足的准备时间，确保有足够的时间来布置场地、进行彩排以及应对突发情况。

目的地婚礼时间策划需要综合考虑多方面因素，若想确保婚礼顺利举行，建议提前规划并咨询专业人士，这样可以协助新人作出最佳的安排。

2. 婚礼花艺策划

选择一个适合婚礼的花艺主题，如浪漫、经典、田园、现代等。确定主题后，可以根据主题选择相应的花卉和装饰元素，营造出与主题相符的婚礼氛围。策划时要同新人及花艺师协调研究用何种形制的花束、花篮等。不同鲜花的颜色和花语也不一样，所以还要根据婚礼整体主题进行设计。

（1）花束和饰品。为新娘和伴娘准备精美的花束，可以根据主题和色调选择合适的花卉进行搭配。同时，可以为男方和亲友准备花饰，如胸花、手花等，以增加婚礼的整体美感。

（2）婚礼场地装饰。根据婚礼场地的特点和新人的喜好，选择合适的花卉和装饰元素进行布置。可以在入口处设置花门、花柱或花墙，营造出浪漫的氛围。在宴会厅内，可以摆放花艺装饰、餐桌花束和绿植等，增加整体的美感。

（3）花车和花道。为新人准备一辆装饰精美的花车，可以在车身和车顶悬挂鲜花和绿植，增加婚礼的喜庆氛围。同时，可以在新人入场的道路两旁设置花道，用鲜花和绿植装饰，给婚礼增添梦幻的氛围。

（4）餐桌装饰。在宴会厅的餐桌上摆放精美的花艺装饰，可以选择鲜花花束、花环或花瓶等形式。根据餐桌的大小和形状进行布置，注意保持整体的协调和美感。

鲜花都有保存时间，所以在用花束布置的时候，要考虑如何使鲜花水分不流失。一般布置鲜花的时间为婚礼前一晚，通过外部洒水和花泥水分来保持鲜花质感。

3. 婚礼微电影策划

婚礼微电影被越来越多的新人所喜爱，那么如何策划一场微电影呢？

（1）明确微电影的目的。新人想要制作一部微电影在婚礼上展示自己的爱情故事，首先要了解新人的爱情故事，不能胡编乱造与爱情无关的内容。婚礼微电影就是为婚礼服务的，让现场的宾朋了解新人的恋爱经过，以此为目的策划、撰写脚本。

（2）突出微电影主题。主题思想是整场婚礼微电影的灵魂所在，没有思想的微电影，就像一杯平淡的白水，毫无味道，不能给现场宾朋带来电影般的感觉与享受。婚礼微电影要突出爱情，以新人亲身经历的事件为素材去创意策划，可以将某一个环节放大或进行艺术加工。通过短短的几分钟将新人的爱情主题完整地体现出来。微电影中的每一句话、每一个场景都必须明确体现主题，将爱情毫无保留地通过视觉形式呈现出来。

（3）进行微电影的创意。创意的形式多种多样，根据新人性格、偏好来撰写一些脚本也未尝不可，诸如策划时空穿越的、搞笑的、意境深远的、唯美的、武侠的、工作场景的、购物的、旅游的等微电影爱情创意脚本。

（4）选择拍摄微电影场地。选择与新人的故事有关联的拍摄地点很重要，如新人是在学校、饭店、公交车、马路边、超市、地铁、田间地头、媒妁家中等环境下碰撞出爱的火花，或者在这些地方发生矛盾、搞笑、关怀、呵护等剧情，那这些地方是最佳的场地，拍出来的作品就有亲切感和真实感。最好选择在人较少的时段进行拍摄，拍摄过程和表演的人员都不会受到其他人员的干扰，拍摄的画面也不会出现太多无用的场景，为后期的制作减少工作量。

（5）确定微电影工作人员。微电影的策划、拍摄场景、拍摄器材、演员服饰等都需要进行分工，每一项工作都必须由专人负责才能够保证工作有序。特别是要确定导演、剧务、灯光、摄像、配角演员等关键人员，以保证拍摄过程流畅顺利。

（6）挑选微电影参演人员。为了让婚礼微电影有真实感，可以邀请新人的亲朋好友到场参与拍摄，或者将事件发生时的朋友邀请到现场参加拍摄，也可以使用微电影团队的成员或到专业的演出公司租用专业的演员扮演部分角色。这些演员都需要很好地阅读和理解脚本，才能表演到位。

（7）制订微电影拍摄计划。微电影的策划创意、脚本编写、人员确定、服饰选购、拍摄流程、后期制作等，都必须有完整的时间安排，且一切活动都必须按照时间安排进行。非特殊情况，绝不能拖延时间，或在任意环节延长时间。

4. 婚礼舞美策划

婚礼舞美策划主要是指婚礼舞台美术设计，包括布景、灯光、音效等。婚礼舞美策划是婚礼策划最复杂的环节，也是婚礼给人第一印象的环节。应该说，婚礼舞美是衬托婚礼氛围的第一要素。

（1）布景策划：①确定与婚礼场地相协调的辅助色系；②纱幔、喷涂背景、路引、桌饰等要突出婚礼主题，协调统一；③投影、香槟塔、烛台等婚礼用品要摆放到位。

（2）灯光策划：①策划好灯光常用光位。要根据策划主题需求，满足拍摄需要，设计好面光、侧光、顶光、逆光、脚光、追光等光位，尤其要结合婚礼场地来进行光位策划，如室内、室外，大厅或小厅对灯光的要求是各不相同的。②常用灯具。根据光位需求，使用追光灯、聚光灯、柔光灯、灯柱等灯光器材。③策划好灯光的变化。灯光要按策划安排，确定好照射时间、照射长度等。灯光的使用主要是配合婚礼的氛围，在比较柔情的时候，就可以让灯光尽量偏暗，使光线集中于新人。在婚礼气氛热烈的时刻，可以将大强度的灯光全面照射，以表达热闹、喜庆的氛围。

（3）音效策划。①做好声场设计。婚礼现场音效要做好隔音处理，现场噪声降低，声均匀度合理，前后频均衡。②做好声音器材设计。策划好音响、话筒等播放器材，确认数量，调试好相应的声音、音乐播放设备。③做好音乐音效设计。婚礼音乐、音效能够充分烘托婚礼气氛，对婚礼的整体感受影响大。婚礼音乐的选择及情绪表现可以分为两类：一类是热烈欢快的音乐，一般在欢迎新人、欢送新人或婚礼礼成的时候播放；另一类是温馨柔美的音乐，一般在表现新人甜蜜温暖的时候播放。婚礼音乐表现要符合婚礼主题和婚礼环节的要求，音乐不要强过人声，作为背景音乐是最为合适的。另外，音乐要与人声相互协调、补充，不要冷场。

5. 婚礼流程与创意策划

常见的婚礼形式有中国古典婚礼（也称传统中式婚礼）、西式婚礼、中西合璧时尚婚礼等。每种形式的婚礼都有大致相同的流程，每种形式的婚礼相互之间又有不同。例如，中国古典婚礼流程主要包括抬轿起程、跨火盆和射箭、拜堂喝交杯酒、同心结发和谢媒等。而西式婚礼的主要流程包括新人入场、主婚人致辞、新人互致结婚誓词、交换婚戒、点蜡烛、扔捧花、婚礼诵读、签写婚约、宣告成婚等。中西合璧时尚婚礼则既有中式婚礼的元素和流程，也有西式婚礼的元素和流程。

婚礼创意策划就是要根据婚礼新人的具体情况，设计创意出适合新人的婚礼流程，并制作婚礼创意策划书。

6. 婚礼服饰与化妆策划

新人参加婚礼时，需要有合适的服装配饰来装扮，婚礼策划师要结合新人要求为新人策划出充满亮点、美丽时尚的服饰。新娘婚礼的服饰基本以婚纱、小礼服、旗袍为主，新郎的服饰基本以西装和礼服为主。由于每个人的眼光和品位不同，在选择服饰的时候要注意以下几个问题。

（1）服装选择。新人选择服装时要注意三个元素。

①婚礼的文化性质。无论中西方婚礼，它的文化基调都是神圣、庄重、快乐的。西方的教堂婚礼作为神前婚礼更注重神圣和肃穆，而中式婚礼中涉及祖先的仪式则更注重传承。婚礼是一种重要且严肃的礼仪，所以新人的整体造型不能是个性、另类的，一定是要符合正式着装要求的。

②婚礼的现场情况。婚礼的现场情况包括季节（春、夏、秋、冬）、时间（白天、夜晚）、场地（室内、室外、大场地、小场地、酒店、教堂等）、布景（场地主色调、辅助色调、鲜花布置、其他道具设计）、参加人员（社会地位、文化需求、人数多少）等。婚礼主持人要根据现场情况来进行设计，才能充分符合婚礼的整体氛围。

③新人的自身情况。新人的容貌、身材、气质各不相同，在设计造型的时候要努力符合自身特点，选择更容易展现自身优势的形象设计方案。在考虑时尚元素的同时，不能过分追求潮流。例如，腿部较短的新郎不适合穿燕尾服，这样会加倍暴露自身的缺点，应当选择合体的西裤来掩盖自身的不足。

（2）饰品选择。新郎较少用饰品，这与男士简约着装的概念相一致，但由于婚礼仪式往往需要在舞台上进行，新郎的衣着需要跟舞台背景分出层次，所以需要一些特别的装饰元素来实现点亮整体的效果。新郎的饰品基本有领带、领结、袖扣、领带夹、胸花、戒指、手表、项链、眼镜等。新娘也有胸花、项链、戒指、耳环、手链、脚链等饰品。新人的饰品选择基本相同，但要讲究适度。一是饰品数量要适度，不能将所有饰品都戴在身上，这样不仅显得人很臃肿，同时也缺少着装的重点；二是饰品价值要适度，新人所戴饰品不能太过贵重、华丽，过分贵气的饰品有时会显出庸俗之感；三是饰品风格要适度，新人的饰品只是作为服饰搭配的亮点，不能选用造型过分夸张的饰品，如较大的耳环或者颜色过于艳丽的戒指等。同样需要指出的是，指甲油的选择也要遵循上述要求，尽量以透明色或者裸色为主，切忌使用黑色、绿色等深色调。

（3）发型选择。新郎的发型选择较多，根据发质情况的不同，可以有中分、偏分等多种发型。发型选择讲究干净、整洁，如油性发质就应提前清洗、梳理，否则会给人邋遢的感觉。新娘如是长发一般应选择盘头类发式，如是短发也应做好打理。新人最好不要披头散发或者有艳丽色彩的染发，这样会显得过分突兀，与婚礼神圣的氛围不协调。

（4）妆容选择。现在婚礼上新人的妆容主要由婚礼化妆师来设计，所以新人与化妆师要协调好。妆容选择一般要符合新人的气质，根据婚礼场地要求，不要化淡妆，也不要化太浓的妆。

7. 婚礼道具策划

（1）确定婚礼道具种类。在婚礼中，婚礼蛋糕、龙凤烛台、爱情誓言板、香槟塔、LED 大屏、鞭炮等都属于婚礼道具。关于婚礼道具，婚礼策划师要向新人介绍其用途和效果。

（2）婚礼道具使用要求。婚礼道具可以为婚礼提供许多亮色，许多婚礼道具也有着特殊的含义，如龙凤蜡烛象征着新人今后的生活红红火火、香火永续。在婚礼道具的使用上，一是要注意安全，尤其是鞭炮、烟火类的道具，一定要确保具有安全保护后才能燃放；二是要注意婚礼道具的使用不宜过多过滥，否则会过分吸引宾客的注意力，模糊了婚礼的焦点。

8. 婚礼车辆策划

婚车是常见的婚礼用品，在婚礼车辆策划中要注意以下几方面。

（1）婚车使用日期的选择。在选择婚车时，要注意新人在什么时间使用婚车，在一些比较集中的结婚日期里，婚车的价格会水涨船高，而且不一定能够预约成功。因此，在选择婚车时，要注意提前了解新人使用时间要求，以便合理安排。另外，提前签约也会比临时签约要便宜一些。

（2）婚车品牌、车况选择。将婚车推荐给新人的时候，要说明婚车的品牌、新旧、长度等问题，不一样的婚车品牌或车的新旧、长度等问题会直接影响婚车的价格。

（3）婚礼礼仪当天的用车策划。确定好会合时间、地点；婚车不要装饰过度；规划好行车路线，避免走回头路，防范交通拥堵；保持车距，做好安全措施，注意行车安全；安排好专人用车和宴会结束用车；出现截亲、车祸等情况要做好应急预案，冷静处理。

9. 婚礼费用策划

婚礼费用是策划师在进行策划时必须注意的重要内容。策划师在进行婚礼策划时，

既要为新人打造他们喜欢的婚礼方案，又要让婚庆公司获得经济效益，要在两者之间找到平衡点。确定婚礼预算，并将其分配到各个方面，如场地租用、住宿、交通、婚礼策划、摄影摄像、婚纱礼服等。确保预算合理，并在策划过程中严格控制开支。以下是一些关于目的地婚礼费用策划的要点和建议。

（1）选择适合预算的目的地。不同目的地的费用差异很大，有些地方消费水平高，而有些地方经济实惠。这就需要考虑目的地的交通费用、住宿、餐饮的价格水平，以及其他相关费用。

（2）考虑目的地的交通费用。包括往返机票、出租车、公共交通及租车等产生的交通费用。提前预订机票或交通工具，比较不同供应商的价格和优惠。

（3）根据预算选择合适的住宿。可以考虑预订酒店套餐，或者选择预订民宿、度假村等其他住宿方式。提前预订，以获取更好的价格和优惠。

（4）选择婚礼策划和装饰费用。与专业的婚礼策划师合作，寻找合适的供应商和服务商，以确保婚礼的顺利进行。在选择装饰和花艺时，应考虑当地花卉的价格和可用性。

（5）根据预算选择合适的餐饮方案。可以选择提供自助餐、宴会或特色餐点等不同的餐饮形式。与餐厅或酒店沟通，了解菜单和价格，并进行合理的谈判。

（6）考虑婚纱礼服和化妆的费用。可以选择租赁婚纱礼服，或者根据预算定制婚纱。找到合适的化妆师，并了解其收费标准。

（7）规划活动和娱乐费用。考虑在目的地婚礼中安排活动和娱乐项目，如音乐表演、舞蹈表演等。根据预算选择合适的活动，并与供应商协商价格。

最重要的是根据预算和需求，合理规划和安排费用，确保在预算内完成目的地婚礼。与专业的婚礼策划师和供应商合作，可以得到更好的建议和帮助，以控制费用并达到理想的婚礼效果。

知识点7：婚礼策划书的内容框架与结构解析

1. 婚礼策划书的具体内容

一般来讲，婚礼策划书主要包括以下内容。

（1）婚礼环境分析。

婚礼环境分析是从大环境和小环境两个方面对目的地婚礼所在地区情况的分析，对区域有关风俗、接受能力的分析，对相关婚礼情况的分析以及对婚礼举行场所的分析等。

大环境是要确定婚礼在哪个国家、哪个省区或者是哪个城市举办；小环境是要了解婚礼在哪个场地举办，也就是婚礼举办的具体地点，具体到选择哪个酒店或者哪个教堂举行婚礼，要结合婚礼的主题和婚礼风格而定。

另外，在具体了解婚礼地点时，还要综合考虑使用该地点的成本预算，婚礼安排是否符合新人的要求，以及酒店本身的设施和服务等因素。

（2）婚礼的基本框架。

婚礼的基本框架包括婚礼的名称和举行地点、婚礼时间、婚礼规模和婚礼风格定位等。

①婚礼时间。婚礼时间有两个方面的含义：一是指举办婚礼的具体日期，二是指婚礼的筹备日期。婚礼时间的长短没有统一的标准，要视不同的婚礼具体而定。一般的婚礼，绝大多数有经验的婚礼公司准备时间在 3～15 天。而目的地婚礼的准备时间较长，可以长达几个月甚至半年。

②婚礼规模。婚礼规模包括两个方面：一是婚礼空间面积是多少；二是参加婚礼的宾客数量是多少。在策划举行一场婚礼时，对这两个方面都要作出预测和规划。规划婚礼规模时，要充分考虑新人的特点。婚礼规模的大小还会受会场宾客数量和层次的影响。

③婚礼风格定位。通俗地讲，婚礼风格定位就是要清晰地告诉新人和宾客婚礼展示什么和有什么。具体地说，婚礼风格定位就是策划师根据新人自身的条件和经济状况，通过婚礼的差异化、个性化，使婚礼在新人和宾客的心目中留下一个鲜明而独特的印象。婚礼定位要明确新人婚礼的目标、宾客层次、婚礼效果、婚礼的主题等。

（3）婚礼价格及预算方案。

婚礼价格是指为婚礼的全部流程制定一个合适的价格。婚礼价格往往包括婚礼现场装饰的费用和人员的费用，婚礼现场装饰的服务费用又分为花艺、设备和道具的价格。婚礼初步预算是对举行婚礼所需的各种费用进行预估。

在制定婚礼的价格时，一般遵循优价的原则，即对那些经济条件好的新人，婚礼价格往往要高一些。根据新人的情况给婚礼确定一个合适的价格，这对吸引目标新人签单十分重要。

（4）婚礼工作人员分工计划。

人员分工计划是婚礼的具体实施计划，是对婚礼工作人员的工作进行统筹安排。

（5）婚礼筹备进度计划。

婚礼筹备进度计划是对婚礼准备的时间安排，也是对婚礼工作人员工作进行的统筹安排。即婚礼的筹办过程中，到什么阶段应该完成哪些工作，直到婚礼成功举行。按婚礼进度计划安排婚礼筹备的各项工作就能有条不紊地进行。

（6）婚礼现场管理计划。

婚礼现场管理计划是婚礼开始后，对婚礼现场有效管理的各种计划安排，一般包括婚礼流程、婚礼会场管理计划等。现场管理计划安排得好，婚礼现场就井然有序，

婚礼秩序良好。

（7）婚礼期间举办的相关活动计划。

婚礼相关活动计划是对准备在婚礼期间同期举办的各种活动作出的计划安排，与婚礼同办的相关活动最常见的有拍照、散发礼品和各种表演等，它们是婚礼的有益补充。

2. 婚礼策划书的基本结构

掌握婚礼策划书的基本结构是体现婚礼策划专业性的重要标志，通过合乎规范的婚礼策划来严谨策划各环节，有利于婚礼策划逻辑的梳理和具体工作的实施。

（1）封面。婚礼策划书的封面要根据新人的品位，尽量体现或喜庆热烈，或高雅别致，或温馨可人的封面风格。可以将有设计感的图案放至封面上，但不能过多过杂，以免显得凌乱，缺少章法。未定版的策划方案可标注"征求意见稿""草稿"等字样，决定实施此策划方案时，应标注"最终稿""定稿"等字样。一般封面用纸较正文厚，且有质感。封面主要内容包括婚礼策划题目、婚礼策划委托人（新人）、婚庆公司名称、婚礼策划师名字、婚礼策划编号、完成时间。

（2）序文。序文是对婚礼策划书内容的总结和提炼，也是婚礼策划书的引子或前言。一般婚礼策划书少用序文，但可以将婚礼策划主题以感性文字的方式加以表述，会使婚礼策划书显得富有情感，与众不同，给人以量身定做的感觉。婚礼策划书序文字数一般为300字左右。

（3）目录。目录是婚礼策划书的结构总揽，能够将婚礼策划书的内容以较清晰的方式给予体现，如不是特别的婚礼策划，建议婚礼策划书加入目录。

（4）正文。正文是婚礼策划书的主体内容，也是核心内容。正文要对婚礼策划的所有流程、任务做系统而又细致的说明。婚礼策划书的正文主要包括：①婚礼策划主客体说明；②婚礼策划主题以及策划创意；③婚礼实施流程；④婚礼预期效果；⑤婚礼经费预算；⑥婚礼应急预案。

（5）附件。附件是对正文内容的补充，一般为表格、效果图等形式，如附件内容不多，也可将部分内容纳入正文中。附件主要包括：①婚礼筹划工作进度表；②婚礼典礼当天流程表；③婚礼服务人员任务分工表；④婚礼物品需求及场地筹划表；⑤婚礼经费预算表；⑥婚礼效果图；⑦婚礼注意事项。

3. 目的地婚礼策划书的格式

（1）婚礼策划书名称。尽可能具体地写出策划名称，如"××××年×月×日××新人××婚礼策划书"，置于页面中央，当然可以在写出正标题后，将此作为副标题写在下面。

（2）婚礼背景。这部分内容应根据婚礼策划书的特点，在以下项目中选取内容重点阐述。具体项目首先应介绍环境基本情况、婚礼主要执行对象、婚礼开展方式以及相关节目流程的动机。其次应说明婚礼的环境特征，重点考虑婚礼环境的内在优势、婚礼习俗及当地文化等因素，对其做好全面的分析。将内容重点放在环境分析的各项因素上，对新人的情况进行详细的描述，并通过对情况的预测制订计划。如环境不明，则应该通过调查研究等方式进行分析并加以补充。

（3）婚礼目的、意义和目标。应用简洁明了的语言将目的要点表述清楚。在陈述目的要点时，婚礼的核心构成或策划的独到之处及由此产生的意义（浪漫性、情感性、婚礼效果性等）都应该明确写出。婚礼目标要具体化，并需要满足重要性、可行性、时效性。

（4）资源需要。列出所需人力、物力资源，包括但不限于道具、花材、设备以及特定的场地（如酒店草坪）等都要详细列出。资源需要可以列为已有资源和需要资源两部分。作为策划的正文部分，表达方式要简洁明了，使人容易理解，但表述方面要力求详尽，列出每一个设想到的需求项目，确保没有遗漏。此部分不局限于用文字表述，也可以适当加入照片、图表等；对策划的各项工作项目，应按照时间的先后顺序排列，绘制婚礼实施时间表有助于方案核查。

（5）婚礼开展。人员的组织配置、相应权责及时间地点应在这部分加以说明，执行的应变程序也应该在这部分加以考虑。这部分主要包括几方面：婚礼会场布置、接待、宾客座位、合同协议、主持、领导讲话、婚礼会场服务、背景、灯光、音响、摄像、信息联络、秩序维持、衣着、现场氛围调节、车辆、活动后清理人员、合影、餐饮招待、后续联络等。婚礼策划师可以根据实际情况自行调节。

（6）经费预算。婚礼的各项费用在根据实际情况进行具体、周密的计算后，用清晰明了的形式列出。

（7）婚礼中应注意的问题及细节。内外环境的变化不可避免地会给方案的执行带来一些不确定性，比如室外婚礼可能遭遇的天气情况。因此，在婚礼策划书中应明确说明，当环境发生变化时，是否有相关的应变措施，以及这些变化可能带来的损失概率、损失程度，并附上详细的应急措施。

（8）婚礼负责人及主要参与者。注明策划者、参与者姓名（如果是团队策划，应注明团队名称及其负责人）。

必须注意的是，本书提供的是婚礼策划书写作基本参考，小型婚礼策划书可以直接填充，大型婚礼策划书可以不拘泥于此例，自行设计，力求内容详尽、页面美观。婚礼策划书可以进行装订，专门给婚礼策划书制作封页，力求温馨、浪漫，用设计的徽标做页眉，图文并茂等。有附件的，可以附于策划书后面，也可以单独装订。一份大型婚礼策划书中可以包含若干子策划书。

知识点8：婚礼策划书的撰写技巧与避错指南

1. 婚礼策划书的写作要求

（1）结构清晰明了。婚礼策划书需要清晰、严谨的结构来使新人能够较快了解、熟悉策划内容。设定好清楚的策划结构也能够使整个策划的内部逻辑和实施流程得到准确的安排。另外，婚礼策划书不仅是婚礼的创意方案，也是婚礼实施方案，结构复杂的婚礼策划书，会使人难以理解且不易实施。

（2）语言简洁生动。婚礼策划书作为严肃的商业产品不同于一般的文学作品或口语化表达，在语言文字上要力求准确、简洁，含混不清的说法或表述容易产生歧义，并且在后续问题的处理上有可能会使合同双方产生矛盾。从另一个角度而言，婚礼策划书又是充满温馨浪漫的文化行为，所以在保证语言严谨、准确的同时不能一概没有温度，在婚礼主题、婚礼创意、婚礼效果的部分可以用充满感性、生动活泼、打动人心的语言文字来表述，这也是婚礼策划书的生命源泉。

（3）创意独特可行。婚礼策划究其根本是一种文化创意商品，核心就是一个可以实施的婚礼"金点子"，所以在婚礼策划书中最具竞争力的部分就是创意的策划。在策划书的写作过程中，要充分体现创意策划的内容，同时写清实施的步骤和方式。具有崭新创意、十分系统、可行，是每一个策划师努力的方向。

2. 婚礼策划书的写作技巧

（1）明确目标。在撰写策划书之前，明确策划师的目标。确定策划师的目标受众，是为了向团队成员展示策划能力，还是为了向潜在客户推销服务，这将有助于策划师有针对性地撰写策划书。

（2）了解目的地。策划师需要仔细研究目的地的特点和文化，包括气候、风俗习惯、法律法规等方面的信息。这些信息将帮助策划师为婚礼策划提供具体的建议和解决方案。

（3）明确策划内容。在策划书中，清晰地描述策划师的计划和方案，包括婚礼主题、场地选择、活动流程、餐饮安排、音乐娱乐、宾客住宿等方面的细节。确保每个方面都有充分的描述，以便客户能够完全理解策划师的策划。

（4）扬长避短。策划师应突出他们的专业知识和经验，强化他们的优势。同时，策划师也要意识到可能存在的挑战和风险，并提供相应的解决方案。通过展示他们的综合能力，可以增进客户对策划师的信任度和合作意愿。

（5）使用图表和图像。在策划书中使用图表和图像来增加可视化效果，这将有助于客户更直观地了解策划方案。使用图片展示目的地的美景、场地布置和婚礼装饰等，让客户能够更好地想象策划师的策划效果。

（6）清晰简洁。策划书应该使用简洁明了的语言，避免用过于专业或晦涩的术语。确保句子结构清晰、段落有序，并使用标题和小标题来帮助读者快速浏览和理解内容。同时，注意排版，使策划书整体看起来专业和整洁。

（7）提供参考资料。如果可能，策划师应提供一些参考资料来支持他们的策划方案。这可以是之前成功举行的婚礼案例、客户的推荐信、婚礼供应商的合作证明等。这些资料将增强客户对策划师的信心和对他们策划能力的认可。

通过运用这些写作技巧，策划师可以撰写出一份引人注目、清晰明了的目的地婚礼策划书，有效地展示他们的专业知识和能力，吸引团队成员或客户的关注与合作。

3. 婚礼策划书的成功经验

（1）源于调查。

策划师在策划时首先要了解客户，了解新人。要求策划师必须有一双敏锐的眼睛，要看得准；有一双聪慧的耳朵，要听得真；有一张灵巧的嘴巴，要问得出；有一个灵活的头脑，要想得到。

①看得准：就是要有全局视野，心系目标、洞察细节，就是要慧眼识人，看人一眼能知其身份、学历、学识、性情。常言道"相由心生"，行为反映心理，心理支配行为。

②听得真：就是要能听到新人心底的声音。事实上，置身于纷繁复杂的社会环境中，有不少新人受限于各式各样的人生规则和社会规范，会有这样或那样的困顿和忧虑。婚礼策划师就是要静下来听听新人心底真实的声音，听听他们到底想做什么，不想做什么；爱什么，不爱什么；需要什么，不需要什么。了解新人对待生活、对待自己婚礼的态度，是激动还是冷静，是理智还是平和，是稳健还是急迫。

③问得出：就是要发挥语言的魅力，问清楚新人的家世背景、社会地位、风俗人情、家庭忌讳等，问出与婚礼策划相关性的主题。有时，新人恋爱中近乎私密的话题可能就是策划的最佳创意点。例如，新人恋爱期间曾在某个夜晚赏月，男孩说月亮像女孩的面庞，但是不知道月亮的温度是否与女孩的面庞一样，于是偷偷地要吻女孩而未得逞，结果这个点位成就了"明月出天山"这个成功的策划方案。

④想得到：就是要想到如何借助新人现有的资源，并对这些资源进行整合，使之有效地为新人的婚礼服务。这些资源有物质资源，包括家中的雕塑、摇椅、灯饰、家具等。例如，一位婚庆策划师看到新人家长收藏的红木家具后，便萌生了在婚礼台上用这些家具布成新人洞房的创意，用正宗的中式红木家具创设出的洞房竟产生了新闻效应，引得不少新闻记者的采访。同时，还有人力资源，例如，新人的表妹清丽可人，可请其担任"清茶仙子"；新人的家长的朋友是书法家，可请其为新人现场题诗题

联……这些资源若能被策划师整合得当，定能给婚礼增色，让婚礼出彩。

（2）重在定位。

优秀的策划师懂得婚礼定位的重要性。随着人们生活水平的不断提高，新人对婚庆艺术的追求达到了前所未有的高度。许多婚礼方案不仅融合了历史性、艺术性、趣味性和融合性，其艺术风格更是丰富多彩，既有体现民族传统与地方特色的创意，也不乏彰显时代精神的设计，特别是有不少创意新颖、立意高雅、构思巧妙的策划，经得起琢磨，耐得住推敲。然而，也有一些策划仅仅是婚庆道具的堆砌，各色灯光的闪耀不仅不能带来身心愉悦，反而使人审美疲劳。更有些策划不着边际，"爱情的金字塔"高高矗立，"爱情的魔杖"作为仪仗队出现，"金缕玉衣"等词汇被滥用以夸耀新人，结果往往令人瞠目结舌。

婚礼作为文化的一种体现，同时也是一种大众艺术形式。它是时代、思想、感情、审美观念的结晶，是社会发展的历史记忆。因此，在策划婚礼时，对婚礼的选题、用语及道具灯光的使用要根据新人及婚礼整体氛围进行精准定位。首先是文化定位，是高雅文化还是通俗文化，是中国文化还是西方文化，是古典文化还是现代文化；其次是规模定位，大型、中型、小型还是微型婚礼，大型婚礼不宜调侃搞笑，小型婚礼不宜过于庄重，微型婚礼比较适合游戏或访谈；最后是道具定位、音乐定位、灯光定位、财力定位等。婚礼策划师在策划设计之前，要深入研究历史背景、环境氛围、人的心理需求层次，力求以美的形象来陶冶人们的情操。

（3）贵在创新。

创新即不拘一格，标新立异、独辟蹊径。既可神游万里、思接千载，又可远取诸物、近取诸身。"永远创新"应该成为婚礼策划师的职业习惯。婚礼策划师要敢于创造第一，运用智慧进行创新，使自己的策划方案具有唯一性、垄断性、排他性，创造出让竞争对手无法效仿的难度。综观许多成功婚礼，究其成功的原因，简单地说，就一个"新"字。这种"新"不完全是艺术上的创新，更多的是给人一种与其他婚礼不一样的观后感，超出了公众观看婚礼之前的预想，对大众审美疲劳产生一种强烈的冲击。

婚礼创新，一是要立意创新；二是要道具创新，在道具的使用上要有新用途、新看点，如旋转舞台、活动舞台等；三是要语言创新，中华语言素来就有言外之意、弦外之音的说法，而其很多的魅力也就源于此。

（4）巧为运作。

婚礼策划方案是给新人用的，不是用来炫耀的。策划手法虽然多种多样，然而再好的策划方案也必须能使用、能操作。如果只有"想法"，没有"方法"，更没有"办法"，只能是空中楼阁，客户就不会选择。所以，要扬其长、补其短，美其表、文其里、化其形、聚其神，有章可循，有据可依，收放有度，游刃有余。

知识点9：目的地婚礼策划中的重点关注与管理策略

1. 做好时间安排

什么时候结婚的重要性几乎不亚于在哪里结婚。比如在加勒比地区，最好的季节也是价格最贵的时候，每年的12月到次年的4月，都是旅游的旺季，价格居高不下。而每年的6月到11月是飓风天气的高发期，价格就会有较大幅度的下调。

怎样既享受好天气又省钱？窍门就是巧妙选择时间，在旺季开始前两周或者是旺季结束后两周订婚礼场地，这样就可以一举两得。另外，如果不希望婚礼期间游泳池里都是小孩窜来窜去的话，就不要在学生放假的时候预订酒店。

2. 全面了解婚礼场地

（1）提前实地勘察婚礼场地很重要。有些度假村和酒店能够提供一晚的试住，前提是有意在该场地举行婚礼。如果实在抽不出时间去实地考察，可以到网站上浏览住户评价。

（2）请一位熟悉当地的婚礼风俗和婚宴场地的专家协助规划。很多度假村会提供免费的场地协调员，如果邀请的不是度假村提供的场地协调员，要询问一下他的工作经历，以确保他的经验够丰富，准备够充分。如果要在度假村外面的场地举行婚礼，那么可以让酒店推荐，但是最好提前和负责人面对面交流，以确保对方能够满足预期。如果不太方便面对面交流，用视频聊天的方式比用电子邮件来沟通效果好得多。如果预算充足，可以带上信赖的摄影师或者造型师参加目的地婚礼，不过要为对方支付旅行费和酒店房间费。

3. 拍摄注意事项

如果新人带了摄影师，不仅可以为新人的婚礼全程拍摄，还可以为他们拍摄蜜月婚纱摄影，那么策划师要提醒新人精心准备造型。

（1）女士自备浅色高跟鞋和平底鞋各一双。

（2）自备一套有较大的宝石或水钻的珠宝（包括项链、耳环）。

（3）出行前在国内做好美甲，例如水晶甲。

（4）如果不拍婚纱也可自行搭配好拍摄服装。海边可以准备色彩鲜艳的沙滩裙，或白色长款、短款连衣裙，浅色草帽。

（5）男士自备西装、衬衫、皮鞋、皮带、领带，拍照时建议穿灰色袜子。拍摄前一天，请在酒店将西装、领带、婚纱、礼服熨烫平整。拍摄当天请新人做好防晒措施。

4. 注意时间节点

（1）在确定好婚礼举行时间之后，提前10个月为婚礼来宾预订酒店房间。记住，如果不早点预订的话，其他的旅行者或者是举行婚礼的新人很快就会把房间订满。

（2）提前6个月把婚礼日期预约卡寄出去，提前2~3个月把婚礼请柬寄出去。

（3）提前3~4天到达目的地，给度假村留足准备婚礼的时间和婚礼来宾放松的时间。

5. 体验当地风俗

体验婚礼目的地当地风俗可以为婚礼增添独特的文化魅力和浓厚的当地氛围。无论选择哪个目的地举行婚礼，都应事先了解和尊重当地的文化和习俗，并与当地人交流和合作，以确保在婚礼中体验到真正的当地风俗和文化。

如果目的地是夏威夷，可以考虑举行夏威夷风格的婚礼仪式。比如在沙滩上举行婚礼仪式，戴上夏威夷传统的花环装饰，享用夏威夷特色的美食和饮品，以及欣赏夏威夷传统的音乐和舞蹈。

如果目的地是法国，可以考虑体验法国传统婚礼的风俗。比如在法国教堂举行婚礼仪式，穿上法式的婚纱和礼服。

此外，也可以与专业的婚礼策划师和当地文化专家合作，以获取更深入的了解和指导。

6. 注重细节

（1）一定要买旅行保险，要提前确认婚礼保险中包含旅行婚礼的仪式。

（2）在接到婚礼场地和婚礼策划师的书面确认之前，不要签署任何合同。

（3）确认所有的信息。提醒新人在离开家之前一定要打印出来从宾馆到蜜月的信息，放到一个文件夹里面编目好，这样方便随时查阅。

（4）提醒新人要留出一定的时间给婚姻申请程序，婚姻证明有可能通过快递邮寄。

（5）注意对新人礼服的选择和保护。不仅要选择适合旅行目的地天气的着装，还要注意在旅行中对其进行保护。如果不希望服装褶皱，就要在到达目的地之后留出时间对礼服熨烫。

（6）提醒新人事先查好所乘坐航班的手提重量是多少，尽量把礼服随身携带。如果提前打电话询问确认，有些航班会在挂衣间为客人留出空间；如果乘坐经济舱，挂衣间和上方存放行李的空间有限，无法安放礼服，建议最好用快递的方式把礼服寄走，以避免在旅行中伤及礼服。

（7）建议新人携带一只空的箱子，用来装当地购买的礼物送给家乡的朋友。

技能训练

任务 1：是否适合目的地婚礼

活动目标

帮助学生了解目的地婚礼的特性和需求，学生以新人的视角评估自身是否适合举办目的地婚礼。

活动步骤

（1）活动介绍。

开始时进行简短的介绍，解释目的地婚礼的定义，以及它与传统婚礼的区别。同时，提供一些目的地婚礼的实例和图片，展示其多样性和可能性。

（2）互动问卷调查。

设计一份详细的问卷，包括新人的预算、偏好、对旅行的热爱程度，以及对特定地点的情感联系等。这将帮助学生了解新人的需求和期望，同时也为接下来的讨论和指导提供参考。

（3）小组讨论。

将学生分成若干小组，让他们分享自己的问卷结果，讨论自己是否适合举办目的地婚礼，以及可能遇到的挑战。教师在每个小组中提供指导，并引导讨论。

（4）专家分享。

请一位经验丰富的目的地婚礼策划师分享他/她的经验，包括成功的案例、常见的问题，以及解决问题的建议。这将给学生提供更多的实践视角和建议。

（5）问答环节。

让学生提出他们对目的地婚礼感兴趣的问题，由教师或者策划师解答。

活动总结

活动结束时，让每个学生分享他们是否打算举办目的地婚礼，以及他们从这个活动中学到了什么。这将帮助他们强化学习效果，为今后的婚礼策划提供实践帮助。

任务 2：拍摄目的地婚礼微电影

活动目标

通过这个教学活动，学生将学习如何拍摄目的地婚礼微电影，包括故事创作、场景选择、拍摄技巧等。

活动流程

（1）简介。

①介绍目的地婚礼微电影的特点和魅力。

②引导学生思考微电影的故事情节和表达方式。

（2）故事创作。

①将学生分成若干小组，每组共同创作一个目的地婚礼微电影的故事。要求学生在故事中融入目的地的特色和情感元素。

②每组展示他们的故事大纲，并解释他们的创作理念。

（3）场景选择。

①讲解目的地婚礼微电影中场景选择的重要性。

②提供一些目的地婚礼场景的图片和视频素材，让学生选择适合他们故事的场景。

③学生将场景选择与小组成员分享，并互相提供反馈和建议。

（4）拍摄技巧。

①讲解微电影拍摄的基本技巧，包括镜头运动、光影处理、音乐选择等。

②提供一些实际拍摄示例，并讲解如何运用技巧来表达故事情感。

③学生分组合作，选择一个场景，运用所学技巧进行实际拍摄。

（5）剪辑与编辑。

①介绍微电影的后期制作过程，包括视频编辑和音乐剪辑等。

②学生使用专业的视频编辑软件，将他们的拍摄素材进行剪辑和加工。

③学生将自己的微电影编辑成品与小组成员分享，并互相提供反馈和建议。

（6）总结与讨论。

①回顾学生在活动中学到的知识和技能。

②结合学生的实际情况，讨论目的地婚礼微电影的应用场景和实际操作中可能遇到的问题。

活动设施与资源

（1）讲义和案例资料；

（2）拍摄器材（如摄像机、三脚架等）；

（3）视频编辑软件和音乐剪辑软件；

（4）小组讨论和展示所需的投影仪或电视屏幕。

活动评估

（1）学生拍摄的微电影质量和表达能力评估；

（2）学生对活动内容的理解和掌握程度的评估；

（3）学生互相之间的合作和协作能力评估。

任务 3：设计云南洱海目的地婚礼流程

活动目标

通过这个教学活动，学生将学习如何规划和执行在云南洱海的目的地婚礼流程，包括仪式安排、婚宴餐点、娱乐活动等。

活动流程

（1）简介。

①介绍云南洱海作为婚礼目的地的特点和魅力。

②引导学生思考在洱海举办婚礼的目的和意义。

（2）仪式安排。

①讲解在洱海举办婚礼的仪式安排，包括户外婚礼仪式、传统婚礼仪式等。

②提供一些示例仪式安排的资料，让学生了解洱海婚礼的独特性。

③学生分组合作，作出一个适合在洱海举办婚礼的仪式安排。

（3）婚宴餐点。

①引导学生思考在洱海举办婚宴的特色和菜单选择。

②讲解云南传统菜肴和洱海特色美食，以及如何搭配菜单。

③学生根据自己选择的洱海婚礼主题和预算，作出一个合理的婚宴餐点安排。

（4）娱乐活动。

①提供一些在洱海举办婚礼的娱乐活动资料，如洱海游船、民族舞蹈表演等。

②引导学生思考如何设计与洱海的自然环境和文化元素相结合的娱乐活动。

③学生分组合作，制订一个具有洱海特色的娱乐活动方案。

（5）流程总结与讨论。

①学生将自己制定的仪式安排、婚宴餐点和娱乐活动方案与小组成员分享，并互相提供反馈和建议。

②结合学生的实际情况，讨论在洱海举行婚礼可能遇到的问题和应对策略。

活动设施与资源

（1）讲义和案例资料；

（2）仪式安排和餐点菜单的示例资料；

（3）娱乐活动的资料和示例视频；

（4）小组讨论和展示所需的投影仪或白板。

活动评估

（1）学生制定的仪式安排、婚宴餐点和娱乐活动方案的合理性和创意评估；

（2）学生对活动内容的理解和掌握程度评估；

（3）学生互相之间的合作和协作能力评估。

内容回顾

1. 目的地婚礼策划师是为新人提供目的地婚礼流程创意策划、进行婚礼现场监督，帮助新人完成梦想婚礼的专业人士。其主要工作是根据客户的具体需求作出个性化的安排，策划实施婚礼方案，并对整场婚礼进行现场监督。

2. 目的地婚礼策划师的角色：

（1）顾问和咨询者；

（2）策划和组织者；

（3）供应商和服务提供商的联系人；

（4）预算和成本管理者；

（5）时间管理和协调者；

（6）风险管理和问题解决者；

（7）新人代表和沟通者。

3. 目的地婚礼策划的工作流程包括五个阶段、十个步骤。

五个阶段是收集客户信息、策划准备、撰写策划方案、具体执行方案、评估总结归档。

十个步骤是婚礼目标确定、婚礼地点选择、婚礼形式选择、婚礼主题确定、婚礼创意确定、婚礼效果确定、婚礼应急预案、婚礼氛围营造、婚礼实施策略、婚礼效果评估。

4. 主题婚礼是以一个特定的概念或主题为中心来策划和组织的婚礼。对于主题婚礼的内涵，以下几点可以帮助更好地理解：

（1）个性化；

（2）创意展现；

（3）统一性；

（4）记忆性；

（5）娱乐性。

5. 婚礼创意的构成要素是进行婚礼创意策划的必备要件，主要包括婚礼时间策划、婚礼花艺策划、婚礼微电影策划、婚礼舞美策划、婚礼流程与创意策划、婚礼服饰与化妆策划、婚礼道具策划、婚礼车辆策划、婚礼费用策划。

6. 婚礼策划书主要包括以下内容：

（1）婚礼环境分析；

（2）婚礼的基本框架；

（3）婚礼价格及预算方案；

（4）婚礼工作人员分工计划；

（5）婚礼筹备进度计划；

（6）婚礼现场管理计划；

（7）婚礼期间举办的相关活动计划。

7.婚礼策划书的基本结构包括：（1）封面；（2）序文；（3）目录；（4）正文；（5）附件。

8.目的地婚礼策划书的格式包括：

（1）婚礼策划书名称；

（2）婚礼背景；

（3）婚礼目的、意义和目标；

（4）资源需要；

（5）婚礼开展；

（6）经费预算；

（7）婚礼中应注意的问题及细节；

（8）婚礼负责人及主要参与者。

9.婚礼策划书的写作要求：

（1）结构清晰明了；

（2）语言简洁生动；

（3）创意独特可行。

能力检测

1.描述目的地婚礼策划师的角色和主要职责，以及在婚礼策划过程中的重要性。

2.详述目的地婚礼策划的工作流程，包括各个阶段以及在每个阶段应完成的主要工作。

3.提出一个目的地婚礼策划的创新想法，并解释其创新性和可行性。

4.选择一个婚礼主题，描述如何根据该主题进行目的地婚礼策划。

5.在给定的预算和资源限制下，提出一个目的地婚礼的定位策划方案，并解释其理念和实施步骤。

6.列出目的地婚礼策划书的构成要素，并解释每个要素的含义和作用。

7.描述目的地婚礼策划书的内容、结构与格式，并解释其原因。

8.给出一段婚礼策划书的文字，包括语言表达、逻辑结构等。

9.列出在进行目的地婚礼策划时应注意的事项，并解释原因。

10.根据一个实际的婚礼目的地，撰写一份完整的婚礼策划书。

实务案例

热带岛屿的梦幻爱情：巴厘岛热带之恋主题婚礼策划

婚礼目的地：巴厘岛

婚礼主题：热带之恋

新娘和新郎梦想着在巴厘岛举行一场浪漫而独特的婚礼。在这场热带之恋的婚礼中，我们将为您营造一个充满梦幻氛围的婚礼现场。想象一下，在一望无际的沙滩上，绿植和鲜花装饰的仪式场景中，您和您的爱人站在一起，交换着真挚的承诺。微风拂过，阳光洒在您的身上，这一刻将永远留在您的记忆中。

作为您的婚礼策划师，我们将为您打造一场梦幻般的热带之恋婚礼。以下是我们的策划方案。

色彩与装饰

我们将以热带岛屿为主题，用蓝色、绿色和金色来装饰婚礼场地。使用鲜花和绿植，营造出热带岛屿的独特氛围。同时，我们还将使用金色的装饰品和蜡烛，为婚礼增添一份奢华和浪漫。

婚礼仪式

婚礼仪式将在沙滩上举行，新娘和新郎将站在一个装饰精美的花环前交换婚誓。我们将打造一个梦幻般的仪式场景，使用透明的白色帷幕和绿植装饰，营造出一种浪漫而神秘的氛围。同时，我们还将融入巴厘岛当地文化元素，如巴厘舞蹈和乐器演奏，让仪式更加独特和难忘。

美食与饮品

婚礼宴会将提供精致的热带岛屿美食，包括海鲜、当地水果和传统佳肴。我们将以巴厘岛的特色烹饪方式和调味品来烹制美食，让您的味蕾感受到来自热带岛屿的美味。此外，我们还将提供热带鸡尾酒和当地特色饮品，让您能够品尝到热带岛屿的独特风味。

娱乐活动

在婚礼晚宴中，我们将安排精彩的娱乐活动，如巴厘舞蹈表演、音乐演奏和烟火秀。这些节目将带给您一次难忘的娱乐体验，让您感受到热带岛屿的热情和活力。

婚礼周边活动

除了婚礼仪式和宴会，我们还为您安排了一系列的周边活动，如海滩派对、浮潜和 SPA 体验等。在这座热带岛屿上，您和您的爱人及亲朋好友能够尽情享受阳光、海滩和大自然的美丽，全面感受巴厘岛的魅力。

我们相信，通过热带岛屿的梦幻爱情主题策划，您和您的爱人及亲朋好友将会在巴厘岛体验一场难忘的婚礼。我们将精心安排每个细节，从色彩装饰到仪式、美食，再到娱乐活动和周边活动，以确保您能够充分体验热带岛屿的浪漫与魅力。我们的策划团队将竭尽全力，为您打造一场完美的热带之恋婚礼，让您和您的爱人以及所有的嘉宾都能够留下美好的回忆。让我们一同踏上这段热带之恋的旅程，探索巴厘岛的美丽与浪漫吧！

拓展阅读

"First Look"时刻

"First Look"是指在婚礼前新郎不会看到新娘穿婚纱的样子，直到仪式当天，新郎才第一次真正看到穿婚纱的新娘，而这一过程被称为"First Look"。虽然"First Look"是舶来品，但在当下深受新人喜欢，他们觉得这样的一个环节能为婚礼增添几分仪式感。

"First Look"时刻是一个非常感人和浪漫的时刻，因为它给了新娘和新郎一个宝贵的秘密时刻，在婚礼正式开始之前，私下互相欣赏，彼此享受爱情的美好。这一时刻通常被安排在婚礼仪式之前的几个小时，可以在婚礼场地内或者其他特殊的场所进行。

在"First Look"过程中，新娘会穿着婚纱从新郎身后或者某个特定的位置走向他，而新郎则会转过身来面对新娘。这个瞬间被摄影师的镜头定格，记录下这份特别的美好与感动。这一刻，不仅让新娘和新郎在婚礼仪式前放松心情、互相支持，也为他们创造了一段只属于两人的秘密回忆。

"First Look"的安排需要考虑多个方面，包括选择合适的地点（如小树林、草坪、露台或安静的酒店走廊）、确定时间安排、制定流程等。此外，还应保持环境的安静，确保这是真正属于新人彼此的独处时光。参与的人要少，主要包括新人、摄影师以及必要的伴娘伴郎等，最好不要超过8个人，且应保持一定距离，以不打扰新人的情感交流。

这个时刻通常让新娘和新郎可以有足够的时间和空间去表达情感和互相交流。在这个时刻安排一些浪漫的情节，如音乐、花束、礼物等，可以提升这个时刻的特殊氛围。

"First Look"在婚礼策划中可以起到很多作用，例如，让新人在婚礼正式开始之前有时间互相交流和放松，可以减轻婚礼仪式前的紧张和压力，让新人更加自在和愉快地度过整场婚礼；可以创造一些私密和浪漫的时刻，让新人有机会单独相处并享受两人时光；为摄影师提供更多的拍摄机会，记录下这段人生中难忘的时刻。

婚礼策划调查问卷

目的地婚礼策划师制作策划方案的内容来源于新人的需求，策划的创意来源于新人的情况。作为策划师，了解新人的情况和需求，可以通过面对面访谈的方式，也可以让新人填写婚礼策划调查问卷。以下就是一份标准的婚礼策划调查问卷。

新郎姓名		出生日期	
		电话/QQ	
新娘姓名		出生日期	
		电话/QQ	
婚期		宴请地址	
E-mail			
职业	国家公务员□ 企业管理人员□ 私营业主□ 军人□ 普通职员□ 自由职业者□ 教育工作者□ 其他□		
你们选择的目的地婚礼地点			
婚礼时长是什么要求？			
婚礼主题是什么要求？可以从你们故事的哪一点切入？为婚礼取一个名字，定一条主线，导演几个场景吧！			
舞台状态有什么要求？你们是外向型还是内向型？能否表演才艺？需要表达哪些想法和心愿？	想法和要求：		
你们喜欢哪种风格的婚礼？	隆重华丽□ 神圣庄重□ 浪漫温馨□ 喜庆热烈□ 刺激惊喜□ 轻松自然□		
你们希望在什么场所举行婚礼？	星级酒店□ 户外草坪□ 户外水上□ 别墅会所□ 教堂□ 其他□		
你们婚礼宴请宾客人数	20人以下□ 20~50人□ 50~80人□ 80~100人□ 100~150人□ 150人以上□		
婚礼预算	3000至5000元□ 5000至1万元□ 1万至2万元□ 2万至5万元□ 5万元以上□ 其他□		
你们喜欢的颜色搭配	香槟色搭配□ 香槟色+紫色□ 香槟色+粉色□ 香槟色+蓝色□ 香槟色+红色□ 其他□		

续表

参加婚礼的来宾大部分是什么样的人？ 亲戚、同事、同学各占多少？	
他们的年龄划分、社会成分、工作性质、性格特点是怎样的？ 有需要特别关照和突出的人吗？	
您最好的朋友是谁？ 联系方式？ 婚礼当天有没有亲朋好友过生日？	
伴郎伴娘、小天使有安排吗？ 能否参与婚礼彩排？	
说说你们的爱情故事	
①你们相识于什么地方？ 什么情况下认识的？ 初次约会是在什么时候？ 还记得那难忘的情景吗？ 有什么是值得回味与珍藏的？ 共同的爱好；喜欢的…… 一路走来，从相识、相知，到相爱、相守，是一个怎样的历程？ 可以按时间、空间等顺序整理吗？	
②重要日期、特别的礼物 什么时候正式确定了恋爱关系？ 恋爱时的情人节、生日等特殊日子是怎么过的？	
③难忘回忆：化解过的矛盾，已经释然的误会，一起去旅游的经历，日常生活里坚持为对方做的小事，怀着感恩的心整理一下吧！	
④爱情感悟：在你们决定相伴一生的时候是怎么理解婚姻、家庭、爱与责任的？打算怎样面对柴米油盐？（分享那些慎重的考虑，计划的幸福）	
⑤回忆一下两位新人从相识到相知、从相知到相恋共同经历的点点滴滴，两位新人即将踏进幸福之门，此时此刻两人心中肯定都有一些肺腑感言对彼此告白	新郎： 新娘：

目的地婚礼流程

根据下面的背景资料，设计 1 天的目的地婚礼流程。

背景资料

柒水台位于大理市海东镇海东方，是大理知名的水台场地之一，距离机场8千米。这里水台视野非常好，场地自带部分装饰景观，如圣托里尼风、美式乡村风等，可以为新人的婚礼照片增添色彩。此外，柒水台提供的住宿主题风格较多，私密性较好，入住人数适中，是举办中小型婚礼的理想地点。

具体流程

7:00——早饭时间

8:00——化妆、拍摄全部到位

9:30——即将开始仪式

这段时间可以拍摄秀禾、晨袍、小礼服等照片，把精心布置的蜜月房全部记录在美好的镜头中。如果带了父母，可以安排接亲、改口、敬茶等环节；如果邀请朋友，可以设计一些婚前小游戏；如果只有新人来举行仪式，则特别安排"First Look"与告白仪式。

10:58——吉时已到，婚礼开始

婚礼仪式的时长为1个小时，仪式流程包括：新人入场、讲述爱情故事、双方宣誓、交换戒指、倒香槟、切蛋糕、婚礼吻及婚礼合照等。

12:00——精美午餐开始

补充身体能量，养好精神准备下午的外拍。

13:00——外拍开始

婚礼外拍的场景会根据新人提前一天与接待客服的沟通进行，有专门的跟拍司机带新人去选择拍摄的地点，这些地点包括婚礼场地的外拍景点、风景区的景点或婚礼基地的场景。

18:00——外拍结束，晚宴开始

在新人回来的路上，工作人员会准备好晚宴的布置和餐食，期待新人度过浪漫的新婚之夜，给自己的婚礼画上圆满的句号。

了解森系主题婚礼

森系婚礼指的是犹如走入森林的自然风格婚礼，是当下比较流行的一种主题婚礼形式，比较受年轻人青睐，其特点是风格清新、自然环保。森系婚礼可以是田园或森林主题的特色婚礼，也可以演变为崇尚自然的环保婚礼。

森系婚礼以其自然清新的感觉著称，主要婚礼元素为绿色、艳丽花朵、藤蔓、白色蕾丝等。例如，在宴会厅主舞台用仿真花艺藤蔓墙、原木肌理秋千造型，以精致的稀有仿真灵鹿群等森林精灵元素来唤醒心底的童真和对大自然的向往，加以书本、木箱花艺作点缀，营造一种梦幻浪漫的爱情森林婚礼氛围。让简单的森系元素通过萃取和糅合构造一个美轮美奂的"仙境小筑"，阳光、清风、美酒、掌声簇拥着最幸福的新人。

森系婚礼的现场可以选择户外森林感觉的场地进行布置，也可以选择在室内或者没有森林的室外，通过使用相关元素来营造绿色森林的感觉。森系婚礼现场布置的重点是使用绿色，比如绿色的树枝、树叶，或绿色系手捧花等。森系婚礼布置应该注意以下问题。

（1）森系婚礼的整体风格设计要统一和谐。从迎宾区到婚礼现场，所有地方都应做好布置，能够让人眼前一亮，自觉来到仙境一般。

（2）为了不让婚礼现场的色彩显得眼花缭乱，一定要确定一个婚礼的主体颜色，这样可以让婚礼现场布置更加和谐。

（3）森系婚礼布置要把控好婚礼现场的空间。如果新人在大面积的户外举行婚礼，那么一定要划分好婚礼现场的使用空间，要让婚礼现场有非常温馨的氛围，避免有拥挤感或者空旷感。户外婚礼一定要有拱门，因为这是进入婚礼现场的一条通道。

（4）森系婚礼布置要注意细节和保障安全。婚礼现场可以使用花艺或者一些绿色的小饰物，从小处入手打造森系的感觉。对婚礼现场的所有道具和装饰物都要进行仔细的安全检查。例如，装饰物上有小的碎玻璃就很可能弄伤宾客，花门、路引设计得不够结实就很有可能被风吹跑或砸到客人。

（5）室外的森系婚礼布置要提前确定天气情况。保证婚礼当天风和日丽，确保婚礼能够顺利进行。即使在室内进行婚礼布置，也应提前了解天气状况，以保证宾客更舒服地参加婚礼。

项目四：

婚礼目的地选择的艺术与策略

【学习目标】
【知识要点】
    知识点1：新人对婚礼目的地的需求分析
    知识点2：目的地选择考量因素的综合分析
    知识点3：目的地婚礼的法律合规与文化适应性探讨
    知识点4：目的地选择的决策流程构建与实施
【技能训练】
    任务1：婚礼目的地需求分析
    任务2：婚礼目的地决策
【内容回顾】
【能力检测】
【实务案例】
    北海道之梦：小雪与阳平的浪漫婚礼之旅
【拓展阅读】
    国外热点婚礼目的地介绍
    国内热点婚礼目的地介绍

项目四：婚礼目的地选择的艺术与策略

学习目标

1. 学习并掌握分析新人对婚礼目的地需求的技能和方法，包括了解新人的预算、喜好、期望等因素，以便提供最合适的目的地建议。

2. 熟悉并了解婚礼目的地选择的各种考量因素，如地理位置、气候、景色、设施、服务质量等，以便为新人提供全面而准确的信息。

3. 了解并熟悉不同目的地婚礼的法律合规与文化要求，包括婚礼仪式、婚礼习俗、法律规定等，以确保婚礼的顺利进行，同时也让新人和宾客有更深入的文化体验。

4. 学习并掌握目的地选择的决策流程，包括如何收集和评估信息，如何比较不同的目的地，以及如何作出最终决定。

5. 了解国内外热点婚礼目的地，包括它们的特色、优点和缺点，以便为新人提供更多的选择和建议。

知识要点

知识点1：新人对婚礼目的地的需求分析

1. 理解客户的婚礼愿望和偏好

理解客户的婚礼愿望和偏好是为了满足他们对婚礼目的地的需求。一般通过与新人进行详细的咨询和交流，了解他们对婚礼目的地的期望和偏好。通过面对面的会议、电话或电子邮件等方式，询问他们的喜好、主题、氛围、预算等方面的问题。

首先，了解新人对婚礼的主题和风格的偏好。他们可能喜欢传统、浪漫、现代、海滨、乡村等不同的风格。通过询问他们对这些风格的偏好，可以更好地了解他们对婚礼目的地的需求。

其次，鼓励新人想象他们理想中的婚礼目的地，让他们列出他们期望的特定场地、背景、景观、设施等，通过这些愿望清单可以掌握他们对婚礼目的地需求的具体细节。

最后，了解新人的预算范围，并与他们讨论预算限制对婚礼目的地选择的影响。确定他们是否愿意在预算方面作出妥协，以便更好地满足他们对婚礼目的地的需求。

通过以上的需求分析过程，可以更好地理解客户的婚礼愿望和偏好，并根据这些信息提供合适的婚礼目的地选择建议。同时，与客户的持续沟通和反馈也是确保满足他们需求的关键，以便根据他们的反馈进行调整和改进。

2. 收集客户的目的地选择参考

收集新人的目的地选择参考是为了更好地理解他们的需求和偏好。询问新人是否有对婚礼目的地的具体地点或场地的参考。他们可能已经有一些较明确的想法，或者是基于他们的经验、朋友或家人的推荐，或者是基于他们的个人喜好和梦想。收集客户的目的地选择参考的主要方法包括以下几种。

（1）参考婚礼杂志和网站。鼓励新人查阅婚礼杂志和网站，寻找关于不同婚礼目的地的特写、特辑和推荐。这些杂志和网站通常会提供许多有关婚礼目的地的图片、故事和建议，可以帮助新人找到一些让他们感兴趣的地方。

（2）参考他人的婚礼经验。询问新人是否有朋友、家人或同事的婚礼经验，可以提供有关婚礼目的地选择的参考。他们可能听说过一些令人印象深刻的婚礼目的地或一些有价值的建议。这些参考可以帮助新人更好地了解不同婚礼目的地的优缺点。

（3）社交媒体和旅行网站。社交媒体和旅行网站上的用户评论和评级可以提供有关婚礼目的地的实际经验和建议。新人可以浏览这些网站，阅读其他人的评论和照片，以获取有关不同目的地的真实反馈。这些评论和照片可以帮助新人更好地了解每个目的地的特点。

（4）旅行展览和婚礼展览。参加旅行展览和婚礼展览是了解不同婚礼目的地的好机会。这些展览通常会有各种目的地和场地的相关展示与推介，新人可以亲自参观并与相关的展商交流，获取更多关于婚礼目的地的信息。

通过以上方法，可以收集客户对目的地选择的参考，并结合其他的需求分析，更好地了解客户对婚礼目的地的需求和偏好。这些参考可以帮助婚礼策划人员为客户提供更准确和符合客户期望的婚礼目的地选择建议。

知识点 2：目的地选择考量因素的综合分析

婚礼目的地的选择对新人来说是一个重要的决定。理想的场地将会给这一重要时刻提供完美的背景。选择场地时需要考量许多因素，比如预算、人数、交通便利性等，也需要评估场地对于新人的情感意义。

因素 1：预算。预算是决定婚礼目的地的一个主要因素。首先要确定新人的预算范围；其次要考虑目的地的成本，包括场地租金、住宿、交通、食品和饮品等费用，确保新人能够承担这些费用，同时还要考虑任何可能产生的额外费用。高档酒店和度假村的婚礼场地价格不菲，新人需要根据自己的婚礼预算选择合适的场地。考虑场地在不同季节和日期的价格变动，选择较平价的日期可能会节省开支。

因素 2：人数。确定婚礼的宾客数量，以便选择一个适合容纳宾客的场地。如果宾客数量较少,可以选择一个小而温馨的场地;如果宾客数量较多,可能需要选择一个更大的场地。

因素3:季节和天气。考虑婚礼举行的季节和当地的天气条件。如果希望在户外举行婚礼,要选择一个季节宜人、天气稳定的地方。此外,还要考虑当地是否有季节性的天气问题,如台风、暴雨等。

因素4:交通便利性。选择一个靠近机场或火车站的地方,方便宾客的交通安排。此外,还要考虑当地的交通设施和服务,以确保宾客能够方便地到达和离开场地。

因素5:主题和氛围。选择一个与婚礼主题和氛围相符的地方。如果新人喜欢海滨浪漫的氛围,可以选择一个海边度假村;如果新人喜欢自然和田园风光,可以选择一座乡村庄园。确保目的地能够提供新人希望展现的特定氛围和风格。

因素6:场景。选择一个美丽的场地,可以为婚礼增添独特的魅力和视觉效果,可以考虑湖泊、山脉、花园或城市的壮丽景色作为婚礼的背景。当然,浪漫和富有意义的场景也会为婚礼增添氛围。新人可以选择在相识或求婚的地点举行,增添特殊纪念意义。优美的自然风景也能营造浪漫气氛。

因素7:住宿和设施。确保目的地有足够的住宿空间,以容纳全部的宾客。此外,还要考虑目的地是否提供其他设施,如餐厅、礼堂、游泳池等,以满足新人和宾客的需求。室内和室外场地都需要注意,一定要选择可以舒适容纳所有来宾的场地规模。若选定的场地容纳能力不足,将会带来许多额外的困扰。

因素8:法律和许可证。不同地区有不同的婚礼法规和许可证要求,需要确保符合当地的规定并取得必要的许可证。

选择婚礼目的地是一个个性化的决策,每对新人的考虑因素可能会有所不同。确保充分考虑了以上因素,并根据个人喜好和预算作出明智的选择。

知识点3:目的地婚礼的法律合规与文化适应性探讨

1.为什么要了解婚礼目的地的法律和文化要求

了解和遵守目的地国家或地区的法律要求和文化习俗,可以确保婚礼的合法性、有效性、文化适应性和参与者的满意度,以及婚礼的顺利进行和成功举行。

(1)了解和遵守婚礼目的地的法律要求,可以确保婚礼的合法性和有效性。如果不遵守当地的婚姻法规定,婚礼可能会被视为无效,从而对夫妻的婚姻关系造成不利影响。

(2)了解和遵守婚礼目的地的文化要求,可以确保婚礼符合当地的礼仪和习俗,表达对当地文化的尊重。这有助于避免冒犯当地民众或造成不必要的麻烦,同时能为客人提供一种独特的文化体验。

（3）了解和遵守婚礼目的地的法律和文化要求，可以帮助策划师顺利协调和筹备婚礼。知道需要办理哪些许可证或文件、当地的婚礼流程和习俗与国内有什么不同，可以避免因不了解要求而导致的延误或困扰。

（4）了解和遵守婚礼目的地的法律要求，可以帮助策划师进行风险管理和安全保障。掌握当地的安全规定和限制，可以避免不必要的风险和麻烦，确保人员安全和婚礼的顺利进行。

2. 婚礼目的地的法律和文化要求

婚礼目的地的法律和文化要求是策划和执行目的地婚礼时需要考虑的重要因素。婚礼目的地的法律和文化要求涵盖了婚姻法规定、结婚许可证和文件、礼仪和习俗、宗教要求、餐食和饮品限制、社会习惯和行为规范，以及特殊法规和限制等内容。了解和遵守这些要求，可以确保婚礼的合法性、有效性、文化适应性和参与者的满意度，为新人创造一种难忘和愉快的体验。

（1）婚姻法规定。不同国家和地区的婚姻法规定各不相同，包括结婚资格、婚姻登记程序和法定婚姻证明文件等。策划目的地婚礼时，需要了解目的地国家或地区的婚姻法规定，确保婚礼的合法性和有效性。

（2）结婚许可证和文件。在某些目的地，结婚前需要获得结婚许可证或其他特定文件，如预先进行健康检查或提供特定证明文件等。策划师需要了解目的地的具体要求，并协助新人办理相关手续。

（3）礼仪和习俗。不同国家和地区有不同的婚礼礼仪和习俗，包括婚礼形式、仪式流程、服装和礼品等。策划师需要了解目的地的文化背景和习俗，确保婚礼符合当地的文化要求，并为新人提供相关指导和建议。

（4）宗教要求。宗教在某些目的地的婚礼中扮演着重要角色，策划师需要了解当地的宗教要求和仪式，以便协助新人进行宗教婚礼的筹备和安排。

（5）餐食和饮品限制。某些国家或地区有特定的餐食和饮品限制，如禁酒、禁食或特定的食品偏好等。策划师需要了解当地的限制和要求，确保婚礼的餐饮安排符合当地的文化和相关规定。

（6）社会习惯和行为规范。不同地区有不同的社会习惯和行为规范，策划师需要了解当地的习俗和行为规范，以确保婚礼活动不会冒犯当地民众或造成不必要的麻烦。

（7）特殊法规和限制。某些目的地可能有特殊的法规和限制，如户外婚礼场地的使用规定、音乐和娱乐活动的限制等。策划师需要了解这些特殊要求，并确保婚礼的筹备和举办符合当地的法规和限制。

知识点 4：目的地选择的决策流程构建与实施

1. 制定目的地选择的决策流程

婚礼是一生中非常重要的事件，选择合适的婚礼目的地对于创造美好的婚礼回忆有着重要的影响。策划师可以依照如下婚礼目的地选择的决策流程协助新人进行抉择。

第一步，确定预算。首先确定婚礼预算，这将在很大程度上影响婚礼目的地的选择。婚礼的预算应包括场地费用、餐饮、住宿、交通、婚纱照、婚礼策划等各项费用。确定可用于婚礼的预算，这将有助于缩小目的地的范围，排除一些高成本的目的地。

第二步，列出候选地点。基于预算，新人可能已经有了一些心仪的目的地。列出所有可能的选择，包括各种类型的场地，如酒店、餐厅、公园、庄园、度假胜地，或者是某些具有特殊意义的地方，比如他们第一次相遇的地方，或者他们共同的梦想目的地。

不同的婚礼场所会有不同的氛围和感觉。例如，豪华酒店可能会让婚礼看起来更正式和优雅，而海滩或花园的婚礼则可能更加轻松和自然。考虑新人希望婚礼具有什么样的氛围，选择与之相符的场地。

每个场地都有优点和缺点。例如，某个场地可能有美丽的风景和优质的服务，但交通不便或价格昂贵；另一个场地可能价格合理，交通方便，但没有想要的设施或服务。在评估每个场地时，要考虑到这些因素，并权衡它们对决策的影响。

需要确定选择的场地在既定的婚礼日期是否可用。如果场地已经被预订，或者在婚礼日期不提供服务，那就需要重新选择。另外，需要确保选择的场地足够容纳所有的宾客。如果计划举行一场大型婚礼，就需要一个可以容纳大量宾客的场地；反之，如果婚礼规模较小，一个小型而私密的场地可能更合适。同时，还要考虑到可能产生的额外费用，如装饰、照明、餐饮等，确保不超出预算范围。

在列出所有可能的选择后，就可以开始研究每个目的地的优点和缺点了，以便作出最佳的决策。

第三步，考虑季节和气候。婚礼日期和季节对于目的地选择的影响是多方面的。不仅会影响场地的可用性和价格，也可能影响婚礼的风格和氛围。

选择婚礼目的地时，需要考虑当地的天气和气候，以确保适合婚礼计划。例如，想要一个户外婚礼，就需要避免雨季或冬季；选择在冬季举行婚礼，飓风季节的热带海滩可能就不合适了。另外，选择婚礼目的地时，还需要考虑到天气对宾客出行的影响。

同一地点在一年中的不同时间可能会有很大差异。旅游旺季可能意味着更高的价

格和更多的游客,而旅游淡季则可能游客较少且安静,价格也可能更低。这不仅会影响婚礼预算,也可能影响婚礼体验。

在选择婚礼日期和地点时,还要关注目的地的节日和活动。尽管这些活动可能会影响出行、住宿和价格,但也可能会增加某些地方的吸引力,使婚礼更加独特。

季节变化可能会改变目的地的景观。例如,春季会有美丽的花朵,秋季会有金黄的落叶,而冬季会有雪景。考虑用什么样的背景为新人的婚礼加分,那就帮助他们确定好最佳的婚礼时间和地点。另外,季节也会影响婚礼菜单的选择,一些地方的特色食材可能会在特定的季节里更加新鲜美味,这会为婚礼餐饮增添一些特色。

第四步,考虑宾客。考虑婚礼宾客的数量和他们的需求。婚礼的规模会直接影响场地的选择。大型婚礼需要足够的空间来容纳所有的宾客,需要选择宽敞的酒店宴会厅、室外公园或者大型活动空间;相反,小型或私密的婚礼则会选择小型餐厅、私人庄园,甚至家中的后院。婚礼宾客的数量必然会影响场地规模的选择及餐饮、座位安排等细节。

宾客的需求也是需要考虑的因素之一。尽可能选择一个能让宾客感到舒适的地点。如果婚礼在夏天,需要选择一个有空调的地点;如果婚礼在户外,则需要提供足够的遮阳设施。如果有年长者来参加,需要选择一个有电梯或者无障碍通道的场地;如果宾客中有小孩,则需要选择一个对儿童友好的地点,最好有儿童游乐设施、儿童菜单,或者提供儿童看护服务。如果宾客中有人有特定的文化背景或宗教信仰,就需要确保婚礼地点可以满足相应的需求。比如,某些有宗教信仰的人的婚礼需要通过特定的设施举行,或者有特定的饮食要求。

对于婚礼来说,交通便利性也是一个重要的考虑因素。交通便利的婚礼地点对大多数宾客来说更加友好。例如,多数宾客需要乘飞机来,最好选择一个靠近机场的地点。

第五步,实地考察。如果可能,应该亲自去考察一下候选地点,更好地了解地点的实际情况。亲自去场地看看能帮助新人感受到那里的氛围,注意一些小细节,例如停车设施、指示标志、灯光等。考察一下场地周边的环境,例如是否有酒店、交通是否便利等,这些信息是网站照片或者视频无法提供的。

在实地考察时,可以查看场地的洗手间、厨房、音响系统等设施,这些都可能对婚礼产生影响。例如,计划有现场乐队演奏,就需要确保音响设施能够满足需求。

通过和场地管理者交谈,可以了解他们能提供什么样的服务。他们可能会提供餐饮、装饰、音乐等服务,甚至会提供婚礼策划服务。这些信息可以协助策划师更好地规划目的地婚礼。

如果场地提供餐饮服务,可以尝试一下他们的食物,看看是否符合新人的口味和预期,可以询问他们是否能提供特殊饮食需求,如素食、无麸质饮食等。

建议在实地考察时,拍下一些照片作为参考,方便之后在多个地点间作选择时有直观的参考依据。

第六步，作出决定。将所有考虑因素综合起来，对各个目的地进行比较，权衡利弊，然后选择最适合的婚礼目的地。一旦决定，就可以开始进一步的婚礼策划，比如定下婚礼主题、选择餐饮、布置场地等。

2. 目的地选择的决策工具和方法

选择婚礼地点是一个重要的决策过程。以下是一些选择婚礼地点的决策工具和方法，可以帮助策划师在这个过程中作出最佳选择，从而帮助新人选择理想的婚礼地点。

工具一：清单

列出所有可能的候选地点。为了更详尽地列出候选地点的信息，可以在清单中包含以下细分内容。

（1）地点名称：包括地点的全称和简称，如果有别名的话，也可以包括进来。

（2）位置：具体的地址，包括街道名、城市、州和邮编。如果有必要，还可以加入地点的地理坐标。

（3）联系方式：地点的电话号码、电子邮件地址、网站等。有些地点可能还有社交媒体账号。

（4）容纳人数：地点可以容纳的最少人数和最多人数。

（5）设施：地点提供的设施，例如室内或室外空间、音响设备、灯光设备、舞台、厨房、洗手间、停车场等。

（6）服务：地点提供的服务，例如餐饮、装饰、音乐、婚礼策划等。

（7）价格：地点的租赁费用，包括基础价格和额外费用（如清洁费、保安费等）。如果可能，也可以加入付款方式和付款期限的信息。

（8）可用日期：地点在计划的婚礼日期是否可用。如果已经被预订，可以询问是否有其他可用的日期。

（9）宾客住宿：地点附近是否有酒店或民宿。

（10）交通：地点的交通情况，包括是否容易找到，是否有公共交通工具可达，距离最近的机场或火车站有多远等。

（11）特殊要求：地点是否可以满足特殊需求，例如是否有残障设施等。

通过这样的清单，新人可以更系统、更全面地了解每个候选地点，从而更好地作出决策。

工具二：评分系统

为每个候选地点在不同的因素上打分。这些因素可以包括地点的美感、设施的完备性、服务的质量、价格的适中程度、交通的便捷程度等。对每个因素可以根据其重要性设定不同的权重。最后，将每个地点在各因素上的得分相加，得到总分。总分最

高的地点就是最佳选择。

（1）确定评分因素：根据用户需求和候选地点的特点，确定评分所考虑的因素。例如，地点美感、设施完备性、服务质量、价格适中程度、交通便捷程度等。

（2）设定权重：根据每个因素对用户的重要性，为每个因素设定权重。权重可以采用百分比或者相对比例来表示，确保所有权重之和为100%。

（3）定义标准：为每个因素定义相应的评分标准。例如，美感可以根据地点的外观、环境等因素进行评分，设施完备性可以根据设施的种类、设备的质量等进行评分。可以采用打分制度，如1~10分；或者采用星级制度，如1~5星等。

（4）评分计算：根据权重和评分标准，对每个候选地点在各因素上进行打分。将每个因素的得分乘以其对应的权重，并将所有因素的得分相加，得到总分。

（5）最佳选择：比较各候选地点的总分，总分最高的地点即为最佳选择。

通过以上细化，评分系统可以更准确地评估每个候选地点在各因素上的表现，并根据用户需求得出最佳选择。

工具三：比较分析

对比不同候选地点的优点和缺点。新人可以根据需求和预算，看看哪个地点更能满足他们的需求。通过比较分析，可以帮助他们更全面地了解每个候选地点的优点和缺点，作出更明智的决策，选择最适合的婚礼地点。

（1）确定需求和预算：明确婚礼需求和预算限制。例如，需要容纳多少人、喜欢的婚礼风格、预算范围等。

（2）列出候选地点：将所有候选地点列出，包括它们的优点和缺点。可以根据之前的搜索和筛选结果，或者根据推荐的地点来选择候选地点。

（3）对比优点：对每个候选地点的优点进行详细对比。这些优点可以包括地点具有美感、设施完备、服务的质量好、价格适中、交通便捷等。可以将这些优点进行分类，例如环境、设施、服务等，以便更好地进行比较。

（4）对比缺点：对每个候选地点的缺点进行详细对比。缺点可能包括价格过高、设施不完善、服务不满意、交通不便捷等。同样地，可以将这些缺点进行分类，以便更好地进行比较。

（5）权衡和评估：根据自身的需求和预算，对比各个候选地点的优点和缺点。考虑哪些优点更重要，哪些缺点可以接受或者可以改善。根据权衡和评估结果，给每个候选地点一个相对的分数或者评级。

（6）最终选择：综合考虑各个候选地点的优点和缺点，以及它们的分数或评级，作出最终的选择。选择最能满足新人需求和预算的地点。

工具四：The Knot、WeddingWire 等

现在有很多在线婚礼规划工具，这些工具可以帮助新人搜索和筛选地点，查看地点的照片和评价，甚至可以在线预订地点。婚礼规划工具使用的具体步骤如下：

（1）注册和登录：用户需要在婚礼规划工具上注册账号，并登录自己的账号，以便保存和管理自己的婚礼计划。

（2）完善个人信息：用户可在个人资料中填写自己的婚礼日期、预算、婚礼风格等信息，以便工具为用户提供更加精准的推荐和搜索结果。

（3）地点搜索：用户可以使用工具的搜索功能来寻找合适的婚礼地点。用户可以输入地点名称、地点类型、地点特色等关键词进行搜索。

（4）地点筛选：搜索结果会根据用户的搜索条件呈现出来。用户可以使用工具提供的筛选功能，根据自己的需求和偏好，如地点价格、容纳人数、位置等条件，对搜索结果进行进一步筛选。

（5）查看信息：用户可以查看每个地点的详细信息，包括照片、描述、设施、服务、评价等。这些信息可以帮助用户更好地了解和比较各个地点。

（6）在线预订：部分婚礼规划工具提供在线预订功能，用户可以直接通过工具预订心仪的地点。用户可以选择预订日期、预订时间段等，并支付订金或全款。

（7）保存和管理：用户可以将心仪的地点添加到自己的收藏夹或者心愿单中，方便以后随时查看和管理。用户还可以通过工具的提醒功能，设置婚礼日期、预订时间等重要事项的提醒。

使用婚礼规划工具可以帮助用户更加方便和高效地搜索、筛选和预订婚礼地点，节省时间和精力，改善婚礼筹备的体验。

3. 目的地选择的决策结果沟通和确认

在目的地选择的决策过程中，决策结果的沟通和确认非常重要。以下是目的地选择决策结果沟通和确认的步骤。

（1）决策结果整理。在决策过程结束后，整理和总结所有的决策结果。包括选择的目的地、决策依据、优点和缺点的评估，以及其他相关的决策信息。

（2）沟通决策结果。与利益相关者（如新郎、新娘、家人等）进行有效的沟通，将决策结果明确地传达给他们。确保每个利益相关者都了解并接受决策结果。

（3）解释决策依据。详细解释选择目的地的决策依据和考虑因素。说明为什么选择该目的地，并强调其与需求和预算的匹配程度。解释优点和缺点的评估结果，以及如何权衡这些因素。

（4）回答问题和提供信息。对于利益相关者可能存在的疑问或关注的重点，提供详细的信息和解答。确保他们对决策结果有充分的了解，并能够理解和接受相关的决策。

（5）确认决策结果。确保每个利益相关者都在确认决策结果之前有足够的时间进行思考和提出意见。鼓励他们在确认之前提出任何问题或建议，并尽量满足他们的合理需求。

（6）确认书面协议。一旦决策结果得到了所有利益相关者的确认和接受，就可以

考虑签署一份书面协议来确认决策结果。这可以是一份简单的备忘录或合同，明确记录了所选目的地和其他相关的细节。

（7）更新计划和沟通渠道。将决策结果更新到婚礼计划中，并确保所有相关的计划和沟通渠道都反映了最新的决策结果。这有助于避免任何混淆或误解，并确保整个团队在同一个频道上。

通过以上步骤，可以确保目的地选择的决策结果得到有效的沟通和确认。这有助于建立信任，并确保所有利益相关者在决策结果上达成共识。

技能训练

任务1：婚礼目的地需求分析

活动目标

帮助学生理解并练习婚礼目的地需求分析的重要性和方法，提高他们在策划婚礼方面的能力。

活动材料

（1）婚礼场地选择的案例研究：准备几个不同的婚礼场地案例，例如海滨度假村、城市酒店、乡村庄园等。

（2）工作表：准备工作表，包含目的地选择的关键因素和评估标准，如预算、场地容量、风格、设施、交通等。

活动步骤

（1）简介和导入：简要介绍婚礼目的地选择的重要性和影响，解释为什么需求分析是一个关键步骤，激发学生的兴趣和参与。

（2）小组分组：将学生分成若干小组，每个小组包含2~4人。

（3）案例研究分析：给每个小组分配一个婚礼场地的案例研究，要求他们仔细阅读和分析案例中的相关信息。

（4）需求分析讨论：要求小组根据工作表中的关键因素和评估标准，讨论并记录下他们对该场地的需求，鼓励学生提出自己的观点和假设。

（5）小组展示和讨论：每个小组展示他们的需求分析结果，并与其他小组进行讨论和辩论。教师会引导学生分析每个场地的优点和缺点，并帮助学生理解如何权衡不同的需求。

（6）总结和反思：总结学生的讨论和观点，强调需求分析对于婚礼场地选择的重要性。鼓励学生分享他们在这个活动中学到的经验和得到的教训。

活动延伸

（1）角色扮演：将学生分为策划师和新人的角色，让他们在模拟情境中进行目的地选择的需求分析。通过角色扮演，加深对婚礼目的地需求分析的理解和实践。

（2）实地考察：安排一次实地考察，让学生亲身体验不同目的地的特点和环境。让他们运用需求分析的知识，评估和选择最合适的场地。

通过这项课堂活动，学生将能够更好地理解和运用婚礼目的地需求分析的方法和技巧，提高他们的策划能力和决策水平。

任务 2：婚礼目的地决策

活动目标

帮助学生理解并练习决策婚礼目的地的重要性和方法，提高他们在策划婚礼方面的能力。

活动材料

（1）婚礼目的地候选地点资料：准备几个不同的婚礼目的地候选地点资料，包括图片、描述、设施、价格等信息。

（2）决策矩阵表格：准备一份决策矩阵表格，包含不同的决策因素和权重，如预算、地点美感、设施、交通等。

活动步骤

（1）简介和导入：简要介绍婚礼目的地选择的重要性和影响，解释为什么决策过程是一个关键步骤，激发学生的兴趣和参与。

（2）候选地点介绍：将每个候选地点的资料分发给学生，让他们仔细阅读和研究每个地点的相关信息。

（3）决策因素讨论：根据决策矩阵表格中的决策因素和权重，让学生讨论和确定他们认为最重要的决策因素，并解释为什么。

（4）决策权重评估：让学生根据决策因素的权重，在决策矩阵表格中给每个因素分配权重值，表示其对决策的重视程度。

（5）决策因素评估：要求学生根据每个候选地点的资料，使用决策矩阵表格来评估每个地点在每个决策因素上的得分。学生可以根据自己的主观判断和对资料的理解来给每个因素打分。

（6）决策结果计算：学生将根据决策矩阵表格中的权重和得分，计算每个候选地点的总得分。根据总得分，学生可以确定他们认为最合适的目的地。

（7）结果分享和讨论：要求学生分享他们的决策结果，并解释他们的选择和权衡的过程。教师引导学生分析每个地点的优点和缺点，并帮助学生理解如何作出最佳决策。

（8）总结和反思：总结学生的讨论和观点，强调决策过程中权衡不同因素的重要性。鼓励学生分享他们在这个活动中学到的经验和得到的教训。

活动延伸

（1）实地考察：安排一次实地考察，让学生亲身体验不同目的地的特点和环境。让他们运用决策矩阵的知识，评估和选择最合适的场地。

（2）角色扮演：将学生分为策划师和新人的角色，让他们在模拟情境中进行目的地选择的决策。通过角色扮演，加深对婚礼目的地决策的理解和实践。

通过这项课堂活动，学生将能够更好地理解和运用决策婚礼目的地的方法和技巧，提高他们在婚礼策划中的决策能力和分析能力。这项活动可以帮助学生学会权衡不同的决策因素，理性地评估候选地点，并作出符合新人需求的最佳决策。

内容回顾

1.对新人婚礼目的地的需求分析包括两个方面：一是理解客户的婚礼愿望和偏好，是为了满足他们对婚礼目的地的需求。二是收集客户的目的地选择参考，是为了更好地了解他们的需求和偏好。

2.选择场地时需要考量许多因素，比如预算、人数、季节和天气、交通便利性、主题和氛围、场景、住宿和设施、法律和许可证等。确保充分考虑以上因素，并根据个人喜好和预算作出明智的选择。

3.婚礼目的地的法律和文化要求是策划和执行目的地婚礼时需要考虑的重要因素。婚礼目的地的法律和文化要求涵盖了婚姻法规定、结婚许可证和文件、礼仪和习俗、宗教要求、餐食和饮品限制、社会习惯和行为规范，以及特殊法规和限制等内容。了解和遵守这些要求，可以确保婚礼的合法性、有效性、文化适应性和参与者的满意度，为新人创造一次难忘和愉快的体验。

4.策划师可以依照如下婚礼目的地选择的决策流程协助新人进行抉择：第一步，确定预算。第二步，列出候选地点。第三步，考虑季节和气候。第四步，考虑宾客。第五步，实地考察。第六步，作出决定。

5.选择婚礼地点的决策工具和方法，可以帮助策划师在这个过程中作出最佳选择，帮助他们选择理想的婚礼地点。例如，清单、评分系统、比较分析、The Knot、WeddingWire等。

能力检测

1.通过一个实例，展示如何对新人婚礼目的地的需求进行分析。包括新人的预算、喜好、期望等因素，并给出分析结果。

2. 列出在选择婚礼目的地时，需要考虑的主要因素，并解释这些因素为什么重要。

3. 选择一个具体的婚礼目的地，研究并总结该地的婚礼法律和文化要求，包括婚礼仪式、婚礼习俗、法律规定等。

4. 描述一个目的地选择的决策过程，包括如何收集和评估信息，如何比较不同的目的地，以及如何作出最终决定。

实务案例

北海道之梦：小雪与阳平的浪漫婚礼之旅

新娘小雪和新郎阳平经过仔细考虑后，最终选择北海道作为他们婚礼的目的地。以下是他们选择北海道作为婚礼目的地的考虑因素。

1. 自然美景

北海道以其壮丽的自然景观而闻名，有着美丽的山脉、湖泊和森林。新娘和新郎希望在这样的环境中交换婚誓，享受大自然的美丽和宁静。

2. 四季分明

北海道的四季分明，每个季节都有独特的魅力。新娘和新郎希望在婚礼中体验到不同季节的美景，无论是樱花盛开的春天、温暖的夏天、绚丽的秋天，还是雪景如画的冬天。

3. 文化与传统

北海道拥有独特的文化和传统，新娘和新郎希望能够在婚礼中融入这些元素。他们希望在婚礼中体验北海道的传统仪式、品尝当地美食，并了解当地人的生活方式和艺术表达。

4. 风味美食

北海道以新鲜的海鲜、美味的奶制品和独特的农产品而闻名。新娘和新郎希望能够在婚礼中品尝到当地的美食，为婚礼增添一份独特的味道。

5. 独特的场地选择

北海道拥有许多独特而美丽的场地供新娘和新郎选择。他们可以选择在北海道的山脉中举办户外婚礼，或者在精致的酒店宴会厅中举办婚礼。无论选择哪种场地，都能为婚礼增添别样的魅力。

6. 酒店和婚礼服务供应商

北海道拥有丰富的酒店和婚礼服务供应商，能够为新娘和新郎提供全方位的婚礼服务。他们可以选择专业的婚礼策划公司，来协助他们安排婚礼的细节，并确保婚礼的顺利进行。

7. 便捷的交通网络

北海道拥有便捷的交通网络，包括高速公路、铁路和机场。新娘和新郎的亲朋好

友可以方便地前往北海道参加婚礼，为他们的特殊时刻增添欢乐、送上祝福。

8. 丰富的温泉资源

北海道有许多温泉地区，拥有温暖的泉水和美丽的环境。新娘和新郎希望在婚礼后享受浪漫的温泉之旅，放松身心，开始新婚生活。

综上所述，新娘和新郎选择北海道作为婚礼目的地，是因为北海道拥有壮丽的自然美景、四季分明的气候、独特的文化和传统、丰富的风味美食以及独特的场地选择、专业的酒店和婚礼服务供应商、便捷的交通网络以及丰富的温泉资源。这些因素共同促使新娘和新郎选择北海道作为他们婚礼的目的地。

新娘和新郎相信他们能够在北海道这个美丽的地方创造出一次难忘而独特的婚礼体验。他们期待着与亲朋好友一同享受北海道的自然美景、体验当地文化与传统、品尝美味的食物，并在这个特殊的时刻创造出一段美好的回忆。北海道将成为他们爱情故事的绝佳背景，为他们的婚礼增添一份独特的魅力和浪漫氛围。

拓展阅读

国外热点婚礼目的地介绍

在神秘的异国，披着美丽的白纱，举行一场浪漫唯美的婚礼，这大概会是每个新娘的梦想吧，但该到哪里举行这样一场婚礼呢？

1. 巴厘岛

巴厘岛是印度尼西亚的一座美丽岛屿，被誉为"花之岛"、"天堂岛"和"千庙之岛"。这里有异国风情的特色建筑、优雅隐秘的原始森林、唯美的海边落日和葱绿的梯田，这些都是巴厘岛献给来到这里的新人的最佳礼物。面向碧蓝浩瀚的印度洋，对心爱的人许下彼此的诺言，无疑是最幸福浪漫的事情。

巴厘岛不仅自然风光迷人，还拥有丰富的文化遗产。岛上遍布着众多的巴厘寺庙与宫殿，如乌鲁瓦图寺庙、塔纳洛特海神庙。这里的传统巴厘舞蹈、音乐和手工艺品，共同构成了巴厘岛独特的文化画卷。岛上有许多受欢迎的旅游景点，如乌布艺术村、库塔海滩、努沙杜瓦海滩和金巴兰海滩等。

此外，巴厘岛也是众多水上活动和潜水爱好者的天堂。图兰奔、尼莫岛等地，都是探索海底世界的绝佳选择。巴厘岛以其丰富多样的美食和购物场所而闻名，游客可以品尝到当地的美食，如巴厘烤肉、猪肉串烧和海鲜。同时，游客还可以购买到当地精美的手工艺品、纺织品和珠宝等。

2. 普吉岛

普吉岛是泰国的一座海岛，位于印度洋东北部的安达曼海，是泰国最大的海岛，其自然景色优美，使它获得了"珍宝岛""金银岛"的美称。

普吉岛拥有多个美丽的海滩，如芭东海滩、卡塔海滩、卡伦海滩等。这些海滩有细腻的白沙、清澈的海水和壮观的海景，是度假和水上活动的理想场所。岛上有许多豪华的度假村，提供高品质的服务和设施。这些度假村通常设有私人泳池、水疗中心、高级餐厅等，为游客提供奢华舒适的住宿体验。

普吉岛是潜水和水上活动的热门地点之一。

普吉岛不仅以其美丽的海滩和度假村闻名，还拥有热闹非凡的夜生活场所。芭东海滩的芭东路和江西冷路就是夜生活的中心，汇聚了各式各样的酒吧、夜总会和娱乐场所，为游客提供了丰富多样的夜晚娱乐选择。此外，岛上还遍布着众多购物中心和露天市场，商品琳琅满目，让游客充分体验购物的乐趣。

查龙寺、普吉老城和大佛寺等景点展示了普吉岛丰富的历史和文化传统。无论是来度假，还是举办婚礼，普吉岛都能提供给游客难忘的体验和回忆。美丽湛蓝的大海，迷人的教堂，优越的环境与地理条件，让普吉岛成为很多国内明星的婚礼目的地。

3. 马尔代夫

马尔代夫是位于印度洋的岛国，由26个环礁组成，是备受青睐的海滨度假胜地。它以其迷人的白色沙滩、清澈的海水以及丰富的海洋生物而著称。有人将马尔代夫比作上帝撒落在印度洋上的一串珍珠，也有人认为它更像是散落的碎玉。岛国拥有壮观的珊瑚礁，为浮潜、潜水、帆船和划船等水上活动提供了理想的场所。游客可以在蔚蓝的海水中尽情畅游，探索五彩斑斓的珊瑚礁和神秘的海底世界，还可以体验游艇巡航、海钓和帆船赛等海上娱乐。

马尔代夫的美食以海鲜为主，新鲜的海鱼、虾和螃蟹是餐桌上的"常客"。岛国独特的文化体现在马尔代夫的舞蹈、音乐和手工艺品。游客在欣赏当地舞蹈和音乐的同时，也能深入体验马尔代夫的文化魅力。

此外，马尔代夫的大部分酒店提供便捷的婚礼服务，以迎合来自世界各地的游客。部分酒店为了更好地服务中国游客，甚至聘请了中国籍员工。作为伊斯兰国家，马尔代夫禁止携带酒精饮品入境，游客需遵守当地的宗教习俗，特别是在斋月期间。在首都马累，许多地方禁止拍照，游客应予以注意。

4. 大溪地

大溪地不仅风景如画，更拥有丰富的文化和历史底蕴。参观博物馆、寺庙以及古老遗址，游客可以深入探究波利尼西亚的独特文化和传统。当地的传统舞蹈与音乐表

演,更是展现了岛上的艺术魅力。

在美食方面,大溪地以海鲜为主打,提供新鲜的海鱼、虾、螃蟹等丰富选择。波利尼西亚烤猪、木薯等传统美食,搭配清爽的椰子酒,为味蕾带来一场异国风情的盛宴。

邻近的大溪地茉莉雅岛,以其质朴的自然风光而著称,是情侣们举行浪漫婚礼的理想之地。无论是私人别墅、度假村还是沙滩,都可为婚礼提供完美的背景,让新人留下难忘的回忆。值得注意的是,11月至次年3月为湿季,其间多雨且气温较高,不太适合户外婚礼和拍摄。因此,建议新人选择5月至10月的干季作为婚礼日期。

5. 北海道和冲绳

北海道是日本最北部的岛屿,自然环境优美,被广大的山脉、湖泊和森林覆盖,因此成为许多新人举办婚礼的理想地点。北海道的冬季是其最具特色的季节。大雪纷飞,白雪皑皑的景色为婚礼增添了浪漫和神秘感。许多新人选择在雪地上交换誓言,或者在美丽的冰雪雕塑前拍摄婚纱照。北海道有世界上唯一的冰打造的教堂——冰之教堂,只出现在北海道星野TOMAMU的冬天,教堂中的一切都由天然纯冰建成,独特的通透冰蓝色,因只在冬天仅存30天左右而更加珍贵。北海道还拥有世界著名的滑雪度假胜地,新人可以在滑雪场上度过难忘的婚礼时光。

北海道的夏季是举办户外婚礼的最佳时期,气候温暖而宜人,大自然的美景如湖泊、山脉和花海都能为婚礼提供美丽的背景。许多新人选择在湖边、森林或花海中举行户外婚礼仪式,感受大自然的宁静和祝福。

冲绳是日本南部的一座美丽的热带岛屿,以其悠久的历史、独特的文化和壮丽的自然景观而闻名。冲绳的海滩是其最大的亮点,这里有无与伦比的碧蓝海水和细腻的白沙滩,为新人提供了完美的背景。许多新人选择在冲绳的沙滩上举行婚礼仪式,享受海风拂面、浪漫的海滩婚礼体验。

冲绳除了美丽的海滩,还有许多值得一游的景点。例如,琉球王国的遗迹和城堡,展示了冲绳悠久的历史和文化。新人可以选择在这些历史遗址中举行婚礼,感受传统的冲绳婚礼仪式,体验浓厚的文化氛围。此外,冲绳还有许多传统的冲绳婚礼仪式和活动,如琉球舞蹈表演和传统音乐演奏。新人可以选择参与这些活动,与家人和朋友共度难忘的婚礼时光。

北海道和冲绳都有许多优质的婚礼场地和度假村可供选择。这些场地提供了专业的婚礼策划服务和设施,能够满足各种婚礼需求。无论是传统的日式婚礼,还是现代化的西式婚礼,新人都可以找到合适的场地和服务,为他们打造梦幻般难忘的婚礼。

6. 夏威夷

夏威夷是美国的一个州,位于太平洋中的夏威夷群岛上,是一个世界知名的婚礼目的地,以其美丽的海滩、壮观的自然景观和浪漫的氛围而受到新人的青睐。

夏威夷拥有令人惊叹的海滩,白沙细腻、碧海蓝天,为新人提供了完美的婚礼背景。许多新人选择在海滩上举行婚礼仪式,享受阳光、海风和浪漫的海滩婚礼体验。除了美丽的海滩,夏威夷还有许多值得一游的景点,如著名的火山国家公园,新人可以在熔岩流和火山口前交换誓言;可以在热带雨林中的瀑布前举行婚礼仪式;而壮观的峡谷和山脉,可以为新人的婚礼提供壮丽的背景。

夏威夷有丰富的文化和传统,如夏威夷舞蹈和音乐表演。新人可以选择参与夏威夷传统的婚礼仪式,体验夏威夷本土文化的独特魅力。在这个美丽的岛屿上,享受独一无二的波利尼西亚文化和风情是一件令人向往的事情。除此之外,鸡蛋花花环和婚纱非常地登对,戴上它就不愁拍不出好照片。如果新人和来宾都是喜欢夜生活的派对达人,火奴鲁鲁就是最好的选择。而夏威夷其他的岛屿居民则倾向于早睡早起的生活方式,这也为新人提供了多样化的婚礼庆祝方式。

夏威夷拥有许多高品质的度假酒店和度假村,提供专业的婚礼策划服务和设施,能够满足各种婚礼需求,为新人提供难忘的婚礼体验。

7. 塞班

塞班是北马里亚纳群岛的一座岛屿,位于西太平洋上,气候温暖宜人,全年都适合举办婚礼。阳光明媚、温度适中的天气为新人和宾客提供了舒适的环境,使婚礼更加愉快和难忘。

塞班的白沙滩和清澈的海水是它的一大特色。新人可以在这些美丽的海滩上举行婚礼仪式,享受浪漫的海滩婚礼体验。同时,海滩上还有许多水上活动,如浮潜、潜水和划船,为新人和宾客提供了额外的娱乐选择。

塞班拥有壮丽的自然景观,如巍峨的山脉、葱郁的森林和壮观的瀑布。新人可以选择在这些自然景观中举行婚礼,享受大自然的美丽和宁静。塞班还有丰富的文化和历史遗迹。新人可以选择在传统的查莫罗村落或历史遗址上举行婚礼,体验当地的文化和历史。

塞班拥有许多高品质的度假酒店和度假村,提供专业的婚礼策划服务和设施。这些场地通常拥有宽敞的宴会厅、户外花园和私人沙滩,能够满足各种婚礼需求。

塞班四季如夏,风景秀美,犹如一个风情万种的佳人,吸引着全球各地的游客一睹其风采,无论是星沙婚礼,还是玛丽安娜教堂婚礼,都会让新人的婚礼永久难忘。

8. 毛里求斯

毛里求斯是位于印度洋西南部的一座岛国,被誉为印度洋上的天堂。凭借梦幻般的阳光沙滩、直插云天的峻岩奇峰、连绵环绕的珊瑚礁群、火山喷发形成的蔚蓝湖泊和花木葱葱、百鸟啾啾的休闲安逸的天然氛围,为游客展现了胜似天堂的画卷。

毛里求斯是一个多元文化的国家，融合了欧洲、非洲和亚洲的文化元素。这里有印度教寺庙、基督教教堂和伊斯兰清真寺，新人可以选择在不同的宗教场所举行婚礼，体验多元文化的魅力。

毛里求斯的一草一木，都透着与众不同的美，在这里举行一场婚礼，汲取那与自然合二为一的灵气，将令新人终生难忘。当地的花材品种可能不如国内丰富，但却盛产贝壳装饰品，且价格亲民。因此，举办一场海洋主题婚礼更能让新人和宾客感受到别样的浪漫。

9. 圣托里尼

圣托里尼是希腊的一座岛屿，位于爱琴海上，是一个备受瞩目的旅游目的地，以其壮观的景观而闻名。岛上有著名的白色建筑和蓝色圆顶教堂，悬崖上建立了许多别致的城镇和村庄。这里有世界上超美的日落，壮阔的海景；这里有雪白的墙与蓝顶的教堂，澄澈的海和明亮的天空。在这里，游客可以欣赏到令人叹为观止的爱琴海全景和日落景色。

圣托里尼拥有温暖宜人的热带气候，全年都适合举办婚礼。岛上有许多美丽的沙滩，如红滩、黑滩和白滩，提供了休闲和水上活动的机会。新人可以在这些沙滩上举行婚礼，享受阳光和海滩的浪漫氛围。圣托里尼是许多情侣梦寐以求的婚礼地点，拥有许多专业的婚礼策划服务和设施。新人可以选择在悬崖边的露台、教堂或度假村中举行婚礼，享受令人难忘的浪漫仪式。

圣托里尼以美食和葡萄酒而闻名。岛上有许多优质的餐厅和酒庄，提供当地传统美食和著名的圣托里尼葡萄酒。新人可以在婚礼宴会上品尝当地美食，并与亲友共享美酒佳肴。此外，圣托里尼有着丰富的文化和历史遗迹。岛上有许多古老的教堂、修道院和考古遗址，展示了希腊的传统和历史。新人可以选择在这些文化和历史场所中举行婚礼，感受希腊独特的文化氛围。

希腊为申根区，办理希腊签证前，需要先申请好申根签证，如果是没有申根签证的新人，就需要更长的筹备时间，建议至少提前3个月办理签证手续。

10. 蔚蓝海岸

法国里维埃拉，又称蔚蓝海岸，还被称为法国蓝色海岸或地中海海岸，是位于法国东南部的一段海岸线，从意大利边境的门德索尔一直延伸到法国东南部的多个美丽城市，其中尼斯到戛纳的海岸线是最受欢迎的。这段海岸线提供了休闲、游泳和日光浴的理想场所。蔚蓝海岸上有许多迷人的小镇和城市，如尼斯、戛纳、圣拉菲尔和圣特罗佩，这些地方以其独特的魅力、历史建筑和浪漫的氛围而闻名，是举办婚礼的理想场所。

蔚蓝海岸以其迷人的夕阳而闻名，尤其是在戛纳和圣特罗佩等海滨城市。夕阳的余晖将整个海岸线染成金黄色，营造出浪漫而宁静的氛围，为新人的婚礼增添了特别的魅力。

蔚蓝海岸拥有丰富的文化和艺术遗产。从尼斯的马蒂斯美术馆到戛纳的电影节，这个地区为新人提供了尽情享受艺术和文化的机会。

国内热点婚礼目的地介绍

走遍世界后才发现，最美的还是我国的如画江山。我国幅员辽阔，各地风土人情、自然风光各异，很多地方都适宜举办目的地婚礼，而且免除了出国的烦琐手续和语言障碍，预算也比去境外举办婚礼要节省不少。

1. 三亚

三亚位于海南岛的最南端，是我国最南部的热带滨海旅游城市，三亚市别称鹿城，又被称为"东方夏威夷"。三亚全年气候温暖，春夏秋冬都适合举办婚礼。在冬季，三亚的温度依然较高，在这里新人可以享受到阳光明媚的婚礼。

三亚拥有绵延不绝的白沙海滩，如亚龙湾、大东海和蜈支洲岛等，这些地方提供了理想的婚礼背景。新人可以在海滩上交换誓言，享受浪漫的海滩婚礼。三亚不仅有美丽的海滩，还有丰富的旅游资源，如亚龙湾热带天堂森林公园、南山寺和蜈支洲岛等。南山寺是一座古老的佛教寺庙，以巨型观音像而闻名，吸引了大量的游客和信徒。天涯海角作为标志性的地标，象征着"天涯海角"的浪漫爱情。对于新人和他们的婚礼宾客来说，这些景点提供了丰富的娱乐和休闲活动。新人可以在婚礼后留在三亚度过浪漫的蜜月假期，享受海滩、水上运动和豪华度假村等。

三亚的美食文化丰富多样，以海鲜为主要特色。游客可以品尝到新鲜的海鲜，如龙虾、螃蟹和各种鱼类。此外，还有许多特色小吃和当地美食，如椰子饭、文昌鸡和海南黄牛肉等，让人回味无穷。

三亚拥有众多专业的婚礼策划公司和服务供应商，能够提供一站式的婚礼服务，包括场地布置、婚礼策划、摄影摄像等。这些专业团队可以帮助新人打造出独特而难忘的婚礼庆典。

2. 敦煌

敦煌位于甘肃省的西北部，是河西走廊上一处融合了丰富历史文化和壮观自然景观的城市，是国内外游客青睐的婚礼目的地。敦煌以其保存完好的古代艺术瑰宝——莫高窟而闻名于世，这里汇集了数千尊佛像、无数的壁画，是中国佛教艺术的精华所在，现已被列为世界文化遗产。这些遗迹，不仅为游客提供了审美体验，也吸引了全

球学者的关注和研究。

身处沙漠之边的敦煌，鸣沙山和月牙泉等景点令人叹为观止。鸣沙山以其壮阔的沙峰和滑沙、骑骆驼等活动，为婚礼之旅增添了别样的风情。而月牙泉则以其碧波清澈、形状独特，成为新人摄影的绝佳背景。沙漠中的日出日落更是为爱情故事添上了一笔浪漫的色彩。

这座城市的历史文化与自然美景，共同为新人的婚礼和蜜月提供了一个与众不同的背景选择。在这里，新人可以体验到文化与自然的完美融合，留下难忘的回忆。

3. 桂林

桂林是中国广西壮族自治区的一座闻名遐迩的旅游城市，以其独特的喀斯特地貌和秀美山水而著称。象鼻山、七星岩、漓江等标志性景观，以其绚丽的自然风光，吸引了无数游客沉醉其中。

漓江素有"百里画廊"美誉，沿岸的龙头山、叠翠山等地呈现着如诗如画的风景。江水澄清，两岸风光倒影，构成一幅幅淡妆浓抹总相宜的山水长卷，加之宁静而浪漫的环境，非常适宜喜欢平和氛围的新婚夫妇。

桂林历史悠久，是中国的文化名城之一。叠彩山、普贤塔等历史遗迹，以及各民族特色的博物馆，让世人得以深入了解桂林的文化历史。作为多民族和谐共处的聚宝盆，壮族、瑶族、苗族等民族在此繁衍生息，其独特的语言、服饰和习俗为桂林的文脉增添了色彩。

距桂林仅一小时车程的阳朔，以其绝美的乡村风光，成为中国乡村的璀璨明珠，是举办个性化婚礼的绝佳场所。

在"美食之都"桂林，可以品尝到正宗的桂林米粉、荷叶鸭、螺蛳粉等地道美食。这里不仅提供了一个设宴的理想之地，也是美食文化的代表。

桂林发达的旅游业和完善的服务设施，让专业的婚礼策划团队、摄影师和主持人等得以充分发挥，助力新人实现理想的婚礼梦想。

4. 丽江

丽江古城是中国云南省的一颗璀璨明珠，于 1997 年被列为世界文化遗产。这里完好地保留了众多独具特色的古建筑与丰富的纳西族传统，让人仿佛穿越回古时的街道小巷。置身古城，走在承载岁月痕迹的石板街道，穿过古色古香的建筑群，新人可以享受一场别开生面的浪漫婚礼。

除丽江古城外，丽江市域内拥有多处壮美的自然风光，如瑰丽的玉龙雪山、壮观的虎跳峡和宁静的束河古镇等。这些秀丽的景点不但成为新人婚礼的完美背景，更能为婚礼增色添彩。酸汤鱼、炒米粉、过桥米线等地道美食，以其独特的风味和手法，让游客在品尝中体验到丽江的地方特色。

丽江是多民族共同居住的大省，纳西族、彝族和藏族等在此和谐共生，形成了独特的民族风貌。每年的重要节日，如"三月三"，不仅展示了各民族的传统文化，也邀请各地游客加入这欢乐的海洋中。纳西古乐作为中国音乐宝库中的瑰宝，其悠扬之声为婚礼增添了庄重而又典雅的情调。

丽江不仅适合举办婚礼，其高品质婚礼场地的选择丰富多样，无论是古风浓郁的度假村、典雅庄重的古宅，抑或是温馨别致的民宿，都能满足新人对婚礼的各种需求。

5. 凤凰古城

凤凰古城，湖南湘西的璀璨明珠，拥有深远的历史和迷人的文化。古城曾是湘西的政治、经济和文化心脏，不仅矗立着明清时期建筑风格的吊脚楼，更有绵延至今的青石板街道，以其千年的历史氛围吸引着八方游客。

古城依山傍水，怀抱于涟水之畔，毗邻山峦和生机盎然的田野。沱江作为古城风光的一部分，与古城相互映衬，为游客提供了宁静与愉悦的体验。

凤凰古城不只是文学巨匠沈从文的故里，更在《边城》中被生动描绘。古城蕴育了深厚的文化氛围和文学传统，参观如沈从文纪念馆等地，都可深化对本土文化艺术的感知。

土家族和苗族的文化在这里得到了保留与传承，传统服饰、手工艺品、舞蹈表演，无不流露出浓郁的民族风情。在凤凰古城举办婚礼，完全可融入本土少数民族的文化特色，为喜庆的日子增添独特色彩。

凤凰古城的夜晚与白天展现出两种截然不同的魅力——白天，古城宛如沉稳的历史守望者，夜幕低垂时，绚烂灯火便将古城装点得梦幻绚丽。凤凰古城以它的历史底蕴、自然环境、丰富多彩的民族文化和美食文化，成为新人追求独特且难忘婚礼体验的理想选择。

6. 香格里拉

香格里拉，意为"心中的日月"，位于云南省迪庆藏族自治州，是一处洋溢着宁静祥和的人间秘境，是受人推崇的婚礼选地。这里群山环绕，溪流潺潺，高原花卉盛开之时，宛如大自然的静逸诗篇，为新人提供了洗涤心灵、享受爱情纯净的爱的机会。

作为云南省热门的旅游目的地城市，香格里拉拥有独自的自然风采。瞻仰纳帕海，领略梅里雪山的壮丽，探访巴拉格宗峡谷的深邃，每一处都是原生态的自然景色，是婚礼上的珍贵风光。

香格里拉是藏族文化宝藏，藏族文化的传统与韵味在这里得以清晰展现。庆祝新婚，不妨容纳藏族传统婚俗与风情，让神圣仪式更加庄重，并在藏族乐器和舞蹈中，为婚礼增添一些不平常的韵味与风情。

香格里拉的建筑亦具有不可比拟的特色，雪岭风情园和著名的松赞林寺是藏式建

筑艺术的典范，将藏族的宗教信仰和建筑美学融合得天衣无缝。选择这样的地方举行婚礼，无疑是在大自然和民族文化的见证下，联结两颗真诚的心。

7. 厦门

厦门，中国东南沿海重要的中心城市和港口，以其绮丽的海滩和浪漫海景著称，被赞为"海上花园城市"，其特殊的地理位置为新人提供了一派理想的婚姻盛典场所。宾客可以在细腻的沙滩或沿海豪华酒店中，共同见证难忘的浪漫时刻。

厦门不仅是大陆与多座风光旖旎的小岛关联的城市，更以鼓浪屿岛、南普陀寺小岛等著名景点闻名遐迩。这些岛屿上散布着独具韵味的建筑、丰富的植被和浓郁的文化氛围，为海岛婚礼提供了私密而独特的体验空间。在此场地，新人可选择岛内的古老教堂或海边的奢华别墅作为婚礼地点，以海天为鉴，彰显婚礼的庄重与神圣。此外，厦门还坐落着如湖泊、群山、及诗意般的园林这样的美丽风光。婚礼期间，新人和宾客不但可以尽览这些美景，如目睹动人心魄的日出、进行轻松愉悦的徒步登山或领略各异的园艺之美，还能更深刻地体验到厦门独有的自然之美和人文风情。

厦门饱含历史沉淀的文化传统，诸多古迹、古建筑和园林凸显出其深厚的文化底蕴。新人可在具有历史意义的场所，如历史悠久的厦门大学、风景如画的海沧古城等，使婚姻仪式包裹在浓厚的历史氛围和文化韵味当中。此外，作为旅游重镇，厦门为新人的婚礼提供了全方位的优质服务。国际机场和完善的铁路网络使得交通往来尤为便利，让来自世界各地的宾客无忧抵达。专业的婚礼策划师、摄影师、化妆师等配套团队，以其专业水准，确保为新人的婚礼提供了一体化的温馨服务。

8. 西湖

西湖坐落于浙江省省会杭州的城中，它不仅是中国著名的湖泊之一，也是举世瞩目的旅游胜地，被誉为"人间天堂"，以其绝妙的自然风光闻名遐迩。这里的湖水碧玉般晶莹透亮，周围群山环抱，绿意盎然，花的芬芳弥漫空气中，提升了整体美的艺术感。而三潭印月、断桥等湖中景致又赋予了西湖独特而诱人的个性。

西湖周围聚集着历代名胜，如傲然矗立的雷峰塔、古色古香的苏堤春晓、生机勃勃的花港观鱼等。这些历史遗迹不仅深含中华传统文化的内涵和建筑艺术的特色，更代表了中华历史的智慧与辉煌，不仅吸引了诸多国内外游客，也成为文化艺术爱好人士追寻的脚步所在。围绕湖畔，更有植物园、西湖湿地公园等精心设计的园林景观，众多花木争奇斗艳，园林布局巧妙，吸引人停下来细细品味，成为散步和拍照的理想佳地。

举办婚礼上，杭州提供的婚宴选择多样无穷，活动丰富。根据新人的偏好和创意，在不违背环境保护的前提下，无论是充满浙江风貌的传统婚礼，还是富有创新精神的现代婚礼，都能呈现出独特的魅力和定制化的服务。

杭州作为一个交通便利的旅游名城，交通网络发达，不仅拥有著名的国际机场和高效便捷的高铁网络，而且市政规划和管理也为旅客的往来提供了便利。此外，杭州的专业管理服务团队，包括一流的策划公司、摄影师和美妆师，提供细致周到的服务，确保新人享有完美难忘的婚礼。

9. 大理

大理，作为新人挚爱的婚礼地点之一，这些年受到年轻人的广泛青睐。众多年轻夫妇纷纷选择在大理举办他们的目的地婚礼、婚纱拍摄和蜜月度假。大理以其壮丽的自然风光、深厚的文化底蕴和宜居环境而闻名遐迩。

位于云贵高原的大理，虽然不在四季如春的地带，却也有温和的气候。周边的苍山、喜洲以及有名的鸡足山等，共同构建了大理的壮丽自然景色。值得提醒的是，尽管玉龙雪山广为人知，但实际上它位于毗邻的丽江市。

洱海，大理的一颗璀璨明珠，是中国高原淡水湖泊的佼佼者，以波澜壮阔与清澈见底的水颜迎接八方来客。到了农历中秋之夜，泛舟于洱海之上，人们得以见到月色的莹洁、圆满，夜色的壮丽使人仿佛置身于梦幻之中。

大理也是白族的重要聚居地，拥有源远流长的白族文化。在这里举办婚礼，不仅可感受到浓厚的民族文化氛围，而且独特的民族元素能让新人的婚礼加倍浪漫别致。

脚踩在大理保留至今的古城墙边，抚摸着岁月雕琢的砖石，行进于古色古香的石板路上，古朴的历史气息让人沉醉。在这里举行婚礼，与亲爱的人同亲友在苍山洱海下作见证，诚为美事一桩。

10. 西藏

西藏——一个让人心生向往的婚礼圣地，凭借其无与伦比的纯净自然风光、厚重的文化底蕴和那一抹神秘色彩，成为新人实现浪漫梦想的不二选择。

在这里，不仅能享受壮丽的雪山、广袤的草原、迅猛的河流和如诗如画的湖泊，更可以远眺处于世界之巅的珠穆朗玛峰。纳木错和羊卓雍错等湖泊以其圣洁的湖光山色，成为摄影爱好者的圣境。

作为世界各地佛教徒的心灵栖息之地，西藏的宗教文化景观丰富而深刻。例如布达拉宫，这座熠熠生辉的建筑不仅是西藏的文化符号，也是世界文化遗产中最为璀璨的明珠。在这里举办婚礼，新人将在浓厚的宗教氛围中体验文化传承，增添婚礼的神圣与特殊意义。

藏族传统婚礼的一系列仪式，包括献哈达、祝福话语及歌舞表演，无不洋溢着浓厚的民族文化特色。穿上藏族传统婚礼服饰，新的体验将赋予婚礼别样的文化魅力。

西藏，这片高原散发出的神秘气息，使其成为新人心目中的爱情圣地。它那令人叹为观止的自然景观、独有的宗教信仰以及弥漫着神秘色彩的历史，使得在此举行的婚礼能够带给新人与宾客难忘的独特体验。

项目五：

目的地婚礼场地服务供应商优选与协作

【学习目标】

【知识要点】

  知识点1：优秀供应商选择对婚礼质量的关键影响

  知识点2：寻找婚礼供应商候选人的有效途径

  知识点3：供应商专业能力与信誉的评估方法

  知识点4：亲自考察婚礼场地的重要性

  知识点5：与供应商的合同谈判与签署技巧

  知识点6：供应商服务的跟进与评估策略

【技能训练】

  任务1：寻找供应商候选名单

  任务2：与供应商保持良好的沟通和协作

  任务3：考察婚礼目的地场地

【内容回顾】

【能力检测】

【实务案例】

  婚礼之旅：目的地婚礼场地服务供应商的比较与选择

【拓展阅读】

  如何与目的地婚礼服务供应商保持良好的沟通和协作

  The Wedding Haven（婚礼天堂）——目的地婚礼服务供应商介绍

项目五：目的地婚礼场地服务供应商优选与协作

学习目标

1. 理解选择合适的婚礼场地服务供应商的重要性，并能够明确其在婚礼策划和执行过程中的角色定位。

2. 掌握寻找供应商候选名单的技巧和方法，包括利用行业资源、网络搜索、口碑推荐等策略。

3. 学习如何有效评估供应商的专业能力和信誉，包括对供应商的工作案例、客户反馈以及业务背景的分析和理解。

4. 熟悉考察目的地婚礼场地的流程，能够对场地的大小、布局、设施等关键因素进行全面评估。

5. 掌握协商合同条款和签订合同的过程，包括理解合同中的关键条款，以及如何保护自己的利益和权益。

6. 学习如何有效地跟进和评估供应商的服务，包括监控供应商的工作进度，以及如何对供应商的表现进行公正的评价。

知识要点

知识点1：优秀供应商选择对婚礼质量的关键影响

选择合适的婚礼场地服务供应商对于目的地婚礼的成功至关重要。他们不仅提供场地和服务，还为婚礼提供了个性化定制和全方位的支持，确保新人拥有一场难忘的婚礼。

（1）帮助选择婚礼场地。合适的供应商会帮助新人找到符合婚礼主题和预算的理想场地。他们通常拥有丰富的资源和经验，能够提供各种不同类型的场地，如户外草坪、室内宴会厅、花园别墅等，以满足不同的婚礼风格需求。

（2）设计个性场地布置。供应商对场地的布置有深入的理解，他们能根据新人的喜好和婚礼主题来设计布置方案。好的供应商还能提供定制化的婚礼设计，如装饰物、灯光、桌椅等，确保婚礼场地能完美地展现新人的个性和风格。

（3）保障场地设施质量。供应商提供的设施质量直接影响着婚礼当天的整体体验。高质量的音响设备、餐桌布置、灯光控制等都能为宾客带来愉快的体验，同时确保婚礼顺利进行。

（4）提供满意的食品。一个好的供应商会为婚礼提供满意的食品和饮料。他们可能与当地顶级餐厅或酒店拥有合作关系，可以提供多样化的菜单选择，同时保证食品

和饮料的质量和口感。

（5）保证场地高效利用。在婚礼结束后，场地清理也是一个重要的问题。好的供应商通常会提供全面的清理服务，以确保场地能在最短的时间内恢复原状，为下一个活动做好准备。

（6）报价依据合同执行。在选择供应商时，价格和合同条款也是需要考虑的重要因素。一个合适的供应商应该提供公平的价格结构，并确保合同中的条款清晰、明确，避免后续的争议和纠纷。

（7）提供婚礼后的服务。一些优秀的供应商还会提供一些额外的服务，如婚礼后的照片冲洗和发送、视频制作等，这能为新人的婚礼体验增添更多的人性化关怀。

知识点2：寻找婚礼供应商候选人的有效途径

1. 咨询朋友、亲友和婚礼策划师

首先，通过电话、短信、电子邮件或社交媒体等方式与朋友、亲友和婚礼策划师建立联系。其次，明确个人的需求和目标，咨询他们是否了解可靠的供应商，并征询他们的相关经验和建议。在合适的情况下，请他们提供可能的供应商名单，并询问是否愿意代表客户与这些供应商进行进一步的沟通，从而了解他们的服务和价格。最后，对推荐的供应商名单进行筛选，只考虑那些符合需求和预算的供应商。

在确定了供应商候选名单后，客户可以亲自考察这些场地和服务供应商，以确保他们能够满足客户的需求和期望。一旦确定了供应商，就可以与他们建立长期的合作关系，并确保通过此方式得到优质的服务及合理的价位。

通过这种从有经验的亲友和婚礼策划师那里获得推荐的方式，不仅省了搜索供应商的时间和精力，也确保了选择的供应商能够满足客户的需求和期望。

2. 在互联网上搜索目的地婚礼场地服务供应商

第一步，确定婚礼场地的基本要求。包括婚礼场地的类型（如教堂、花园、海滩等）、婚礼场地的规模（如是否需要大型场地）、婚礼场地的位置（是否在理想的目的地）等。

第二步，根据需求确定服务供应商。根据婚礼场地的要求，确定需要哪些服务供应商，例如场地租赁公司、婚礼策划公司、餐饮服务提供商、花艺设计公司等。

第三步，进行网络搜索。根据需求，确定在哪个平台上搜索服务供应商，例如通过搜索引擎、专业网站、社交媒体等。在网络上，一般使用关键词进行搜索，如"目的地婚礼场地租赁""目的地婚礼策划公司"等。根据搜索结果，筛选出符合需求的供应商，并查看他们的网站或社交媒体页面，了解他们的服务范围、价格、评价等信息。通过查看其他客户的评价，可以了解供应商的服务质量、价格是否合理等，有助于筛选出更好的供应商。

第四步，联系供应商。选择几个合适的供应商，通过电话、邮件或在线聊天等方式联系他们，了解如服务流程、价格、合同细节等更多信息。

第五步，创建供应商候选名单。根据搜索结果和与供应商的交流，整理出一份初步的供应商候选名单，并对其进行评估和筛选，最终确定一个可靠的供应商。

第六步，签订合同和准备其他事项。与最终确定的供应商签订合同，并准备其他相关事项，如场地布置、婚礼服装、摄影服务等。

请注意，在选择供应商时，要注意审查他们的资质和信誉，确保他们有能力和经验满足客户的需求，同时要注意保护客户的权益，避免被欺诈或被不良行为伤害。

3. 参考婚礼杂志和在线婚礼平台的推荐

一是要研究婚礼杂志和在线婚礼平台。确定哪些是可靠和受欢迎的资源。查看他们的评价和口碑，确保他们有良好的信誉。

二是要确定新人的需求和预算。在开始寻找供应商之前，明确新人的婚礼需求和预算。这将有助于筛选出与需求相匹配的供应商。

三是要浏览供应商名单和推荐。注意那些经常出现在推荐列表中的供应商，这可能意味着他们在业界有一定的声誉和经验。

四是要阅读供应商概况和介绍。点击每个供应商的概况和介绍，了解他们的业务范围、专长和提供的服务，确定与新人的婚礼需求最匹配的供应商。

五是要查看供应商作品和服务评价。可以帮助策划师更好地了解他们的工作质量和客户满意度。重点关注那些与新人婚礼主题和风格相符的供应商。

六是要比较价格和可用性。联系感兴趣的供应商，了解他们的价格、可用性和付款方式等信息。比较不同供应商的价格和服务，确保他们满足新人的预算和时间安排。

七是要预约面谈和试用。如果可能的话，预约面谈和试用，以便更全面地了解供应商的专业能力，以及与他们的交流是否顺畅。

八是要参考客户评价和建议。在做最终决定之前，参考其他新人的评价和建议是很有必要的。他们的经验和意见可以帮助新人作出更明智的选择。

参考婚礼杂志和在线婚礼平台的推荐是寻找目的地婚礼供应商的好方法，但请记住，最终的决定应该基于新人的需求和判断。

知识点3：供应商专业能力与信誉的评估方法

通过查看供应商的网站、社交媒体和客户评价，了解供应商的经验和专业资质，联系供应商进行初步咨询和面谈，可以更好地评估供应商的专业能力和信誉。在作出最终决定之前，要多方面收集信息，并与供应商进行面谈或试用，以确保他们符合新人的期望和需求。

1. 查看供应商的网站、社交媒体和客户评价

（1）浏览供应商的网站。访问供应商的官方网站，了解他们的业务范围、服务项目以及公司背景。寻找关于他们的历史、团队成员和资质等信息。

（2）检查供应商的社交媒体账户。浏览供应商在各种社交媒体平台上的账户，如Instagram、Facebook和Pinterest等。观察他们发布的婚礼作品、参与的活动，以及与客户的互动。这可以让新人了解供应商的风格、创造、和与客户的关系。

（3）阅读客户评价和反馈。寻找供应商的客户评价和反馈，这是其他新人对供应商的服务质量和客户满意度的真实反映。查看婚礼平台上的评分和评论，或者在社交媒体上搜索供应商的标签或关键词，能找到客户的实际经历和意见。

（4）寻找独立的评价和建议。除了供应商自己的网站和社交媒体上的评价，还可以寻找独立婚礼评论网站或论坛上对供应商的评价和建议。这些独立的评价通常更客观，可以提供更多关于供应商信誉和专业能力的信息。

（5）联系过去的客户进行询问。如果可能的话，联系与供应商合作过的客户，并直接向他们咨询有关供应商的工作质量、可靠性和沟通能力等方面的问题。这样可以获得更具体和直接的反馈，帮助新人作出更准确的评估。

（6）参考其他婚礼专业人士的建议。向其他婚礼专业人士、婚礼策划师或摄影师等咨询，询问他们对供应商的评价和建议。这些专业人士通常会有更广泛的行业认知和经验，可以提供有价值的意见。

2. 了解供应商的经验和专业资质

（1）了解供应商的业界经验。查看供应商的网站、社交媒体和其他媒体报道，了解他们在婚礼行业中的从业时间和经验。寻找他们参与过的婚礼数量、类型和规模等信息。经验丰富的供应商通常更有能力应对各种情况。

（2）考察供应商的专业资质和认证。例如，摄影师可以拥有专业摄影协会的会员资格，婚礼策划师可以获得相关的认证。这些资质和认证可以证明供应商的专业能力。

（3）了解供应商的培训和教育背景。了解供应商是否接受过相关的培训和教育，

是否拥有专业知识和技能。供应商可能会在网站或简介中提及他们的教育背景，这可以为新人提供更多关于他们的专业能力的参考。

（4）查看供应商的作品集和精选案例。浏览供应商的作品集和精选案例，这些可以展示他们在实际项目中的表现和创意。观察他们的风格、质量和创造力，以评估他们的专业能力和专业水准。

（5）寻找相关的奖项和荣誉。了解供应商是否获得过相关的奖项和荣誉。这些奖项和荣誉通常是对供应商在行业中杰出表现的认可，也证明了他们的专业能力。

（6）参考客户评价和口碑。寻找供应商的客户评价和口碑，这是他人对供应商专业能力和信誉的真实反馈。查看他们的网站、社交媒体和婚礼平台上的评分和评论，或者在婚礼论坛和社群中听取他人的意见。

3. 联系供应商进行初步咨询和面谈

（1）提前准备问题。在联系供应商之前，准备一些问题，以便更全面地了解他们的专业能力和服务。这些问题可以涵盖他们的经验、工作流程、服务范围、价格和可用性等。

（2）电话或电子邮件咨询。首先，可以通过电话或电子邮件与供应商进行初步咨询。在咨询中，提出问题，询问他们的专业知识和经验，并了解他们是否有能力满足婚礼需求。注意供应商的回复速度和沟通能力，这也是评估他们的专业能力的重要指标之一。

（3）面谈或视频会议。如果初步咨询后感兴趣，可以安排面谈或视频会议来进一步了解供应商。在面谈中，可以更详细地讨论和了解他们的专业能力和服务，询问他们的工作流程、创意方法、团队成员、与客户的沟通方式等。观察供应商的专业形象和态度，这可以反映他们的专业水准和信誉。

（4）要求参观工作场所或实地考察。如果供应商所在地方便，可以要求参观他们的工作场所或实地考察一些项目现场。这可以更直观地了解他们的工作环境、设备和团队规模等。观察供应商的工作态度和组织能力，这也是评估他们的专业能力的重要指标之一。

（5）要求参观样品或试用。对于摄影师、化妆师、花艺师等供应商，可以要求参观他们的作品或进行试用。观察他们的作品质量、创意和技术水平，有助于评估他们的专业能力。

（6）参考其他客户的意见和建议。在与供应商进行初步咨询和面谈之前，可以寻求其他客户的意见和建议。这可以通过参考客户评价和口碑、咨询其他新人或婚礼专业人士等方式获得。其他客户的经验和意见可以为新人提供有价值的参考。

知识点4：亲自考察婚礼场地的重要性

1. 确认场地的地理位置、容纳人数和设施设备

第一，了解场地的地理位置是否适合婚礼计划。考虑场地是否靠近新人及宾客的居住地，是否交通便利。

第二，确认场地的容纳人数是否符合婚礼规模和宾客人数。询问场地的最大容纳人数，以确保场地足够大，可以容纳宾客。同时，要考虑到婚礼中可能需要的舞台、舞池、餐桌等设施，确保场地可以满足婚礼需求。

第三，了解场地的设施设备是否满足婚礼需求。询问场地是否提供基本设施，如厕所、停车场、婚礼准备室和儿童活动区等，还要了解场地是否提供音响、投影仪、舞台灯光等特殊设备，以满足音乐、演讲和表演等需求。

第四，安排考察场地，并亲自考察场地的实际情况。观察场地的整体环境、卫生状况和装饰风格，确保与新人的婚礼主题和风格相符；观察场地的布局和空间利用，确保可以满足新人的婚礼流程和活动需求。

第五，咨询场地管理方。与场地管理方或工作人员交流，了解他们的服务质量和专业能力；询问他们的经验和对婚礼场地的管理方式；观察他们的态度和沟通能力，这也是评估他们的信誉和专业能力的重要指标之一。

2. 参观场地，了解布置和装饰的可行性

一是要观察场地的布局。在参观场地时，观察场地的布局和空间利用情况。了解是否有足够的空间来容纳新人期望的婚礼布置和摆设，如婚礼仪式区、餐桌、舞台、舞池等。确保场地的布局能够满足婚礼流程和活动需求。

二是要询问场地的规定和限制。与场地管理方或工作人员交流，了解场地的规定和限制。询问是否有关于装饰和布置的规定，如是否可以使用蜡烛、是否可以悬挂装饰物等。这样可以确保布置和装饰计划符合场地的要求。

三是要观察场地的装饰风格。观察场地的整体装饰风格与婚礼主题和风格是否相符。了解场地的基本装饰元素，如墙壁颜色、地板材质、天花板装饰等。如果场地的装饰风格与婚礼主题不符，可能需要额外的装饰来实现理想效果。

四是要参考场地的先前婚礼布置。询问场地管理方是否可以提供先前婚礼的照片或布置样例，这样可以参考其他客户在该场地上的布置和装饰。观察布置的细节和创意，以及与场地特点的结合情况，以获得灵感和可行性的参考。

五是要与供应商协商。如果新人已经选择了一些供应商，如花艺师、装饰公司等，可以与他们一起参观场地，以讨论布置和装饰的可行性。他们可以提供专业意见和建议，帮助确定最佳的布置方案，并与场地管理方协商。

3.考察场地的食品、饮品和服务质量

第一，了解食品和饮品供应商。询问场地管理方或工作人员与哪些食品和饮品供应商合作。了解供应商的专业知识和经验，以及他们的食品和饮品品质。可以要求提供供应商的样品菜单或参考其他客户的评价。

第二，参观厨房和餐饮设施。如果有机会，可以要求参观场地的厨房和餐饮设施。观察设施的整洁度、设备的现代化程度和卫生措施等。这可以了解供应商的工作环境和食品安全意识。

第三，试吃食品。如果场地提供试吃的机会，可以尝试他们的菜品。观察食物的味道、质量和摆盘等，以评估供应商的厨艺水平和食品品质，还要考虑是否有足够的菜单选择，以满足婚礼不同宾客的口味与饮食需求。

第四，了解服务人员。观察场地服务人员的专业形象和态度。他们是否友好、周到和专业，观察服务人员的服务效率和沟通能力，以评估他们的服务质量和客户关系管理能力。

第五，参考其他客户的意见和建议。在与场地管理方或工作人员交流之前，可以寻求其他客户的意见和建议。这可以通过参考客户评价和口碑、咨询其他新人或婚礼专业人士等方式获得。其他客户的经验和意见可以提供有价值的参考。

通过确认场地的地理位置、容纳人数和设施设备，确保婚礼场地符合需求和期望；通过参观场地并了解布置和装饰的可行性，确保婚礼场地适合的布置和装饰计划；通过考察场地的食品、饮品和服务，确保婚礼场地餐饮及服务质量。在作出最终决定之前，要亲自参观场地，并与场地管理方、供应商进行充分沟通，以确保场地能够满足婚礼需求。

知识点5：与供应商的合同谈判与签署技巧

1.比较价格和协商合同条款

（1）要求供应商提供详细的价格清单和优惠政策。向供应商索取详细的价格清单，包括各项费用和服务的具体价格。确保清楚了解各项费用的明细，以避免后期出现额外费用。询问供应商是否提供优惠政策，如早鸟优惠、套餐折扣或特殊节假日的优惠等。了解这些优惠政策，可以在预算上节省不少开支。

（2）比较不同供应商的价格和价值。对比不同供应商的价格和服务内容，确保获

得最合理的价格和最高的价值。比较不同供应商的菜单选择、食品质量、服务水平等。不仅仅关注价格，还要考虑供应商的专业能力、口碑和客户评价等因素。对于一个稍微高一些的价格，如果供应商能提供更好的服务和更高的质量，可能更值得选择。

（3）与供应商协商并确保对合同条款有明确的理解，包括付款方式、付款时间和退款政策等。如取消条款时，要了解取消或改变计划时的退款政策和手续费收取标准。这样可以避免在意外情况下出现纠纷或产生额外费用。如果对饮食、场地布置和服务时间等有特殊要求，也可明确写入合同。

在比较价格和协商合同条款时，要确保与供应商进行充分的沟通和协商。明确双方的期望和要求，以确保价格合理，合同条款清晰，并且双方都满意。

2. 签订合同和支付定金

（1）确定最终选择的供应商。在比较价格和协商合同条款后，确认最终选择的供应商。与供应商进行最后的沟通和确认，确保双方对婚礼细节有清晰的理解和共识。

（2）仔细阅读和理解合同内容。在签订合同之前，仔细阅读合同的每一项条款和细节。确保对合同内容有充分的理解，并且没有遗漏或误解。如果有任何不理解的地方，可以与供应商进行进一步的沟通，确保合同的内容符合期望和要求。

（3）在支付定金前，与供应商确认细节并签订合同。确保供应商清楚地了解新人的需求和要求，并且可以满足他们的期望。确保所有细节都在合同中得到明确表述，并在双方都满意的情况下签署合同。在签署合同之前，确保新人已经了解和同意合同中的付款方式、退款政策和取消条款等重要内容。

在签订合同和支付定金时，要保持与供应商的良好沟通与合作。确保所有细节都得到明确表述并写入合同中，以避免后期出现任何纠纷或误解。在签署合同之前，确保新人已经全面理解合同的内容，并且满意供应商提供的服务和细节安排。

知识点6：供应商服务的跟进与评估策略

1. 在婚礼前和婚礼期间，与供应商保持联系

在婚礼前，与供应商保持定期的沟通，确保他们对婚礼的细节和安排有准确的了解；在婚礼期间，及时与供应商进行沟通和协调，确保他们按照计划提供所需的服务，并处理任何问题或变动。

（1）确定主要的联系人。确定一个主要的联系人，方便直接与其沟通婚礼事宜。这样可以避免信息的丢失和混淆。

（2）安排预订会议。与供应商安排预订会议，方便面对面地讨论婚礼的细节和安排。这样可以确保双方对婚礼的期望和要求有清晰的理解。

（3）提供详细的婚礼计划。向供应商提供详细的婚礼计划，包括时间表、场地布置、菜单选择等，确保供应商了解新人的要求和期望。

（4）确认服务细节。与供应商确认服务细节，如菜单选择、饮品选择、服务人员数量、摆设布置等，确保供应商能够满足新人的要求。

（5）解决问题或变化。如果有任何问题或变化，及时与供应商沟通和协调。确保他们能够及时应对，保证婚礼的顺利进行。

（6）确认最终细节。在婚礼前最后一次确认细节，包括菜单最终选择、服务时间和场地布置等，确保供应商和新人对婚礼的细节达成最终的共识。

（7）确保支付和合同。与供应商确认付款方式和付款时间，并确保双方已经签署了合同。这样可以避免后期出现任何支付或合同方面的问题。

通过与供应商保持联系，可以确保他们对婚礼的细节和安排有准确的了解，并能够提供令新人满意的服务。及时的沟通和协调可以帮助双方有效地解决问题或变化，保证婚礼的顺利进行。

2. 在婚礼结束后，评估供应商的服务质量

在婚礼结束后，对供应商服务质量进行评估。评估他们在婚礼期间的表现，包括菜肴质量、服务态度和专业水平等。考虑供应商的及时性、响应能力和灵活性等因素，评估他们是否满足了新人的预期和要求。

（1）回顾婚礼细节。回顾婚礼期间供应商的服务，包括菜肴质量、服务态度、专业水平等。考量他们是否按照计划提供所需的服务，并解决任何问题或变化。

（2）收集反馈意见。向新人及其朋友和其他参与婚礼的人收集他们对供应商服务的反馈意见，了解他们的评价和建议。

（3）评估供应商的关键指标。评估供应商的关键指标，如及时性、响应能力和灵活性等。回顾他们是否按时到达、能否及时回复，在需要时是否作出灵活调整。

（4）评价服务质量。综合考虑供应商的服务质量，包括质量、效率、专业性和客户满意度等因素。客观评价他们是否满足了新人的预期和要求。

（5）提供具体的评价。为供应商提供具体的评价，包括他们的优点和需改进的方面。如果服务质量良好，可以给予肯定和推荐；如果有改进空间，可以提出具体的建议，帮助供应商提升服务水平。

通过评估供应商的服务质量，新人可以了解供应商在婚礼期间的表现，为其提供具体的评价和建议，有助于他们改进和提升服务质量。

3. 提供反馈和建议，为其他新人提供参考

根据评估和体验，为供应商提供反馈和建议。如果供应商服务质量良好，可以给

予肯定和推荐；如果有改进空间，可以提出具体的建议，帮助供应商提升服务水平。可以在婚礼评价网站、婚礼论坛和其他社交媒体上分享经验和评价，为其他新人提供参考。

（1）提供详细的评价。在提供反馈和建议时，尽量提供详细的评价，包括供应商的优点和需改进的方面。这样可以让其他新人更全面地了解供应商的服务质量。

（2）强调关键指标。在评价中强调关键指标，比如供应商的及时性、响应能力和灵活性等。这些指标能够帮助其他新人更好地评估供应商的能力和适应性。

（3）提供实际的建议。在提供建议时，尽量提供实际、可操作的建议。例如，供应商的服务有待改进，可以建议他们加强培训、提升沟通能力等。

（4）强调个人经验。在提供反馈和建议时，强调个人经验，将评价和建议与具体的经历和情境联系起来，这样可以使其他新人更容易理解并参考。

（5）分享在不同平台上。在婚礼评价网站、婚礼论坛和其他社交媒体上分享评价和建议。这样可以让更多的人看到并受益，为其他新人提供更多的选择和参考。

通过提供反馈和建议，可以帮助其他新人作出明智的选择，并促进供应商提供更好的服务。详细的评价和实际的建议可以让其他新人更好地了解供应商的服务质量，并在作出决策时有更充分的依据。在不同平台上分享评价和建议可以扩大影响力，让更多的人受益。

技能训练

任务1：寻找供应商候选名单

活动目标

帮助学生学习如何选择和评估供应商，培养他们的决策能力和批判性思维。

活动材料

（1）婚礼场景的案例研究：提供一个虚拟的婚礼场景，包括需要的供应商类别和相关要求。

（2）供应商调查表格：提供一个调查表格，包括供应商的关键信息和评估指标。

活动步骤

（1）介绍婚礼场景案例：向学生介绍一个虚拟的婚礼场景，包括需要的供应商类别（如餐饮、婚纱摄影、音乐等）和相关要求（如预算、服务质量等）。

（2）学生小组讨论：将学生分成若干小组，让他们讨论并列出可能的供应商候选名单。鼓励他们思考不同的选择和权衡不同的因素。

（3）分享和讨论：请每个小组分享他们的供应商候选名单，并与全班同学一起讨论每个选择的理由和评估指标。鼓励学生提出问题，分享不同的观点。

（4）介绍供应商调查表格：向学生介绍供应商调查表格，解释每个指标的含义和重要性。鼓励学生使用这个表格来评估他们的供应商候选名单。

（5）学生小组评估供应商：让学生小组使用供应商调查表格来评估他们的供应商候选名单，并记录他们的评估结果。

（6）分享评估结果：请每个小组分享他们对供应商的评估结果，并与全班同学一起讨论不同的观点和意见。鼓励学生就不同的评估结果进行辩论和解释。

（7）总结和反思：总结本次活动的关键点，并鼓励学生反思他们在选择和评估供应商时的经验和教训，提醒他们考虑不同的因素和权衡不同的选择。

通过这个教学活动，学生将有机会学习如何选择和评估供应商，并了解不同因素对选择的影响，同时培养学生自身的批判性思维和决策能力，为将来的婚礼策划或其他活动策划打下基础。

任务 2：与供应商保持良好的沟通和协作

活动目标

帮助学生学习如何与供应商进行有效的沟通和协作，培养他们的合作能力和沟通技巧。

活动材料

（1）情景模拟、角色扮演：准备几个情景模拟、角色扮演的场景，包括与供应商沟通和协作的情况。

（2）沟通技巧指南：提供一份沟通技巧指南，包括有效沟通和协作的技巧和原则。

活动步骤

（1）介绍沟通和协作的重要性：向学生介绍与供应商保持良好的沟通和协作的重要性，并解释为什么这对于成功的合作关系至关重要。

（2）学生小组讨论：将学生分成若干小组，让他们讨论并分享他们在与供应商合作方面的经验和挑战。鼓励他们提出问题，分享不同的观点。

（3）角色扮演：选择几个情景模拟、角色扮演的场景，让学生分成若干小组，扮演供应商和婚礼策划者的角色。每个小组依次进行角色扮演，模拟与供应商沟通和协作的情景。

（4）角色扮演反馈和讨论：每个小组都完成角色扮演后，全班同学一起讨论每个情景的结果和挑战。鼓励学生分享他们的观察和反馈，并提出改进建议。

（5）介绍沟通技巧指南：向学生介绍沟通技巧指南，解释其中的技巧和原则。

（6）小组练习：让每个小组根据沟通技巧指南进行练习，模拟与供应商沟通和协

作的情景，鼓励他们运用所学的技巧来改善沟通和协作效果。

（7）分享和总结：请每个小组分享他们的练习结果和经验，并与全班同学一起总结本次活动的关键点。提醒学生关注沟通与协作的原则和技巧。

通过这个教学活动，学生将有机会学习如何与供应商进行有效的沟通和协作，并建立良好的合作关系。他们将了解合作关系的重要性，并学会运用沟通技巧和原则来改善合作效果。这将对他们未来的职业发展和团队合作能力的提升有着积极的影响。

任务3：考察婚礼目的地场地

活动目标

帮助学生学习如何选择和评估婚礼目的地场地，培养他们的研究和决策能力。

活动材料

（1）目的地场地研究资料：提供一些婚礼目的地的研究资料，包括不同目的地的特点、优点和缺点等信息。

（2）评估指标表格：提供一个评估指标表格，包括评估场地的关键指标和评分标准。

活动步骤

（1）介绍婚礼目的地场地的选择：向学生介绍婚礼目的地场地的选择的重要性，并解释如何评估不同的场地选项。

（2）学生研究和评估：将学生分成若干小组，并分配给每个小组一个婚礼目的地场地进行研究和评估。鼓励他们收集相关资料，并使用评估指标表格对场地进行评估。

（3）小组讨论和比较：请每个小组分享他们的研究和评估结果，并与全班同学一起讨论不同场地的特点、优点和缺点。鼓励学生比较不同场地的评分和评估结果。

（4）角色扮演：选择几个学生扮演婚礼策划者的角色，让他们根据评估结果作出最终的场地选择，并解释他们的决策过程和原因。

（5）分享和总结：请扮演婚礼策划者的学生分享他们的场地选择和决策过程，并与全班同学一起总结本次活动的关键点。鼓励学生思考不同的评估指标，权衡不同的因素。

通过这个教学活动，学生将有机会学习如何选择和评估婚礼目的地场地，并了解不同场地的特点和优缺点。同时，可以培养学生的研究和决策能力，并使他们学会运用评估指标和标准来作出合理的场地选择。这对他们未来的婚礼策划或其他活动策划有着积极的影响。

内容回顾

1. 选择合适的婚礼场地服务供应商对于目的地婚礼的成功至关重要。合适的婚礼场地供应商能够：

（1）帮助选择婚礼场地；

（2）设计个性场地布置；

（3）保障场地设施质量；

（4）提供满意的食品；

（5）保证场地高效利用；

（6）报价依据合同执行；

（7）提供婚礼后的服务。

2. 寻找供应商候选名单可以通过如下途径：

（1）咨询朋友、亲友和婚礼策划师；

（2）在互联网上搜索目的地婚礼场地服务供应商；

（3）参考婚礼杂志和在线婚礼平台的推荐。

3. 评估供应商的专业能力和信誉的方法包括：

（1）查看供应商的网站、社交媒体和客户评价；

（2）了解供应商的经验和专业资质；

（3）联系供应商进行初步咨询和面谈。

4. 目的地婚礼场地主要考察内容：

（1）确认场地的地理位置、容纳人数和设施设备；

（2）参观场地，了解布置和装饰的可行性；

（3）考察场地的食品、饮品和服务质量。

5. 在签订合同之前，仔细阅读合同的每一项条款和细节，确保对合同内容有充分的理解，并且没有遗漏或误解。如果有任何不理解的地方，可以与供应商进一步沟通，确保合同的内容符合新人的期望和要求。

6. 在婚礼结束后，要评价供应商服务质量。评估他们在婚礼期间的表现，包括菜肴质量、服务态度和专业水平等。考虑供应商的及时性、响应能力和灵活性等因素，评估他们是否满足了新人的预期和要求。

能力检测

1. 选择合适的婚礼场地服务供应商为何对于婚礼的成功举办至关重要？

2. 列出寻找供应商候选名单的三个有效方法，并解释每种方法的优点。

3. 通过分析给定的供应商信息，评估其专业能力和信誉。
4. 描述一个理想的婚礼场地应该具备的关键特征，并解释考察这些特征的重要性。
5. 看到一份合同样本，能够找出可能存在的问题，并提出改进的建议。
6. 给出一个场景，描述如何有效地跟进和评估供应商的服务。

实务案例

婚礼之旅：目的地婚礼场地服务供应商的比较与选择

新娘和新郎决定举办一场目的地婚礼，他们正在寻找一个合适的场地服务供应商。通过对目的地婚礼场地服务供应商的调查和比较，选出最合适的供应商，以确保他们的婚礼顺利进行。

1. 比较选择

（1）收集信息。

通过搜索引擎、婚礼展会、婚礼杂志等渠道，收集潜在的目的地婚礼场地服务供应商的信息。包括供应商的名称、联系方式、服务范围等。

（2）客户评价。

阅读供应商的客户评价，了解他们的服务质量和口碑。可以通过在线婚礼论坛、专业婚礼平台或其他社交媒体来获取客户评价。

（3）专业资质。

检查供应商的专业资质和认证，如婚礼策划师的资质证书、婚礼场地的许可证等。这些可以证明供应商的专业能力和合法性。

（4）咨询和面谈。

与潜在供应商进行沟通和面谈，了解他们的服务内容、价格政策、团队实力等。可以提前准备一份问题清单，以确保全面了解供应商的情况。

（5）参观场地。

如条件允许，可以亲自前往目的地，参观供应商的场地。通过实地考察，可以更直观地了解场地的设施、环境和适用性。

（6）比较和评估。

将收集到的信息进行整理和比较，评估各个供应商的优势和劣势。可以制定评分表或者打分系统，以帮助作出最终的选择。

2. 选择结果

通过以上方法，新娘和新郎获得了关于目的地婚礼场地服务供应商的全面信息。他们根据客户评价、专业资质、咨询和面谈的结果，以及参观场地的体验，对供应商进行比较和评估。最终，他们选择了最合适的供应商，以确保目的地婚礼的顺利进行。

> 拓展阅读

如何与目的地婚礼服务供应商保持良好的沟通和协作

1. 确定主要联系人和沟通渠道

通过确定主要联系人和沟通渠道，可以与目的地婚礼服务供应商保持良好的沟通和协作。这将有助于确保婚礼筹备进展顺利，并实现新人的婚礼愿望。

（1）确定主要联系人。在与供应商进行合作之前，确定一个主要联系人。这个人将负责与供应商进行日常沟通和协调。主要联系人可以是新人本人，或者新人指派的一个代表，负责与供应商进行沟通。

（2）确定沟通渠道。选择一个或多个沟通渠道，以确保与供应商之间的有效沟通。常用的沟通渠道包括电子邮件、电话、即时消息或在线项目管理工具。根据供应商的偏好和可用性来选择最合适的沟通方式。

（3）制定沟通规则和时间表。与供应商一起制定一个共同遵守的沟通规则和时间表。例如，指定每周一次的现场会议或电话会议，以讨论婚礼筹备进展和细节。确保双方都清楚什么时候沟通，如何进行沟通，以避免沟通中的混乱和延误。

（4）确保信息的准确性和及时性。在与供应商进行沟通时，保证提供准确和详细的信息，包括日期、时间、地点、人数、预算以及其他相关细节。同时，及时回复供应商的询问和请求，以保证沟通的流畅性。

（5）建立良好的合作伙伴关系。与供应商建立互信和相互尊重的合作伙伴关系；尊重他们的专业知识和建议，并展示出合作的态度；积极参与并提供帮助，以确保双方能达到共同的目标。

2. 定期与供应商沟通婚礼筹备进展和细节

通过定期与供应商沟通婚礼筹备进展和细节，可以与目的地婚礼服务供应商保持良好的沟通和协作。这将有助于确保双方在婚礼筹备过程中保持同步，并共同努力打造一场成功的婚礼。

（1）确定沟通频率。确定与供应商沟通的频率，可以是每周一次、每两周一次，或根据具体需要来安排。确保沟通足够频繁以保持对筹备进展的了解，同时也不会过于频繁以至于给供应商带来不必要的打扰。

（2）安排会议或电话会议。设定定期会议或电话会议的时间，与供应商讨论婚礼筹备进展和细节。确保会议时间对供应商和新人来说都方便，并提前通知他们会议的

议程和议题。

（3）准备议程。在每次会议之前，准备一个会议议程，列出需要讨论的事项和重要的细节。确保议程是清晰明确的，并根据优先级组织。这有助于确保会议的高效性和有效性。

（4）分享最新信息。在与供应商进行沟通时，及时分享最新的计划和时间表。确保供应商了解最新的决策和变更，以便他们可以相应地调整和安排。

（5）倾听供应商的建议和意见。供应商有经验丰富的专业知识和见解，可以为新人提供更好的建议和方案。因此，在沟通中，应多倾听供应商的建议和意见，确保他们充分地发表意见和观点，共同探讨最佳的解决方案。

（6）记录会议纪要。在每次会议结束后，记录会议纪要，并与供应商分享。纪要应包括讨论的重点、决策和分配的任务。这有助于确保双方对会议内容和下一步行动有清晰的了解。

3. 参加供应商组织的婚礼筹备会议

通过参加供应商组织的婚礼筹备会议，可以与目的地婚礼服务供应商保持良好的沟通和协作，并确保双方都了解并共享相关信息。这将有助于确保双方对婚礼的要求和期望保持一致。

（1）确认会议安排。在与供应商合作之前，确认会议的时间、地点和议程。确保新人和供应商都能参加，并准备好会议所需的所有资料和文件。

（2）准备参会材料。在会议之前，准备好新人需要讨论的事项和所需的相关信息，可以包括预算、时间表、婚礼主题、风格等。确保将这些材料提前发送给供应商，以便他们有足够的时间了解新人的要求和期望。

（3）积极参与讨论。在会议期间，积极参与讨论和决策。提出问题，提供建议，并与供应商一起探讨最佳的解决方案。确保新人的声音被听到，并确保他们的意见和需求得到充分的考虑。

（4）记录会议纪要。在会议结束后，记录会议纪要，并与供应商分享。纪要应包括讨论的重点、决策和分配的任务。这有助于确保双方对会议内容和下一步行动有清晰的了解。

（5）跟进行动项。在会议之后，跟进会议中分配的任务和行动项。确保每个人都清楚自己的责任，并按时完成任务。如果有任何问题或困难，及时与供应商进行沟通，以便及时解决。

（6）维持持续的沟通。除了会议，与供应商保持持续的沟通也非常重要。这样能定期更新供应商关于婚礼筹备进展和细节的信息，并及时回复他们的询问和请求。

The Wedding Haven（婚礼天堂）——目的地婚礼服务供应商介绍

The Wedding Haven 是一家位于加勒比海地区的目的地婚礼服务供应商，专注于为客户提供独特、精心策划的海滩婚礼体验。以下是他们为客户提供的"一站式"婚礼服务的案例。

婚礼策划

The Wedding Haven 的团队由专业的婚礼策划师组成，他们将与客户合作，了解客户们的喜好和需求，并根据客户的预算和时间安排制订个性化的婚礼策划方案。他们将负责场地选择、装饰、音乐、饮食、婚礼仪式和娱乐活动等方方面面的细节。

婚礼场地选择

The Wedding Haven 与当地的度假村、别墅和海滩场地等合作，为客户提供多样化的场地选择。无论是在白色沙滩上举行浪漫婚礼，还是在豪华别墅花园中享受私密婚礼，他们将根据客户的喜好和预算帮助其选择最合适的场地。

婚礼装饰

The Wedding Haven 的装饰团队将根据客户的主题和风格设计精美的婚礼装饰。他们将提供鲜花、绿植、灯光、座椅、桌布和其他装饰物，确保场地的每个细节都与客户的梦想婚礼相匹配。

婚礼摄影和摄像

The Wedding Haven 合作的专业摄影师和摄像师将捕捉客户婚礼的每一个珍贵瞬间。他们运用最先进的设备和技术，巧妙利用自然光和场地的自然美景，为客户拍摄出难忘的婚礼照片和视频。

婚礼娱乐活动

The Wedding Haven 可以安排各种各样的婚礼娱乐活动，以增加婚礼的乐趣和难忘度。他们可以提供现场乐队、DJ、舞蹈表演、烟火表演以及其他个性化娱乐活动，为客户和宾客带来难忘的婚礼体验。

婚礼美食

The Wedding Haven 与当地的顶级厨师和餐厅合作，为客户提供精心策划的婚礼菜单。无论是自助餐、西式晚宴，还是当地特色美食，他们将根据客户的口味和预算提供最佳的餐饮选择。

婚礼团队协调

The Wedding Haven 的专业婚礼团队将负责协调所有的婚礼供应商和服务提供商。他们将确保每个供应商按时到达、准备就绪，并在婚礼当天无缝地合作，以确保一切

顺利进行。

婚礼礼服和化妆

The Wedding Haven 可以安排客户的婚礼礼服和化妆师。他们与客户合作，为新娘和新郎提供合适的礼服选择，并安排专业化妆师为新娘打造完美的婚礼妆容。

婚礼宾客接待

The Wedding Haven 可以负责安排婚礼宾客的接待和住宿。他们提供宾客接机、酒店预订、交通安排等服务，确保宾客在婚礼目的地的舒适和便利。

婚礼活动安排

The Wedding Haven 可以帮助客户安排婚礼前和婚礼后的活动。例如，欢迎晚宴、海滩派对、婚礼游艇巡航等，为客户和宾客提供更多的娱乐和互动机会。

婚礼法律事务

The Wedding Haven 了解当地婚礼法律事务并提供相关咨询服务。他们将协助客户办理婚姻登记手续，并确保婚礼在法律上有效。

婚礼后续服务

The Wedding Haven 还提供婚礼后的服务，例如婚礼照片和视频的编辑和制作、婚礼回忆品的定制等。他们将确保客户能够长久地珍藏关于婚礼的美好回忆。

The Wedding Haven 作为一家优秀的目的地婚礼服务供应商，通过其专业的团队、细致的策划和全面的服务，为客户提供独特、难忘的婚礼体验。无论是在加勒比海的沙滩上还是在豪华别墅中，他们将确保每个细节都完美呈现，帮助客户实现他们梦寐以求的目的地婚礼。

项目六：
目的地婚礼细节规划与执行

【学习目标】

【知识要点】

  知识点1：目的地文化在婚礼中的融入策略

  知识点2：目的地特色元素在婚礼中的应用

  知识点3：婚礼色系的选择与趋势分析

  知识点4：交通与机票预订的规划和执行

  知识点5：婚礼场地与住宿的预订和安排

  知识点6：婚礼日程与活动安排的制定

  知识点7：婚礼团队的协调与沟通

  知识点8：婚礼饮食与服务的选择方法

【技能训练】

  任务1：目的地婚礼特色元素创意设计

  任务2：婚礼团队协调与管理模拟实践

  任务3：婚礼日程和活动安排实操演练

【内容回顾】

【能力检测】

【实务案例】

  复古婚礼色系选择方案

【拓展阅读】

  婚礼加入目的地特色元素案例

  婚礼目的地的食物和饮品的选择案例

学习目标

1. 学习如何将目的地的文化融入婚礼中，包括了解目的地的文化背景，以及如何将这些元素巧妙地融入婚礼的各个环节。

2. 掌握如何加入目的地的特色元素，使婚礼更具特色和个性。

3. 理解婚礼色系选择的重要性，掌握选择婚礼色系时需要考虑的因素，熟悉当前流行的婚礼色系及其未来发展趋势。

4. 理解交通和机票预订的过程，包括如何比较和选择航班，以及如何有效地组织大型团体的旅行。

5. 学习如何预订和安排婚礼场地和住宿，包括评估场地的条件，以及与供应商协商合同。

6. 掌握婚礼日程和活动的安排，包括如何设计婚礼的流程，以及如何协调各个活动以提供顺畅的婚礼体验。

7. 理解如何协调和管理婚礼团队，包括与供应商的沟通，以及如何应对可能出现的问题。

8. 学习如何选择和预订婚礼的食物和饮品，以满足新人和宾客的口味，同时也展现目的地的特色。

知识要点

知识点1：目的地文化在婚礼中的融入策略

1. 婚礼为什么要融入目的地的文化

（1）尊重和体验当地文化。在一个地方举办婚礼，尊重并融入当地的文化是很重要的。这种行为展示了对当地文化的尊重和理解，同时也可以避免由于文化差异引起的误解或冲突。通过融入当地文化，新人和他们的亲朋好友可以更深入地了解当地的传统、价值观和习俗，同时也能够更好地体验和感受目的地的独特魅力。

（2）创造独特而难忘的体验。婚礼是人生大事，每对新人都希望他们的婚礼能够独一无二。每个地方都有自己的文化和传统，融入目的地的文化，给婚礼增添了特定地区的风俗习惯、音乐舞蹈、装饰艺术等元素，可以使婚礼更具有个性和独特性。这种独特的体验会让婚礼更加难忘，给新人和宾客留下深刻的印象。例如，选择当地特色的传统婚礼仪式、穿着当地传统服饰或佩戴当地特色的饰品等，都能够为婚礼增添独特的氛围，创造难以忘怀的回忆。

（3）提升宾客体验。一场融入了目的地文化的婚礼，会给人留下独特而深刻的回忆。这些回忆不仅限于新人，也包括参加婚礼的宾客。这种新颖且未曾体验过的婚礼形式，会给每个参与者留下深刻印象。通过体验不同的文化传统和习俗，可以使婚礼更加有趣，提升宾客的体验感。

（4）增强故事性。融入目的地文化可以使新人的婚礼故事更加丰富和有趣。这种故事性的增强，可以使婚礼更加吸引人，增加新人对婚礼的期待和兴奋感。对新人来说，融入当地文化还可以帮助他们了解和欣赏不同的文化，拓宽视野。

2. 策划师如何了解目的地的文化

研究婚礼目的地文化需要投入时间和精力，通过多方面的探究，逐步了解和掌握当地的婚礼习俗、历史背景、文化特色等。在充分了解的基础上，可以为新人的婚礼选择合适的地点和方式，举办一场具有目的地特色的婚礼。

（1）了解当地的婚礼习俗。每个地方都有自己独特的婚礼习俗，这些习俗往往与当地的文化、历史和宗教信仰密切相关。因此，策划师研究婚礼目的地文化，首先需要了解当地的婚礼习俗，例如婚礼仪式、婚宴、彩礼、嫁妆等方面的传统。

（2）调查当地的历史和文化背景。了解婚礼目的地的历史和文化背景，能够帮助策划师更好地理解当地的婚礼习俗。他们既可以通过查阅资料、访问博物馆、观看纪录片等方式，了解目的地的历史沿革、文化特色、宗教信仰等，也可以使用互联网搜索引擎，寻找目的地的文化信息。有很多旅游网站、博客和论坛可以提供关于目的地文化的详细介绍和旅行经验分享。

（3）研究当地的婚礼产业。婚礼产业在当地经济中扮演着重要角色，策划师研究当地的婚礼产业可以更全面地了解当地的婚礼文化。例如调查当地的婚纱摄影、婚礼策划、婚庆酒店等产业的发展状况，以及相关的法律法规。

（4）体验当地的婚礼活动。体验当地的婚礼活动，是策划师了解婚礼目的地文化的最好方式。例如，报名参加当地的婚礼体验活动，或者观察身边的亲友举行婚礼，亲身体验当地的婚礼习俗。

（5）与当地居民交流。与当地居民交流，可以让策划师更直接地了解当地的婚礼文化。如通过旅行、工作、学习等途径，结识当地的居民，了解他们的婚礼观念、婚礼习俗等。

（6）参考专业书籍和论文。阅读关于婚礼文化、目的地婚礼等方面的专业书籍和论文，可以让策划师更系统地了解婚礼目的地的文化。也可以让他们关注国内外相关领域的学术研究成果，为他们策划目的地婚礼提供参考。

知识点2：目的地特色元素在婚礼中的应用

　　加入目的地的特色元素，不仅可以提升婚礼的体验感和独特性，还有助于弘扬当地文化，增加婚礼的故事性，为新人留下独特的记忆，提升婚礼的品质感。关于如何加入目的地的特色元素，以下是一些具体的建议。

　　（1）选用地方特色菜肴。在目的地婚礼上选用地方特色菜肴，不仅可以让宾客品尝到当地的美食，同时也能让婚礼更加富有地方特色。例如，在意大利举办婚礼，可以在婚宴上提供传统的意大利面、比萨或者提拉米苏等当地美食；在日本举办婚礼，可以在婚宴上提供寿司、刺身、天妇罗等日本传统美食；在墨西哥举办婚礼，可以在婚宴上提供玉米卷、鳄梨酱、塔科等墨西哥特色美食，还可以设置一站式的玛格丽特鸡尾酒吧，让宾客自己动手制作鸡尾酒，增加互动性和趣味性；在法国举办婚礼，可以在婚宴上提供法式田园沙拉、鹅肝、奶酪、葡萄酒等法国特色美食。

　　（2）引入当地的音乐和舞蹈。如果目的地有特定的音乐、乐器或舞蹈，可以邀请当地的音乐家或舞者在婚礼上表演，给人们带来独特的视听体验。例如，邀请当地的音乐家或舞者在婚礼现场演奏传统的当地音乐，进行传统舞蹈表演。表演不仅能为婚礼增添热闹的氛围，还能让宾客感受当地的音乐和舞蹈文化。在婚礼现场设置一个小型的文化体验区，让来宾可以亲自参与当地音乐和舞蹈的学习，也将是一个不错的设计。例如，在希腊婚礼上设置一个教学区，教导宾客跳希腊传统舞蹈，或者在爱尔兰婚礼上教导宾客跳爱尔兰传统舞蹈。这样的互动体验可以增强来宾的参与感，并且让他们更深入地了解当地文化。

　　（3）选择地方特色场地。选择地方特色场地可以为目的地婚礼增添独特的氛围和风情，也可以作为美丽的背景为婚礼照片增色。如果选择的目的地是一个乡村或农村地区，那么选择一座当地的庄园或农舍作为婚礼场地会是一个很有特色的选择。这样的场地通常有宽敞的绿地、花园和农田，能够为婚礼提供一个宁静和自然的背景。在庄园的草坪上举行仪式，在室外或室内的场地举办婚宴和庆祝活动。如果选择的目的地是一座历史悠久的城市，那么选择一座城堡或古建筑作为婚礼场地可以带来浓厚的历史和文化氛围。这样的场地通常有壮丽的建筑和精美的花园，在城堡的宴会厅或花园举行婚宴和庆祝活动，能够让婚礼充满浪漫和古典的气息。

　　（4）使用当地的装饰元素。当地的艺术品、手工艺品、花卉、植物，甚至是地方建筑的设计元素等，都可以用来装饰婚礼现场，增添地方特色。

　　①选择当地特色的手工艺品作为婚礼的装饰元素。比如，在墨西哥婚礼上，可以使用彩色的乌龟图案的陶瓷餐具，或者在泰国婚礼上，使用精美的手工丝绸面料来做桌布和椅套，能够展示当地的手工艺术和文化传统。

②选择当地特色的纹样作为婚礼的装饰元素。比如，在希腊婚礼上可以使用蓝色和白色的螺旋纹样，或者在摩洛哥婚礼上使用传统的几何图案来装饰场地，能够展示当地的传统艺术和设计风格。

（5）加入当地的婚礼习俗。了解并尊重当地的婚姻传统和仪式，将其中的一部分融入婚礼中，可以为婚礼增添一份地方特色和文化体验。

①将目的地的婚礼仪式和传统融入婚礼。比如，在印度婚礼上可以举行传统的印度教婚礼仪式，包括花环交换、七步誓言和红色丝绸的婚纱。

②选择当地的传统服装和饰品作为婚礼的穿着元素。比如，在日本婚礼上可以穿着和服和戴上传统的和风头饰，或者在苏格兰婚礼上穿着传统的苏格兰裙装，戴上高地帽。

③选择当地特色的菜肴和酒水作为婚宴的食品和饮品。比如，在意大利婚礼上可以提供传统的意大利面食、比萨和葡萄酒，或者在墨西哥婚礼上提供传统的玉米饼塔可斯和龙舌兰酒。

（6）提供地方特色婚礼礼品。在目的地婚礼上提供地方特色婚礼礼品，可以让宾客带一份与当地文化相关的纪念品回家。

①选择当地的手工艺品作为婚礼礼品。比如，在希腊婚礼上可以提供当地特色的手工陶瓷饰品，或者在墨西哥婚礼上提供传统的彩色陶瓷手工艺品。

②选择当地特色的食品和饮品作为婚礼礼品。比如，在意大利婚礼上可以提供当地特产的橄榄油、葡萄酒或巧克力，或者在泰国婚礼上提供当地特色的香料或茶叶。

③选择当地特色的纪念品作为婚礼礼品。比如，在巴厘岛婚礼上可以提供传统的巴厘岛手工编织草帽或纪念品，或者在夏威夷婚礼上提供当地特色的海滩毛巾或项链。

④选择当地的艺术品作为婚礼礼品。比如，在法国婚礼上可以提供当地艺术家的绘画作品或雕塑，或者在日本婚礼上提供传统的和风风景画或折纸艺术品。

（7）穿着当地的传统婚礼服饰。如果目的地有特定的婚礼服饰习俗，可以考虑按照当地的传统来选择新郎新娘的服装。例如，在日本婚礼上，新娘可以穿着传统的和服，配上传统的发型和头饰，新郎可以穿着传统的男性和服套装，宾客可以穿着和服或者传统的正装；在爱尔兰婚礼上，新娘可以穿着传统的爱尔兰婚纱，通常是白色或奶油色的长袍和头纱，新郎可以穿着传统的爱尔兰男装；在巴厘岛婚礼上，新娘可以穿着传统的巴厘岛婚纱，通常是色彩鲜艳的长袍和头饰，上面装饰有传统的巴厘岛手工绣花，新郎可以穿着传统的巴厘岛男装，如巴厘岛传统衣裳。

知识点 3：婚礼色系的选择与趋势分析

婚礼色系是指在婚礼策划和装饰中使用的一组色彩，旨在创造出特定的氛围和视觉效果。它是根据新人的喜好、婚礼主题和场地特点等因素来选择和确定的。

婚礼色系通常由主要颜色和辅助颜色组成。主要颜色是婚礼中最重要的色彩，它会在场地布置、装饰物、服装和鲜花等方面得到广泛应用。辅助颜色则用于补充和丰富主要颜色，以增加层次感和视觉效果。

1. 色系选择的重要性

（1）建立统一的氛围。通过选择一致的颜色和色调，可以在整个婚礼场景中营造出一种和谐、连贯的感觉，使婚礼整体呈现出一种统一的风格和主题。

（2）传达情感和主题。不同的色系可以传达不同的情感和主题。例如，浪漫的粉色系可以传达出温馨、浪漫的氛围；活泼的蓝绿色系可以传达出清新、活泼的感觉。通过选择与婚礼主题和个人喜好相匹配的色系，可以更好地表达出新人的情感和婚礼的主题。

（3）营造视觉吸引力。色彩是视觉上最直接的元素之一。通过巧妙地选择色彩和搭配，可以在婚礼场景中营造出视觉上的吸引力。色彩鲜明、对比度强烈的组合可以吸引视觉关注，而柔和、温暖的色调则可以营造出温馨、舒适的氛围。

（4）强调重点和细节。通过选择一个或几个醒目的颜色作为亮点，能够将注意力引导到特定的区域或装饰物上，有助于突出婚礼的关键元素，增加视觉层次和深度，强调婚礼中的重点和细节。

2. 选择婚礼色系时应该考虑的因素

（1）新人的喜好和个性。婚礼是新人的重要日子，色系选择应符合他们的喜好和个性，能够展现他们独特的风格。

（2）婚礼主题和风格。婚礼的主题和风格是选择色系的重要指导因素。不同的主题和风格适合不同的色彩组合。例如，浪漫主题适合粉色、紫色等柔和的色彩，而现代主题可能更适合简约和鲜明的色彩。

（3）季节和时间。季节和时间也会影响色系的选择。春季适合选择明亮、清新的色彩，如粉色、绿色；夏季适合选择活泼、明快的色彩，如橙色、蓝色；秋季适合选择温暖、醒目的色彩，如红色、黄色；冬季适合选择冷调、高贵的色彩，如银色、深蓝色。

（4）婚礼场地和装饰。婚礼色系应与场地和装饰相协调，以保持整体的和谐和一致性。考虑场地的色彩和装饰元素，选择与之相配的色系，可以使场地和装饰更加突出。

（5）色彩的搭配和对比。在选择色系时，需要考虑色彩的搭配和对比。搭配多种色彩可以增加层次感和丰富度，而对比强烈的色彩组合可以吸引视觉关注。

（6）色彩的可行性和可用性。考虑选择的色彩是否具有可行性和可用性。需要确保所选的色彩在婚礼场景中容易获得和应用，以避免麻烦和困扰。

3. 不同场景的色系选择案例

（1）海滩婚礼。

主要颜色：蓝色、白色、沙色。

辅助颜色：浅灰色、珊瑚红色。

描述：这个色系以蓝色为主，搭配白色和沙色作为辅助。整体感觉清新、轻盈且充满海洋风情。可以在场地和装饰上运用蓝色的装饰物、鲜花和织物，搭配白色的沙滩帐篷和桌椅，增添海滩婚礼的浪漫和轻松氛围。珊瑚红色可以作为亮点，用于花束和小细节。

（2）草坪婚礼。

主要颜色：绿色、白色、薄荷绿色。

辅助颜色：淡黄色、浅灰色。

描述：这个色系以绿色为主，搭配白色和薄荷绿色作为辅助。整体感觉清新、自然且宜人。可以在场地和装饰上运用绿色的花卉、植物和地毯，搭配白色的桌椅和装饰物，打造出草坪婚礼的宜人氛围。淡黄色可以作为亮点，用于花束和小细节。

（3）教堂婚礼。

主要颜色：白色、金色、红色。

辅助颜色：深紫色、深蓝色。

描述：这个色系以白色为主，搭配金色和红色作为辅助。整体感觉典雅且庄重。可以在场地和装饰上运用白色的装饰物、鲜花和织物，搭配金色的烛台等装饰物，营造出教堂婚礼的庄重氛围。深紫色和深蓝色可以作为亮点，用于花束和小细节。

（4）古堡婚礼。

主要颜色：紫色、深红色、金色。

辅助颜色：暗灰色、古铜色。

描述：这个色系以紫色为主，搭配深红色和金色作为辅助。整体感觉神秘、豪华且古典。可以在场地和装饰上运用紫色的装饰物、鲜花和织物，搭配深红色和金色的烛台等装饰物，打造出古堡婚礼的豪华氛围。暗灰色和古铜色可以作为亮点，用于花束和小细节。

4. 流行婚礼色系推荐

下面是当前流行的婚礼色系，每个色系都有不同的特点，可以根据个人喜好和婚礼主题来选择合适的色系。同时，也可以将不同的色系进行组合和搭配，创造出独特和个性化的婚礼色彩。

粉色系：粉色系一直都是流行的婚礼色系之一。浪漫、温馨的粉色给婚礼带来一种温暖和柔和的氛围。可以搭配白色、灰色、金色等中性色调，或者与其他亮色（如紫色、蓝色等）进行搭配。

绿色系：绿色系在婚礼中也很受欢迎。绿色代表着新生和希望，给人一种清新和自然的感觉。可以选择浅绿色、草绿色或者深绿色搭配其他中性色（如白色、灰色等），或者与其他明亮的色彩（如粉色、黄色等）进行搭配。

蓝色系：蓝色系在婚礼中常常被用来营造浪漫和宁静的氛围。浅蓝色代表着梦幻和温柔，深蓝色则代表着高贵和沉稳。可以选择深浅不同的蓝色搭配白色、银色、金色等中性色，或者与其他明亮的色彩（如粉色、紫色等）进行搭配。

珊瑚橙系：珊瑚橙色近年来在婚礼中越来越受欢迎。这种色系鲜艳且富有活力，给婚礼带来一种热情和欢乐的氛围。可以搭配白色、金色、棕色等中性色，或者与其他明亮的色彩（如粉色、黄色等）进行搭配。

紫色系：紫色系代表着神秘、浪漫和高贵。浅紫色给人柔和和浪漫的感觉，深紫色则更加高贵和神秘。可以选择浅紫色、深紫色或者搭配其他亮色，如金色、银色等。

土耳其蓝系：土耳其蓝色是近年来备受追捧的婚礼色系之一。这种明亮的蓝色给人一种独特和精致的感觉。可以搭配白色、金色、银色等中性色，或者与其他明亮的色彩（如黄色、粉色等）进行搭配。

5. 婚礼色系未来趋势预测

婚礼色系的趋势一直在不断变化，受众多因素影响，如流行文化、设计趋势、社会心理等。以下是根据当前的趋势预测的未来婚礼色系可能的走向。

（1）自然色系。自然色系主要是指那些直接或间接来源于自然环境的颜色。这些颜色主要包括绿色、棕色、蓝色、黄色等。自然色系常常被用来创造一种舒适、宁静、接近自然的环境。随着人们越来越重视环保和自然，预计未来婚礼色系会更多地倾向于自然的色调。例如，绿色代表森林、草地、植物等，带给人一种生机勃勃的感觉；蓝色代表天空和海洋，带给人一种宁静、深邃的感觉；棕色代表土壤、木材等，带给人一种稳定、安全的感觉；黄色代表阳光、麦穗等，带给人一种温暖、乐观的感觉。在婚礼中，自然色系可以创造出一种简洁、自然、舒适的氛围。它适合各种风格的婚礼，无论是户外的田园婚礼，还是室内的极简婚礼，都可以使用自然色系来进行装饰。同时，自然色系也可以与其他色系进行混搭，创造出独特的效果。

（2）淡雅色系。通常指的是一种柔和、轻盈、清新、优雅的颜色。这些颜色通常包括淡粉色、淡紫色、淡蓝色、淡绿色、米色、烟灰色等。这些颜色往往给人一种清新、舒适、宁静的感觉，非常适合用于创建一种浪漫、优雅的氛围。比如，淡粉色象征爱情和浪漫，淡蓝色象征宁静和和谐，淡绿色象征新的开始和希望。淡雅色系也可以与其他颜色进行混搭，创造出不同的效果。比如，淡雅色系与金色或银色的混搭，可以创造出一种豪华、优雅的感觉，而淡雅色系与深色的混搭，可以创造出一种深沉、稳重的感觉。

（3）复古色系。复古色系主要是指具有一定历史感或怀旧感的颜色。例如，棕色、赭石色、卡其色等。这些颜色往往带有一种老式、经典的韵味，可以创造出一种独特的氛围。复古色系的具体颜色可能因地域和文化的不同而不同。例如土色，这种颜色带有一种复古的感觉。在婚礼中，复古色系可以创造出一种时间穿越的氛围，让新人和宾客感受到一种独特的浪漫情怀。这种色系的婚礼常常与复古主题结合，使用复古风格的装饰和服装来创造出一种完整的复古体验。值得注意的是，复古色系并不意味着过时或者乏味，恰恰相反，它以其独特的韵味和无法复制的历史情感，吸引着越来越多的新人。

（4）多元化色系。随着社会的多元化，越来越多不同的色系在婚礼中出现。比如，在传统的婚礼色系中并不常见的黑色、金色、银色等非传统颜色，在多元色系中可能会被更多地采用。这些颜色可以帮助新人打破传统，表达他们的个性和风格。在多元文化的背景下，某些特定的文化或民族可能有它们特有的颜色偏好或象征意义。如在印度文化中，红色和金色常被用于婚礼，象征繁荣和爱情。

知识点4：交通与机票预订的规划和执行

目的地婚礼的举办地远离家乡，因此规划目的地婚礼的交通和进行机票预订是确保宾客能够顺利抵达和离开婚礼地点的重要步骤。规划目的地婚礼的交通和进行机票预订的前提是确定婚礼地点和日期，以便能够安排合适的交通和预订机票。

1. 规划交通

（1）在规划目的地婚礼之前，了解目的地的交通情况非常重要。要了解当地的机场、火车站、汽车站等交通枢纽的位置和距离，以及当地的交通规则和习惯。

（2）在婚礼邀请函上提供详细的交通信息。包括最近的机场、火车站或汽车站的名称和地址，以及前往婚礼场地的具体指引。建议提供多种交通选择，以满足宾客的不同需求。根据目的地的特点和宾客的个人情况，推荐合适的交通方式。

（3）如果婚礼场地距离机场或火车站较远，应该考虑安排接送服务，以便宾客能

够方便地抵达和离开婚礼场地。可以与当地的交通公司或专业接送服务机构合作，提供专车或大巴接送服务。

（4）如果婚礼地点需要自驾或宾客有自己的交通工具，提供租车信息是很有帮助的。可以提供当地的租车公司名称、联系方式和租车指南，以帮助宾客租到合适的交通工具。

（5）在提供交通信息时，要提醒宾客注意当地的交通规则和安全事项。例如，目的地是左行驶的国家，要提醒宾客注意驾驶方向。

（6）在规划目的地婚礼的交通时，要提前做好准备并了解当地的交通情况。与专业的婚礼策划团队或当地的旅行代理合作，确保顺利安排宾客的交通需求。同时，及时与宾客沟通并提供详细的交通信息，以便他们能够顺利抵达和离开婚礼场地。

（7）如果婚礼地点与宾客所在地有时差，提醒宾客调整时差以适应当地时间，并尽量为他们安排充足的休息时间。

2. 机票预订

（1）尽早规划并预订机票是确保获得最佳价格和座位的关键。建议在婚礼日期前至少3个月开始规划机票预订。

（2）确定新人和宾客的出发地和目的地，以便能够搜索合适的航班和路线。同时，考虑到目的地婚礼可能需要多次转机，要确保留出足够的转机时间。

（3）使用在线旅行预订网站或航空公司官方网站搜索航班价格和时间。比较不同航空公司的价格和航班时间，选择最合适的选项。

（4）如果有多个宾客需要预订机票，可以考虑与航空公司联系团队机票预订，以获得折扣或其他优惠。

（5）在预订机票时，要留意航空公司的退改政策。尽量选择具有灵活退改政策的机票，以防计划有所变动。

（6）一旦完成机票预订，及时将航班号码、出发时间和到达时间等信息提供给新人和宾客。确保他们可以安心准备行程。在提供机票信息的同时，也可以提供一些旅行建议，如出发到境外目的地，需要让他们准备好护照、规划好行李等。

知识点 5：婚礼场地与住宿的预订和安排

1. 婚礼场地的预订和安排

在预订和安排目的地婚礼场地时，要提前做好准备，与目的地的婚礼服务团队或场地经理合作，以确保选择合适的场地，并达到理想的婚礼效果。

（1）确定婚礼的规模和需求，包括预计的宾客人数、仪式和宴会的安排、场地的主题和风格等。这将有助于筛选合适的婚礼场地。

（2）了解目的地的特点和资源，包括当地的酒店、度假村、庄园、海滩等婚礼场地，以及其所提供的服务和设施。

（3）根据婚礼预算，确定可承受的场地租金范围。要考虑租赁费用、额外服务费用和订金要求等。

（4）与场地经理联系，了解场地的可用性和预订要求。提前预约场地参观，以便掌握场地的实际情况。

（5）确认场地的规模是否能够容纳预计的宾客人数，并了解场地的布局和设施，以满足婚礼仪式和宴会的需求。

（6）根据婚礼的季节和天气条件，考虑选择室内或室外场地。如果选择室外场地，要了解场地是否提供备用方案，以应对不可预测的天气情况。

（7）确认场地的交通便利性和停车设施，以方便宾客的抵达和停车。

（8）在预订场地之前，仔细阅读并了解合同条款。确保合同中包含了婚礼日期、费用、退款政策、附加服务等重要条款。考虑购买婚礼保险以应对可能的突发情况。

（9）一旦决定预订场地，与场地经理签订合同，并支付订金或全款以确认预订。

（10）及时将婚礼场地信息告知宾客，包括名称、地址、联系方式和提供的服务。提供住宿和交通建议，以方便宾客的出行安排。

2. 婚礼住宿的预订和安排

在预订和安排目的地婚礼的住宿时，要提前做好准备，与目的地的婚礼服务团队、旅行代理或酒店合作，以确保给宾客提供舒适和方便的住宿选择，并满足他们的需求和偏好。

（1）确定预计的宾客人数和住宿时间，以了解所需的客房数量和住宿期限。

（2）了解目的地附近的酒店、度假村、民宿等住宿选项。考虑与婚礼场地附近的住宿设施合作，以方便宾客的出行。

（3）根据婚礼预算，确定可承受的住宿费用范围。了解不同酒店的住宿标准、价格和额外服务费用，从而确定符合预算的住宿选项。

（4）尽早预订住宿以确保可用性。对于大型婚礼，建议提前6个月至1年预订，小型婚礼也要提前3个月预订。

（5）如果有多个宾客需要住宿，可以与酒店或度假村协商团体折扣或优惠。婚礼策划团队或旅行代理可以提供帮助。

（6）在婚礼邀请函或婚礼网站上提供住宿信息，包括预订方式、房间类型、价格、截止日期等。提供多个住宿选项，以满足宾客的不同需求。

（7）与酒店或度假村协商保留一定数量的客房，以确保宾客能够预订到合适的住

宿。要在预订期限前确认客房数量，以便释放多余的客房。

（8）提供宾客到达住宿地点的交通建议，包括机场/火车站接送服务、出租车或公共交通路线。同时，了解住宿地点的停车设施，以方便自驾宾客停车。

（9）及时与宾客沟通，了解他们的住宿需求和预订情况。提供帮助和解答问题，确保他们顺利预订住宿。在提供住宿信息时，可以提供附近的其他住宿选择，如民宿或租赁房屋等。这些选项可能符合部分宾客的偏好和需求。

知识点6：婚礼日程与活动安排的制定

1. 婚礼日程安排

目的地婚礼的日程安排应该根据婚礼的规模、预计的宾客人数和婚礼场地的特点来制定。以下是一个目的地婚礼日程安排的示例。

第一天：抵达和欢迎

宾客抵达目的地，安排接机和接待服务。

欢迎酒会或晚宴，为宾客提供轻松的交流和社交机会。

分发欢迎礼品包，包括地图、日程表、婚礼信息等。

第二天：婚礼前准备和欢乐活动

早上：婚礼仪式和宴会场地布置。

下午：为宾客安排休闲活动，如海滩派对、SPA体验、高尔夫球等。

晚上：组织欢乐活动，如烧烤晚会、海滩篝火晚会等。

第三天：婚礼仪式和宴会

上午：在婚礼场地举行室内或室外的婚礼仪式。可以是在海滩、花园、庄园或教堂等场地。

中午：为宾客提供午餐或小吃。

下午：休息时间和准备活动。

晚上：在宴会厅或户外场地举行婚礼宴会。准备精美的餐点和饮品，为宾客提供愉快的用餐体验。

第四天：参观和旅游

上午：安排宾客参观目的地的名胜景点、文化遗址或自然景观。可以组织观光巴士、导游和讲解员等。

中午：为宾客提供午餐或自由活动。

下午：继续参观和旅游活动。

晚上：安排特别活动，如文化表演、音乐会等。

第五天：离别和告别

上午：早餐会，为宾客送别并表达感谢。可以准备小礼物或纪念品。

中午：欢送宾客，安排接送服务。

下午：整理和清理婚礼场地。

晚上：婚礼结束，自由活动时间。

在安排日程时，要考虑婚礼活动的顺序和时间安排，以确保其流畅和顺利进行。重要的是与婚礼策划团队、场地经理和旅行代理保持沟通，并提供详细的日程表和相关信息给宾客，以便他们了解和参与婚礼活动。同时，也要预留适当的休息和自由活动时间，从而使其充分享受目的地的魅力和美景。

2.婚礼活动安排

目的地婚礼的活动安排可以根据婚礼的主题、目的地的文化特色和宾客的兴趣来制定。以下是目的地婚礼活动安排的示例。

（1）欢迎酒会。

在抵达的第一天，可以在宴会厅、露天花园或海滩上组织一场欢迎酒会，为宾客提供一个轻松的社交和交流机会。设计目的地婚礼的欢迎酒会需要考虑以下方面，以营造欢乐和热情的氛围。

①提供各种饮品选择，如鸡尾酒、葡萄酒、啤酒和无酒精饮品，以满足各种宾客的口味。准备精美的小吃和开胃菜，如水果拼盘、奶酪盘、蛋糕、饼干等，还可以考虑当地特色的美食，让嘉宾尝试当地的美味。

②雇用DJ或乐队来为欢迎酒会提供音乐娱乐，选择适合场景和氛围的音乐风格，如轻松愉快的流行曲目、爵士乐或当地音乐。

③考虑提供娱乐活动，如现场音乐表演、舞蹈表演、魔术表演等，以增加欢乐性和互动性。

④设计一些互动活动，让宾客参与其中，增加参与感和互动性。例如，准备一些有趣的游戏或竞赛，或者设置摄影亭供宾客拍照留念。

⑤安排轻松的座位或休息区，以便宾客之间进行交流。提供足够的座位和舒适的休息区，确保宾客感到舒适和轻松。

（2）婚礼仪式。

①婚礼主题。可以选择与目的地相关的主题，如海滩、热带风情，或者根据新人的喜好和个性来制定。使用符合主题的装饰物，如鲜花、蜡烛、灯饰、彩旗等，营造浪漫或欢乐的氛围。考虑使用当地特色的装饰元素，展示目的地的文化和风情。

②仪式内容。根据新人的宗教或文化背景，安排相应的仪式和仪式主持人。选择仪式音乐和朗诵，以增加仪式的庄重和感动；考虑添加个人化的元素，如誓言、特别

的歌曲演唱、祝福或回忆的分享等。确定参与仪式的人员，如新人、家人、亲友或特别的宾客；考虑安排仪式中的特别角色，如伴郎伴娘、宝宝花童、仪式见证人等。

③仪式程序。设计仪式的程序，包括入场、誓言交换、交换戒指、宣誓、颁奖等环节。考虑添加特别的仪式元素，如沙盘仪式、蜡烛点燃仪式、鸽子或气球放飞仪式等，以增加仪式的独特性和仪式感。

④摄影和摄像。确保有专业的摄影师和摄像师记录下这一特殊时刻的所有精彩瞬间。考虑提供一个特别的拍摄区域或摄影棚，让新人和宾客在仪式结束后拍照留念。

（3）婚礼宴会。

①选择一个适合婚礼宴会的场地，如酒店的宴会厅、海滩上的帐篷或花园中的露天宴会区。

②与厨师和餐饮团队合作，设计一份精美的菜单，提供多种菜式和特色饮品。

③雇用DJ或乐队为婚宴提供音乐娱乐，并设置一个专门的舞池，供宾客尽情起舞。

（4）欢乐活动。

①在海滩上组织一个欢乐的派对，提供饮品、音乐和海滩游戏，让宾客欢度一个难忘的夜晚。

②安排宾客参与目的地独特的文化体验，如学习当地手工艺品制作、参观当地艺术展览或参与传统音乐和舞蹈表演。

③根据目的地的特点，安排一些运动和冒险活动，如潜水、冲浪、热气球游览等。

（5）离别活动。

①在婚礼结束前的一天，安排一个告别早餐或午餐会，为宾客送别并表达感谢。可以准备小礼物或纪念品。

②在告别活动中，组织一个简短的离别仪式，新人和宾客一起分享感动和回忆。

知识点7：婚礼团队的协调与沟通

1. 确定婚礼团队的角色和职责

确定每个团队成员的角色和职责，如婚礼策划师、场地经理、摄影师、摄像师、餐饮负责人等。清楚地定义每个角色的具体职责和期望，以确保团队成员明确其工作范围。

（1）确定一个主要的婚礼策划师或婚礼顾问，负责整体的婚礼策划和协调工作。这个人通常是与新人直接沟通和协商的主要联系人。主要的婚礼策划师应具备专业的婚礼策划经验和技能，能够理解和满足新人的需求，并与其他团队成员协调工作。

（2）确定场地经理或酒店协调人。场地经理或酒店协调人负责与酒店或场地的沟通和协调，应确保场地的准备工作和布置符合新人的要求，并协调供应商的安排。

（3）确定摄影和摄像团队。专业的摄影和摄像团队负责记录整个婚礼过程的精彩瞬间。确定他们的具体职责和拍摄要求，确保其能够按照新人的期望进行拍摄。

（4）确定餐饮和美食团队。餐饮和美食团队负责准备和提供婚礼餐食，协商和规划餐食菜单和服务细节，并确保能够按时提供高质量的餐饮服务。

（5）其他团队成员的确定。根据具体的婚礼需求和细节，确定其他必要的团队成员，如花艺师、灯光师、音乐团队等。明确他们的职责和要求，确保他们能够按照新人的期望提供专业的服务。

2. 确定婚礼团队的沟通与协调

通过建立良好的沟通渠道，团队成员可以更好地协调工作、共享信息和解决问题，从而确保目的地婚礼的顺利进行和成功实施。

（1）根据团队成员的位置和偏好，选择合适的沟通工具，如电子邮件、电话、即时通信软件、在线项目管理工具等。确保所有团队成员都能够方便地使用和访问所选择的沟通工具。

（2）确定团队成员之间的沟通频率和方式，例如每日、每周或每月的固定会议、电话会议或在线讨论等。与团队成员协商确定最合适的沟通方式，并确保所有相关人员都参与其中。

（3）确保所有相关信息和文件都得到及时共享和更新，以便团队成员了解最新的计划和进展。使用共享文件夹、云存储或在线协作平台，确保团队成员可以随时访问和共享所需的信息和文件。

（4）在每次沟通中，明确沟通的目标和议程，确保所涉及的问题和任务得到准确和及时的解决。确保每个团队成员都了解他们在每次沟通中的角色和职责，并清楚他们需要达到的目标和结果。

（5）建立一个开放和尊重的沟通氛围，鼓励团队成员分享意见、提出问题和建议。倾听团队成员的意见和反馈，确保每个人的声音都被听到和被重视。

（6）确保及时回应团队成员的沟通和请求，并跟进相关的任务和问题，以确保问题能够及时得到解决。遵守承诺并按时完成分配的任务，以保持沟通的顺畅和有效。

3. 安排定期的团队会议

通过定期举行团队会议，促进团队成员之间的沟通和协作，解决问题并跟踪项目进展。

（1）确定团队会议的频率，因婚礼的规模和复杂性可能会有所不同。通常每周或每两周举行一次团队会议。如果婚礼日期较近，可能需要增加会议的频率，以确保及

时解决问题和跟进进展。

（2）提前安排会议的时间和地点，并通知所有相关人员。确保会议时间方便所有团队成员参加，并选择一个安静和舒适的地点。在每次会议前，制定一个详细的会议议程，列出要讨论的主题。确定包括每个团队成员需要分享的信息和问题。将会议议程提前发送给团队成员，以便他们有足够的时间准备自己的报告。

（3）会议主持人负责引导会议进行并确保其按照议程进行。确保每个议题都得到适当的讨论和决策，并记录会议要点和行动项。维持会议秩序良好，鼓励每个团队成员参与讨论和提供意见。

（4）团队成员分享和讨论他们面临的问题和挑战。鼓励团队成员提供解决问题的建议和意见，并寻找共识和共同解决方案。

（5）在会议结束时，确保记录所有的行动项和责任人，并设置截止日期和跟踪机制。在下一次会议上跟踪和评估行动项的执行情况，并讨论和解决任何延迟或问题。

（6）每次会议后及时准备会议纪要，并发送给与会人员。会议纪要应包括讨论的要点、决策、行动项和截止日期。确保会议纪要被所有团队成员接收和确认，以便他们了解会议的结果和下一步的行动。

4. 制订详细的计划和时间表

通过制订详细的计划和时间表，确保目的地婚礼的各项任务和活动按时完成，并为团队成员提供清晰的指导和方向。

（1）列出所有与目的地婚礼相关的任务。包括场地选择、供应商选择、婚礼装饰、宾客安排、行程安排等。对任务进行优先级排序，以确保最重要和紧急的任务得到优先处理。

（2）根据任务的复杂性和所需时间，设定合理的时间表。确保给予足够的时间来完成每项任务，并在需要时进行调整。为每项任务设置截止日期，并确保这些截止日期与整体时间表和婚礼日期保持一致，这将有助于确保任务按时完成。

（3）确定每项任务的责任人和相关角色。将任务分配给适当的团队成员或专业人士，并明确他们的职责和时间表。

（4）在时间表中留出一些缓冲时间，以应对可能的延迟和问题。这将有助于避免任务紧迫和时间压力。

（5）定期更新和审查时间表，以确保任务的进展和时间表的准确性。确保与团队成员和相关方进行沟通，并及时调整计划。

（6）根据婚礼日期和相关截止日期，确定每项任务的优先级。考虑任务之间的前后关系和依赖关系。确保各项任务之间不会相互影响，并合理安排任务的顺序。

（7）使用适当的工具和技术来制定和管理时间表。例如，使用项目管理软件、在线日历或电子表格，以跟踪任务和时间表。

（8）在制定和执行时间表时保持灵活性和适应性。根据实际情况和变化，进行必要的调整和优化。

5. 协调供应商和场地

通过有效地协调供应商和场地，可以确保婚礼筹备过程中的各项服务和设施得到妥善安排和管理。与各供应商和场地经理保持良好的合作关系，在婚礼前确认供应商和场地的细节和安排，所有的服务和设施符合期望，并与供应商和场地管理者确认最终安排。

（1）确定需求和预算。在协调供应商和场地之前，确保对婚礼的需求和预算有清晰的了解。这将有助于更好地选择合适的供应商和场地。

（2）研究和选择供应商。进行市场调研，找到符合需求和预算的供应商。考虑供应商的信誉、经验和口碑，并与他们进行面对面交流或在线交流，了解他们的服务和价格。

（3）确定场地需求。根据婚礼的规模、主题确定场地需求。考虑场地的位置、容纳人数、设施和设备等因素，并与场地管理者或业主联系，了解场地的可用性和价格。

（4）协商合同和价格。与供应商和场地管理者协商合同和价格，确保所有的细节都被明确记录在合同中，包括服务、价格、付款方式、退款政策和取消条款等。

（5）安排视察和试用。安排视察供应商和场地，以确保它们符合期望和要求。参观场地、了解其设施和布局，并试用供应商提供的服务或产品。

（6）协调时间和安排。确定供应商和场地的可用日期和时间，与婚礼日期协调。如果涉及多个供应商和场地，确保时间安排协调一致。

（7）确定责任和沟通。与供应商和场地管理者明确责任和沟通渠道，确保每个供应商都了解其角色和职责，并能够及时沟通和解决问题。

（8）跟踪进展和解决问题。定期跟踪供应商和场地的进展，并及时解决相应问题或变动。确保与他们保持密切联系，并及时处理潜在的挑战。

6. 处理问题和变更

在筹备目的地婚礼的过程中，可能会遇到各种问题和变更。需要策划团队处理出现的问题和变更请求，确保及时解决并与相关方进行沟通。寻找问题的解决方案，并与团队成员和相关方一起制定适当的应对措施。

（1）当出现问题或需要进行变更时，及时与相关方进行沟通。与团队成员、供应商和场地管理者保持密切联系，并共享信息和意见。

（2）分析评估问题和变更的影响及后果。了解他们对婚礼计划、时间表和预算的影响，并评估可行的解决方案。通过积极处理问题和变更，可以确保婚礼筹备过程中

的各种状况得到解决和应对。

（3）根据问题和变更的重要性和紧迫性，设定优先级。首先要处理最紧迫和最重要的问题，以确保婚礼的顺利进行。不要局限于一个解决方案，应寻求多个备选方案。考虑不同的选择和权衡，以找到最合适的解决方案。

（4）与相关方协商和合作，共同解决问题和应对变更。与团队成员、供应商和场地管理者开展积极的沟通和合作，以找到共识和共同解决方案。在处理问题和变更时保持灵活性和适应性。接受现实，并根据情况调整计划和行动，以适应变化和不确定性。

（5）根据问题和变更的需要，调整计划和时间表。确保所有的任务和活动与最新变更保持一致，并相应地调整截止日期和优先级。

（6）当面临问题和变更时，及时评估其对预算和成本的影响，并进行相应的调整。确保预算和成本的有效管理，以避免超支或资源浪费。

（7）跟踪和记录所有的问题和变更。确保所有的沟通、决策和行动项都被记录下来，并在需要时进行参考和审查。

（8）如果问题和变更超出了能力范围或专业知识，应考虑寻求专业帮助。婚礼策划师、专业顾问或专业团队可以提供宝贵的建议和支持。

7. 提供支持和激励

通过肯定团队成员的工作，给予适当的激励和奖励，可以激发团队成员的积极性和主动性，鼓舞团队的士气，提高工作效率，并帮助他们克服困难，实现目的地婚礼筹备的成功。

（1）表达对团队成员的兴趣和关心，了解他们的进展和挑战。询问他们的意见和想法，并提供帮助和支持。

（2）确保团队成员有足够的资源和工具来完成任务。提供必要的培训、设备和技术支持，并确保他们有足够的信息和材料。

（3）鼓励团队合作互助。促进信息共享和团队合作，以实现更好的结果和更高的效率。根据需要调整任务和工作负载，以确保团队成员的工作负荷合理和可持续。

（4）在团队成员取得进展或成就时，给予赞扬和认可。公开表扬他们的努力和贡献，鼓励和激励他们继续努力。传递积极的情绪和能量，鼓励团队成员克服困难，摆脱困境。

（5）提供培训和发展机会，帮助团队成员提升技能和专业知识。支持他们参加培训课程、研讨会或相关的专业活动。

（6）在团队成员遇到问题或面临困难时，应提供帮助和解决方案。与他们多交流，寻找解决问题的方法，并提供必要的支持和资源。

（7）与团队成员定期沟通，了解他们的需求和关注。提供一个开放和支持性的沟通渠道，以便他们能够分享问题、建议和想法。

（8）在达到里程碑和取得成就时，进行庆祝和表彰。举办小型聚会、颁发证书或给予奖励，以表达对团队成员的感激和赞赏。

知识点 8：婚礼饮食与服务的选择方法

1. 确定婚礼类型和风格

（1）正式晚宴。如果计划举办正式晚宴，可以提供多道菜的菜单，包括开胃菜、主菜、配菜和甜点；可以选择提供座席服务，让服务员将菜品逐一送到宾客桌上；还可以考虑提供特定的酒水搭配，如葡萄酒或香槟。

（2）自助餐。自助餐适合大型婚礼，给宾客提供更多选择和更大的灵活性。可以设置多个餐品区域，包括沙拉吧、主菜区、面点区和甜点区；为了满足不同的饮食偏好，可以提供饮料站，供宾客自由选择饮料；可以提供素食、无麸质或满足其他特殊饮食要求的选项。

（3）鸡尾酒会。鸡尾酒会通常是一个轻松和便于社交的婚礼形式。可以选择提供小食、指定菜单或小份量的食物供宾客品尝。小食可以包括小吃、小炸饼、水果拼盘和奶酪拼盘等。此外，可以安排酒吧供应各种鸡尾酒、酒精饮料和无酒精饮料。

（4）主题婚礼。如果是一个特定的主题婚礼，可以根据主题来选择食物和饮品。例如，婚礼主题是海滩风格，可以提供与海鲜相关的菜肴和热带饮品；婚礼主题是乡村风格，可以提供农场到餐桌的新鲜有机食物和自制果酱。

在确定婚礼类型和风格后，婚礼策划师和新人可以与餐饮供应商进一步讨论，并根据预算和宾客的喜好来制定食物和饮品的详细菜单。另外，还可考虑提供一些特别的食物和饮品选项，以满足宾客的饮食需求和偏好。

2. 考虑宾客的口味和偏好

（1）在婚礼邀请函或婚礼网站上发送一个简短的调查问卷，了解宾客的饮食偏好和限制，其中可以包括宾客是否有特殊的饮食要求（如素食、无麸质、无乳制品等）或食物过敏情况。

（2）考虑大多数人普遍喜爱的食物和口味。例如，提供一些经典的菜肴，如烤鸡、意大利面和蔬菜沙拉。这样可以确保大多数宾客都能找到自己喜欢的选项。

（3）提供多样化的菜单选项，以满足不同宾客的口味。包括蛋白质来源的多样化选择（如肉类、鱼类和素食），以及不同口味和调料的菜肴。考虑提供特殊的饮食选项，以满足宾客的特殊需求，这可以包括提供素食菜单、无麸质菜单或满足其他特定

饮食要求的选项。

（4）在确定菜单后，安排试吃和品尝活动，邀请宾客参与。这将帮助新人获得宾客的反馈和意见，以确保菜单符合他们的口味和偏好。

在选择和预订婚礼食物供应商时，与他们讨论宾客的口味和偏好。供应商可以根据经验和专业知识提供建议，并帮助新人制定适合宾客的菜单，使宾客在婚礼上享受美味的食物，并得到满意的体验。

3. 寻找专业的供应商

（1）参考口碑和推荐。向已经举办过婚礼的朋友、家人和同事寻求推荐。他们可以分享他们的经验，并提供可靠的供应商建议。口碑和推荐通常是找到可信任的专业供应商的好方法。

（2）在线搜索和评论。进行在线搜索，寻找婚礼餐饮服务供应商。查看他们的网站、社交媒体页面和在线评论。了解他们的服务范围、菜单选项和客户反馈。在线评论可以提供相关客户对供应商的真实评价和意见。

（3）参加婚礼展会和展览。参加当地婚礼展会和展览，与供应商面对面交流。这是一个了解不同供应商，并与他们讨论需求和期望的好机会。展览还提供了品尝食物和饮品的机会。

（4）与供应商会面和讨论。与供应商进行面对面交流，讨论婚礼需求和期望。这将帮助新人了解供应商的专业知识和经验，并确定他们是否适合承接婚礼。询问他们关于菜单、服务范围和定价的问题，以评估对这些供应商是否满意。

（5）查看供应商的证书和资质。确保供应商有必要的证书和资质，以提供婚礼餐饮服务。例如，他们可能需要有食品安全认证或特殊饮食要求的专业知识，询问供应商是否具备这些资质，并确保他们符合相关的法规和标准。

（6）与多个供应商比较。不要只与一个供应商进行沟通，而是要与多个供应商进行比较。这样可以帮助新人了解他们的价格、服务范围和菜单选项的差异。通过比较，可以更好地选择最适合新人婚礼需求的供应商。

在选择供应商之前，确保对他们的专业背景、服务品质和价格有充分的了解。与供应商进行充分的沟通和交流，并签订合同以确保一切都明确和有保障。选择专业的供应商将确保婚礼餐饮服务顺利进行，并为新人及宾客提供美味和难忘的婚礼体验。

4. 考虑餐饮服务

（1）确定餐饮服务的具体需求。包括提供服务员、餐具和桌椅、布草和装饰等。考虑希望供应商提供的服务范围，是否需要额外的服务，如酒保或现场烹饪。

（2）寻找经验丰富且口碑良好的餐饮供应商。通过参考朋友的推荐、查看在线评论和参加婚礼展会来寻找供应商。确保与供应商进行面对面的交流，讨论婚礼需求和期望。

（3）在选择供应商后，预订试吃和品尝活动。通过品尝食物和饮品，确定他们的质量和口味。根据试吃和品尝活动的结果对菜单和食品口味进行调整和决策。

（4）与供应商协商服务细节，包括服务员数量、服务时间、餐具和装饰等。与供应商明确沟通婚礼需求，以确保一切按照计划进行。

（5）与供应商协商服务费用和支付安排。确保与供应商明确约定费用包括的项目和细节，并了解支付方式和时间。

（6）在与供应商达成一致后，签订正式的服务合同。合同应涵盖餐饮服务的细节、费用、日期和时间等重要信息。阅读合同条款并确保其对所有内容都有充分的理解。

（7）在婚礼日期临近时，与供应商保持定期跟踪和确认餐饮服务的安排。确保供应商了解婚礼的具体时间和地点，并与他们协商任何必要的变更或调整。

通过仔细考虑餐饮服务的需求和与供应商沟通，可以确保其在婚礼上提供优质的餐饮服务，给新人及宾客留下美好的回忆。

5. 确认服务合同

（1）在签署合同之前，仔细阅读合同的所有条款和细节。确保理解并同意合同中的每一个条款，包括服务范围、菜单选项、时间表、付款安排和取消政策等。如果对合同中的某些条款有疑问或需要进一步解释，必须与供应商进行反复沟通确认。确保理解他们的政策和做法，并与他们协商任何必要的变更或修改。

（2）确认合同中列出的费用和支付安排。确保清楚合同中所涉及费用包括的具体项目和金额，以及付款的时间和方式。与供应商协商任何必要的调整，并确保双方在费用和支付安排上达成一致。

（3）在合同中明确列出服务的细节，包括服务员的数量、餐具和装饰的提供、服务时间和地点等。确保合同中列出的服务细节与期望和要求一致。

（4）确保合同中明确列出取消政策。了解取消餐饮服务的权利和责任，并与供应商商讨任何必要的退款政策。确保合同中有取消政策的具体条款和细节。

（5）确认供应商是否有必要的保险和责任覆盖。确保合同中涵盖了供应商的责任和赔偿事项。如果需要，可以要求供应商提供保险证明。

（6）确认双方对合同的所有条款和细节均满意后，与供应商签署正式的合同，合同一式两份，确保新人和供应商都有一份，以备将来参考。

在确认服务合同之前，明确双方对合同的所有条款和细节都有充分的理解。服务合同将为双方提供法律保护，并为婚礼餐饮服务的顺利进行提供保障。

> 技能训练

任务1：目的地婚礼特色元素创意设计

活动目标

（1）培养学生对不同目的地婚礼特色元素的认识和理解。

（2）激发学生的创造力和想象力，设计独特的目的地婚礼元素。

（3）提高学生的团队合作和沟通能力。

活动步骤

（1）目的地介绍。

①向学生介绍不同目的地的文化、风俗和特色元素，如巴厘岛、夏威夷、意大利等。

②展示相关的图片和视频，让学生对目的地有直观的了解。

（2）研究和分组。

①将学生分成若干小组，每个小组研究一个目的地。

②学生可以通过图书馆、互联网和其他资源了解目的地的特色元素，如传统服装、音乐、建筑风格、食物等。

（3）创意设计。

①每个小组共同讨论和设计一个目的地婚礼的特色元素。

②学生可以考虑将目的地的元素融入仪式、宴会、装饰、食物和娱乐活动中。

③提醒学生考虑实际可行性、预算和场地限制等因素。

（4）创意展示。

①每个小组向全班展示他们设计的目的地婚礼特色元素。

②学生可以用图片、模型、绘画或口头描述的方式展示他们的创意。

③全班同学可以提出问题，讨论并提供反馈和建议。

（5）团队合作评估。

①学生互相评估小组成员在活动中的贡献和团队合作能力。

②提供反馈和建议，帮助学生进一步改进和发展团队合作技巧。

教师角色

（1）指导学生了解不同目的地的特色元素。

（2）培养学生的创造力和想象力，引导他们设计独特的目的地婚礼元素。

（3）鼓励团队合作和积极参与。

这个课堂教学活动将通过学生的研究和创意设计，培养他们对不同目的地婚礼特色元素的认识和理解。通过团队合作和展示，学生将展示他们的创造力和想象力，同时提高他们的团队合作和沟通能力。这将为他们未来的婚礼策划和设计工作提供宝贵的经验。

任务 2：婚礼团队协调与管理模拟实践

活动目标
（1）培养学生对婚礼团队协调与管理的理解和实践能力。
（2）提高学生的团队合作和沟通能力。
（3）培养学生解决问题和决策的能力。

活动步骤
（1）团队角色分配。
①将学生分成若干小组，每个小组扮演一支婚礼团队。
②为每个小组成员分配不同的角色，如婚礼策划师、场地协调员、摄影师、化妆师、花艺师等。
（2）模拟婚礼场景。
①提供一个模拟婚礼场景，包括场地、时间表和任务。
②学生需要根据模拟婚礼场景进行协调和管理。
（3）团队协调与沟通。
①学生需要在小组内协商并制订婚礼的详细计划和安排。
②学生需要协调不同团队成员的工作和任务，确保婚礼策划和执行的顺利进行。
③学生需要进行有效的沟通和协调，解决可能出现的问题和冲突。
（4）模拟实践。
①学生根据计划和安排，模拟婚礼场景的实际执行。
②学生需要按照时间表和任务完成各项工作，如场地布置、音乐播放、婚礼仪式组织等。
（5）问题解决和决策。
①学生可能遇到一些问题和挑战，如人手不足、设备故障、发生意外情况等。
②学生需要在小组内进行问题解决和决策，找到解决方案并及时应对。
（6）总结和反思。
①学生在活动结束后进行总结和反思。
②学生讨论团队的协调与管理过程中的成功经验和遇到的困难。
③学生分享个人的成长并提出改进建议。

教师角色
（1）提供模拟婚礼场景和任务，引导学生进行协调与管理的实践。
（2）观察和评估学生团队的合作和协调能力。
（3）提供反馈和指导，帮助学生改进和发展团队合作技巧。

通过这个模拟实践的教学活动，学生将有机会在婚礼团队的协调与管理中进行实践和体验。他们将学习如何有效地协调和管理团队成员，解决问题和作出决策。同时，这个活动还将培养学生的团队合作和沟通能力，为他们未来的婚礼策划和执行工作提供宝贵的经验。

任务 3：婚礼日程和活动安排实操演练

活动目标
（1）培养学生对婚礼日程和活动安排的理解和实践能力。
（2）提高学生的时间管理和决策能力。
（3）培养学生解决问题和灵活应对的能力。

活动步骤
（1）婚礼日程介绍。
①向学生介绍婚礼日程的重要性和安排原则，如仪式、庆祝活动和宴会等。
②讨论婚礼日程中需要考虑的因素，如场地可用性、宾客到达时间和新人需求等。
（2）小组分工。
①将学生分成若干小组，每个小组扮演一支婚礼策划团队。
②为每个小组成员分配不同的角色，如婚礼策划师、场地协调员、财务主管、婚礼仪式主持人等。
（3）婚礼日程规划。
①每个小组根据指定的条件和要求，制定婚礼日程和活动安排。
②学生需要考虑时间分配、活动顺序、宾客体验等因素。
（4）日程冲突解决。
①为每个小组安排一些日程冲突，如仪式和庆祝活动时间冲突、宾客到达时间延误等。
②学生需要在小组内协商和解决日程冲突，提出解决方案并对日程进行调整。
（5）实操演练。
①学生根据调整后的婚礼日程和活动安排，进行实操演练。
②学生需要按照时间表和日程完成各项工作，如场地布置、音乐播放、仪式组织等。

（6）总结和反思。

①学生在活动结束后进行总结和反思。

②学生讨论日程冲突的解决过程和结果。

③学生分享个人的学习经验并提出改进建议。

教师角色

（1）提供婚礼日程和活动安排的指导和要求。

（2）观察和评估学生团队的时间管理和决策能力。

（3）提供反馈和指导，帮助学生改进和提高解决问题的能力。

通过这个实操演练的教学活动，学生将有机会在婚礼日程和活动安排中进行实践和体验。他们将学习如何有效地规划和调整婚礼日程，解决冲突和作出决策。同时，这个活动还将培养学生的时间管理和灵活应对能力，为他们未来的婚礼策划和执行工作提供宝贵的经验。

内容回顾

1. 婚礼融入目的地的文化的意义：

（1）尊重和体验当地文化；

（2）创造独特而难忘的体验；

（3）提升宾客体验；

（4）增强故事性。

2. 策划师了解目的地的文化的路径：

（1）了解当地的婚礼习俗；

（2）调查当地的历史和文化背景；

（3）研究当地的婚礼产业；

（4）体验当地的婚礼活动；

（5）与当地居民交流；

（6）参考专业书籍和论文。

3. 选择婚礼色系时应该考虑的因素：

（1）新人的喜好和个性；

（2）婚礼主题和风格；

（3）季节和时间；

（4）婚礼场地和装饰；

（5）色彩的搭配和对比；

（6）色彩的可行性和可用性。

4. 婚礼加入目的地的特色元素的方法包括：

（1）选用地方特色菜肴；

（2）引入当地的音乐和舞蹈；

（3）选择地方特色场地；

（4）使用当地的装饰元素；

（5）加入当地的婚礼习俗；

（6）提供地方特色婚礼礼品；

（7）穿着当地的传统婚礼服饰。

5. 目的地婚礼的举办地远离家乡，因此，规划目的地婚礼的交通和进行机票预订是确保宾客能够顺利抵达和离开婚礼地点的重要步骤。规划目的地婚礼的交通和进行机票预订的前提是确定婚礼地点和日期，以便能够安排合适的交通和预订机票。

6. 目的地婚礼的日程安排应该根据婚礼的规模、预计的宾客人数和婚礼场地的特点来制定。目的地婚礼的活动安排可以根据婚礼的主题、目的地的文化特色和宾客的兴趣来制定。

7. 目的地婚礼的团队成员包括婚礼策划师、场地经理、摄影师、摄像师、餐饮负责人等。需要清楚地定义每个角色的具体职责和期望，以确保团队成员明确其工作范围。通过建立良好的沟通渠道，团队成员可以更好地协调工作、共享信息和解决问题，从而确保目的地婚礼的顺利进行和成功实施。

8. 在筹备目的地婚礼的过程中，可能会遇到各种问题和变更。需要策划团队处理出现的问题和变更请求，确保及时解决并与相关方进行沟通。寻找问题的解决方案，并与团队成员和相关方一起制定适当的应对措施。

9. 婚礼饮食与服务的选择方法包括：

（1）确定婚礼类型和风格；

（2）考虑宾客的口味和偏好；

（3）寻找专业的供应商；

（4）考虑餐饮服务；

（5）确认服务合同。

能力检测

1. 描述一种将目的地的文化融入婚礼中的策略或案例。

2. 提出一种加入目的地特色元素到婚礼中的创新方法。

3. 列举选择婚礼色系时应该考虑的因素，请提供一个适合室内婚礼场景的色系选择案例。

4. 模拟一次婚礼的交通和机票预订过程，包括选择航班、处理大型团体的旅行等。

5. 提出一个关于婚礼场地和住宿的预订及安排的计划，包括场地的选择、合同的协商等。

6. 设计一个婚礼的流程和活动安排，包括婚礼当天的时间表和各个活动的协调方案。

7. 提出一个婚礼团队的协调与管理方案，包括如何与供应商沟通、如何处理出现的问题等。

8. 选择一个目的地，然后设计一份符合当地特色且满足新人和嘉宾口味的婚礼菜单。

实务案例

复古婚礼色系选择方案

新娘和新郎迷恋复古风格，因此决定选择复古婚礼色系，以创造出一种怀旧、典雅和浪漫的氛围。下面是他们的婚礼色系选择方案。

主色调：复古粉紫色

复古粉紫色是一种柔和而典雅的颜色，可以带给人一种梦幻般的感觉。新娘可选择一件复古粉紫色的婚纱，而新郎可以在领带或西装上融入复古粉紫色的元素。

辅助色调：象牙白和古铜色

象牙白是一种经典的白色，与复古粉紫色搭配会更加突出复古的氛围。新娘的鞋子和其他配饰可以选择象牙白色，与婚纱形成对比。古铜色是一种暖色，可以用于点缀婚礼场景或装饰物品，如餐桌上的烛台等。

强调色调：深红色

深红色是复古风格中常见的颜色，可以作为婚礼的强调色。例如深红色鲜花、装饰品、蛋糕等，以增强视觉冲击力。

可选色调：古董金色

古董金色可以作为复古婚礼色系的可选色调，用来增加整个场景的华丽感。例如，在婚礼的桌布、椅子装饰或餐具上添用古董金色元素，可以让整个场景更加独特。

注意细节

在整个婚礼的布置中，新娘和新郎可以使用象牙白色和古铜色的装饰物品来营造复古的氛围。此外，也可将复古粉紫色和古董金色的设计元素应用于婚礼邀请函、座位卡等纸质物品。

总结

复古婚礼色系的选择可以带给新人和宾客一种怀旧、典雅和浪漫的感觉。通过复古粉紫色作为主色调，象牙白和古铜色作为辅助色调，深红色作为强调色调，以及古

董金色作为可选色调，可以打造出一个充满复古魅力的婚礼场景。新人宜在婚礼的各个细节中融入相应的色彩元素，让整个婚礼更加难忘而独特。

拓展阅读

婚礼加入目的地特色元素案例

在婚礼中加入一些目的地的特色元素，让婚礼更加独特和难忘。这样的婚礼不仅能够给新人留下美好的回忆，也能让亲朋好友体验到不一样的目的地婚礼。

1. 德国霍亨索伦古堡婚礼

霍亨索伦古堡位于巴登-符腾堡州，是德国著名的中世纪古堡之一。可以在古堡的大厅或者花园举行仪式和宴会。

（1）中世纪主题装饰。选择中世纪主题的装饰，如鸢尾花、盾牌和古老的烛台。可以在古堡的大厅悬挂大型旗帜，为婚礼增添中世纪的氛围。

（2）传统仪式。邀请一位传统的仪式主持人，为婚礼增添正统的中世纪元素。例如，进行剑鞘仪式，新人和亲朋好友一起触摸剑鞘，象征着勇气和力量。

（3）德国美食。选择德国巴登-符腾堡州的特色菜肴作为婚宴的菜单，如炖羊肉、香煎鳟鱼和黑森林蛋糕等。此外，还可以准备一些德国特色啤酒搭配美食，让宾客品尝当地特色餐饮。

（4）中世纪服装。新人和亲朋好友可以穿戴中世纪贵族服饰，如古老的礼服和披风。这样不仅可以增添婚礼的特色元素，还能让宾客感受到中世纪的氛围。

（5）古堡参观和游览。在婚礼前或者婚礼后，为宾客安排参观和游览古堡。可以组织一次导览，让宾客了解霍亨索伦古堡的历史和故事。此外，还可以安排一些娱乐活动，如弓箭射击和中世纪舞蹈表演，让宾客在古堡中度过愉快的时光。

2. 马尔代夫海滩婚礼

马尔代夫的一片美丽海滩作为婚礼场地，可以选择私人岛屿或者度假村提供的专属婚礼场地。在金色沙滩上举行仪式，背景是碧蓝的海水和翠绿的棕榈树。

（1）海滩装饰元素。在婚礼的装饰中加入海滩元素，如贝壳、海星和海螺。可以在场地布置海蓝色的床单和帐篷，为婚礼增添浪漫的海滩氛围。

（2）海滩仪式。邀请一位当地的仪式主持人，为婚礼增添马尔代夫的特色。例如，举行沙滩仪式，新人和亲朋好友围绕一个美丽的海滩圈舞，象征着爱的承诺和共同的未来。

（3）马尔代夫美食。选择马尔代夫特色菜肴作为婚宴的菜单，如马尔代夫烧烤、椰子饭和椰子甜点等。此外，还可以准备一些当地的水果和热带饮品，让宾客品尝马尔代夫的美食。

（4）海滩装。新人和亲朋好友可以穿着轻盈的海滩装，如白色长裙和轻薄的西装。这样不仅可以增添婚礼的特色元素，还能让宾客感受到海滩度假的氛围。

（5）海上活动。在婚礼前后，为宾客安排一些海上活动。如组织一次浮潜或者深潜探险，让宾客体验马尔代夫奇妙的海底世界，或是浪漫的日落游艇之旅，让宾客在马尔代夫度过愉快的时光。

婚礼目的地的食物和饮品的选择案例

选择婚礼目的地的特色食物和饮品，为婚礼增添独特的风味。这样的选择不仅能够让宾客品尝到当地的美食和特色饮品，也能让他们体验到独特的文化和风情。

1. 桂林目的地婚礼

（1）食物选择。

桂林米粉：桂林米粉是桂林的特色小吃，以细而软的米粉为主要原料，佐以香辣的肉末、花生碎和香菜等配料。可以准备桂林米粉作为迎宾小吃或者主菜之一。除了经典的酸辣口味，还可以提供其他口味的米粉，如牛肉米粉、鸡肉米粉等，以满足不同宾客的需求。

阳朔螺蛳粉：阳朔螺蛳粉是桂林阳朔地区的特色美食，以螺蛳、粉条和各种香料为主要原料。将阳朔螺蛳粉作为一道主菜，可以展示桂林地区独特的风味。

桂林酥肉：桂林酥肉是一道独特的传统菜肴，以猪肉和酥皮为主要原料，口感酥脆，味道香醇。将桂林酥肉作为一道精美的肉类菜肴，可以展示桂林的独特风味。

豆腐脑：桂林的豆腐脑以其细腻的口感和鲜美的味道闻名，可以作为素食的选择，或者作为一道开胃菜。提供不同口味的豆腐脑，如鲜辣口味、酸辣口味等，可以满足不同宾客的口味偏好。

（2）饮品选择。

桂花酒：桂林的桂花酒是一种以桂花为原料酿制的酒，具有独特的香气和口感。准备不同度数的桂花酒作为欢迎饮品，可以让宾客品尝到不同口感的桂林特色美酒，以满足宾客的饮酒需求。

桂林三花茶：桂林的三花茶是一种由桂花、茉莉花和菊花混合而成的花茶，具有清香和解暑的效果。准备桂林三花茶作为婚礼期间的茶水饮品，可以让宾客享受桂林的独特茶文化。

桂林酸梅汤：酸梅汤是一种酸甜开胃的饮品，以酸梅为主要原料，可以在夏季的婚礼中为宾客提供清凉的口感。原味、柠檬或薄荷等不同口味的酸梅汤，能满足不同宾客的需求。

（3）甜点选择。

桂林桂花糕：桂林桂花糕是一种以桂花和糯米为主要原料制作的传统糕点，口感软糯，香气扑鼻。准备桂林桂花糕作为甜点选择，可以让宾客品尝到桂林独特的甜品风味。

桂林凤梨酥：桂林凤梨酥是一种以凤梨为馅料，外层酥脆的传统糕点。准备桂林凤梨酥作为婚礼的甜点之一，可以为宾客带来口感丰富的甜品享受。

桂林米糕：桂林米糕是一种由糯米和其他配料制作而成的糕点，口感软糯，味道香甜。准备桂林米糕作为甜点选择，可以让宾客品尝到桂林传统糕点的美味。

2. 法国蔚蓝海岸目的地婚礼

（1）食物选择。

法式鹅肝酱：法式鹅肝酱是法国传统的美食之一，以鹅肝为主要原料，口感丰富、柔滑细腻。将法式鹅肝酱作为一道精致的开胃菜，可以展示法国的独特美食文化。

海鲜拼盘：蔚蓝海岸以其丰富的海鲜资源而闻名，选择新鲜的海鲜制作拼盘，其中包括龙虾、扇贝、生蚝、虾等，搭配美味的酱料和配菜，可以为宾客带来海鲜的美味享受。

法式牛排：法国牛肉以其优质的口感和味道而闻名，选择法式牛排作为主菜之一，搭配红酒汁或其他特色酱料，可以为宾客呈现出法式烹饪的精华所在。

马赛鱼汤：马赛鱼汤是法国地中海沿岸地区的传统菜肴，以多种鱼类和海鲜为主要原料制作而成，口感鲜美，汤汁浓郁。将马赛鱼汤作为一道特色汤品，可以让宾客体验到地中海风味。

（2）饮品选择。

法国香槟：法国是世界上香槟产量最大的国家，选择不同品牌和年份的法国香槟作为庆祝酒品，可以满足不同宾客的口味需求。

法国葡萄酒：法国以其丰富多样的葡萄酒而闻名，可以根据婚宴的菜单和宾客的口味喜好，选择不同产区和不同葡萄品种的葡萄酒，如红葡萄酒、白葡萄酒和玫瑰葡萄酒。

水果搅拌鸡尾酒：蔚蓝海岸地区以其丰富的水果资源而闻名，可以选择将新鲜的水果制作成搅拌鸡尾酒，搭配不同种类的水果，如草莓、蓝莓、柠檬等，制作出色彩鲜艳、口感清爽的鸡尾酒。

（3）甜点选择。

法式马卡龙：法式马卡龙是法国的传统甜点之一，以杏仁粉和糖霜为原料制作而成，口感酥脆、香甜。可以选择不同口味的马卡龙，如巧克力、草莓、香草等。

法式巧克力慕斯：法国以其精美的巧克力制品而闻名，可以选择法式巧克力慕斯作为甜点之一。巧克力慕斯以浓郁的巧克力味道和丝滑的口感为特点，搭配水果或鲜奶油，为宾客带来满满的甜蜜和享受。

法式水果塔：蔚蓝海岸地区的水果丰富多样，可以选择将新鲜的水果制作成法式水果塔。水果塔以脆皮、软糯的果馅和多种水果的装饰为特点，口感清爽、香甜，搭配不同种类的水果，如草莓、蓝莓、猕猴桃等，可以让宾客品尝到蔚蓝海岸的特色风味。

法式奶油蛋糕：法式奶油蛋糕是一道经典的法国甜点，以蛋糕和丰盈的奶油馅料为主要组成部分。奶油蛋糕口感绵密、香甜，搭配不同水果或巧克力酱，可以为宾客带来法式甜点的精致享受。

法式可丽饼：法式可丽饼是法国的传统糕点之一，以薄而酥脆的外层和丰富的馅料为特点。可丽饼可以选择搭配不同口味的果酱、巧克力酱、奶油等，让宾客品尝到法国的独特糕点风味。

项目七：
宾客邀请与行程规划

【学习目标】
【知识要点】
  知识点1：个性化婚礼邀请函的设计与发送
  知识点2：宾客办理签证与旅行手续的协助
  知识点3：婚礼目的地旅行指南和建议
【技能训练】
  任务1：设计婚礼邀请函
  任务2：协助客人办理签证和旅行手续
  任务3：提供婚礼目的地——伦敦的旅行指南和建议
【内容回顾】
【能力检测】
【实务案例】
  目的地婚礼邀请函
【拓展阅读】
  巴厘岛旅行指南和建议
  中外互免签证协定一览表（更新至2023年10月27日）

学习目标

1. 了解婚礼邀请函的发展，学会使用软件或工具制作婚礼邀请函，掌握邀请函的正确发送方式和礼仪。

2. 了解不同国家和地区的签证要求和程序，掌握协助宾客办理签证所需的材料和流程，学会提供宾客所需的旅行手续信息和建议，如机票预订、保险购买等。

3. 熟悉婚礼目的地的文化、风俗和旅游资源，提供给宾客详细的旅行指南和建议，包括景点推荐、交通指引、美食推荐等，解答宾客可能遇到的问题，提供实用的旅行建议和安全提示。

知识要点

知识点1：个性化婚礼邀请函的设计与发送

1. 为什么要发婚礼邀请函

婚礼邀请函是传达邀请的正式方式，通过邀请函，新人可以向亲朋好友传达婚礼的重要性，并邀请他们共同见证和参与新人这一重要的人生时刻。

（1）邀请亲朋好友参加婚礼。婚礼邀请函是新人向亲朋好友传达邀请的正式方式。通过邀请函，新人可以表达对亲友出席婚礼的诚挚邀请，并期望与他们分享自己的喜悦和重要时刻。

（2）提供婚礼信息。婚礼邀请函的内容通常包含婚礼的日期、时间、地点以及其他重要信息，如仪式和庆祝活动的安排、穿着要求等。这些信息能够帮助宾客了解婚礼的细节，并做出相应的安排和准备。

（3）组织和安排婚礼座位。婚礼邀请函通常会要求宾客回复是否出席婚礼。这些回复可以帮助新人组织和安排婚礼座位，确保宾客都能有良好的婚礼体验。

（4）确认出席人数和预算管理。通过婚礼邀请函的回复，新人可以第一时间确定出席婚礼的人数。这有助于婚礼安排并控制婚礼的预算。

（5）纪念和留念。婚礼邀请函可以成为婚礼的一部分，作为新人和宾客留念的纪念品。邀请函的设计和个性化元素可以体现新人的婚礼主题和个人风格，成为新人回忆的一部分。

2. 婚礼邀请函的发展

婚礼邀请函作为一种传统的婚礼沟通方式，有着悠久的历史。随着科技的发展，邀请函的发展经历了4个时代。

（1）手写时代。早期的婚礼邀请函通常是由新人或他们的家人手写的，包括婚礼的日期、时间、地点和其他重要信息。邀请函通常以信件的方式邮寄给宾客。

（2）印刷时代。随着印刷技术的发展，婚礼邀请函开始以印刷方式制作，使邀请函的制作更加便捷和规范。印刷邀请函通常包括专门设计的印刷模板，新人只需填写相关信息即可。

（3）影像时代。20世纪初，摄影邀请函开始流行起来。新人会选择一张他们的合照或婚纱照，并将其制作成邀请函的封面，以增加个性化和浪漫感。

（4）数字时代。随着互联网和电子通信的普及，电子邮件和在线邀请成为越来越受欢迎的方式。这种方式节省了纸张和邮寄成本，并提供了更快速的传送和回复方式。

现代的婚礼邀请函变得越来越富有创意和个性化。新人可以选择各种不同的设计（纸张质地、装饰和印刷）方式，打造独一无二的婚礼邀请函。尽管婚礼邀请函的形式和方式发生了变化，但它仍然是一种重要的婚礼传统，用于邀请亲朋好友，分享新婚的喜悦。无论是传统的纸质邀请函，还是现代的电子邀请，它们都承载着新人对亲友参与婚礼的庄重告知和盛情邀请。

3. 婚礼邀请函的制作和发送

制作和发送婚礼邀请函是婚礼筹备过程中的重要一环。以下是制作和发送婚礼邀请函的流程。

步骤一：设计

（1）根据婚礼形式确定婚礼的主题和风格，例如传统、现代、浪漫、古典等。邀请函的设计应与婚礼主题和个人风格相协调。

（2）根据婚礼主题和个人喜好，选择合适的邀请函样式。可以选择传统的纸质邀请函，或者尝试创意的电子邀请函。同时，考虑邀请函的形状、尺寸和折叠方式等。

（3）选定颜色和字体。选择符合婚礼主题和个人喜好的颜色和字体。考虑使用一致的配色方案，并选择易读的字体，以确保邀请函的可读性。

（4）考虑添加个性化元素，如新人的照片、婚礼标志、花纹或个人化字体等。这些元素可以增加邀请函的独特性和个性。

（5）确保邀请函中包含婚礼的详细信息，如日期、时间、地点、仪式和庆祝活动的安排等。提供清晰的指导，以便宾客能够准确了解婚礼流程。

（6）添加回复方式和最后回复日期。在邀请函中提供回复方式，如电话、电子邮件或在线回复系统。同时，设定一个最后回复日期，以便宾客能够及时确认是否出席。

(7)检查和校对邀请函的内容。在最终印刷或发送之前，仔细检查邀请函的内容，确保没有拼写错误、排版错误或其他错误。可以请新人亲友帮忙校对，以确保信息的准确、完整和专业。

步骤二：制作

(1)制作纸质邀请函。选择合适的纸张和打印方式，如彩色打印、烫金或压纹等。考虑是否装裱邀请函，如添加封面、袋子、蝴蝶结等，以增加精致感。

(2)制作电子邀请函。可以选择以下两种方式。

第一，选择合适的电子邀请函平台。选择一个合适的电子邀请函平台，如Canva、Evite等。这些平台提供了各种模板和工具，帮助制作个性化的电子邀请函。

首先，在选择的电子邀请函平台上注册一个账号并登录。其次，浏览平台上的婚礼邀请函模板，选择一个适合新人婚礼主题和风格的模板。再次，根据需求使用平台提供的编辑工具来修改模板内容，包括文本、颜色、字体、背景等，并添加新人的照片或婚礼标志等个性化元素。在邀请函中添加婚礼的详细信息，如日期、时间、地点、仪式和庆祝活动的安排等，确保提供清晰的指导。最后，为宾客提供回复方式，如在线回复、电子邮件或电话，并设定最后回复日期，以便宾客能够及时确认是否出席。在最终生成电子邀请函之前，预览并仔细检查邀请函的内容，确保没有拼写错误、排版错误或其他错误。

第二，利用App制作电子婚礼邀请函，如Adobe Spark或Paperless Post。Adobe Spark是由Adobe推出的一款设计工具，提供了丰富的模板和设计工具，能够制作出精美的电子邀请函。Paperless Post是一款专注于电子邀请函的App，提供了多种婚礼邀请函模板和个性化选项，可以帮助制作时尚而精美的电子邀请函。

在使用这些App制作电子婚礼邀请函时，可以选择模板、编辑和个性化设计，添加婚礼信息，设置回复方式和最后回复日期，然后通过App发送邀请函给宾客。请注意，不同的App可能有不同的功能和操作流程，请根据需求选择合适的App，并在使用之前阅读相关的用户指南和教程，以便更好地利用这些App制作新人的电子婚礼邀请函。

步骤三：分发和发送

确定要发送邀请函的宾客名单。根据宾客的地理位置和时间安排，选择合适的分发方式，如邮寄、传真、电子邮件或在线发送。发送电子婚礼邀请函有多种方式，以下是一些常用的方式。

(1)电子邮件：将电子婚礼邀请函作为附件发送给宾客，通过电子邮件发送给他们。确保在邮件正文中提供一封短而友好的邀请函，并附上电子邀请函。

(2)社交媒体私信。如果新人和宾客之间在社交媒体上有联系，可以通过私信功能发送电子婚礼邀请函。确保在私信中提供清晰的指导，以便他们能够准确地打开和查看邀请函。

(3)在线分享链接。使用电子邀请函平台提供的在线分享功能，生成一个分享链

接，并将链接发送给宾客。他们只需点击链接即可打开和查看电子邀请函。

（4）短信。根据电子婚礼邀请函平台的功能，确认其是否支持通过短信发送邀请函。如果平台支持，可以将电子邀请函以短信的形式发送给宾客。

无论选择用哪种方式发送电子婚礼邀请函，都需要确保使用合适的发送方式，准确传达给宾客；提供清晰的指导，以便宾客能够准确地打开和查看邀请函；预留足够的时间确保邀请函能够及时送达，并给宾客足够长的回复时间。另外，为了确保电子婚礼邀请函的可读性和响应性，建议在发送之前进行测试，确保邀请函在各种屏幕尺寸和设备上都能够正常显示。

步骤四：跟进和回复

（1）跟进邀请函的发送状态。使用电子邀请函平台提供的功能来跟进邀请函的发送状态。这样可以知道邀请函是否已经成功发送给每位宾客。

（2）确认邀请函送达。如果没有使用电子邀请函平台来发送邀请函，可以通过发送电子邮件或私信给每位宾客来确认邀请函的送达。询问他们是否已经收到邀请函，希望他们能查阅并出席婚礼。

（3）提供回复方式。在邀请函中提供明确的回复方式，如回复电子邮件地址、电话号码或在线表格链接等。确保宾客能够轻松地回复邀请。

（4）记录回复信息。及时记录宾客的回复信息，如他们是否会参加婚礼、参加人数等。这有助于计划婚礼的座位安排和其他细节。

（5）提醒宾客回复。如果设定了回复截止日期，可以提前一段时间以发送电子邮件、短信或私信等方式向宾客发送提醒，以确保他们不会忘记回复。

（6）跟进未回复的宾客。如果某些宾客没有回复邀请，可以通过电话、私信或直接与他们交流来跟进，询问他们是否已经收到邀请函且能否来出席婚礼。

通过对电子婚礼邀请函的跟进和回复，可以更好地了解宾客的出席情况，为婚礼的筹备工作做好准备。确保及时记录宾客的回复，并随时提供帮助和回答宾客的疑问。

知识点2：宾客办理签证与旅行手续的协助

1. 提前通知需要办理签证或旅行手续的宾客

在向宾客发送婚礼邀请函时，提前通知需要办理签证或其他旅行手续的宾客。在邀请函中提供清晰的指导，包括签证要求、所需文件和办理流程等。

（1）签证要求。向宾客明确说明目的地国家是否需要签证。如果需要签证，提供相关的签证要求和规定。例如，是否需要办理旅游签证、商务签证或其他类型的签证。

（2）所需文件。列出宾客办理签证所需的文件清单，包括护照复印件、申请表格、照片、邀请信、婚礼预订证明、住宿预订证明等。确保提供详细的文件要求,并建议宾客准备相关文件的复印件和翻译件(如需要)。

(3)办理流程。提供关于签证申请的具体流程和步骤的指导,包括在线申请、预约面试、递交申请材料的地点以及办理时间等。如果可能的话,提供官方网站或使馆/领事馆的联系信息,以便宾客获取最新的办理流程信息。

(4)签证费用。提供签证申请的费用信息,包括申请费用、服务费用和其他可能的费用。建议宾客了解并准备好所需费用的支付方式,如现金、信用卡等。

(5)时间规划。建议宾客提前规划签证申请的时间,以确保他们有足够的时间提交申请和处理可能的延误。特别指出办理签证的时间通常需要几周或几个月,特别是在繁忙的旅游季节。

(6)附加提示。提供任何附加的签证申请提示,如注意事项、常见问题解答或其他特殊要求。这可以帮助宾客更好地理解并顺利办理签证手续。

确保邀请函中提供的签证和旅行手续的指导清晰易懂,并尽可能提供详细的信息和资源,以便宾客能够准备好所需的文件和资料,并按时办理签证手续。同时,鼓励他们提前办理签证,以免因时间不足而错过婚礼。

2.提供需要签证的宾客所需文件

提供必要的支持文件可以帮助宾客在办理签证时准备好证明材料,提高他们办理签证的成功率。鼓励宾客提前申请签证,并随时提供帮助和指导,以确保他们能顺利参加目的地婚礼。为了协助那些需要签证的宾客办理目的地婚礼的旅行手续,可以提供以下支持文件。

(1)邀请信。邀请信应包括新人的个人信息、婚礼日期和地点的详细信息,以及对宾客与新人的关系的介绍。确保邀请信中明确表示邀请宾客参加婚礼,并说明将为他们提供支持和帮助。

(2)婚礼场地预订证明。如果已经预订了婚礼场地,提供相关的预订证明文件。例如,场地预订合同、收据或确认函。这些文件可以证明宾客有合法的理由前往目的地。

(3)住宿预订证明。如果已经为宾客预订了住宿,提供相关的住宿预订证明文件。例如,酒店预订确认函、住宿预付款收据等。这些文件可以证明宾客在目的地有合适的住宿安排,从而增加他们办理签证的可信度。

(4)婚礼日程安排。提供婚礼的日程安排,以及其他相关的活动和庆祝活动的详细信息,帮助签证官了解宾客在目的地的行程安排,并确保他们有足够的时间参加婚礼。

(5)其他证明文件。根据目的地国家的要求,提供其他可能需要的证明文件,如财务证明、健康保险证明、往返机票预订证明等。确保宾客了解这些要求,并为他们提供所需的文件。

在提供支持文件时，请确保文件是真实有效的，并根据需要进行翻译和公证。建议宾客在办理签证前与目的地使馆或领事馆核实所需文件的准确性和完整性。

3. 提供签证的办理流程

为了协助目的地婚礼宾客办理签证和旅行手续，可以提供以下办理流程的具体指导。

（1）在线申请。确定目的地国家是否提供在线签证申请服务。如是，请提供官方网站链接，并指导宾客在网上填写申请表格。建议宾客在填写申请表格之前阅读相关的说明和要求，并准备好所需的文件和资料。

（2）面试预约。如果宾客需要参加面试，提供预约面试的具体流程和步骤，包括在线预约或通过电话预约。建议宾客提前安排面试时间，并确保他们了解面试地点、时间和所需文件的相关信息。

（3）申请材料递交。提供宾客递交申请材料的具体地点和方式。地点一般是使馆、领事馆、签证申请中心或其他指定的机构。确保宾客了解递交申请材料的时间要求和所需的文件和资料清单。

（4）办理时间。告知宾客签证申请的办理时间，并提醒他们尽早办理签证以避免延误。解释办理时间可能因目的地国家、旅游季节和个人情况的不同而有所不同。

（5）官方联系信息。提供目的地国家使馆或领事馆的联系信息，如电话号码、电子邮件地址和办公地址。建议宾客在有需要时，直接与官方机构联系，以获取最准确和最新的办理流程信息。

确保在提供办理流程指导时，提供准确、详细和最新的信息。鼓励宾客按照指导进行办理，并建议他们在需要时咨询专业机构或寻求帮助，以确保顺利办理签证和旅行手续。

4. 提供签证费用的信息

为了协助那些需要签证的宾客办理目的地婚礼的旅行手续，可以提供以下关于签证费用的信息。

（1）申请费用。明确告知宾客签证申请所需的费用金额。费用多少因国家而异，可能会根据签证类型和申请途径的不同而有所变化。

（2）服务费用。在某些情况下，宾客可能需要支付额外的服务费用，例如通过签证代办中心或旅行社办理签证。提供关于这些服务费用的信息，并确保宾客了解可能需要支付的额外费用。

（3）其他费用。除了申请和服务费用，还可能存在其他相关费用，如照片费用、文件复印费用、翻译费用等。

建议宾客提前了解签证费用，并准备好所需的费用支付方式，如现金、信用卡等。鼓励他们在办理签证前与目的地使馆或领事馆核实费用的准确性和支付方式。请注意，签证费用可能会根据目的地国家的政策和规定有所调整，建议宾客在办理签证前核实最新的费用信息。

5. 提供时间规划指导

为了协助目的地婚礼宾客办理签证和旅行手续，可以提供以下时间规划的指导。

（1）提前计划。建议宾客尽早开始计划和准备签证申请及旅行手续，确保有足够的时间收集所需的文件和资料，并办理签证手续。

（2）确定办理时间。了解目的地国家签证办理的时间要求和流程。提前告知宾客签证办理的预计时间，并建议他们在办理签证前留出足够的时间。

（3）收集文件和资料。提醒宾客根据目的地国家的签证要求，提前收集和准备好所需的文件和资料，包括护照、照片、婚礼邀请信、婚礼场地预订证明、住宿预订证明等。

（4）申请时间。告知宾客目的地国家的签证申请时间窗口，可能是几个月、几周或几天。提醒宾客在申请时间窗口内递交签证申请，以确保申请能够被及时处理。

（5）面试预约时间。如果需要参加面试，提醒宾客提前安排面试预约。建议他们在面试时间窗口内安排面试，并确保提供所需的文件和资料。

（6）办理时间。根据目的地国家的要求和办理流程，告知宾客签证办理的预计时间。提醒他们在办理期间保持耐心，并随时关注签证进展。

建议宾客在计划和安排签证和旅行手续时，考虑到办理时间和婚礼日期之间的时间间隔，并确保有足够的时间安排和准备。指出办理签证的时间通常需要几周或几个月，特别是在繁忙的旅游季节。

6. 提醒宾客办理签证时的注意事项

提醒宾客注意下列事项，可以帮助他们在办理签证过程中一切顺利，并确保能够在目的地参加新人的婚礼。

（1）了解签证要求。与宾客分享目的地国家的签证要求，并确保他们了解所需的文件、资料和申请流程。提醒他们查阅官方网站或与目的地使馆或领事馆联系，以获取最准确和最新的签证要求信息。

（2）提前申请。鼓励宾客尽早申请签证，以确保有足够的时间办理手续，避免因时间不足而错过婚礼。

（3）准备充分的文件。提醒宾客准备所需的文件和资料，并确保它们是真实、有效、完整的，包括护照、照片、婚礼邀请信、婚礼场地预订证明、住宿预订证明等。建议宾客在准备文件时，复核一遍以确保没有遗漏任何重要的文件。

（4）翻译和公证。如果需要，提醒宾客将文件翻译成目的地国家的官方语言，并进行公证。这样可以确保文件的可读性和合法性。

（5）遵守时间窗口。告知宾客签证申请的时间窗口，并鼓励他们在规定的时间内递交申请，另外，提醒他们遵守申请时间窗口，以确保申请能够被及时处理。

（6）注意签证费用。提醒宾客了解并准备所需的签证申请费用，并确保有足够的资金支付费用。建议宾客使用安全的支付方式，如信用卡或银行转账。

（7）保留复印件和备用文件。建议宾客在递交签证申请之前，保留所有文件的复印件，并备份电子文件。即使在办理过程中发生意外，宾客仍然可以提供备用文件。

（8）关注签证进展。提醒宾客关注签证申请的进展，并随时与目的地使馆或领事馆保持联系；提醒他们提供准确的联系方式，以便官方机构与他们取得联系。

知识点 3：婚礼目的地旅行指南和建议

1. 提供婚礼目的地概况和建议

在提供婚礼目的地旅行指南和建议时，可以向客人提供有关目的地概况的信息和建议。

（1）地理位置。提供目的地国家的地理位置，包括所在大陆、周边国家等。这有助于客人对目的地的整体位置有一个清晰的了解。

（2）语言。说明目的地国家的官方语言或主要使用的语言，并建议客人提前学习一些基本的当地语言或掌握一些常用的表达，以便与当地人交流。

（3）官方货币。告知客人目的地国家的官方货币以及汇率情况，建议客人在旅行前了解汇率，并准备好当地货币或选择适当的支付方式。

（4）时区。提供目的地国家的时区信息，并建议客人在旅行前调整自己的作息时间，以避免时差带来的不适感。

（5）健康和安全。向客人介绍目的地国家的健康和安全情况，包括是否需要疫苗接种、常见的健康风险、安全注意事项等。建议客人咨询医生和保险公司，以确保他们的健康和安全得到充分保障。

（6）通信和互联网。提供目的地国家的通信和互联网情况，包括移动网络覆盖、Wi-Fi 热点、电话卡购买等。建议客人了解当地的通信方式，以便保持与家人和朋友的联系。

（7）电压和插座类型。告知客人目的地国家的电压标准和插座类型，建议客人准备合适的转换器或适配器，以便在目的地使用电子设备。

（8）节假日和重要事件。提供目的地国家的重要节假日和文化活动信息。建议客人在旅行前了解当地的节日和庆典，以便参与当地的文化活动。

通过提供这些目的地概况的细化信息，可以帮助客人更好地了解目的地国家的基本情况，为他们的旅行做好充分的准备，使他们在目的地度过愉快和安全的时光。

2. 提供季节信息和建议

在提供婚礼目的地旅行指南和建议时，可以向客人提供以下关于目的地旅行季节的信息和建议。

（1）天气和气候。介绍目的地国家不同季节的天气和气候状况，包括平均温度、降水量、湿度等。建议客人了解并选择最适合他们的旅行季节。

（2）旅游季节。告知客人目的地国家的高峰旅游季节和淡季。如果是高峰旅游季节，建议客人提前预订和计划，以避免不必要的困扰；考虑在淡季旅行，以获得更好的优惠和体验。

（3）特殊活动和节日。提供目的地国家在不同季节举行的特殊活动和节日信息，帮助客人选择在特定时间前往，以参与当地的文化庆典和活动。

通过提供这些关于目的地旅行季节的细化信息，可以帮助客人更好地了解目的地不同季节的特点和优势，为他们的旅行计划提供指导和建议，使他们能够选择最合适的时间前往，以获得最佳的旅行体验。

3. 提供交通、交通工具信息和建议

在提供婚礼目的地旅行指南和建议时，可以向客人提供以下关于交通和交通工具的信息和建议。

（1）公共交通。介绍目的地国家的公共交通系统，包括地铁、公交车、电车、轻轨等。提供关于线路、票价、运营时间等方面的信息。建议客人了解当地的公共交通网络，并获取相关的地图和时间表。

（2）出租车和网约车。告知客人目的地国家的出租车和网约车服务。提供乘坐出租车的费用、打车应用程序、安全注意事项等方面的信息。建议客人使用正规的出租车或网约车服务，并注意谈判价格或使用计价器。

（3）租车服务。介绍目的地国家的租车服务，包括租车公司、租赁要求、驾驶规则等。建议客人在租车前了解当地的道路交通规则，并确认自己具备合法的驾驶资格。

（4）自行车和摩托车。提供关于目的地国家自行车和摩托车租赁服务的信息，包括租车点、费用、安全措施等。建议客人在选择骑行或使用摩托车时，注意安全并遵守当地的交通法规。

（5）步行和骑行。介绍目的地国家适合步行和骑行的地区和路径。提供关于步行街、自行车道、公园等的信息。建议客人在合适的地区选择步行或骑行，以便更好地欣赏目的地的风景和了解当地的文化。

（6）航空交通。提供目的地国家的航空交通情况，包括主要机场、航空公司和航班信息。建议客人提前预订机票，并了解机场的交通方式和规定。

（7）船舶和渡轮。介绍目的地国家的船舶和渡轮服务，包括海上交通和河流运输。提供航线、时刻表、票价等方面的信息。建议客人在合适的地区选择乘坐船舶或渡轮，以便欣赏目的地的水上风景。

通过提供这些关于交通和交通工具的细化信息，可以帮助客人更好地了解目的地国家的交通情况，并规划他们在目的地的出行方式，使他们能够更方便地探索目的地，提高旅行的效率和便利性。

4.提供住宿信息和建议

在提供婚礼目的地旅行指南和建议时，可以向客人提供以下关于住宿选择的信息和建议。

（1）酒店。介绍目的地国家的酒店选择，包括豪华酒店、中档酒店和经济型酒店。提供酒店设施、房型、价格、地理位置等方面的信息。建议客人根据自己的预算和需求选择合适的酒店。

（2）民宿和客栈。告知客人目的地国家的民宿和客栈选择。这些通常是当地居民提供的住宿选择，提供更亲切、家庭式的体验。建议客人在选择民宿和客栈时，了解房间类型、设施、服务质量等方面的信息。

（3）青年旅社和背包客住宿。提供目的地国家的青年旅社和背包客住宿选择。这些通常是价格较低的住宿选择，适合预算有限的旅行者。建议客人了解青年旅社和背包客住宿的设施、床位类型、社交氛围等方面的信息。

（4）家庭住宿。介绍目的地国家的家庭住宿。这些适合家庭出游的客人，提供更宽敞、私密的住宿环境。建议客人了解家庭住宿的位置、设施、预订要求等方面的信息。

（5）特色住宿。提供目的地国家特色住宿的选择，如度假村、农庄、别墅等。这些住宿通常提供独特的环境和体验，适合追求不同寻常住宿体验的客人。建议客人了解特色住宿的设施、服务、价格等方面的信息。

通过提供这些关于住宿选择的信息，可以帮助客人更好地了解目的地国家的住宿情况，并根据自己的需求和喜好选择最合适的住宿。这将使他们在目的地国家的住宿体验更加舒适和满意。

5.提供旅行保险的信息和建议

在提供婚礼目的地旅行指南和建议时，可以向客人提供以下关于旅行保险的信息和建议。

（1）旅行保险的重要性。强调旅行保险的重要性，并解释其在旅行中的作用。说明旅行保险可以提供医疗费用补偿、行李丢失或损坏的赔偿、延误或取消的航班补偿等保障。

（2）医疗保险和紧急救援。介绍旅行保险中的医疗保险和紧急救援服务。说明医疗保险可以覆盖旅行中的意外伤害或疾病治疗费用，并提供紧急医疗疏散和医院安排等服务。

（3）行李保险。解释行李保险的内容和保障范围。说明行李保险可以赔偿行李丢失、损坏或延误的损失，并提供相关的索赔流程和要求。

（4）延误和取消保险。介绍延误和取消保险的保障范围。说明延误和取消保险可以赔偿航班延误、取消或行程变更造成的额外费用和损失。

（5）财产保险和责任保险。提及旅行保险中的财产保险和责任保险。说明财产保险可以赔偿旅行中贵重物品的丢失或损坏，责任保险可以赔偿因旅行活动导致的第三方人身伤害或财产损失。

（6）保险购买和申请。提供关于旅行保险的购买和申请流程的信息。建议客人在购买旅行保险前仔细阅读保险条款和注意事项，选择适合自己的保险计划。

（7）保险公司推荐。根据客人的目的地和需求，提供一些可靠的旅行保险公司的推荐。建议客人选择有良好声誉和可靠客户服务的保险提供商。

通过提供这些关于旅行保险的细化信息，可以帮助客人了解旅行保险的重要性，并选择适合自己的保险计划，为他们提供旅行期间的安全保障，帮助应对意外事件和不可预见的情况，使他们能够更加安心和放心地旅行。

6. 提供旅行礼仪、文化习俗的信息和建议

在提供婚礼目的地旅行指南和建议时，可以向客人提供以下关于目的地旅行礼仪和文化习俗的信息和建议。

（1）礼仪。介绍目的地国家的传统礼仪和行为准则。提供问候方式、礼物交换、用餐礼仪、着装要求等方面的信息。建议客人尊重当地的礼仪习惯，并遵循当地的文化规范。

（2）语言和交流。提供目的地国家的主要语言和一些常用的基本词汇和短语。建议客人学习一些基本的问候语和常用表达，以便更好地与当地人交流和沟通。

（3）宗教和信仰。介绍目的地国家的主要宗教和信仰体系，提供关于参观宗教场所的注意事项、宗教节日和仪式的信息。建议客人尊重当地的宗教信仰，并在参观宗教场所时保持恰当的行为和态度。

（4）风俗和习惯。解释目的地国家的特殊风俗和习惯，提供饮食习惯、礼尚往来、节日庆祝等方面的信息。建议客人了解当地的风俗和习惯，以便更好地融入当地文化。

（5）尊重当地文化。强调在旅行中尊重和理解当地文化的重要性。建议客人尊重

当地人的生活方式、习俗和传统，并避免对当地文化的批评或贬低。

（6）衣着要求。提供关于目的地国家的衣着要求的信息。建议客人了解当地的着装习惯和规定，以便在参观宗教场所、进入特定场所或参加正式活动时穿着得体。

通过提供这些关于目的地旅行礼仪和文化习俗的细化信息，可以帮助客人更好地了解和尊重当地的文化和习俗，使他们在目的地旅行时能够更好地融入当地社会，避免冒犯或造成不愉快的情况，并与当地人建立更好的互动和交流关系。

7. 提供目的地景点和活动推荐的信息和建议

在提供婚礼目的地旅行指南和建议时，可以向客人提供以下关于目的地景点和活动推荐的信息和建议。

（1）主要景点。介绍目的地国家的主要景点和名胜古迹，提供景点的历史背景、文化意义、参观方式、开放时间和门票价格等方面的信息。建议客人安排合理的行程，包括参观主要景点。

（2）自然景观。介绍目的地国家的自然景观和自然保护区，提供关于山脉、湖泊、河流、海滩、森林等自然景观的特点和游览方式的信息。建议客人参加自然探险活动，如徒步旅行、划船、观鸟等。

（3）文化活动。推荐目的地国家的文化活动和节日庆祝，提供关于音乐会、艺术展览、戏剧表演、民俗节庆等文化活动的时间和地点信息。建议客人参与当地的文化体验，感受目的地的独特魅力。

（4）冒险和户外活动。介绍目的地国家的冒险和户外活动选择，提供关于徒步、登山、滑雪、冲浪、潜水、野生动物观察等活动的信息。建议客人根据自己的兴趣和能力选择合适的活动。

（5）美食和购物。推荐目的地国家的特色美食和购物场所，提供当地特色菜肴、餐厅、街边小吃、传统手工艺品、当地特产等方面的信息。建议客人尝试当地美食和购买纪念品。

（6）隐秘景点。提供目的地国家的一些不太为人所知的隐秘景点。这些可能是少有游客前往的地方，但具有独特的美景。建议客人探索这些隐秘景点，发现目的地国家的未知之美。

通过提供这些关于目的地景点和活动推荐的细化信息，可以帮助客人更好地了解目的地的旅游资源和活动选择，使他们能够规划出丰富多彩的行程，充分体验目的地的文化、自然和冒险之美，让旅行更加丰富和有意义。

8. 提供安全和紧急情况的信息和建议

在提供婚礼目的地旅行指南和建议时，可以向客人提供以下关于目的地安全和紧急情况的信息和建议。

（1）目的地安全情况。提供关于目的地国家的安全情况的信息，包括政治稳定性、社会治安、犯罪率、恐怖主义威胁等方面的信息。建议客人关注当地政府和旅行部门的安全建议，并遵守当地的法律和规定。

（2）旅行警示和预防措施。提供关于旅行警示和预防措施的信息，包括避免夜间独自外出、保护个人财物、注意交通安全、避免陌生人的索要等方面的建议。建议客人保持警惕，并采取适当的预防措施，确保旅行安全。

（3）紧急联系信息。提供目的地国家的紧急联系信息，包括当地警察局、医疗急救中心、领事馆/大使馆等机构的联系方式。建议客人在紧急情况下及时联系相关机构，并遵循其指示。

（4）旅行保险覆盖范围。提醒客人了解他们的旅行保险的覆盖范围。建议客人确认旅行保险是否包括紧急医疗疏散、意外伤害、行李丢失等保障，并了解如何在紧急情况下联系保险公司。

（5）紧急情况应对。提供关于应对紧急情况的建议，包括遇到突发状况时保持冷静、寻求当地人的帮助、遵循当地的应急程序和规定等。建议客人事先了解目的地的环境和应急措施，包括紧急联系方式和救援资源，以便在紧急情况下及时采取行动。

通过提供这些关于目的地安全和紧急情况的细化信息，可以帮助客人更好地了解目的地的安全情况和应对措施，使他们能够更加警觉和谨慎地旅行，并在面临紧急情况时能够迅速作出正确的应对，保障自己的安全和利益。

技能训练

任务1：设计婚礼邀请函

活动目标

（1）学习婚礼邀请函的设计原则和要素。
（2）发展学生的创造力和设计能力。
（3）培养学生的团队合作和沟通能力。

活动步骤

第一步：介绍婚礼邀请函设计
①向学生介绍婚礼邀请函的重要性和作用。
②解释婚礼邀请函的设计原则，如色彩搭配、字体选择、排版布局等。

第二步：分组讨论
①将学生分为若干小组，每个小组包含4~6人。
②每个小组选择一个想象中的婚礼主题，并讨论该主题下的邀请函设计。

第三步：设计婚礼邀请函
①每个小组根据讨论结果，开始设计婚礼邀请函。
②学生可以使用电脑设计软件或手工制作，根据他们的想象和创意来设计邀请函。

第四步：展示和评价
①每个小组展示他们设计的婚礼邀请函，并向全班同学解释他们选择的设计元素和理念。
②学生可以提出问题，全班讨论并提供反馈和建议，以促进学生之间的互动和思维碰撞。

第五步：评估和总结
①教师对每个小组的婚礼邀请函进行评估，包括设计创意、执行能力、团队合作等方面。
②学生互相交流和总结，分享他们在这个活动中学到的经验和教训。

教学资源
（1）婚礼邀请函设计示例和范例。
（2）设计软件和电脑（可选）。
（3）艺术和设计杂志、书籍等参考资料。

教学目标评估
（1）学生设计的婚礼邀请函是否符合设计原则和要求。
（2）学生在小组合作中的表现和能力。
（3）学生在展示和总结中的表现和思考。

通过这个设计婚礼邀请函的课堂教学活动，学生将能够学习婚礼邀请函的设计原则和要素，培养他们的创造力和设计能力，以及团队合作和沟通能力。这个活动将为学生提供一个实践设计的机会，让他们能够运用所学的知识和技能来设计一张符合婚礼主题的邀请函。

任务 2：协助客人办理签证和旅行手续

活动目标
（1）帮助学生了解办理签证和旅行手续的流程和要求。
（2）培养学生的沟通和协助能力。
（3）发展学生解决问题和处理复杂情况的能力。

活动步骤
第一步：介绍签证和旅行手续
①向学生介绍签证和旅行手续的概念，包括签证类型、申请流程、所需材料等。

②解释常见的旅行手续，如机票预订、酒店预订、旅行保险等。

第二步：分组实践

①将学生分为若干小组，每个小组包含4~6人。

②每个小组分别扮演旅行顾问的角色，协助客人完成签证和旅行手续办理。

第三步：情景模拟

①教师提供一系列办理签证和旅行手续的情景模拟，如客人需要办理旅游签证或延长签证期限等。

②每个小组根据情景模拟，协助客人完成相应的签证和旅行手续办理。

第四步：讨论和总结

①每个小组展示他们的解决方案，并向全班解释他们的思考过程和做法。

②学生可以提出问题，全班讨论并提供反馈和建议，以促进学生之间的互动和思维碰撞。

第五步：评估和反思

①教师对每个小组的表现进行评估，包括沟通能力、解决问题能力、团队合作等方面。

②学生互相交流和总结，分享他们在这个活动中学到的经验和教训。

教学资源

（1）办理签证和旅行手续的案例和范例。

（2）旅行机构和大使馆/领事馆的网站和文件。

（3）旅行保险等相关资料。

教学目标评估

（1）学生对办理签证和旅行手续的理解和掌握程度。

（2）学生在小组合作中的表现和能力。

（3）学生在情景模拟中解决问题的能力。

通过这个协助客人办理签证和旅行手续的课堂教学活动，学生将能够了解办理签证和旅行手续的流程和要求，并通过实践来培养他们的沟通和协助能力。这个活动将为学生提供一个实际操作的机会，让他们能够运用所学的知识和技能来协助客人完成签证和旅行手续的办理。同时，通过情景模拟和讨论，能提高他们解决问题和处理复杂情况的能力。

任务3：提供婚礼目的地——伦敦的旅行指南和建议

活动目标

（1）帮助学生了解伦敦作为婚礼目的地的特点和吸引力。

（2）培养学生研究和整理信息的能力。

（3）提高学生表达和沟通的能力。

活动步骤

第一步：介绍伦敦作为婚礼目的地的特点和吸引力

①向学生介绍伦敦作为婚礼目的地的特点和吸引力，如历史文化、景点和建筑、美食和购物等。

②解释为什么伦敦是一个受欢迎的婚礼目的地，以及婚礼策划师在伦敦需要考虑的因素和面临的挑战。

第二步：分组研究

①将学生分为若干小组，每个小组包含 4~6 人。

②每个小组选择一个婚礼场地和主题，以伦敦为婚礼目的地进行研究，收集相关信息并整理成旅行指南和建议。

第三步：设计旅行指南和建议

①每个小组根据研究结果，开始设计伦敦婚礼旅行指南和建议。

②学生可以使用电脑设计软件或手工制作，根据他们的想象和创意来设计旅行指南和建议。

第四步：展示和讨论

①每个小组展示他们设计的伦敦婚礼旅行指南和建议，并向全班解释他们选择的信息和建议。

②学生可以提出问题，全班讨论并提供反馈和建议，以促进学生之间的互动和思维碰撞。

第五步：评估和反思

①教师对每个小组的旅行指南和建议进行评估，包括信息准确性、设计创意、表达能力等。

②学生互相交流和总结，分享他们在这个活动中学到的经验和教训。

教学资源

（1）伦敦婚礼旅行指南和建议的案例及范例。

（2）伦敦旅游杂志、书籍和网站等相关资料。

教学目标评估

（1）学生对伦敦作为婚礼目的地特点、设施、文化和相关活动的理解和掌握程度。

（2）学生在小组合作中的表现和能力。

（3）学生在展示和讨论中的表现和思考。

通过这个提供伦敦婚礼旅行指南和建议的课堂教学活动，学生将了解伦敦作为婚礼目的地的特点和吸引力，并通过研究和整理信息来提高他们的能力。这个活动将为学生提供一个实践的机会，让他们能够运用所学的知识和技能来设计一个有价值的婚礼目的地旅行指南和建议。同时，通过展示和讨论，能提高学生的表达能力和沟通能力。

内容回顾

1. 婚礼邀请函的制作和发送流程包括：设计、制作、分发和发送、跟进和回复。
2. 协助宾客办理签证和旅行手续主要包括如下内容：
（1）提前通知需要签证或旅行手续的宾客；
（2）提供需要签证的宾客所需文件；
（3）提供签证的办理流程；
（4）提供签证费用的信息；
（5）提供时间规划指导；
（6）提醒宾客办理签证时的注意事项。
3. 婚礼目的地旅行指南和建议的内容包括：
（1）提供目的地概况和建议；
（2）提供季节信息和建议；
（3）提供交通、交通工具信息和建议；
（4）提供住宿信息和建议；
（5）提供旅行保险的信息和建议；
（6）提供旅行礼仪、文化习俗的信息和建议；
（7）提供目的地景点和活动推荐的信息和建议；
（8）提供安全和紧急情况的信息和建议。

能力检测

1. 请简要说明婚礼邀请函制作的基本流程。
2. 使用哪些软件或工具来制作婚礼邀请函？请列举至少两种。
3. 当发出婚礼邀请函后，如何进行跟进？
4. 请简要介绍一下办理签证所需的常见材料和流程。
5. 在协助客人办理签证时，应该注意哪些事项？请列举至少三点。
6. 除了签证，还有哪些旅行手续需要协助客人办理？请列举至少两个，并简要说明办理这些手续的要点。
7. 在提供目的地旅行指南和建议时，应该包括哪些内容？请列举至少三个。
8. 如何确定客人的旅行偏好和需求，以便为他们提供个性化的旅行指南和建议？
9. 当客人在旅行中遇到问题时，应该如何回答并提供帮助？请简要描述解决问题的方法和策略。

> **实务案例**

目的地婚礼邀请函

亲爱的朋友们：

我们非常高兴地邀请您参加我们即将举行的目的地婚礼！这将是一场难忘的婚礼，我们希望您能和我们一起分享这个特殊的时刻。

日期：［婚礼日期］

地点：［目的地婚礼场地］

主题：［婚礼主题］

我们选择了一个美丽的目的地来举办婚礼，这个地方有着迷人的自然风光和浪漫的氛围。我们深信，这个地方会为我们的婚礼增添独特的魅力和难忘的回忆。

我们已经为您预订了住宿，并安排了交通接送，以确保您的舒适和便利。我们会提供有关详细信息的邀请函，并随后与您联系以确定您的出席并了解您的特殊需求。

在这个特殊的日子里，我们希望能与您一同分享我们的幸福和爱。您的到来将是对我们最美好的祝福，我们将铭记于心。

请您尽早回复是否能出席我们的婚礼，以便我们进行更详细的安排。如果您有任何问题或需要帮助，请随时与我们联系。

谢谢您的关心和祝福，期待在婚礼上与您共度美好时光！

［新人姓名］

［撰文日期］

> **拓展阅读**

巴厘岛旅行指南和建议

　　巴厘岛是印度尼西亚的一个热门旅游目的地，拥有壮丽的海滩、浓厚的文化氛围和令人惊叹的自然景观。以下是一份巴厘岛旅行指南和建议，帮助游客计划并享受一次难忘的旅行。

　　1. 最佳旅行时间

　　巴厘岛全年都适宜旅游，但最佳旅行时间是 4 月至 10 月的干季。此时天气晴朗，适合海滩活动和户外探险。

2. 交通方式

在巴厘岛，游客可以选择租车、包车、乘坐出租车或使用网约车服务来方便地游览岛上各个地方。但请注意，巴厘岛的交通可能会拥堵，建议合理安排出行时间。

3. 岛上必游景点

乌鲁瓦图神庙：位于巴厘岛南部，是岛上著名的海神庙，享有壮丽的海景。
热浪巴厘：集购物、餐饮和娱乐于一体的繁华区，适合购物和品尝美食。
金巴兰海滩：以金色沙滩和日落而闻名，是巴厘岛最有名的海滩。
吉梦拉海滩：宁静的海滩，适合冲浪、浮潜和享受海滩活动。
乌布艺术村：巴厘岛的文化和艺术中心，遍布艺术画廊、手工艺品市场和传统工坊。

4. 岛上必尝美食

烧烤猪肉（Babi Guling）：巴厘岛的特色美食，以烤猪肉为主，配以香料和蔬菜。
烤鸭（Bebek Betutu）：传统巴厘岛的烤鸭菜肴，以香料和香叶烤制而成。
巴厘岛咖啡（Kopi Luwak）：巴厘岛是著名的咖啡产区，在这里可以品尝到当地特色咖啡。

5. 文化和礼仪

尊重当地文化和信仰，注意穿着得体，尤其是在寺庙和宗教场所。在参观寺庙时，遵守当地规定，如穿着长裤或长裙、盖住脚踝等。

6. 水上活动

巴厘岛是一个理想的进行水上活动的地方，如冲浪、浮潜、潜水和帆板等。可以选择在金巴兰或吉梦拉海滩体验这些水上活动。

7. 健康和安全

防晒措施：涂上防晒霜，戴上帽子和太阳镜，以保护皮肤免受阳光伤害。
饮食卫生：饮用瓶装水，以保持身体健康。
财务安全：注意个人财物安全，尤其在人多拥挤的地方。

8. 当地购物

巴厘岛有许多购物场所，如乌布市场和勿里达市场，可以在那里购买到传统的手工艺品、服装、珠宝和艺术品。

9. 健康和安全提示

在前往巴厘岛之前，最好咨询所在国家的医生，了解所需的疫苗和医疗保险要求。
注意饮用水和食物的卫生情况，避免食用生的或未煮熟的食物。
在巴厘岛的海滩游泳时，要注意海浪和潮汐的情况，并遵守安全警告标识的指示。

10. 尊重当地文化和习俗

巴厘岛是一个宗教和文化底蕴深厚的地方，尊重当地的习俗和信仰是非常重要的。
在参观寺庙和宗教场所时，应遵守规定，穿着得体，如穿着长裤或长裙、盖住脚踝等。

11. 旅行准备

护照与签证：需要办理好有效的护照和签证手续，确保能够合法进入巴厘岛。
机票与住宿：提前预订机票和酒店，以确保旅行顺利，享受舒适的住宿体验。

12. 总结

巴厘岛是一个充满魅力和活力的旅游目的地，拥有美丽的海滩、丰富的文化和令人惊叹的自然景观。通过遵循这份巴厘岛旅行指南和建议，将能够充分享受这个令人难忘的旅程。记住尊重当地的文化和习俗，并采取必要的健康和安全预防措施，以确保旅行既愉快又安全。

中外互免签证协定一览表（更新至 2023 年 10 月 27 日）

中外互免签证协定一览表

（更新至 2023 年 10 月 27 日）

截至目前，中华人民共和国与下列国家缔结互免签证协定。中国公民持所适用的护照前往下列国家短期旅行通常无须事先申请签证。

序号	协议国	互免签证的证件类别	生效日期	备注
1	阿尔巴尼亚	外交、公务护照	1956.08.25	
		公务普通护照、普通护照	2023.03.18	
2	阿尔及利亚	外交、公务护照	2019.03.13	
3	阿富汗	外交护照	2015.07.16	
4	阿根廷	中方外交、公务护照； 阿方外交、官员护照	1993.08.14	

续表

序号	协议国	互免签证的证件类别	生效日期	备注
5	阿联酋	外交护照	2012.03.21	
		公务、公务普通护照	2016.01.11	
		普通护照	2018.01.16	
6	阿曼	中方外交、公务护照；阿方外交、公务和特别护照	2010.04.16	
7	阿塞拜疆	外交、公务、公务普通护照	1994.02.10	
		团体旅游	1994.05.01	
8	爱尔兰	中方外交护照、公务和公务普通护照（公务和公务普通护照限于随部长级及以上代表团出访者）；爱方外交护照、官员护照（官员护照限于随部长级及以上代表团出访者）	2015.09.23	
		欧盟通行证	2017.01.01	
9	埃及	中方外交、公务护照；埃方外交、特别护照	2007.01.27	
10	埃塞俄比亚	外交、公务、公务普通护照	2015.12.07	
11	爱沙尼亚	外交护照、欧盟通行证	2017.01.01	*3
12	安哥拉	外交、公务护照	2015.04.11	
13	奥地利	外交护照、欧盟通行证	2017.01.01	*3
14	巴巴多斯	中方外交、公务、公务普通护照；巴方外交、官员护照	2014.08.02	
		普通护照	2017.06.01	
15	巴布亚新几内亚	中方外交、公务、公务普通护照；巴方外交、公务护照	2019.05.02	
16	巴哈马	中方外交、公务、公务普通、普通护照；巴方外交、官员、普通护照	2014.02.12	
17	巴基斯坦	中方外交、公务护照；巴方外交、官员护照	1987.08.16	
		公务普通护照	1988.04.30	
18	巴林	中方外交、公务、公务普通护照；巴方外交、特别护照	2018.10.25	
19	巴拿马	中方外交、公务、公务普通护照；巴方外交、公务护照	2017.10.28	
20	巴西	中方外交、公务护照；巴方外交、官员护照	2004.08.10	

续表

序号	协议国	互免签证的证件类别	生效日期	备注
21	白俄罗斯	外交、公务护照；团体旅游	1993.03.01	
		普通护照	2018.08.10	
22	保加利亚	外交、公务护照	2012.04.04	
		欧盟通行证	2017.01.01	*3
23	贝宁	中方外交、公务、公务普通护照； 贝方外交、公务、附有"公务证明"的普通护照	1993.11.06	
24	比利时	外交护照、欧盟通行证	2017.01.01	*3
25	秘鲁	中方外交、公务护照； 秘方外交、特别护照	2004.05.12	
26	冰岛	外交护照	2017.06.01	
27	博茨瓦纳	中方外交、公务、公务普通护照； 博方外交、公务、官员护照	2018.12.22	
28	波黑	中方外交、公务、公务普通护照	1980.01.09	*1
		波方外交、公务护照	2017.10.04	
		普通护照	2018.05.29	
29	波兰	外交、公务护照、海员证、机组人员证件	1992.07.27	
		欧盟通行证	2017.01.01	*3
30	玻利维亚	中方外交、公务护照； 玻方外交、官员护照	1987.11.15	
		公务普通护照	2008.01.18	
31	布基纳法索	中方外交、公务、公务普通护照； 布方外交、公务护照	2018.11.18	
32	布隆迪	外交、公务、公务普通护照	2014.11.25	
33	朝鲜	外交、公务护照	1956.10.01	
		中方公务普通护照； 朝方公务团体护照	1965.01.01	
34	赤道几内亚	中方外交、公务护照； 赤方外交、官员护照	2006.01.01	
		中方公务普通护照； 赤方特别公务护照	2017.08.06	
35	丹麦	外交护照、欧盟通行证	2017.01.01	*3
36	德国	外交护照、欧盟通行证	2017.01.01	*3
37	东帝汶	外交、公务、公务普通护照	2015.06.24	

续表

序号	协议国	互免签证的证件类别	生效日期	备注
38	多哥	外交、公务、公务普通护照	2015.05.07	
39	多米尼加	中方外交、公务、公务普通护照； 多方外交、官员护照	2021.01.08	
40	多米尼克	中方外交、公务、公务普通护照； 多方外交、官员护照	2014.03.29	
		普通护照	2022.09.19	
41	厄瓜多尔	中方外交、公务护照； 厄方外交、官员护照	1987.07.11	
		中方公务普通护照； 厄方特别护照	1988.12.25	
		普通护照	2016.08.18	
42	厄立特里亚	外交、公务、公务普通护照	2015.04.15	
43	俄罗斯	团体旅游	2000.12.01	
		外交、公务护照，随车、飞机、船执行公务的国际列车车组人员、机组人员、持海员证船员	2014.04.26	
44	法国	外交护照、欧盟通行证	2017.01.01	*3
45	斐济	外交、公务、公务普通、普通护照	2015.03.14	
46	菲律宾	中方外交、公务护照（限临时访问人员）； 菲方外交、官员护照（限临时访问人员）	2005.02.28	
47	芬兰	外交护照、欧盟通行证	2017.01.01	*3
48	佛得角	外交、公务护照	2015.07.11	
49	冈比亚	中方外交、公务、公务普通护照； 冈方外交、公务护照	2018.06.10	
50	刚果（布）	外交、公务、公务普通护照	2014.08.07	
51	格林纳达	中方外交、公务护照； 格方外交、官员护照	2010.01.17	
		公务普通、普通护照	2015.06.10	
52	哥伦比亚	外交护照	1987.11.14	
		中方公务护照； 哥方官员护照	1991.11.14	
53	哥斯达黎加	外交、公务护照	2008.01.15	
54	格鲁吉亚	外交、公务、公务普通护照； 团体旅游	1994.02.03	

续表

序号	协议国	互免签证的证件类别	生效日期	备注
55	古巴	中方外交、公务、公务普通护照； 古方外交、公务、官员护照	2021.07.16	
56	圭亚那	中方外交、公务、公务普通护照； 圭方外交、官员护照	1998.08.19	
57	韩国	外交护照	2013.08.10	
		中方公务护照； 韩方官员护照	2014.12.25	
58	哈萨克斯坦	外交、公务护照	1994.02.01	
		中方公务普通、普通、旅行证 哈方普通、回国证明	2023.11.10	
59	荷兰	外交护照、欧盟通行证	2017.01.01	*3
60	黑山	外交、公务护照	2013.03.01	
61	洪都拉斯	中方外交、公务、公务普通护照； 洪方外交、官员、公务护照	2023.09.25	
62	加纳	外交、公务护照	2017.03.28	
63	加蓬	外交、公务、公务普通护照	2016.02.05	
64	吉布提	外交、公务、公务普通护照	2014.12.04	
65	吉尔吉斯斯坦	外交、公务护照	2003.06.14	
66	几内亚	外交、公务、公务普通护照	2017.09.16	
67	柬埔寨	外交、公务护照	2006.09.14	
68	捷克	外交护照、欧盟通行证	2017.01.01	*3
69	津巴布韦	外交、公务护照	2014.11.12	
70	喀麦隆	外交、公务护照	2017.08.12	
71	卡塔尔	中方外交、公务、公务普通、普通护照； 卡方外交、特别、公务、普通护照	2018.12.21	
72	克罗地亚	中方外交、公务护照； 克方外交、官员护照	1995.04.09	
		欧盟通行证	2017.01.01	*3
73	科摩罗	外交、公务、公务普通护照	2016.02.26	
74	科特迪瓦	外交、公务、公务普通护照	2015.12.19	
75	科威特	中方外交、公务、公务普通护照； 科方外交、特别护照	2014.10.17	

续表

序号	协议国	互免签证的证件类别	生效日期	备注
76	肯尼亚	中方外交、公务护照； 肯方外交、官员护照	2014.08.17	
77	拉脱维亚	外交护照、欧盟通行证	2017.01.01	*3
78	莱索托	中方外交、公务护照； 莱方外交、官员护照	2016.08.24	
79	老挝	中方外交、公务、公务普通护照； 老方外交、公务、加注有效公务签证的普通护照	1989.11.06	
80	利比里亚	外交护照	2016.02.10	
81	立陶宛	外交、公务护照、海员证（随船）	1992.09.14	
		欧盟通行证	2017.01.01	*3
82	卢森堡	外交护照、欧盟通行证	2017.01.01	*3
83	卢旺达	中方外交、公务、公务普通护照； 卢方外交、公务护照	2018.12.23	
84	罗马尼亚	外交、公务护照	1981.09.16	
		欧盟通行证	2017.01.01	*3
85	马尔代夫	外交、公务护照	1984.11.27	
		中方外交、公务、公务普通护照、普通护照及中华人民共和国旅行证； 马方外交、公务护照、普通护照及马尔代夫共和国临时旅行证件、紧急旅行证件（身份证明书）	2022.05.20	
86	马耳他	外交、公务护照	2008.03.06	
		欧盟通行证	2017.01.01	*3
87	马里	外交、公务、公务普通护照	2015.05.09	
88	马来西亚	中方外交、公务护照； 马方外交、官员护照	2011.05.18	
89	马其顿	中方外交、公务、公务普通护照； 马方外交、公务、标有"公务"字样的普通护照	1994.07.19	
90	毛里求斯	外交、公务、公务普通、普通护照	2013.10.31	
91	毛里塔尼亚	中方外交、公务、公务普通护照； 毛方外交、公务护照	2017.05.15	
92	蒙古	外交、公务、公务普通护照	1989.04.30	
93	孟加拉国	中方外交、公务、公务普通护照； 孟方外交、官员、加注"政府公务"或"免费"字样的普通护照	1989.12.18	

续表

序号	协议国	互免签证的证件类别	生效日期	备注
94	缅甸	中方外交、公务护照； 缅方外交、官员护照	1998.03.05	
95	摩尔多瓦	中方外交、公务、公务普通护照； 摩方外交、公务、加注"公务"字样的普通护照； 团体旅游	1993.01.01	
96	摩洛哥	外交、公务护照	2014.03.06	
		中方公务普通、摩方特别护照	2016.06.09	
97	莫桑比克	外交、公务护照	2016.05.14	
98	墨西哥	中方外交、公务护照； 墨方外交、官员护照	1998.01.01	
99	南非	外交护照	2010.11.27	
		公务护照	2016.03.01	
100	南苏丹	中方外交、公务、公务普通护照； 南方外交、特别护照	2019.03.28	
101	尼泊尔	中方外交、公务护照； 尼方外交、官员护照	2006.10.16	
102	尼加拉瓜	中方外交、公务、公务普通； 尼方外交、官员、公务	2022.07.07	
103	尼日尔	中方外交、公务、公务普通护照； 尼方外交、公务护照	2018.12.15	
104	尼日利亚	外交、公务、公务普通护照	2014.02.01	
105	挪威	外交护照	2018.06.18	
106	葡萄牙	外交护照、欧盟通行证	2017.01.01	*3
107	瑞典	外交护照、欧盟通行证	2017.01.01	*3
108	瑞士	外交护照	2016.01.29	
109	萨尔瓦多	外交、公务（官员）、公务普通	2022.10.23	
110	萨摩亚	中方外交、公务护照； 萨方外交、官员护照	2011.02.18	
111	塞尔维亚	中方外交、公务、公务普通护照； 塞方外交、公务、加注"公务"字样的普通护照	1980.01.09	*1
		普通护照	2017.01.15	
112	塞拉利昂	中方外交、公务、公务普通护照； 塞方外交、公务护照	2018.12.24	
113	塞内加尔	外交、公务、公务普通护照	2014.05.03	

续表

序号	协议国	互免签证的证件类别	生效日期	备注
114	塞浦路斯	外交、公务护照	1991.10.02	
		欧盟通行证	2017.01.01	*3
115	塞舌尔	外交、公务、公务普通、普通护照	2013.06.26	
116	圣多美和普林西比	中方外交、公务、公务普通护照；圣普方外交、特别公务护照	2018.02.03	
117	圣马力诺	外交、公务、普通护照	1985.07.22	
118	斯里兰卡	中方外交、公务、公务普通护照；斯方外交、官员护照	2013.04.18	
119	斯洛伐克	中方外交、公务护照；斯方外交、公务、特别护照	1956.06.01	*2
		欧盟通行证	2017.01.01	*3
120	斯洛文尼亚	外交、公务护照	1994.07.01	
		欧盟通行证	2017.01.01	*3
121	苏丹	中方外交、公务护照；苏方外交、特别、官员护照	1995.10.26	
122	苏里南	外交、公务、公务普通、普通护照	2021.05.01	
123	所罗门群岛	外交、公务（官员）、公务普通	2022.11.24	
124	塔吉克斯坦	中方外交、公务、公务普通；塔方外交、公务、加注"公务"字样的普通护照	1993.06.01	
125	泰国	中方外交、公务护照；泰方外交、官员护照	2003.10.18	
126	坦桑尼亚	外交、公务护照	2005.07.11	
127	汤加	中方外交、公务、公务普通护照；汤方外交、官员护照	2012.11.10	
		普通护照	2016.08.19	
128	特立尼达和多巴哥	中方外交、公务护照；特方外交、官员护照	2006.11.23	
129	突尼斯	中方外交、公务护照；突方外交、特别护照	2006.09.29	
130	土耳其	中方外交、公务、公务普通护照；土方外交、公务、特别护照	1989.12.24	
131	土库曼斯坦	中方外交、公务、公务普通护照；土方外交、公务、加注"公务"字样的普通护照；团体旅游	1993.02.01	

续表

序号	协议国	互免签证的证件类别	生效日期	备注
132	瓦努阿图	中方外交、公务护照； 瓦方外交、官员护照	2020.04.19	
133	委内瑞拉	外交、公务护照、公务普通护照	2014.01.08	
134	文莱	中方外交、公务护照； 文方外交、官员护照	2005.06.18	
135	乌克兰	外交、公务护照和海员证	2002.03.31	
136	乌拉圭	中方常驻乌方使领馆人员所持外交、公务护照； 乌方常驻中方使领馆人员所持外交、官员护照	1988.11.07	
		外交护照	1994.01.01	
		中方外交、公务、公务普通护照； 乌方外交、公务护照	2017.01.07	
137	乌兹别克斯坦	外交护照	2010.07.09	
138	西班牙	外交护照、欧盟通行证	2017.01.01	*3
139	希腊	外交护照、欧盟通行证	2017.01.01	*3
140	新加坡	外交、公务、公务普通护照	2011.04.17	
141	匈牙利	外交、公务护照	1992.05.28	
		欧盟通行证	2017.01.01	*3
142	牙买加	中方外交、公务护照； 牙方外交、官员护照	1995.06.08	
143	亚美尼亚	中方外交、公务、公务普通护照； 亚方外交、公务、公务普通、加注"公务"字样的普通护照	1994.08.03	
		普通护照	2020.01.19	
144	意大利	外交护照、欧盟通行证	2017.01.01	*3
145	伊朗	外交、公务护照	1989.07.12	
146	伊拉克	外交护照	2016.11.02	
147	以色列	外交、公务护照	2016.01.17	
148	印度尼西亚	外交、公务护照（限临时访问人员）	2005.11.14	
149	英国	中方外交护照、公务和公务普通护照（公务和公务普通护照限于随部长级及以上代表团出访者）； 英方外交护照、官员护照（官员护照限于随部长级及以上代表团出访者）	2007.10.25	
		欧盟通行证	2017.01.01	*3

续表

序号	协议国	互免签证的证件类别	生效日期	备注
150	约旦	中方外交、公务护照； 约方外交、公务、特别护照	1993.03.11	
151	越南	外交、公务、公务普通护照	1992.03.15	
152	乍得	中方外交、公务、公务普通护照； 乍方外交、公务护照	2019.11.18	
153	智利	中方外交、公务护照； 智方外交、官员护照	1986.05.07	

注：*1　目前适用中国与前南斯拉夫社会主义联邦共和国有关协议。
　　*2　目前适用中国与前捷克斯洛伐克共和国有关协议。
　　*3　适用《中国与欧盟关于互免持外交护照人员短期停留签证的协定》。

免签入境并不等于可无限期在协定国停留或居住，根据协定要求，持有关护照免签入境后，一般只允许停留不超过 30 日。持照人如需停留 30 日以上，按要求应尽快在当地申请办理居留手续。
有关协定文本可在中华人民共和国外交部网站条约数据库查询。
（http://treaty.mfa.gov.cn/web/index.jsp）

项目八：目的地婚礼预算制定与管理

【学习目标】
【知识要点】
  知识点1：设定明确的预算
  知识点2：研究目的地费用的途径和方法
  知识点3：全面列出费用项目
  知识点4：优先级排序与预算分配
  知识点5：寻找优惠与折扣的策略
  知识点6：减少费用支出的策略
  知识点7：预留额外预算的重要性
  知识点8：预算管理与控制建议

【技能训练】
  任务1：设计目的地婚礼预算
  任务2：目的地婚礼预算的优先级排序
  任务3：婚礼支出控制之旅

【内容回顾】
【能力检测】
【实务案例】
  预算掌控者：成功举办目的地婚礼的策略

【拓展阅读】
  小费文化
  流行的主题婚礼形式

学习目标

1. 理解设定明确的预算的重要性和优势，学会制定合理和可行的预算目标。
2. 掌握研究和了解目的地费用的方法和技巧，学会获取目的地费用相关信息的渠道和途径。
3. 熟悉目的地婚礼的常见费用项目，能够列出并了解所有可能产生的费用项目。
4. 掌握寻找优惠与折扣的技巧和策略，学会与供应商协商和谈判以获得更好的价格和优惠。
5. 学会在不降低质量的前提下降低费用支出，掌握节约开支的方法和策略。
6. 了解为什么要预留额外的预算，学会合理规划和分配额外预算以应对意外情况和紧急情况。
7. 掌握预算管理的基本方法和技巧，学会跟踪和监控预算，及时调整和控制开支。

知识要点

知识点1：设定明确的预算

目的地婚礼设定明确的预算有助于新人更好地规划婚礼预算，确保婚礼筹备过程中花费在各个环节的费用都在可控范围内，让新人更清晰地了解自己在婚礼上的花费，有助于他们在面对各种消费诱惑时作出更明智的决策，确保婚礼的质量和效果，保障婚礼顺利进行。设定明确的婚礼预算的作用主要有如下几方面。

（1）控制费用。明确的预算可以控制费用，确保不会超支。这是因为在预算内做决策时，会更加谨慎，并寻找更经济实惠的选择。

（2）避免财务压力。明确的预算可以避免在婚礼策划和举办过程中产生过多的财务压力，帮助新人清楚自己能承受的负担，并在可接受的范围内安排费用。

（3）合理分配资金。明确的预算可以帮助合理分配资金，确保婚礼的每个方面都获得足够的支持，保持各方面的平衡，从而确保整个婚礼得到适当的关注和投入。

（4）优化资源利用。明确的预算可以优化资源的利用，更好地规划和管理费用，确保每一笔支出都是有意义的，且能够达到预期的效果。

（5）节省时间和精力。明确的预算可以节省时间和精力，更有针对性地搜索和选择供应商，避免与预算不符的供应商进行无效的沟通和洽谈。

（6）避免后期纠纷。明确的预算可以减少后期的纠纷和争议。在与供应商策划过程中明确预算，并在签订合同之前达成共识，可以避免因费用问题导致的纠纷。

（7）确保婚礼顺利进行。明确的预算可以确保目的地婚礼顺利进行。通过提前规划和安排费用，可以避免在婚礼当天出现不必要的困扰或担忧。

知识点 2：研究目的地费用的途径和方法

通过研究目的地费用可以更好地设定明确的预算，并在婚礼策划过程中作出明智的决策。在研究目的地费用时，需要确保收集到的信息真实可靠，并综合考虑不同的意见。以下是研究目的地费用的一些途径和方法。

（1）在线搜索。使用搜索引擎进行在线搜索，输入目的地和婚礼相关的关键词，如"目的地婚礼费用""××地婚礼场地价格"等。浏览相关的网站和论坛，了解当地婚礼服务和供应商的定价情况。

（2）咨询当地婚礼规划师。与当地的婚礼规划师或婚礼策划公司联系，咨询他们对当地婚礼费用的了解。他们通常有丰富的经验和资源，可以提供有关当地市场定价的准确信息。

（3）参考目的地婚礼指南和杂志。查阅目的地婚礼指南和杂志，这些资源常常能提供有关目的地婚礼费用的参考指南。它们可以提供婚礼场地、供应商和服务的大致价格范围。

（4）联系当地供应商。直接与目的地的婚礼场地、餐饮服务和其他供应商联系，通过电子邮件、电话或在线询价，并要求其提供明确的报价和费用详情。

（5）参考论坛和其他社交媒体。加入当地婚礼策划的论坛、在线社区或其他社交媒体群组。这些平台上经常会有很多新人分享他们的婚礼费用和经验，可以从他们的经历中获得一些参考和借鉴。

（6）借鉴他人的经验。与已经在目的地举办过婚礼的朋友、家人或其他人交流，了解他们的婚礼费用和经验。他们的经验可以提供更实际的参考，帮助策划师和新人更好地了解目的地的婚礼费用水平。

知识点 3：全面列出费用项目

通过列出所有费用项目可以明确预算的范围，清楚地知道需要支付的费用项目有哪些，并为每个项目设定预算。通过列出所有费用项目，可以确保不会遗漏任何费用。婚礼筹备过程中，可能有一些费用容易被忽视，如小费、税费、杂费等。列出所有费用项目有助于全面考虑各个方面，从而避免在后期出现意外费用。

1. 交通费用

（1）交通工具。根据目的地和新人的需求，可能需要预订交通工具，如飞机、火车、汽车、轮船等。这些费用包括机票、火车票、租车费用、船票等。

（2）接送服务。如果需要为婚礼宾客提供接送服务，可能需要预订专车或租车服务。这些费用包括车辆租赁费、司机费用和燃料费。

（3）城市交通。在目的地城市内，需要考虑如何安排宾客的交通。这可能包括公共交通费用（如地铁、公交车）或出租车费用。

（4）酒店接送。如果预订了婚礼宾客的住宿，可能需要安排酒店接送服务。这些服务可能由酒店提供，或者需要预订专车或租车服务。

（5）婚礼活动交通。如果在目的地安排婚礼活动，可能需要安排宾客的交通，包括前往婚礼场地、景点游览、参加婚礼派对等。

2. 住宿费用

（1）婚礼酒店房费。新人及其婚礼宾客在酒店住宿的费用。可能会根据预算和宾客的人数安排特定的房间类型和房间数量。

（2）预留房间。为了方便宾客预订住宿，可能需要预留一定数量的房间。这些房间会按照预先协商的价格提供给宾客。

（3）住宿套餐。某些酒店可能会提供婚礼住宿套餐，其中包括住宿、早餐、免费停车等。这可以为宾客提供更全面的住宿体验。

（4）附加费用。在预订住宿时，需要考虑可能的附加费用，如服务费、早餐费、上网费、停车费等。这些费用可能会根据酒店的政策和住宿选项有所不同。与酒店确认附加费用，并在预订前与宾客共享相关信息，以避免任何不必要的混淆或预算超支。

3. 场地费用

（1）婚礼场地租金。这是租用婚礼举办地点的费用，通常按小时、半天或全天计费。租金可能会根据场地的独特性、设施、地理位置和日期等因素而有所不同。

（2）室内外空间。如果计划在室内或室外举办婚礼仪式和庆祝活动，可能需要支付额外的费用，包括室外场地的租金、搭建帐篷或室内外场地装饰等费用。

（3）音响和灯光设备。如果需要音响和灯光设备来增强婚礼氛围，可能需要支付额外的费用，包括租赁音响设备、灯光设备和技术人员的费用。

（4）场地装饰和布置。为使婚礼场地符合主题和风格，可能需要支付场地装饰和布置的费用，包括鲜花、蜡烛、餐桌装饰、椅子装饰等。

（5）婚礼督导费用。如果雇用了婚礼督导来组织和管理婚礼活动，他们的费用可

能会包括在场地费用中。

（6）押金和保险。一些场地可能需要支付押金，但会在活动结束后退还。

4. 餐饮费用

（1）婚宴费用。通常包含主餐，可能包括中式、西式或混合风格的婚宴，以及所有配套的菜品和服务。

（2）酒水费用。包括各种酒水饮料，如红酒、白酒、啤酒、软饮料等，可能还包括餐后酒水或香槟等特殊饮品。

（3）甜品。可能包括各种甜点，如蛋糕、面包、饼干等。

（4）迎宾饮料。通常在婚宴开始前会给宾客提供饮料，如果汁、咖啡、茶等。

此外，一些餐厅可能会额外收取开瓶费、服务费、餐具使用费等费用，这些也需要考虑在内。同时，根据实际情况选择是否包含其他可能的额外费用，如特殊要求或定制菜单的费用等。

5. 婚礼策划费

（1）策划服务费。包括整体婚礼策划、预算规划、场地选择、供应商协调等。

（2）婚礼顾问费。如果雇用了婚礼顾问来帮助规划和组织婚礼，他们的服务费用也需要计入婚礼策划费用中。

（3）婚礼设计费。如果需要专业的婚礼设计师来设计和布置整个婚礼场地的装饰和主题，他们的设计费用也需要计入策划费用中。

（4）婚礼协调费。在婚礼当天，如果需要雇用专业的婚礼协调人员来协调各个环节、确保一切顺利进行，他们的费用也需要计入策划费用中。

（5）交通和住宿费用。如果婚礼是在目的地举办的，可能需要支付策划人员或供应商的交通和住宿费用。

（6）其他费用。根据具体需求，还可能包括策划过程中的会议费用、印刷品费用、摄影和摄像费用等。

需要注意的是，婚礼策划费用会根据策划师或公司的知名度、经验、地域等因素而有所差异。在策划阶段，最好与策划师或公司沟通明确费用细节，确保预算合理安排。

6. 装饰费用

（1）花卉和植物。花卉和植物是婚礼装饰中不可或缺的元素，可以考虑花束、花环、鲜花装饰等。费用取决于所选花卉和植物的种类、数量和季节性。

（2）布置和装饰物品。包括桌布、椅子装饰、舞台布置、灯光效果等。费用取决于所需物品的种类、数量和材质。

（3）背景板和花艺设计。可以为婚礼创造出独特的氛围和主题，费用取决于设计的复杂性、材料和制作过程。

（4）红地毯和道具。可以增添婚礼的华丽感和仪式感，费用取决于所选材料、长度和质量。

（5）DIY装饰。如果有DIY的能力和创意，可以考虑自己制作一些装饰物品，以节省费用。

7. 仪式费用

（1）牧师、神职人员或婚礼主持人费用。如果在婚礼中邀请牧师、神职人员或婚礼主持人，可能需要支付一定的劳务费用。费用的具体金额会根据他们的经验、知名度和所在地区而有所差异。

（2）婚礼证书费用。在办理婚礼证书时，需要支付一定的费用，包括登记结婚或宣誓结婚的费用。这个费用根据当地的规定和程序而有所不同。

8. 娱乐费用

（1）乐队费用。婚礼中常见的乐队种类包括摇滚乐队、爵士乐队、流行乐队、弦乐四重奏、爵士三重奏等。根据新人的音乐喜好和婚礼主题来选择合适的乐队。

（2）DJ费用。DJ可以根据新人的音乐喜好和婚礼主题来选择和播放适当的音乐，还可以组织和引导一些娱乐活动，如新娘新郎的入场、互动游戏、舞蹈比赛等。

（3）现场表演费用。如舞蹈表演、魔术表演、小丑表演等。

9. 摄影和摄像费用

（1）专业摄影师费用。根据摄影师的资历和经验，以及拍摄时间和地点等因素来估算其费用。需要考虑摄影师的知名度、口碑、拍摄风格等。

（2）专业摄像师费用。与摄影师类似，摄像师的资历和经验也是影响费用的主要因素。此外，拍摄设备和后期剪辑也是需要考虑的因素。

（3）后期制作费用。根据拍摄素材的时长、后期制作的内容和要求等因素来估算。需要考虑剪辑师的经验和技能、特效制作、音乐添加等。

10. 婚纱和服装费用

（1）新娘婚纱费用。包括选购或租赁婚纱的费用。如果选择购买婚纱，需要考虑婚纱的款式、设计、品牌和面料等因素，以及可能的定制费用。如果选择租赁婚纱，需要考虑租金、押金和清洗费用等。

（2）新郎礼服费用。包括选购或租赁新郎礼服的费用。与新娘婚纱类似，如果选择购买，需要考虑礼服的款式、设计、品牌和面料等因素，以及可能的定制费用。

（3）配饰费用。除了婚纱和礼服，还需要考虑新娘和新郎的配饰费用，例如头饰、首饰、鞋子、手套等。这些费用可以根据个人喜好和预算来确定。

（4）妆发费用。考虑到婚礼当天需要精心打扮，可能还需要预约专业的化妆师和发型师。妆发费用可以根据服务的时间、地点、专业水平等因素来确定。

11. 税费

（1）婚宴税费。在一些国家和地区，举办婚宴可能需要缴纳一定的税费。这些税费可能是根据婚宴规模、场地费用或消费金额等来计算的。

（2）婚礼礼品税费。如果在婚礼上准备了礼物或红包给亲友，需要了解当地的礼品或红包税规定。一些国家和地区可能会根据礼品或红包的金额收取一定的税费。

（3）婚礼服务税费。在一些国家和地区，提供婚礼服务的酒店、餐馆或婚庆公司可能会收取一定的服务税或附加费用。

需要注意的是，不同国家和地区的税费规定有所不同，可以咨询当地的税务机构或专业婚礼策划师，了解相关的税费规定和计算方式。此外，还要预留一定的预算，以应对可能的税费支出。

12. 保险费用

（1）婚礼责任保险。这种保险可以保障在婚礼过程中发生的意外事故或损失，例如意外受伤、财产损失或第三方责任等。保险费用会根据婚礼规模和保险金额来确定。

（2）婚礼取消或延期保险。如果出现不可抗力因素导致婚礼取消或延期，这种保险可以帮助支付已经发生的费用，例如场地租金、供应商费用或机票酒店费用等。保险费用会根据保险金额和保险期限来确定。

（3）旅行保险。如果目的地婚礼需要旅行，可以考虑购买旅行保险。旅行保险可以保障旅行途中的医疗费用、行李损失、航班延误或取消等意外情况。保险费用会根据旅行目的地、旅行时间和保险金额来确定。

13. 其他费用

（1）邀请函和邮寄费用。邀请函的设计、印刷以及邮寄费用。

（2）礼品和纪念品费用。给宾客的感谢礼物以及新人的纪念品费用。

（3）小费。给婚礼策划师、酒店服务员、司机、摄影师等提供小费。小费的具体数额会因地区和服务而异。

14. 杂费

杂费是指在目的地婚礼举办过程中可能产生的额外费用，这些费用通常不包含在主要费用项目中。例如，可能会有额外的装饰、音响设备、场地升级、特殊效果等费用。这些杂费可以根据婚礼需求和预算进行选择，但需要确保在预算中预留一部分用于应对这样的额外支出。

总而言之，全面列出婚礼费用是精准预算的关键。从大到小，每项费用都需考虑，确保无遗漏，这种做法不仅能让预算更加清晰明了，还能有效避免后期出现不必要的意外费用。

知识点 4：优先级排序与预算分配

优先级排序是一种将事物按照其重要性或紧急程度进行排序的方法。预算的优先级排序是根据不同支出项目的重要性和优先级来确定如何分配资源和资金。通过优先级排序，来确定哪些事情需要优先处理，以便更好地管理时间和资源。

1. 优先级排序和预算分配具体的步骤

（1）确定优先级。根据对新人的重要性、个人喜好和价值观来设定优先级。

（2）分配资金。根据可用资金，将预算分配给每个费用项目。这可能包括场地、餐饮、摄影、音乐、装饰、婚纱、蜜月等。开始时，可以先给予最重要的项目更多的资金。例如，场地是最重要的，那就可以将更大比例的预算分配给场地租赁费用。

（3）考虑整体平衡。在分配资金时，要保持整体的平衡。保证每个费用项目都有足够的资金支持，以确保婚礼的各个方面都得到适当的关注和照顾。避免将所有资金集中在一个项目上，而忽略其他重要的项目。

（4）调整预算。根据实际情况和需求，随时调整预算。在筹备过程中，可能会发现某些项目的费用超出了预期，或者某些项目的重要性发生了变化。根据情况可以调整预算，重新分配资金，以满足新的需求和优先级。

（5）灵活处理。在预算分配过程中要保持灵活性。有时候，在某些费用项目上可能出现意外的支出或紧急情况，这就需要重新评估和调整预算。灵活处理应对不可预测的情况，保持预算的整体可控性。

通过进行优先级排序和合理的预算分配，可以更好地管理婚礼的资金，并确保最重要的项目得到足够的关注和投入。这样可以在有限的预算内，为新人实现梦想中的目的地婚礼。

2. 目的地婚礼预算的优先级排序

目的地婚礼预算的优先级排序可以根据新人的具体情况和偏好进行调整，以下是一般情况下常见的优先级排序。

（1）场地租赁。婚礼场地通常是预算中的重要部分。优先考虑预订合适的场地，

确保能够容纳所有宾客并提供理想的婚礼氛围。

（2）交通。将交通作为下一个优先级考虑，包括新人及宾客的往返交通费用（机票、火车票、租车费等）。

（3）住宿。考虑新人及宾客的住宿费用，确保提供舒适和方便的住宿，包括酒店预订或租赁度假别墅等。

（4）餐饮。食物和饮料是婚礼的重要组成部分。确保提供高质量的餐饮服务，满足宾客的口味和需求。

（5）婚纱和礼服。新娘和新郎的婚纱和礼服是婚礼的焦点之一。应在预算中留出足够的资金购买或租赁合适的婚纱和礼服。

（6）摄影摄像。婚礼照片和视频将成为留存的珍贵回忆。雇用专业的摄影师和摄像师能确保为新人捕捉婚礼的美好瞬间。

（7）婚车。选择合适的婚车，为新人提供豪华和浪漫的交通方式。

（8）花卉和装饰。花卉和装饰可以为婚礼增添美感和气氛。应根据个人喜好和主题选择合适的花卉和装饰。

（9）宾客招待。为宾客提供良好的招待和礼遇，包括住宿、交通、接待和娱乐活动等。

（10）婚礼规划和协调。雇用专业的婚礼规划师或协调人员，确保细节的安排和婚礼的顺利进行。

（11）礼物和纪念品。如果预算允许，考虑为宾客准备小礼物或纪念品，作为感谢和留念。

不同的人会根据各自的优先级和预算来进行排序，有些更注重交通和餐饮；有些更注重婚纱和摄影。总之，重要的是根据新人的偏好和预算限制作出明智的决策，以确保满足新人和宾客的需求，同时保持财务可行性。

知识点 5：寻找优惠与折扣的策略

在规划目的地婚礼时，寻找优惠与折扣是降低婚礼成本的有效途径。以下是寻找优惠与折扣的一些策略。

（1）提前预订。尽早预订婚礼场地、酒店住宿和其他服务，通常可以获得更好的价格和优惠。提前预订将有更多的时间进行谈判和比较，找到最适合预算的选择。

（2）比较价格。在选择供应商和服务时，一定要比较不同供应商的价格和优惠。通过多方比较，可以找到最具竞争力的价格和最适合需求的折扣。

（3）使用优惠码和优惠券。在互联网上搜索目的地婚礼相关的优惠码和优惠券，可能会有一些特别的促销活动。使用这些优惠码和优惠券可以节省一定的费用。

（4）考虑淡季或平日举办婚礼。在淡季或平日举办婚礼，通常可以获得更多的优惠和折扣。因为这些时段供应商订单相对较少，会提供更好的价格和特别优惠。

（5）谈判和沟通。与供应商积极进行谈判和沟通，尝试争取更好的价格和优惠。有时候，供应商可能会根据预算和需求，提供定制化的优惠方案。

（6）利用会员优惠和奖励计划。如果是某个酒店、航空公司或其他服务的会员，可以查看是否有相关的优惠和奖励计划。利用这些会员优惠和奖励可以获得更多的折扣和特别待遇。

通过采取这些策略，可以在目的地婚礼中寻找优惠与折扣，为婚礼预算节省一些费用。记得在谈判和选择优惠时，要保持合理和适度，确保所选择的供应商和服务质量符合要求。

知识点 6：减少费用支出的策略

（1）精确控制宾客数量。控制宾客数量可以对婚礼费用产生重要影响。精确确定需要邀请的宾客数量，可以节省场地、餐饮和礼物等方面的费用。

（2）DIY 装饰和手工制作。考虑 DIY 装饰和手工制作一些物品，如花束、桌卡、礼物包装等。这样可以节省费用，并增加个性化的元素，还可以自己策划一些娱乐活动，如 DIY 音乐播放列表、舞台表演等。

（3）借用或租赁物品。寻找可以借用或租赁的物品，如装饰、婚纱、摄影器材等。这样可以避免购买新物品，从而节省一些费用。

（4）灵活选择时间和日期。选择在淡季或平日举办婚礼，通常可以获得更多的折扣和特别优惠，从而节约婚礼费用。

（5）谨慎选择婚礼场地。选择合适的婚礼场地，可以在节约费用方面起到很大的作用。考虑一些经济实惠的场地选项，如公园、社区中心等。这些场地的租赁费用通常不高，并且可以根据新人的需求进行个性化装饰。

（6）考虑公共交通。在目的地城市内，鼓励宾客使用公共交通工具，如地铁、公交车等。这样可以减少个人交通费用，并降低对私人交通工具的需求。

（7）精确安排婚礼日程。合理安排婚礼日程，可以帮助避免不必要的费用支出。尽量将仪式、拍照、宴会等活动集中在同一地点，可以减少交通和场地租赁等方面的费用。

知识点 7：预留额外预算的重要性

（1）应对意外。在规划婚礼的过程中，可能会出现一些意外费用，如突发的场地变更、装饰物品的损坏或丢失、供应商取消服务等。预留额外的预算可应对这些意外费用，避免因此而导致预算超支。

（2）灵活应对变动。在规划婚礼期间，可能会产生一些额外的需求或想法，需要进行调整或添加。预留额外的预算可以在预算范围内灵活应对这些变动。

（3）确保质量和满意度。有时候，选择低价供应商或服务可能会导致质量和满意度下降。预留额外的预算可以在必要时，选择更高质量的供应商和服务，确保婚礼顺利进行并达到预期效果。

（4）增加安全感和减少压力。婚礼是一次重要的庆典，如果没有足够的预算，可能会增加压力和焦虑感。预留额外的预算可以增加安全感，使新人更加放心和享受整个婚礼过程。

为了预留额外的预算，可以在规划预算时留出一定的余地，或者专门设立一个备用预算。通过合理规划和预留额外的预算，可以更好地控制婚礼费用，并确保在预算范围内实现新人的婚礼梦想。

知识点8：预算管理与控制建议

1. 跟踪和记录费用的建议

（1）及时记录费用。在执行婚礼计划时，要及时记录每笔费用。保留所有的收据和账单，并将其输入预算表格或预算工具中，这样可以准确地了解实际费用，并及时调整预算。

（2）使用预算工具或表格。用预算工具或表格来记录和跟踪费用。这些工具通常提供预算项目列表和费用输入框，方便记录每笔费用。根据自己的喜好和方便性可以选择在线预算工具、电子表格或纸质表格。

（3）保留文件和凭证。保留所有的收据、账单和合同文件。这些文件是跟踪和核对费用的重要依据，也是与供应商及时沟通和解决问题的依据。将这些文件按照类别和日期进行整理，并妥善保存。

（4）分类费用。将费用按照类别进行分类。例如，将场地租金、住宿费用、餐饮费用等放在不同的类别中。这样可以更好地了解不同类别的费用情况，并根据需要进行调整和控制。

2. 控制额外费用的建议

（1）定义优先级。在决策时，明确并坚持优先级，将最重要的项目放在首位，确保它们能够得到足够的预算支持。对于次要的项目，要慎重考虑是否真正需要，并权衡所需与可承受之间的平衡。

（2）谨慎购买奢侈品。在购买奢侈品或高档产品时要谨慎。要理性思考，并根据自己的预算和实际需求作出决策，确保购买决策符合预算限制。

（3）比较价格和服务。在选择供应商和服务时，进行充分的研究和比较。不仅要考虑价格，还要考虑服务质量和性价比。与不同供应商进行谈判，选择最合适的选项。

3. 定期审查和调整预算的建议

（1）定期审查预算。定期（每月或每季度）审查和评估预算，确保所执行的计划仍然在预算范围内，可以及时发现并解决预算超支的问题。

（2）调整预算。如果发现预算超支的情况，要及时采取措施进行调整和控制。重新评估其他费用项目，并根据需要调整预算分配。

（3）与供应商沟通。如果预算超支，要与相关供应商及时沟通，并寻求解决方案。有时供应商可以提供折扣或替代方案，帮助控制费用。

4. 各项费用预算比例建议

（1）场地和住宿费用。一般来说，目的地婚礼的场地和住宿费用占整个预算的很大部分，通常占30%~40%，其中包括预订婚礼场地、宴会厅、酒店住宿，以及可能需要支付的旅行费用。

（2）餐饮费用。餐饮费用通常也是婚礼预算中的重要部分，占总预算的30%~40%，主要包括婚礼酒席、饮料、甜点和蛋糕等。

（3）婚纱和礼服。婚纱和礼服的花销通常占总预算的10%~15%，包括新娘和新郎的婚纱、礼服、配饰，以及可能需要支付的定制费用。

（4）装饰和花卉。装饰和花卉的花销通常占总预算的10%~15%，包括场地布置、花艺设计、鲜花装饰，以及可能需要支付的花艺师和装饰师的费用。

（5）婚礼摄影和摄像。婚礼摄影和摄像的花销通常占总预算的10%~15%，包括聘请专业摄影师和摄像师、婚礼照片和视频的后期制作费用。

（6）其他费用。其他费用包括婚礼策划和协调费用、婚礼顾问费用、婚礼证书和文件的办理费用等，通常占总预算的5%~10%。

需要注意的是，这只是一般情况下的花销比例，实际的花销比例会根据个人的需求、婚礼规模和目的地的不同而有所变化。在制定预算时，最好根据具体情况进行调整，确保预算合理分配。

技能训练

任务1：设计目的地婚礼预算

活动目标

（1）帮助学生了解婚礼预算的重要性和影响因素。

（2）培养学生的预算规划和管理能力。

（3）为学生提供与同伴、与团队合作的机会。

活动准备

（1）准备PPT或白板，用于展示和解释婚礼预算相关的概念和内容。

（2）准备婚礼预算案例分析，包括不同目的地婚礼的费用分配和预算限制。

（3）准备工作表或电子表格，方便学生进行预算计算和记录。

活动步骤

第一步：介绍婚礼预算的重要性

①通过PPT或白板向学生介绍婚礼预算的定义和意义。

②强调婚礼预算对于实现理想婚礼和避免超支的重要性。

第二步：解释婚礼预算的影响因素

①列举常见的婚礼预算影响因素，如婚礼场地、装饰、食物和饮料、婚纱和礼服等。

②解释每个因素对预算的影响，并提供实际案例和数据进行说明。

第三步：分组活动——设计目的地婚礼预算

①将学生分成若干小组，每组4~6人。

②每个小组选择一个目的地，例如海滨度假胜地、山区度假村或城市中心酒店。

③给每个小组提供一份目的地婚礼的预算案例和限制条件。

④小组成员合作，根据预算案例和限制条件，计算和规划婚礼的预算分配。

⑤学生可以使用工作表或电子表格记录他们的预算计划，并解释他们的决策。

第四步：小组展示和讨论

①每个小组派出一名代表，向全班同学展示他们的婚礼预算计划。

②其他小组成员和教师提供反馈和建议，讨论不同预算分配方案的优缺点。

鼓励学生在讨论中分享他们的经验和思考，并学习从他人的观点中获得启发。

第五步：总结和反思

①总结本次活动的重点和要点。

②鼓励学生反思他们在婚礼预算设计中的学习和体验，以及如何运用这些技能和知识。

活动延伸
(1) 邀请婚礼策划师或专业人士分享他们的经验和见解。
(2) 组织学生参观婚礼场地或参加婚礼展览,以加深对婚礼预算的理解。

注意事项
(1) 在活动中促进学生之间的合作和团队合作。
(2) 确保每个小组都有平等的参与机会。
(3) 鼓励学生提问和参与讨论,促进他们的思考和学习。

任务 2: 目的地婚礼预算的优先级排序

活动目标
(1) 帮助学生理解目的地婚礼预算中不同方面的优先级。
(2) 培养学生的分析和决策能力。
(3) 为学生提供与同伴、与团队合作的机会。

活动准备
(1) 准备 PPT 或白板,用于展示和解释目的地婚礼预算的不同方面。
(2) 准备婚礼预算案例和不同方面的优先级指标。
(3) 准备工作表或电子表格,方便学生进行优先级排序和记录。

活动步骤

第一步:介绍目的地婚礼预算的优先级概念
①通过 PPT 或白板向学生介绍目的地婚礼预算的优先级概念。
②解释不同方面的优先级指标,并说明其重要性和影响。

第二步:解释婚礼预算不同方面的优先级
①列举常见的婚礼预算,如场地租赁、餐饮、婚纱和礼服、摄影摄像、婚车等。
②解释每个方面的优先级指标,并提供实际案例和数据进行说明。

第三步:分组活动——优先级排序
①将学生分成若干小组,每组 4~6 人。
②每个小组选择一个目的地婚礼预算案例。
③给每个小组提供一份目的地婚礼预算案例和不同方面的优先级指标。
④小组成员合作,根据预算案例和优先级指标,对不同方面进行优先级排序。
⑤学生可以使用工作表或电子表格记录他们的优先级排序,并解释他们的决策。

第四步:小组展示和讨论
①每个小组派出一名代表,向全班同学展示他们的优先级排序结果。其他小组成员和教师提供反馈和建议,讨论不同优先级排序方案的优缺点。

②鼓励学生在讨论中分享他们的思考和决策过程，并学习从他人的观点中获得启发。

第五步：总结和反思
①总结本次活动的重点和要点。
②鼓励学生反思他们在目的地婚礼预算中优先级排序过程中的学习和体验，以及如何运用这些技能和知识。

活动延伸
（1）邀请婚礼规划师或专业人士分享他们对目的地婚礼预算优先级的见解和经验。
（2）组织学生进行实地考察或模拟活动，让他们亲身体验并运用优先级排序的技能。

注意事项
（1）在活动中促进学生之间的合作和团队合作。
（2）确保每个小组都有平等的参与机会。
（3）鼓励学生提问和参与讨论，促进他们的思考和学习。

任务3：婚礼支出控制之旅

活动目标
（1）帮助学生了解婚礼相关支出的重要性和管理方法。
（2）培养学生的理财意识和预算能力。
（3）提供实际操作和团队合作的机会，以加强学生的沟通和决策能力。

活动内容
（1）班级分组，每个小组假设为一对即将举办婚礼的新人。
（2）每个小组分配一定的预算，用于筹办婚礼。
（3）学生需要研究并了解婚礼中各项支出的平均费用，并根据预算制订详细的支出计划。
（4）学生需要考虑各项费用的优先级，如场地租赁、婚纱礼服、宴会用餐、鲜花布置等。
（5）学生可以利用互联网资源和实地考察，寻找具体的供应商和价格信息。
（6）学生需要制作一个婚礼支出预算表，详细记录每一项支出和预算剩余情况。
（7）学生需要撰写一份婚礼策划报告，介绍他们的预算安排和理由。
（8）每个小组需要进行展示，并互相评价和讨论各组的预算安排。

活动资源
（1）互联网资源和手机应用程序，用于查找婚礼相关的费用和供应商信息。
（2）宴会厅、婚纱店等婚礼相关场地的实地考察。

（3）婚礼策划书和在线课程，帮助学生了解婚礼策划的基本知识和技巧。

活动评价

（1）学生的预算计划的合理性和创新性。

（2）学生的婚礼支出预算表的准确性和完整性。

（3）学生的婚礼策划报告的逻辑性和可行性。

（4）学生在小组合作中的角色分工和团队合作能力。

（5）学生的展示表达和互动讨论能力。

活动延伸

（1）邀请专业婚礼策划师或财务规划师来讲解婚礼支出管理的技巧和经验。

（2）安排学生参观婚礼博览会或与当地婚庆公司合作，以了解实际婚礼策划和执行的过程。

（3）组织学生参加婚礼策划比赛，以进一步培养他们的创新和团队合作能力。

注意事项

（1）活动中的预算和支出计划应以合理的范围和水平为准，避免过多的浪费或过度节省。

（2）活动中的评价应注重学生的合作和学习过程，而不仅仅是结果的好坏。

（3）活动中需要注重学生的安全和隐私保护，确保不泄露个人敏感信息。

内容回顾

1. 设定明确的婚礼预算的作用包括：

（1）控制费用；

（2）避免财务压力；

（3）合理分配资金；

（4）优化资源利用；

（5）节省时间和精力；

（6）避免后期纠纷；

（7）确保婚礼顺利进行。

2. 通过研究目的地费用可以更好地设定明确的预算，研究目的地费用的一些途径和方法有：

（1）在线搜索；

（2）咨询当地婚礼规划师；

（3）参考目的地婚礼指南和杂志；

（4）联系当地供应商；

（5）参考论坛和其他社交媒体；

（6）借鉴他人的经验。

3. 目的地婚礼的费用项目包括：交通费用、住宿费用、场地费用、餐饮费用、婚礼策划费、装饰费用、仪式费用、娱乐费用、摄影和摄像费用、婚纱和服装费用、税费、保险费用、邀请函和邮寄费用、礼品和纪念品费用、小费、杂费等。

4. 优先级排序和预算分配具体的步骤：

（1）确定优先级；

（2）分配资金；

（3）考虑整体平衡；

（4）调整预算；

（5）灵活处理。

5. 在规划目的地婚礼时，寻找优惠与折扣可以采取如下策略：提前预订、比较价格、使用优惠码和优惠券、考虑淡季或平日举办婚礼、谈判和沟通、利用会员优惠和奖励计划。

6. 为了预留额外的预算，可以在规划预算时留出一定的余地，或者专门设立一个备用预算。通过合理规划和预留额外的预算，可以更好地控制婚礼费用，并确保在预算范围内实现新人的婚礼梦想。

能力检测

1. 请简要解释什么是设定明确的预算，以及为什么它在项目中很重要？
2. 为了研究目的地的费用，可以采取哪些方法？请列举至少三种方法。
3. 列出所有费用项目的目的是什么？在制定预算时，为什么这一步骤很重要？
4. 在寻找优惠与折扣时，可以采取哪些策略？请提供至少两种策略。
5. 列举至少三种可以帮助减少费用支出的方法。
6. 在什么情况下，制定预算时要预留一些额外的费用？请解释原因。
7. 提供至少三条管理预算的建议，以确保预算的有效控制和管理。

实务案例

预算掌控者：成功举办目的地婚礼的策略

背景

李明和王丽是一对准备在巴厘岛举办目的地婚礼的新人。他们决定在这个美丽的度假胜地举办婚礼，并邀请了亲朋好友一起参加。然而，他们面临的一个重要挑战是管理好婚礼预算，以确保在不超支的情况下实现他们的梦想婚礼。

预算管理过程

（1）制定预算。

李明和王丽与婚礼策划团队一起制定了详细的婚礼预算。考虑到目的地婚礼的特殊性，他们特别关注场地租赁、住宿、交通、餐饮、装饰和婚礼团队等方面的费用。

（2）婚礼策划团队的建议。

婚礼策划团队根据经验提供了关于如何合理分配预算的建议。他们根据李明和王丽的喜好和优先级，推荐了一些节省费用的方式，例如选择当地供应商、在淡季举办婚礼和合理安排婚礼活动的时间。

（3）费用核算和优化。

在确定预算后，李明和王丽与婚礼策划团队一起核算每个环节的费用。他们对各个方面的费用进行了评估和比较，找到了最合适的供应商和最优惠的价格。

（4）监控和控制预算。

在婚礼筹备的整个过程中，李明和王丽与婚礼策划团队保持着紧密的沟通，及时了解费用的使用情况。他们设定了一个预算控制表格，记录每项费用的实际花费和预算差异，并及时调整和控制预算。

（5）灵活应对变化。

在婚礼筹备过程中，李明和王丽可能会面临一些未预料到的费用或变化。在这种情况下，他们与婚礼策划团队紧密合作，共同寻找解决方案，如重新评估预算分配或寻找替代方案。

结果

通过精心管理婚礼预算，李明和王丽在巴厘岛成功举办了梦想中的目的地婚礼。他们控制了费用，没有超支，并且在预算范围内实现了他们的理想婚礼。

这个案例说明了管理目的地婚礼预算的重要性。通过制定详细的预算、与婚礼策划团队合作、核算和优化费用、监控和控制预算，新人可以在目的地婚礼中实现理想和控制费用的平衡。

对于其他情侣和婚礼策划团队来说，这个案例提供了一些管理目的地婚礼预算的指导原则。

· 考虑到目的地婚礼的特殊性，制订详细的预算计划。

· 寻求专业婚礼策划团队的建议和指导，以合理分配预算并节省费用。

· 核算和比较每个环节的费用，寻找最优惠的供应商和最合适的价格。

· 设置一个预算控制系统，及时监控和调整费用的使用。

· 灵活应对变化，与婚礼策划团队合作寻找解决方案。

通过以上的管理目的地婚礼预算的案例，新人可以更好地控制费用，实现理想的婚礼。同时，这也提醒其他新人和婚礼策划团队，在目的地婚礼中，管理预算是必不可少的一步。通过合理规划、核算和比较、监控和调整，可以在预算范围内控制费用，

实现梦想婚礼。这将为新人带来一次难忘的婚礼体验，同时也为婚礼策划团队积累了宝贵经验，提升了他们的专业水平。

拓展阅读

小费文化

小费是指顾客在享受服务后给予服务人员的额外支付。它通常是对服务人员良好服务的一种表达，以示感谢和赞赏。小费的金额通常由服务质量、服务员的努力程度和个人偏好等因素决定。

小费的给予方式和金额因国家和地区而有所不同。在一些国家，小费是服务行业的一部分，如美国和加拿大，服务员的工资通常较低，依赖于小费来补充收入。因此，在这些国家，给小费被认为是一种社会习惯。

在欧洲给小费和在美国给小费，两者相去甚远。在欧洲，小费仅仅被视为是对优质服务的奖励，因为大多数情况下，在欧洲从事服务业的工作人员都会拿到合适的薪水，而不会将顾客小费作为自己的主要收入来源。但在美国，情况相反，小费似乎已经成了某些人维持生计不可或缺的一部分。在美国，因为服务质量不好，小费给得少的时候会被认为抠门；在欧洲，如果对服务不满意，不给小费也合情合理。

然而，在其他一些国家，小费可能不是常规的习惯，或者服务员已经获得了较高的工资，不依赖于小费。例如日本、韩国、丹麦、挪威、瑞典、芬兰和冰岛等。

因此，小费是一种额外支付，用于表达对服务人员优质服务的赞赏和感谢。它可以根据个人的经济能力和对服务的满意度来决定，并且因国家和地区而有所不同。

1. 给小费的基本常识

（1）就算使用信用卡结账，也应该随身带一些现金用来付小费，现金最好是当地的货币。如果身上没有欧元只有美元，也尽量用美元付。

（2）如果在餐厅里，结账时最好直接把小费递到服务员的手上，尽量不要放在桌子上。而在酒店，如果接受了行李安置员、礼宾员和清洁人员的服务，应该在服务结束之后当面把小费递给他们，而不是等到最后自己离开酒店时才给。导游也同样如此，在导游服务结束时直接把小费给导游，而不是最后加在旅行社的总费用中。

（3）在欧洲很多国家，10%~15%的服务费（小费）通常已经包含在账单之中。如果是这种情况，就不需要再额外给小费了。在欧洲餐厅吃饭时，记得检查账单是不是已经包含了小费，如果没有，正常情况下可以给5%~10%的小费。

（4）在欧洲酒店，遵照"凡事给1欧元小费"的规则就好。比如，酒店人员帮忙提一个行李箱给 1 欧元、清洁员清洁一天给 1 欧元、服务员派送一次早餐给 1 欧元。如果住的是五星级酒店，为了凸显自己的身份，给 2 欧元小费也行。

（5）如果不知道该给多少小费，就给消费金额的 10%，因为在欧洲大多数地方，10% 的小费不但合适，而且也算是大方了。

2. 个别国家的特别情况

（1）在希腊，消费得少，需要付的小费反而多（不是说比账单的价格还高，此处指的是比例）；消费得多，需要付的小费反而少。

（2）在德国、奥地利、瑞士和捷克等国家，需要明示预期支付的金额。因为当地人习惯上并不将找回的零钱视为小费，也就是说不适用"零钱不用找了"的说法，而通常是要明确告知找回的金额。例如，在这些国家用餐，如果账单显示是 22.5 欧元而支付了 30 欧元，应向服务员明示："请找回我 5 欧元，另外 2.5 欧元作为小费。"特别是在瑞士，服务费用按照法律规定已包含在账单总额中，因此无须再额外支付小费或声明"零钱不用找了"。

（3）爱尔兰和苏格兰用微笑代替小费。在这些地方的酒店，如果服务员帮助将行李箱提进房间，不需要给小费，只需微笑并说声谢谢就好。

（4）在英格兰，给酒店清洁员提供小费是常有的做法，被看作对服务的认可。在酒馆或其他酒吧，小费虽非强制性的，但若对某位服务人员的表现十分满意，提供小费也是一种表达感谢的方式。

3. 一些国家吃住行需要哪些小费的情况

美国：餐厅建议给 15%~20% 的小费；酒店建议每天给 2~5 美元的小费；出租车或网约车建议给 10%~15% 的小费。

加拿大：餐厅建议给 15%~20% 的小费；酒店建议每天给 2~5 美元的小费；出租车或网约车建议给 10%~15% 的小费。

英国：餐厅建议给 10%~15% 的小费（如果服务费没有包含在账单中）；酒店建议每天给 1~2 英镑的小费；出租车或网约车建议给 10%~15% 的小费，或者将费用四舍五入到最接近的金额。

法国：餐厅通常已经包含了 15% 的服务费，但可以再给 5%~10% 的小费表示感谢；酒店建议每天给 1~2 美元的小费；出租车或网约车建议四舍五入到最近的欧元。

德国：餐厅通常已经包含了 10%~15% 的服务费，但可以再给 5%~10% 的小费表示感谢；酒店建议每天给 1~2 美元的小费；出租车或网约车建议四舍五入到最近的欧元。

意大利：餐厅通常已经包含了 10%~15% 的服务费，但可以再给 5%~10% 的小费表示感谢；酒店建议每天给 1~2 美元的小费；出租车或网约车不需要给小费。

印度：餐厅可以根据服务质量给 5%~10% 的小费（除非已经收取服务费）；酒店

可以根据房间等级每天给1~2美元的小费；出租车或网约车可以四舍五入到最近的卢比。

巴西：餐厅通常已经包含了10%的服务费，但可以再给5%~10%的小费表示感谢；酒店建议每天给1~2美元的小费；出租车或网约车通常不需要给小费。

墨西哥：餐厅建议给10%~15%的小费（除非已经收取服务费）；酒店建议每天给1~2美元的小费；出租车或网约车建议给10%~15%的小费。

澳大利亚：餐厅通常不需要给小费，但可以四舍五入到最近的澳元表示感谢；酒店小费不是必需的；出租车或网约车通常也不需要给小费，但可以四舍五入到最近的澳元表示感谢。

新西兰：餐厅通常不需要给小费，但可以四舍五入到最近的纽元表示感谢；酒店小费不是必需的；出租车或网约车通常也不需要给小费，但可以四舍五入到最近的纽元表示感谢。

南非：餐厅建议给10%~15%的小费（除非已经收取服务费）；酒店建议每天给1~2美元的小费；出租车或网约车建议给10%~15%的小费。

肯尼亚：餐厅建议给10%~15%的小费（除非已经收取服务费）；酒店建议每天给1~2美元的小费；出租车或网约车建议给10%~15%的小费。

泰国：餐厅通常不需要给小费，但可以四舍五入到最近的泰铢表示感谢；酒店建议每天给1~2美元的小费；出租车或网约车通常也不需要给小费，但可以四舍五入到最近的泰铢表示感谢。

新加坡：餐厅通常已经包含了10%的服务费，但可以再给5%~10%的小费表示感谢；酒店通常不需要给小费；出租车或网约车通常也不需要给小费，但可以四舍五入到最近的新元表示感谢。

马来西亚：餐厅通常已经包含了10%的服务费，但可以再给5%~10%的小费表示感谢；酒店通常不需要给小费；出租车或网约车通常也不需要给小费，但可以四舍五入到最近的林吉特表示感谢。

菲律宾：餐厅建议给10%~15%的小费（除非已经收取服务费）；酒店建议每天给1~2美元的小费；出租车或网约车建议给10%~15%的小费。

印度尼西亚：餐厅建议给10%~15%的小费（除非已经收取服务费）；酒店建议每天给1~2美元的小费；出租车或网约车建议四舍五入到最近的印尼盾表示感谢。

越南：餐厅通常不需要给小费，但可以四舍五入到最近的越南盾表示感谢；酒店通常不需要给小费；出租车或网约车通常也不需要给小费，但可以四舍五入到最近的越南盾表示感谢。

土耳其：餐厅建议给10%~15%的小费（除非已经收取服务费）；酒店建议每天给1~2美元的小费；出租车或网约车建议四舍五入到最近的里拉表示感谢。

埃及：餐厅建议给10%~15%的小费（除非已经收取服务费）；酒店建议每天给

1~2美元的小费；出租车或网约车建议四舍五入到最近的埃及镑表示感谢。

摩洛哥：餐厅建议给10%~15%的小费（除非已经收取服务费）；酒店建议每天给1~2美元的小费；出租车或网约车建议四舍五入到最近的迪拉姆表示感谢。

流行的主题婚礼形式

1. 自然/野外主题婚礼

自然/野外主题婚礼是以大自然的美丽和宁静为灵感，创造出浪漫而舒适的氛围。这种主题婚礼通过选择自然环境、使用自然元素和营造浪漫的氛围，为新人和宾客带来独特而难忘的婚礼体验。这种主题婚礼强调与自然亲近、放松和享受大自然的美丽和宁静。

（1）场地选择。

自然/野外主题婚礼通常选择在户外举行，可以在森林、海滩、花园、农庄或乡村等自然环境中进行。这样的场地能够提供自然的美景和宁静的氛围，为婚礼营造出独特的环境。

（2）装饰元素。

在自然/野外主题婚礼中，装饰元素主要以花草植物、木质家具和自然元素为主。可以使用鲜花、绿植和草坪来装饰婚礼现场，通过色彩和花卉的选择来营造浪漫和自然的氛围。木质家具、花园藤蔓和自然材料如麻绳、树枝等也可用于装饰，以增加自然的感觉。

（3）灯光和照明。

在自然/野外主题婚礼中，灯光和照明起到了重要的作用。可以利用柔和的烛光、串灯、霓虹灯或篝火等照明方式来营造浪漫的氛围。在夜晚举行婚礼时，照明设计可以使婚礼场地更加温馨和浪漫。

（4）户外仪式和活动。

在自然/野外主题婚礼中，可以选择在户外进行婚礼仪式和活动。例如，在绿草如茵的草地上举行婚礼仪式，或者在海滩上交换誓言。户外婚礼仪式可以让新人和宾客更贴近自然，感受到大自然的美丽和宁静。

（5）自然美食。

自然/野外主题婚礼还可以选择以自然食材和美食为主题。例如，在农庄或花园举行农场婚礼，菜单中使用新鲜的有机食材，或者在海滩上享用海鲜自助餐。这样的婚礼美食可以与自然环境相呼应，为宾客带来独特的味觉体验。

（6）户外娱乐活动。

在自然/野外主题婚礼中，可以安排一些户外娱乐活动，增加婚礼的乐趣和互动性。例如，举办户外游戏、进行户外运动或组织宾客一起观星等活动，让宾客在自然环境中尽情享受婚礼的乐趣。

2. 海洋主题婚礼

海洋主题婚礼以海洋为灵感，营造出浪漫和海洋氛围。这种主题婚礼通过选择合适的场地、使用海洋元素的装饰、提供海洋风味美食和安排海洋娱乐活动，营造出浪漫和海洋的氛围。这种主题婚礼让新人和宾客沉浸在海洋的神秘和浪漫中，创造出难忘的婚礼体验。

（1）场地选择。

海洋主题婚礼的场地选择很重要。可以选择在海滩度假村、海滨酒店或海洋主题的室内场地举行婚礼。在海滩度假村举行婚礼可以享受到海滩的美景和海风的清爽，而在室内场地举行婚礼可以通过装饰和氛围营造出海洋的神秘感。

（2）装饰元素。

海洋主题婚礼的装饰元素主要包括贝壳、海藻、船舶元素和蓝色调的装饰。可以使用贝壳和海藻来装饰婚礼场地，例如，在桌上摆放贝壳作为装饰，或者用海藻装饰餐桌。船舶元素如船模、船帆或船轮等也可以用于装饰婚礼场地，增加海洋的氛围。此外，使用蓝色调的装饰和布置也是海洋主题婚礼的特色，可以用蓝色的花朵、蓝色的桌布和餐具等来营造海洋的浪漫感。

（3）海洋风味美食。

在海洋主题婚礼中，可以选择海洋风味的美食作为婚宴的一部分。例如，海鲜拼盘、烤鱼、龙虾等海鲜菜肴都可以作为主菜。此外，还可以提供以海洋为灵感的甜点，如海藻状的果冻、贝壳形状的巧克力等，为宾客带来独特的味觉体验。

（4）海洋娱乐活动。

在海洋主题婚礼中，可以安排一些海洋娱乐活动，增加婚礼的乐趣和互动性。例如，组织海滩婚礼游戏、水上运动或海洋探险等活动，让宾客在海洋环境中尽情享受婚礼的乐趣。

（5）海洋配乐。

为了增加海洋主题婚礼的气氛，选择合适的海洋配乐也很重要。可以选择一些轻松愉快的音乐作为背景音乐，在婚礼期间为宾客带来愉悦的感受。

3. 文化/民族主题婚礼

文化/民族主题婚礼以特定的文化或民族为灵感，将婚礼融入特定的文化传统和仪式中。例如，中式婚礼、印度式婚礼或夏威夷式婚礼等。场地和装饰会根据特定文化的元素进行选择和设计，例如传统服饰、音乐、舞蹈和美食等。这种主题婚礼可以让新人和宾客更好地了解和欣赏特定文化的独特魅力，同时也为他们创造了一段难忘的婚礼回忆。

（1）场地选择。

文化/民族主题婚礼的场地可以根据特定文化的背景进行选择。例如，中式婚礼可以选择在传统的庭院或宫殿举行，印度式婚礼可以选择在庙宇或宴会厅举行，夏威夷式婚礼可以在海滩或度假村举行。选择适合特定文化的场地可以更好地融入婚礼的文化元素和氛围。

（2）装饰元素。

文化/民族主题婚礼的装饰元素主要取决于特定文化的传统和风格。可以使用传统的服饰、民族图案的布置、特定文化的饰品等来装饰婚礼场地。例如，在中式婚礼中可以使用红色的装饰、龙凤图案和中国结等来营造中国的传统氛围；在印度式婚礼中，可以使用印度风格的彩色花朵、饰有宝石的装饰品和带印度图案的织物等来展示印度文化的独特魅力。

（3）音乐和舞蹈。

音乐和舞蹈是文化/民族主题婚礼中重要的一部分。可以选择特定文化的传统音乐和舞蹈表演来为婚礼增添独特的氛围。例如，在中式婚礼中可以邀请古筝演奏和中国舞蹈表演，印度式婚礼中可以邀请印度传统音乐和印度舞蹈表演。这样的音乐和舞蹈表演可以让宾客更好地体验并了解特定文化的传统和习俗。

（4）文化美食。

文化/民族主题婚礼还可以选择特定文化的美食作为婚宴的一部分。可以提供特定文化的传统菜肴和美食，让宾客体验特定文化的独特味道。例如，中式婚礼可以提供传统的中式菜肴，印度式婚礼可以提供印度风味的咖喱和香料菜肴。这样的美食体验可以让宾客更加了解和欣赏特定文化的独特魅力。

（5）仪式和传统活动。

文化/民族主题婚礼通常会融入特定文化的传统仪式和活动。例如，在中式婚礼中可以进行敬茶仪式、剪彩仪式和龙狮舞等传统活动。在印度式婚礼中可以进行七步婚誓仪式、彩绳仪式和火焰仪式等传统仪式。这些传统仪式和活动可以让新人和宾客更好地体验和感受特定文化的独特传统和习俗。

4. 超级英雄/电影主题婚礼

超级英雄/电影主题婚礼以超级英雄或电影为灵感，将婚礼设计成一个独特的电影场景。可以选择喜爱的超级英雄或电影作品，将婚礼场地和装饰设计成与电影一样的风格。例如，《蝙蝠侠》《哈利·波特》《星球大战》等。这种主题婚礼可以让新人和宾客沉浸在他们所喜爱的超级英雄或电影的世界中。通过选择合适的场地、使用相关的装饰和道具、穿着相符的服饰，可以创造出一个真实的超级英雄或电影场景。

（1）选婚礼电影主题。

选择一个喜爱的超级英雄或电影作为婚礼主题，可以选择像《蝙蝠侠》《哈利·波特》《星球大战》等备受喜爱的超级英雄或电影系列作品。选择一个具有特殊意义或新人共同喜爱的超级英雄或电影作品，可以增加婚礼的个性和独特性。

（2）场地选择。

根据选定的超级英雄/电影主题，选择与电影场景相符的场地。如果选择了《蝙蝠侠》，可以选择一个暗黑风格的城市建筑或地下场所作为婚礼场地；如果选择了《哈利·波特》，可以选择一个古堡或学院的场地；如果选择了《星球大战》，可以选择一个未来科技感的场地。场地的选择可以让新人和宾客身临其境地感受到电影的魅力。

（3）装饰元素。

根据选定的超级英雄/电影主题，使用与电影相关的装饰元素来打造婚礼场地的氛围。可以使用和电影有关的道具、海报、标志性的符号等来装饰婚礼场地。例如，在《蝙蝠侠》主题婚礼中，可以使用蝙蝠标志、黑色和黄色的装饰、蝙蝠侠雕像等；在《哈利·波特》主题婚礼中，可以使用魔杖、魔法帽、九又四分之三站台等。这些装饰元素可以让宾客感受到超级英雄或电影的魔力。

（4）婚礼服饰。

让新人和宾客穿上与超级英雄/电影主题相符的服饰，增加婚礼的趣味性和独特性。可以选择与电影中角色相似的服饰，或者选择与电影风格相符的服饰。例如，在《蝙蝠侠》主题婚礼中，新郎可以穿上蝙蝠侠的黑色西装，新娘可以选择黑色或紫色的礼服；在《哈利·波特》主题婚礼中，新郎可以穿上学院制服，新娘可以选择魔法风格的礼服。

（5）电影配乐和场景重现。

在婚礼中，播放与选定超级英雄/电影主题相符的配乐，让宾客身临其境地感受电影的氛围。此外，可以将电影中经典的场景重现在婚礼中。这样的配乐和场景重现可以让宾客更加投入和参与超级英雄/电影主题的婚礼。例如，在《哈利·波特》主题婚礼中安排魔法表演或魔法杖的互动活动。

（6）婚礼仪式融入电影的元素。

婚礼仪式融入超级英雄或电影的元素。例如，可以在仪式中设置一个特定的背景，让新人像超级英雄一样入场，或者可以在仪式中加入一些电影中的经典台词或场景，增加婚礼的趣味和个性。

（7）游戏和娱乐活动。

婚礼游戏和娱乐活动可以与超级英雄或电影主题相匹配。可以安排一些有趣的游戏或活动，让宾客参与其中。例如，在《蝙蝠侠》主题婚礼中可以设置一个蝙蝠侠挑战赛，让宾客参与解谜和完成任务；在《星球大战》主题婚礼中可以设置一个光剑对决活动，让宾客体验刺激的星战。

（8）美食和饮品。

美食和饮品可以与超级英雄/电影主题相呼应。可以设计一些特色的美食和饮品，以电影中的角色或场景为灵感。例如，在《哈利·波特》主题婚礼中，可以提供巫师学院的餐点和魔法饮品；在《复仇者联盟》主题婚礼中，可以提供以不同超级英雄命名的小吃和饮品。

（9）婚礼礼物。

婚礼礼物也可以与超级英雄/电影主题相关。可以为宾客准备一些特别定制的礼物，如超级英雄或电影角色的玩具、定制的T恤或饰品等。这些礼物可以让宾客带着婚礼的回忆回家，并延续超级英雄/电影的主题。

5. 现代/时尚主题婚礼

现代/时尚主题婚礼通过选择现代建筑或艺术画廊等场地、使用简约而大胆的装饰元素、穿着时尚的婚礼服饰、打造现场音乐氛围、选择现代化的美食和饮品等，营造出一种现代化和个性化的婚礼氛围。这种主题婚礼可以展现新人的现代品位和个性，为婚礼增添时尚感和独特性。这种主题婚礼以现代和时尚为灵感，注重现代感和个性化，追求简约、大胆和独特的设计。

（1）场地选择。

选择一个现代建筑或艺术画廊等场地作为婚礼场地，以强调现代感和时尚感。可以选择一座拥有简约线条和独特设计的建筑，或者选择一家具有现代艺术氛围的画廊。这样的场地可以为婚礼增添现代感，并为新人和宾客带来独特的婚礼体验。

（2）装饰元素。

在装饰方面，注重时尚感和现代感。可以选择简约而大胆的装饰元素，如金属、玻璃、镜面等。可以使用现代艺术品、摄影作品或装饰画等作为场地装饰，以增强现代感。在色彩方面，可以选择鲜明的对比色或时尚的中性色调，如黑白、灰色、金色等。灯光设计也很重要，可以使用现代化的灯光设备和灯光效果，营造出时尚而独特的氛围。

（3）婚礼服饰。

新人可以选择时尚而个性化的婚礼服饰。可以选择一套现代感强的婚纱或西装，或者选择一套时尚设计师的作品。可以选择大胆而独特的剪裁、细节或图案，以突出时尚感。在配饰方面，可以选择流行的饰品或独特的鞋子，以增强个性。

（4）音乐和娱乐活动。

音乐和娱乐活动也可以体现现代/时尚主题。可以选择时尚的音乐或DJ来打造现场音乐氛围，以增强现代感。娱乐活动可以选择一些现代化的互动游戏或艺术表演，如激光秀、数字艺术展示、现场画家等，以增加婚礼的趣味性和独特性。

（5）美食和饮品。

美食和饮品也可以追求现代感和个性化。可以选择现代化的料理方式和摆盘方式，以突出现代感。可以选择一些时尚的美食和饮品，如创意小吃、特色鸡尾酒等。在餐桌摆设方面，可以选择简约而独特的餐具和餐桌装饰，以增加现代感。

（6）婚礼礼物。

婚礼礼物也可以追求现代感和个性化。可以为宾客准备一些特别定制的礼物，如创意小物件、个性化的饰品或时尚的礼品。这些礼物可以体现新人对现代时尚的品位，并让宾客带着婚礼的回忆回家。

6. 梦幻／童话主题婚礼

梦幻／童话主题婚礼注重创造一个童话般的婚礼场景，追求梦幻感和浪漫感。通过选择城堡、宫殿或花园等梦幻的场地、使用公主般的装饰元素、穿着公主般的婚礼服饰、打造梦幻的音乐氛围、选择精美的美食和饮品等，营造出一种梦幻和浪漫的婚礼氛围。这种主题婚礼可以让新人和宾客感受到童话般的浪漫和梦幻，为婚礼带来独特的体验。

（1）场地选择。

选择一座城堡、宫殿或花园等梦幻的地方作为婚礼场地，以创造出一种童话般的氛围。可以选择一栋具有梦幻感的建筑，或者选择一座自然环境优美的花园。这样的场地可以为婚礼带来梦幻和浪漫的氛围，并为新人和宾客带来独特的婚礼体验。

（2）装饰元素。

在装饰方面，注重公主般的元素、精美的花卉和浪漫的灯光。可以使用丝绸、蕾丝、珠宝等材料来装饰场地，以增加梦幻感。可以使用鲜花、藤蔓、彩带等来装饰场地，以增强童话感。在色彩方面，可以选择浪漫的粉色、紫色、淡蓝色等，以增加浪漫感。灯光设计也很重要，可以使用柔和的烛光、暖黄色的灯光等，营造出梦幻而浪漫的氛围。

（3）婚礼服饰。

新人可以选择公主般的婚礼服饰。可以选择一套精美的婚纱，如拖尾婚纱、公主袖婚纱等，以突出梦幻感；选择一套浪漫的礼服，如蕾丝长裙、复古风格的礼服等，以增加浪漫感。配饰方面，可以选择精美的头饰、珠宝和鞋子，以增强梦幻感。

（4）音乐和娱乐活动。

音乐和娱乐活动也可以体现梦幻／童话主题。可以选择轻柔的音乐或弦乐队来打造梦幻的音乐氛围，以增强婚礼的浪漫感；娱乐活动可以选择一些梦幻的互动游戏或表演，如魔术表演、舞蹈表演等，以增加婚礼的趣味性和梦幻感。

（5）美食和饮品。

美食和饮品也可以追求梦幻感和浪漫感。可以选择精美的料理方式和摆盘方式，以突出梦幻感；选择一些精美的甜点和蛋糕，如精致的水果塔、精美的杯子蛋糕等。在饮品方面，可以选择一些浪漫的鸡尾酒或精美的茶饮，以增加梦幻感。

（6）婚礼礼物。

婚礼礼物也可以选择充满梦幻感和浪漫感的礼物。可以为宾客准备一些特别定制的礼物，如精美的公仔、个性化的饰品或浪漫的礼品。这些礼物可以体现新人对梦幻和浪漫的向往，并让宾客带着婚礼的回忆回家。

项目九：

婚礼前全方位准备与规划

【学习目标】

【知识要点】

    知识点1：婚礼前准备工作清单的制定与执行

    知识点2：酒店选择与入住安排

    知识点3：欢迎宴的策划与执行

    知识点4：目的地旅行规划

    知识点5：婚礼彩排的重要性与实施

    知识点6：婚礼礼服的选择与搭配

    知识点7：婚礼化妆造型的选择与打造

【技能训练】

    任务1：丽江婚礼欢迎宴的设计和策划

    任务2：婚礼目的地——日本北海道的一日观光考察

    任务3：追寻梦幻——为新娘选择西式婚纱

【内容回顾】

【能力检测】

【实务案例】

    海滨浪漫婚礼：青岛的目的地婚礼彩排流程

【拓展阅读】

    告别单身派对（脱单派对）

    客制化婚礼礼品

学习目标

1. 掌握婚礼前的准备工作清单，了解婚礼策划和组织的基本流程及步骤。
2. 学会安排酒店入住，包括酒店选择、预订、入住和退房等流程。
3. 学习举办欢迎宴的方法和技巧，包括关于举办目的地婚礼的欢迎宴的一些建议。
4. 了解目的地旅行的相关知识，包括景点选择和预订、交通和用餐等。
5. 掌握婚礼彩排的流程和注意事项，了解如何安排婚礼彩排的时间、地点、邀请参与者、现场的布置和彩排流程等内容。
6. 学会选择适合新人的婚礼礼服，包括款式、颜色、面料和配饰等。
7. 学会选择适合新人的婚礼化妆造型，包括选择婚礼化妆造型的时候，特别要注意的事项。

知识要点

知识点1：婚礼前准备工作清单的制定与执行

这里所说的婚礼前准备工作是指新人及其亲友、宾客到达目的地以后，到婚礼举办前，为婚礼所做的筹备工作。下面以美国纽约目的地婚礼日程为例，看看婚礼前的准备工作包括什么。

以下是为期5天的美国纽约目的地婚礼的一个日程安排示例。

第一天：抵达和欢迎

下午：来宾抵达纽约，安排入住酒店。

晚上：在酒店举行欢迎晚宴，让大家有机会相互认识和交流。

第二天：城市游和休息

上午：提供纽约市区的观光游，包括自由女神像、中央公园、时代广场等。

下午：休息时间，宾客可以自由探索城市或在酒店放松。

晚上：举办轻松的鸡尾酒会或小型聚会。

第三天：婚礼彩排和宴会

上午：举行婚礼彩排，让所有参与婚礼的人了解流程和自己的角色。

下午：休息时间，准备晚上的宴会。

晚上：举行宴会，新人、家人和朋友们可以发表演讲，庆祝即将到来的婚礼。

第四天：婚礼

上午和下午：新郎和新娘准备婚礼，宾客也可以有时间准备。

下午：举行婚礼仪式。

晚上：举行婚礼晚宴和派对，享受音乐、舞蹈和美食。

第五天：告别早餐和离开

上午：在酒店举行告别早餐，与大家道别。

下午：宾客退房离开。

通过上面的日程安排示例可以发现，到达目的地后，需要做的婚礼前的准备工作清单包括：安排参加婚礼的新人、亲友、宾客入住酒店；举办欢迎宴；安排目的地旅游观光；婚礼彩排，包括婚礼礼服和化妆造型的选择和安排。下面将分别就这些婚礼前的准备进行介绍和分享。

知识点 2：酒店选择与入住安排

在确定婚礼地点以后，策划团队会根据新人的喜好和预算确定目的地的酒店，按照参加婚礼的人数预订房间，并将酒店的名称、地址、联系电话和预订信息提供给新人、亲友和宾客。一般来讲，到达目的地后，宾客由机场或车站到达酒店入住有两种方式，一种是宾客自己乘坐交通工具到达酒店，另一种是由婚礼服务团队安排车辆迎接入住酒店。

1. 宾客自行乘坐交通工具到达酒店

（1）提供交通信息。婚礼服务团队在提供住宿信息的同时，将目的地酒店和机场/车站之间的交通信息提供给宾客，包括公共交通（如地铁、公交车）的路线和站点，以及出租车或网约车的使用方法和费用估算等。

（2）提供导航工具。为了帮助宾客找到酒店，可以提供导航工具或应用程序的推荐，如谷歌地图、苹果地图等，以便他们能够准确导航到酒店。

（3）提供附近停车信息。如果宾客选择自驾前往酒店，就要提供附近停车场或停车位的信息，以确保他们能够方便地停车。

2. 由婚礼服务团队安排车辆迎接入住酒店

（1）提前沟通。与婚礼服务团队沟通，了解是否提供接送服务。如果提供接送服务，与团队协商迎接宾客的具体安排，比如车辆类型、司机信息等。

（2）提供宾客信息。将宾客的姓名、联系方式和到达时间提供给婚礼服务团队，以便他们能够及时准确地安排车辆接送。

（3）确定接送地点。与婚礼服务团队确认机场/车站的具体接待点，确保宾客在到达后能够方便地找到接车点。

（4）提供接待标识。如果需要，与婚礼服务团队协商提供特殊的接待标识，如写有新人姓名的牌子或特殊标志，以便宾客能够快速识别并找到接车点。

根据实际情况和预算，新人可以选择其中一种方式或两种方式结合使用。无论哪种方式，提供清晰的交通信息和指引，以确保宾客能够轻松地到达酒店入住，并享受愉快的婚礼体验。

知识点3：欢迎宴的策划与执行

举办目的地婚礼的欢迎宴是一种很好的欢迎宾客方式，同时能为他们提供一个相互认识和社交的机会。以下是成功举办目的地婚礼的欢迎宴的一些建议。

（1）选择场地。选择一个适合举办欢迎宴的场地，可以是酒店的宴会厅、海滩边的露台、花园或当地特色餐厅等。考虑宾客人数和场地容量，确保场地舒适宽敞。

（2）定义欢迎宴的形式。可以选择举办一场正式的晚宴，或者选择更轻松和休闲的形式，如自助餐、鸡尾酒会或烧烤聚餐。根据新人的喜好和预算选择合适的形式。

（3）主题和装饰。为欢迎宴选择一个主题，可以与目的地或新人的个人爱好相关。在场地中使用相应的装饰品，如鲜花、灯光、装饰物和标识，以营造浪漫和独特的氛围。例如，举办一个以"纽约夜晚"为主题的欢迎宴，可以采取以下方式进行装饰。

①灯光效果。使用灯带、投影灯或壁灯等暖色调的灯光来营造纽约夜晚的氛围。

②城市天际线背景。可以用投影、贴纸或画布在宴会厅的墙上或背景布置一个纽约市的天际线。这样可以为拍照提供一个独特的背景。

③纽约名胜标识。在宴会厅的不同角落摆放纽约的标志性建筑物模型，如自由女神像、帝国大厦、时代广场等。

④黑白摄影展。在宴会厅的墙上展示纽约城市的黑白摄影作品，可以是由当地摄影师拍摄的纽约街景、标志性建筑或城市夜景等。

⑤纽约主题桌布和餐具。选择纽约主题的桌布、餐盘、酒杯等餐具，可以有纽约地标、标志性图案或纽约城市元素的印刷。

⑥纽约风味美食。提供纽约特色美食，如纽约风味比萨、热狗、曼哈顿海鲜饭等，可以为宾客提供一个品尝纽约美食的机会。

⑦纽约音乐。在欢迎宴上播放纽约相关的音乐，如百老汇音乐剧的经典曲目、纽约摇滚乐队的歌曲等，营造一种纽约的音乐氛围。

⑧纽约风格的花束和装饰。选择纽约标志性的花卉和植物，如玫瑰花、兰花等，用于装饰桌子和场地。

⑨纽约城市元素的名牌和标识。使用纽约地标或标志性元素的名牌和标识，如曼哈顿地铁站的地铁标识、纽约市街道标识等，可以作为装饰的一部分。

通过选择纽约夜晚作为主题，并配以相应的装饰和元素可以为欢迎宴营造出一种独特而令人难忘的纽约风格的氛围，为宾客带来一种与众不同的体验，与美国纽约目的地婚礼的主题相呼应。

（4）菜单和饮品。根据目的地的特色和宾客的口味，设计一份丰富多样的菜单。考虑提供当地特色菜肴和饮品，以让宾客有机会品尝当地美食。同时，提供各种饮品选择，包括葡萄酒、鸡尾酒和非酒精饮品等。

（5）活动和娱乐。为宾客提供一些活动和娱乐节目，增加欢乐气氛。可以安排音乐表演、舞蹈表演或当地文化表演等。这些活动可以帮助宾客更好地融入和享受婚礼氛围。

①现场音乐表演。安排现场乐队或音乐家为宾客表演，可以是轻松愉快的流行音乐、浪漫的爵士乐或当地特色的音乐。这样的音乐表演可以为晚宴增添音乐氛围，并让宾客感受到音乐的魅力。

②舞蹈和舞会。安排一段舞蹈表演，可以是新人的第一支舞或专业舞者的表演。随后开放舞池让宾客跳舞，可以播放不同风格的音乐，如流行、摇滚、拉丁等，让宾客尽情享受舞蹈和音乐的乐趣。

③照片互动和拍照墙。设置一个照片互动区域，并提供各种有趣的道具和背景，让宾客可以在晚宴期间拍照留念。可以准备一面照片墙或一块背景板，上面印有新人的照片或婚礼主题的图案，供宾客拍照。

④当地文化体验。如果目的地有独特的文化和艺术表演，可以邀请当地的舞者、音乐家或表演团队为宾客展示传统舞蹈、音乐或表演。这样的表演可以让宾客感受到当地文化的魅力和特色。

（6）社交互动。桌位的安排可以让新人、亲友和其他宾客互相交流。可以制定一个座位表，以确保宾客有机会与新人和其他宾客交谈。

（7）提供欢迎礼物。作为感谢和欢迎宾客的方式，可以为每位宾客准备小礼物，如定制的礼品袋、当地特色纪念品或个性化的礼品等。以下是一些例子，说明如何选择和准备欢迎礼物。

①定制的礼品袋。为每位宾客准备一个定制的礼品袋，里面可以放一些与目的地相关的小礼物和纪念品。例如，目的地是夏威夷，可以在礼品袋中放入一块夏威夷风格的毛巾、一个夏威夷花环或一瓶夏威夷特产的果酱等。

②当地特色纪念品。选择当地特色的纪念品作为欢迎礼物，如当地食品、手工艺品、艺术品或传统物品等。根据目的地的特点和宾客的偏好，选择具有代表性的纪念品，让宾客可以带回家作为婚礼的纪念。

③个性化的礼品。为每位宾客准备个性化的礼品，可以是定制的名字印记或刻字的物品，如钥匙扣、杯子、笔、手表等。这样的礼品可以让宾客感受到与婚礼的独特联系，并增加个人化的感觉。

④地图和指南册。为宾客提供一份目的地的地图和指南册，里面包括景点介绍、

交通指南、餐厅推荐和当地活动信息等。这样的礼物可以帮助宾客更好地了解目的地，并规划他们在婚礼期间的活动和行程。

⑤欢迎饮品。准备一瓶当地特色的酒或饮品，作为欢迎宾客的礼物。可以选择一瓶当地产的葡萄酒、啤酒、威士忌或特色鸡尾酒等。这样的礼物可以让宾客在婚礼之前品尝当地的美食和饮品。

无论选择哪种欢迎礼物，都要确保它与目的地及婚礼的主题相符，并能够给宾客带来一份特殊的体验和回忆。通过这样的礼物，可以向宾客表达感谢和欢迎，并让他们感受到被关心和被重视。

（8）提供信息和安排。在欢迎宴上提供关于婚礼日程、景点、交通和其他重要信息的小册子或小卡片。这样宾客可以更方便地了解婚礼活动和目的地的其他信息。小册子或小卡片可以包含如下内容。

①婚礼日程表。提供详细的婚礼日程表，包括仪式时间、地点和其他活动的安排。这样宾客可以提前计划并安排好自己的时间。

②交通信息。为宾客提供当地的交通信息、交通方式、费用估算等，以帮助宾客找到最方便的交通方式。

③当地景点和活动。例如提供关于纽约市的旅游景点、购物中心、博物馆和其他娱乐活动的信息。可以提供景点介绍、开放时间、门票价格和交通指南等信息。

④餐饮指南。提供当地美食的推荐和餐厅指南，包括不同类型的餐厅和美食街区的介绍。可以提供餐厅推荐、菜单样本和预订信息，以帮助宾客选择并预订合适的餐厅。

⑤特殊要求和需求。为宾客提供一个渠道，让他们可以提前告知任何特殊要求或需求，如饮食限制、无障碍设施、宗教仪式等。确保与酒店、餐厅、婚礼服务团队沟通，以满足宾客的需求。

⑥紧急联系信息。提供紧急联系人的姓名、电话号码和地址，以便宾客在需要时寻求帮助和支持。

通过以上建议，就可以成功举办一场难忘的目的地婚礼的欢迎宴。这将为宾客提供一次难忘的体验，加深彼此之间的认识和交流，并为整个婚礼活动的顺利进行打下良好的基础。

知识点 4：目的地旅行规划

在举办婚礼前，可以组织半天到一天的目的地观光旅行，组织安排注意以下几点。

（1）根据新人和宾客的兴趣和偏好，选择一些有代表性和吸引力的景点。这可能包括当地的名胜古迹、自然景观、文化遗址、美食体验等。确保景点之间的距离合理，以充分利用时间。

（2）为了确保参观过程顺利和有趣，可以雇用一名当地导游。导游可以为新人和宾客提供有关景点的历史、文化和背景知识的讲解，并确保他们不会错过任何重要的信息或亮点。

（3）在观光旅行期间，确保安排合适的用餐时间和地点。这可能包括在当地餐厅品尝当地美食，或者在景点附近准备野餐。提前预订餐厅，并确保餐厅能够满足新人的需求和宾客的口味。

（4）在观光旅行之前，为宾客提供必要的指导和安全提示，包括提醒他们注意个人财物安全、注意交通和环境安全、尊重当地文化和习俗等。

以下是在纽约一天的目的地观光的行程安排示例。

早上：

自由女神像（Statue of Liberty）和埃利斯岛（Ellis Island）：开始观光旅行，乘坐渡轮前往自由女神像和埃利斯岛，可以在自由岛下船，拍照留念，并参观博物馆和观景平台。随后乘船前往埃利斯岛，探索移民博物馆并了解美国的移民历史。

上午：

时代广场（Times Square）：乘坐地铁前往时代广场，这是纽约繁忙和著名的地标之一。逛逛各种商店，品尝当地美食。

中央公园（Central Park）：从时代广场乘车或乘坐地铁到中央公园，这里是一片绿洲，是纽约市著名的公园之一。漫步在公园的绿地上，参观景点，如湖泊、喷泉和著名的博物馆，如大都会艺术博物馆、自然历史博物馆。

午餐：

布鲁克林大桥（Brooklyn Bridge）：乘坐地铁或打车前往布鲁克林大桥，这是纽约的标志性建筑之一。步行或骑自行车穿过大桥，欣赏曼哈顿天际线的美景。

下午：

自由纪念碑和博物馆（9/11 Memorial & Museum）：乘坐地铁到达自由纪念碑和博物馆，这是一个纪念"9·11"事件的场所。参观纪念碑广场，缅怀逝去的生命，并参观博物馆了解相关历史。

百老汇（Broadway）：前往百老汇剧院区，观赏一场世界级的音乐剧或戏剧表演。纽约的百老汇是全球著名的剧院区之一，有许多令人难忘的演出可供选择。

晚上：

华尔街（Wall Street）：在观看百老汇表演后，前往华尔街，这里是纽约金融区的中心，可以欣赏到金融大厦的壮丽，探索纽约证券交易所和华尔街的历史。

时代广场的夜景：结束观光之旅，返回时代广场，欣赏夜晚时的霓虹灯和街道繁忙的景象。可在周围的餐厅或酒吧享用晚餐，度过美好的夜晚。

知识点5：婚礼彩排的重要性与实施

进行婚礼彩排可以帮助新人和婚礼团队更好地了解婚礼流程，避免婚礼当天出现混乱的情况。婚礼彩排工作主要包括以下几方面。

1. 婚礼彩排的时间

最好在婚礼前一天或婚礼当天早些时候进行彩排，以确保所有参与者都能参加。许多婚礼彩排都安排在婚礼前一天，这样可以确保所有参与者都能参加，而且可以在婚礼前夜帮助大家熟悉婚礼仪式的流程和细节。如果婚礼在下午或晚上举行，可以考虑在婚礼当天早些时候安排彩排，这样可以确保参与者在婚礼当天有足够的时间休息和准备，并且可以在婚礼仪式举行前进行最后的调整和排练。

2. 婚礼彩排的地点

如果可能，最好在婚礼场地安排彩排。这样可以让参与者熟悉场地的布置和布局，以及音响、灯光等设备的使用，从而确保在婚礼当天一切都顺利进行。

如果婚礼场地不可用或不方便，可以考虑在新人或宾客所住的客房或酒店会议室安排彩排。这样可以为参与者提供一个私密和舒适的环境，让他们可以专注于彩排的细节。

如果婚礼是在户外举行，可以考虑在公园或户外场地安排彩排。这样可以让参与者熟悉户外环境的特点和限制，并确保音响和灯光等设备在户外环境下正常工作。

无论选择何时何地安排婚礼彩排，都要确保参与者能准时到达，并留出足够的时间进行彩排和练习。这将确保婚礼顺利进行，并为参与者提供足够的时间休息和准备，以确保他们在婚礼当天能够达到最佳状态。

3. 邀请参与者

确保所有关键参与者都能参加彩排，包括新人、亲友、伴郎伴娘、主持人、摄影师和摄像师等。在安排彩排日期时，尽量提前通知所有关键参与者。发送邀请函或通过电话和电子邮件与他们确认，并提供详细的彩排时间和地点。这样可以让他们有足够的时间安排自己的日程，确保他们能够出席彩排。

4. 创建详细的时间表

在彩排之前，为关键参与者提供相关的材料和指导，包括时间表、仪式步骤、音乐播放顺序等。这样可以让他们提前熟悉彩排内容，确保他们在彩排时理解自己的角色和任务。

5. 准备仪式道具和装饰

为彩排准备与婚礼仪式相关的道具和装饰，如手捧花、戒指枕等。这样可以让参与者熟悉这些物品的使用方式，并确保它们的摆放和使用正确无误。

6. 演练仪式流程

在彩排期间，按照时间表的顺序，演练婚礼仪式的流程。从新人入场开始，一直到仪式的结束。确保每个参与者都知道自己在什么时候该做什么，并熟悉他们的角色和任务。

7. 调整音乐和灯光

在彩排期间，调整音乐和灯光效果，确保它们与仪式、舞台的要求相符。与 DJ 或音响师沟通，确保音乐的播放顺序正确和过渡流畅，灯光的效果适合场地和氛围。

8. 指导和解答问题

彩排期间，作为主持人或婚礼服务团队，要指导参与者并解答他们可能遇到的问题。确保每个人明确他们的角色和任务，并清楚婚礼的流程和细节。

通过演练上述步骤，参与者可以熟悉婚礼仪式的流程和细节，确保他们知道自己在什么时候、在哪里以及做什么。这将为婚礼当天创造一个更有序和流畅的环境，让新人和宾客都能享受到一次难忘的婚礼体验。

知识点 6：婚礼礼服的选择与搭配

1. 婚礼礼服的选择

（1）新娘婚礼礼服的选择。

婚纱：婚纱是最常见的新娘礼服，代表着纯洁和浪漫。婚纱通常由长裙和上衣组成，可以选择不同的款式和剪裁。公主裙、A 字裙、修身裙等是常见的婚纱款式。婚纱的颜色通常是白色或象征纯洁的颜色，但也可以选择其他浅色调，如米色、香槟色等。

晚礼服：除了婚纱，新娘也可以选择晚礼服作为婚礼礼服。晚礼服通常比婚纱更具时尚感和个性，可以选择不同的颜色和款式。在选择晚礼服时，可以考虑婚礼的主题和场地，以及新娘的个人喜好和身材特点。

中式礼服：如果新娘对中式文化感兴趣，可以选择中式礼服作为婚礼礼服。中式礼服通常以旗袍或改良旗袍为主，可以根据个人喜好选择不同的颜色和花纹。中式礼服注重传统和典雅，可以展现出东方的魅力。

（2）新郎婚礼礼服的选择。

西装：西装是最常见的男性礼服，也适用于新郎。通常包括西服外套、西裤、衬衫和领带。选择合适的西装颜色（如黑色、深蓝色或灰色），以及合身的剪裁，可以显得干净、利落和典雅。

燕尾服：燕尾服是一种非常正式的男性礼服，适用于非常正式的晚宴或黑领带婚礼。燕尾服通常包括黑色燕尾外套、西裤、白色衬衫、领结和燕尾鞋。燕尾服在正式场合中能展现出优雅和高贵。

中式礼服：如果新郎对中式文化感兴趣，可以选择中式礼服作为婚礼礼服。中式礼服通常以中山装或唐装为主，可以根据个人喜好选择不同的颜色和图案。中式礼服注重传统和典雅，可以展现出东方的魅力。

民族服装：对于有特定民族背景的新郎来说，可以选择传统的民族服装。如汉族的唐装、藏族的藏装、蒙古族的蒙古服等，都能展现出各个民族的独特魅力。

2. 选择婚礼礼服的注意事项

选择婚礼礼服是婚礼筹备过程中的重要环节，以下是一些选择婚礼礼服的注意事项。

（1）与婚礼主题和场地匹配。考虑婚礼的主题和场地，选择与之相符合的礼服款式和颜色。如果是室外海滩婚礼，可以选择轻盈、飘逸的礼服；如果是正式宴会，可以选择正式的晚礼服或燕尾服。

（2）关注季节和气候。根据婚礼举办的季节和气候，选择适合的面料和款式。夏季婚礼可以选择透气性好的面料，如丝绸或薄纱；冬季婚礼可以选择厚实保暖的面料，如羊毛或绒料。

（3）体现个人喜好和风格。礼服应该符合新人的个人喜好和风格，展现出新人的个性。考虑新人喜欢的颜色、款式和剪裁，选择适合新人的礼服。

（4）考虑身形和尺寸。选择礼服时应考虑新人的身形和尺寸。合身的礼服可以凸显身形优势，让新人更加自信和舒适。如果新人希望展示个人风格和独特性，可以选择定制的婚礼礼服。定制礼服可以根据新娘、新郎的个人喜好和身材特点进行量身定制，确保完美贴合身形，并展现出个性和风格。

（5）注意配饰和细节。选择礼服时，还要考虑搭配的配饰和细节，如领结、腰带、花朵等。这些细节可以增加整体的华丽感和个性。

（6）提前试穿和调整。在购买或租赁礼服之前，一定要进行试穿，确保合身。如果需要调整，及时找专业的裁缝进行修改，以确保礼服的穿着效果和舒适度。

3. 选择婚礼礼服的建议

（1）提前规划。尽早开始选择婚礼礼服，以便有足够的时间进行试穿、调整和定制。婚礼礼服通常需要提前几个月，甚至更长的时间来准备。

（2）研究和收集灵感。在选择婚礼礼服之前，可以进行一些研究和收集灵感的工作。浏览婚纱杂志、在线平台和社交媒体，收集喜欢的款式、设计和细节，以便更好地进行选择。

（3）与专业人士合作。寻求专业人士的帮助和建议，如婚礼顾问或礼服设计师。他们可以根据新人的需求和预算，提供更多的选择和建议，以确保选择到适合新人的婚礼礼服。

（4）预算规划。制定一个合理的婚礼礼服预算，并在预算范围内进行选择。婚礼礼服的价格因品牌、面料和设计而异，所以要事先了解价格范围，并进行合理的预算规划。

4. 宾客着装建议

作为婚礼宾客的着装应该体现婚礼的庄重和对婚礼的尊重，同时也要与婚礼的主题和场地相匹配。

（1）根据婚礼主题和场地选择着装。如果婚礼是正式的晚宴或宴会，可以选择正式的礼服或西装；如果是户外或海滩婚礼，可以选择轻盈、风格轻松的服装。遵循婚礼的主题和场地，选择合适的颜色和款式。

（2）避免穿着白色。白色是新娘的专属颜色，为了避免与新娘撞色，宾客应尽量避免穿着白色或过于接近白色的服装，如象牙色或浅灰色。

（3）避免穿着过于花哨或夸张的服装。虽然宾客希望在婚礼上出彩，但仍然要避免穿着过于花哨或夸张的服装。尽量选择简洁、经典的款式，让新人成为焦点。

（4）尊重礼仪和场合。婚礼是一个庄重的场合，宾客的着装应该符合礼仪和场合的要求，避免穿着过于暴露或不合适的服装，着装应尽量保持得体和合宜。

（5）尊重新人的文化和信仰。如果婚礼具有特定的文化或宗教背景，应尊重新人的文化、信仰及当地的风俗和习惯，避免穿着不合适或冒犯的服装。

最重要的是，婚礼宾客的着装应该展现出对新人和婚礼的尊重和祝福。最好与新人沟通并了解他们的期望，遵循婚礼的规定和要求。

知识点 7：婚礼化妆造型的选择与打造

婚礼化妆造型是非常重要的，因为它可以影响新人的整体形象和婚礼的整体效果。

选择婚礼化妆造型，首先需要确定想要的整体风格是甜美、复古、优雅、自然，还是前卫，这将决定新人需要的妆容和发型。

妆容应根据婚礼的整体风格来设计。一般来说，新娘妆应该看起来自然，同时突出新娘的特点。颜色应该选择柔和的色调，如粉色、淡紫色、银色等，以营造浪漫、甜美的氛围。如果婚礼是复古风格的，那么妆容可能会更强调眼线和眼影，以及口红的颜色。选择妆容时，要考虑新娘的个人特点和风格，如皮肤的颜色、气质、发型等，选择适合新娘的妆容风格，以展现其魅力。还要注意根据婚礼的主题和场地选择合适的妆容风格，如正式宴会可以选择正式、华丽的妆容，而户外婚礼可以选择清新、自然的妆容。

发型应根据新娘的脸型、头发的长度和婚礼的整体风格来设计。妆容和发型是相辅相成的，选择合适的发型能够提升整体的造型效果。建议提前与发型师进行沟通，选择合适的发型，并与妆容相匹配。如果有一头长发，可以选择盘发或编发，这样可以让脸看起来更小；如果是短发或中长发，可以选择一些时尚的发型，如低马尾或侧边辫子。

配饰可以增加整体造型的精致感。可以选择一些简单的头纱或头饰，以配合新娘的发型和妆容。此外，耳环、项链和手链等配饰也可以增加整体造型的华丽感。

选择婚礼化妆造型的时候，特别要注意以下几点。

（1）在婚礼前一周，应该特别注意皮肤护理。确保皮肤得到充足的休息，以保持最佳状态，可以使用保湿面膜和防晒霜来保护皮肤。

（2）预约专业化妆师。为了保证妆容的质量和效果，建议预约专业化妆师。专业化妆师可以根据新娘的需求和面部特点，提供合适的妆容设计和建议。他们知道如何帮助新人达到想要的效果，并知道如何处理任何可能出现的问题。

（3）注意妆容的持久性。婚礼是一个持续数小时的活动，妆容的持久性非常重要。选择合适的化妆品和定妆产品，可以确保妆容整场婚礼都能保持完美。

（4）在婚礼前一天或当天早上试妆是非常重要的。这可以确保妆容和发型适合新人的整体形象和婚礼的整体氛围。

（5）婚礼是珍贵的回忆，妆容的效果和摄影效果密切相关。选择妆容时，要考虑摄影效果，并与摄影师进行沟通，以确保最佳的拍摄效果。

选择婚礼化妆造型时，要根据新人的个人特点和婚礼的主题、场地进行选择，并与专业化妆师和发型师进行沟通，以确保最佳效果。同时，保持轻松愉快的心态，让妆容成为新人美丽回忆的一部分。

技能训练

任务1：丽江婚礼欢迎宴的设计和策划

活动目标

通过设计和策划婚礼欢迎宴，让学生了解丽江的文化和风俗，培养学生的创意设计和活动策划能力。

活动步骤

（1）介绍丽江的婚礼文化和特色。

①通过图片、视频或讲解，向学生介绍丽江婚礼的传统、仪式和习俗。

②引导学生了解丽江婚礼的独特之处，如纳西族传统婚礼的特点和意义。

（2）分组讨论婚礼欢迎宴的主题。

①将学生分成若干小组，让他们讨论并确定一个适合丽江婚礼欢迎宴的主题。

②学生需要考虑与丽江文化相符的元素，并展示他们的创意和理由。

（3）设计婚礼欢迎宴的场地布置和装饰。

①给每个小组分配一块虚拟的婚礼场地，并要求他们设计场地的布置和装饰方案。

②学生需要考虑如何运用丽江的传统元素和现代设计，打造浪漫而独特的婚礼场景。

（4）策划婚礼欢迎宴的活动和节目。

①让学生思考并策划婚礼欢迎宴的活动和节目，如舞蹈表演、音乐演奏、传统婚礼仪式等。

②学生需要考虑如何融入丽江的文化元素，以及如何保持活动的互动性和参与感。

展示和讨论

①每个小组轮流展示他们的设计和策划方案，随后全班同学参与讨论和反馈。

②学生分享他们的创意和设计思路，从其他同学的反馈中获得启发并改进。

总结和反思

①引导学生总结这个活动的收获和体会，以及他们对丽江婚礼欢迎宴的认识和理解。

②学生可以思考如何将所学的设计和策划能力应用到实际的婚礼筹备中，并提出改进和进一步学习的建议。

这个课堂教学活动将帮助学生深入了解丽江的婚礼文化，同时培养他们的创意设计和活动策划能力。通过小组讨论、场地设计和活动策划，学生将有机会展示自己的才华和创意，并通过互动讨论和反馈不断提升自己的能力。

任务2：婚礼目的地——日本北海道的一日观光考察

活动目标

通过模拟北海道的一日观光考察，让学生了解北海道的文化、景点和旅游资源，培养学生的旅游规划和跨文化交流能力。

活动步骤

（1）介绍北海道的文化和旅游资源。

①通过图片、视频或讲解，向学生介绍北海道的文化、风景和名胜。

②引导学生了解北海道的独特之处，如其自然景观、温泉文化和美食特色。

（2）分组规划北海道一日观光行程。

①将学生分成若干小组，要求他们规划一个适合一日游的北海道观光行程。

②学生需要选择合适的景点和活动，并考虑时间安排和交通方式。

（3）设计北海道观光行程的旅游手册。

①每个小组都需要设计一个北海道观光行程的旅游手册，包括景点介绍、交通指引和美食推荐等。

②学生需要考虑如何吸引游客，并提供实用的旅行信息和建议。

（4）角色扮演。

①每个小组选择一名学生扮演北海道导游，向全班同学介绍他们设计的北海道观光行程。

②导游需要展示对景点的了解，并回答其他学生关于北海道的问题。

（5）北海道旅游文化展示。

①鼓励学生通过展板、海报或其他形式，展示北海道的旅游文化和特色。

②学生可以展示北海道的传统文化、当地美食、特色商品等，以增加对北海道的了解。

总结和反思

①引导学生总结这个活动的收获和体会，以及他们对北海道的认识和理解。

②学生可以思考如何将所学的旅游规划和跨文化交流能力应用到实际的旅行中，并提出改进和进一步学习的建议。

这个课堂教学活动通过模拟北海道的观光考察，让学生亲身体验和了解北海道的文化和旅游资源。通过小组规划、导游角色扮演和文化展示，学生将有机会展示自己的创意和对北海道的了解，并通过互动讨论和反馈不断提升自己的能力。这将有助于培养学生的旅游规划和跨文化交流能力，为未来的婚礼目的地服务提供基础。

任务 3：追寻梦幻——为新娘选择西式婚纱

活动目标

通过研究和选择西式婚纱，帮助学生了解婚纱设计和选择的原则，培养学生的审美眼光和婚纱选择能力。

活动步骤

（1）介绍西式婚纱的历史和风格。

①通过图片、视频或讲解，向学生介绍西式婚纱的历史、演变和不同的风格。

②引导学生了解西式婚纱的特点，如 A 字裙、公主裙、美背设计等。

（2）分组研究不同的西式婚纱风格。

①将学生分成若干小组，要求他们研究不同的西式婚纱风格，并了解每个风格的特点和适合的身材类型。

②学生需要收集图片和资料，并准备展示他们的研究结果。

（3）设计一套适合新娘的西式婚纱。

①每个小组都需要设计一套适合新娘的西式婚纱，包括款式、面料、细节设计等。

②学生需要考虑新娘的身材特点、个人喜好和婚礼主题，以提供个性化的婚纱选择建议。

（4）进行婚纱试穿活动。

①邀请一名模特或学生扮演新娘角色，让学生根据他们设计的婚纱方案，进行婚纱试穿和展示。

②学生可以通过试穿过程中的反馈和讨论，进一步改进和完善婚纱设计。

（5）婚纱风格展示和评选。

①每个小组轮流展示他们的婚纱设计和理念，全班同学共同参与评选和反馈。

②学生分享他们的创意和设计思路，并从其他同学的反馈中获得启发。

总结和反思

①引导学生总结这个活动的收获和体会，以及他们对西式婚纱的认识和理解。

②学生可以思考如何将所学的婚纱设计和选择原则应用到实际的婚礼筹备中，并提出改进和进一步学习的建议。

这个课堂教学活动通过研究和选择西式婚纱，帮助学生了解婚纱的设计和选择原则，培养他们的审美眼光和婚纱选择能力。通过小组研究、婚纱试穿和展示评选，学生将有机会展示自己的创意和对西式婚纱的了解，并通过互动讨论和反馈不断提升自己的能力。这将有助于为新娘选择合适的西式婚纱，为婚礼增添梦幻和浪漫的氛围。

内容回顾

1. 到达目的地后，需要做的婚礼前的准备工作清单包括：安排参加婚礼的新人、亲友、宾客入住酒店；举办欢迎宴；安排目的地旅游观光；婚礼彩排，包括婚礼礼服和化妆造型的选择和安排。

2. 作为感谢和欢迎宾客的方式，可以为每位宾客准备小礼物，如定制的礼品袋、当地特色纪念品或个性化的礼品等。

3. 婚礼彩排工作包括如下方面：
（1）婚礼彩排的时间；
（2）婚礼彩排的地点；
（3）邀请参与者；
（4）创建详细的时间表；
（5）准备仪式道具和装饰；
（6）演练仪式流程；
（7）调整音乐和灯光；
（8）指导和解答问题。

4. 选择婚礼礼服的注意事项包括：
（1）与婚礼主题和场地匹配；
（2）关注季节和气候；
（3）体现个人喜好和风格；
（4）考虑身形和尺寸；
（5）注意配饰和细节；
（6）提前试穿和调整。

5. 选择婚礼化妆造型的时候，特别要注意以下几点：
（1）在婚礼前一周，应该特别注意皮肤护理；
（2）预约专业化妆师；
（3）注意妆容的持久性；
（4）在婚礼前一天或当天早上试妆是非常重要的；
（5）婚礼是珍贵的回忆，妆容的效果和摄影效果密切相关。选择妆容时，要考虑摄影效果，并与摄影师进行沟通，以确保最佳的拍摄效果。

能力检测

1. 提供一份详细的婚礼前的准备工作清单，清单应涵盖所有婚礼筹备的关键步骤和细节。

2. 提出一个实际的酒店选择和入住安排方案，包括预算、酒店选择和房间分配等。
3. 设计一场欢迎宴，包括欢迎宴的主题、菜单、场地布置和活动等。
4. 提出一个目的地旅行计划，包括目的地选择、行程规划、活动安排等。
5. 提供一份详细的婚礼彩排计划，包括彩排的流程、参与人员、时间安排等。
6. 展示如何根据自身的风格、婚礼的主题和场地等因素来选择婚礼礼服。
7. 展示如何选择符合自身风格和婚礼主题的婚礼化妆造型。

实务案例

海滨浪漫婚礼：青岛的目的地婚礼彩排流程

背景

张伟和李娜是一对即将步入婚姻殿堂的新人，他们决定在青岛这个美丽的海滨城市举办一场目的地婚礼，并选择了一家享有盛誉的度假酒店作为婚礼场地。为了确保婚礼的顺利进行，他们与专业的婚礼策划团队合作，并在婚礼前的最后几天进行了一次婚礼彩排。

婚礼彩排过程

（1）与婚礼策划团队的沟通：他们与婚礼策划团队详细讨论婚礼仪式和宴会的具体流程。确认场地布置、音响设备、灯光效果等细节，并确保一切符合他们的期望和要求。

（2）仪式彩排：在指定的仪式场地进行彩排，模拟整个仪式的流程。他们和婚礼团队一起走过入场通道，练习誓词的表达和交换戒指的动作。确保音乐的配合、宾客的座位安排和摄影师的拍摄角度都得到妥善安排和测试。

（3）宴会彩排：在宴会厅进行彩排，模拟整个宴会的流程。确保宾客入场顺利、音乐和灯光效果的协调、新人入场、致辞、切蛋糕、敬酒、第一支舞等环节的顺序和流畅性。他们与酒店的厨师团队沟通，确保菜品的味道和摆盘符合他们的要求。

（4）调整和反馈：根据彩排过程中出现的问题和反馈，对细节进行调整和改进，确保所有参与者都对婚礼的流程和安排有充分的理解和满意。

结果

通过婚礼彩排的精心策划和准备，张伟和李娜的青岛目的地婚礼顺利进行。每个环节都经过了仔细的调整和协商，确保了一切细节的完美呈现。新人和婚礼团队的紧密合作和顺利的彩排过程，使他们在婚礼当天可以放心享受每个瞬间。

这个案例展示了目的地婚礼彩排的重要性。彩排让新人和婚礼策划团队能共同确认环节顺序和细节，预防潜在问题。婚礼彩排不仅是为了演练流程，更是为了确保新人和婚礼团队在婚礼当天能够无忧无虑地享受这个特殊的时刻。

对于其他情侣和婚礼策划团队来说，这个案例提供了一个指导，即在目的地婚礼中，彩排是确保一切顺利的关键步骤。通过仔细的规划和准备，新人和婚礼策划团队可以在婚礼彩排中解决以下方面的问题。

（1）婚礼场地布置和装饰：在彩排过程中，婚礼策划团队可以确保场地布置和装饰与新人的期望相符。他们可以调整花艺、布景和其他装饰物的摆放位置，以确保整个场景的美观和谐。

（2）音响和音乐效果：婚礼彩排是一个很好的机会，让婚礼策划团队可以测试音响设备和音乐效果的质量，从而确保音响设备的音量、音质和平衡都达到最佳状态，并调整音乐的起止时间和过渡效果，以使音乐与仪式和宴会的环节完美衔接。

（3）宾客座位和宴会流程：通过彩排，婚礼策划团队可以核实宾客座位安排和宴会流程的准确性，从而确保每位宾客都有一个合适的座位，并与酒店的服务团队协调，保证餐食的准时上桌和服务的流畅进行。

（4）新人的形象和动作：婚礼彩排是新人熟悉仪式和宴会流程的机会。他们可以练习走红毯、行进的姿势和手势、誓词的表达和交换戒指的动作，以确保在婚礼当天表现自如和自信。

这个案例为其他情侣和婚礼策划团队提供了一个指导，即在目的地婚礼中，彩排是确保一切顺利的重要环节。婚礼彩排的精心准备和实施，将为目的地婚礼的成功举办奠定坚实的基础。

拓展阅读

告别单身派对（脱单派对）

告别单身派对也称脱单派对，是指在新人结婚之前，准新郎和准新娘的伴郎伴娘召集他们的好友和死党为他们各自举办的"最后的一次单身疯狂日"。这是一个庆祝新人即将步入婚姻的活动，旨在给新人留下难忘的回忆，并与好友们一起度过愉快的时光。

伴郎和伴娘作为派对的总策划师，确实能够发挥他们的创造力和想象力，来组织一个既有趣又难忘的告别单身派对。在派对中，他们可以根据新人的喜好和个性来安排相应的活动和节目。

对于男生的派对，例如"雄鹿聚会"，建议活动围绕团队合作、沟通及才艺展示而非仅仅以酒精为主。如可以举办轻松的友谊赛、智力挑战或才艺展示等替代饮酒比赛的活动，给新郎一个友谊与合作的机会。同时，也举行一些对健康无害的趣味性活动，确保整个过程的文明、健康和安全。

女生的派对通常会相对文明一些，穿上性感的服装，在酒吧里和朋友们尽情享受和发泄。除了这些，类似于"真心话大冒险"这样的经典游戏也可以加入派对中，让新人和参与者有机会分享自己的心路历程，或者尽情挑战自己的勇气和极限。

无论是男生派对还是女生派对，重要的是确保活动的安全和尊重每个人的边界。活动中的疯狂和刺激应该是在参与者自愿的前提下进行的，避免任何可能对参与者造成伤害或不适的行为。同时，也要尊重新人的意愿，确保派对的目的是庆祝和留下美好回忆。

当要举办一场告别单身派对时，要精心筹备，确保派对的成功和尽兴。以下是一些关键的筹备步骤。

（1）预订地点：提前预订派对场地，无论是酒吧，还是其他场所，确保有足够的空间容纳所有人。如果是异地举办派对，确保预订好酒店以供大家休息。

（2）筹备人：选择一个可信赖、细心的人来负责派对的筹划和组织。这个人需要具备管理预算、协调场地和安排活动的能力。

（3）制定流程：制定派对的详细流程，包括活动时间、节目安排和休息时间等。确保派对过程有条不紊，让每个人都能尽情享受。

（4）通知好友：提前通知好友关于派对的信息，包括日期、时间、地点和着装要求等，确保每个人都能及时准备和参加。

（5）控制预算：制定一个合理的预算，并确保在预算范围内进行派对筹备和消费。最好找一个朋友来负责管理派对的财务，以避免超支。

（6）小心过火游戏：在安排派对节目和游戏时，要确保游戏内容有适当的节制，避免过火和不适当的情况发生。筹备人需要负责管理派对的氛围和活动选择。

（7）保持秘密协议：确保派对的参与者能够对派对内容和派对主角的身份保密。筹备人员需要提醒每个人保密，以免泄露派对的相关信息。

（8）安排撤退方案：如果派对不是在家里举办，最好安排好酒店住宿，以方便大家休息和撤退。

通过以上的筹备步骤，可以确保告别单身派对的顺利举办，让每个人都能尽兴而归，并留下美好的回忆。记得在派对过程中保持安全和尊重，以及自我约束，享受这个特殊时刻。

客制化婚礼礼品

客制化婚礼礼品是指根据新人的需求和喜好，定制或个性化制作的婚礼礼品，客制化婚礼礼品具有独特性和个性化特点，能够更好地表达新人对宾客的感激和关怀。

1. 与传统的批量制造和销售的礼品不同

（1）具有独特性。客制化婚礼礼品是根据新人的需求和喜好进行定制或个性化制作的。与批量制造的礼品不同，每个礼品都是独一无二的。这种独特性特点能够更好地表达新人对宾客的感激和关怀，让礼品更具纪念意义。

（2）定制选择。客制化婚礼礼品允许新人根据自己的喜好和婚礼主题选择特定的礼品，如定制的瓶装香槟、水晶酒杯等。这种选择权使新人能够更好地控制礼品的品质和风格。

（3）个性化标识。客制化婚礼礼品可以在礼品上添加个性化的标识，如新人的名字、婚礼日期、婚礼主题等。这样的个性化标识让礼品更具纪念意义，也能够让宾客感受到新人的特别对待。

（4）制作工艺和质量控制。客制化婚礼礼品通常要求更高的制作工艺和质量控制。由于每个礼品都是独立制作的，制造商能够更加关注每一个细节，确保礼品的质量和完美度。

（5）客户参与和互动。客制化婚礼礼品通常需要和新人进行多次沟通和协商，以确保礼品符合他们的期望和要求。这种客户参与和互动能够增强新人和制造商之间的联系，使礼品更贴近新人的需求和喜好。

2. 如何制作客制化婚礼礼品

（1）礼品选择。新人可以根据自己的喜好和婚礼主题，在礼品选择上进行个性化定制。例如，定制瓶装香槟、定制水晶酒杯、定制名片夹等。

（2）礼品包装。新人可以选择特别的包装方式来定制婚礼礼品的外观。例如，定制礼盒、定制丝带、定制贺卡等，让礼品更加独特和美观。

（3）礼品标识。新人可以在婚礼礼品上添加个性化的标识。例如，新人的名字、婚礼日期、婚礼主题等，这样可以让礼品更具纪念意义和个性化特点。

（4）礼品内容。新人也可以根据宾客的偏好和需求，定制礼品的内容。例如，根据宾客的饮食习惯定制食品礼篮，或根据宾客的兴趣爱好定制特定类别的礼品。

客制化婚礼礼品能够让新人更好地表达他们的感激和关怀，同时也能够给宾客带来独特的体验。这些礼品往往更具纪念意义，能够成为婚礼的珍贵回忆之一。

项目十：
婚礼当天的执行与管理

【学习目标】

【知识要点】

　　知识点1：婚礼当天工作清单的制定与执行

　　知识点2：温馨提示新人的重要事项

　　知识点3：确认各项准备工作的完备性

　　知识点4：仪式进行的协调与指导

　　知识点5：管理时间流程

　　知识点6：拍摄活动的协调与配合

　　知识点7：婚宴服务的安排与监督

　　知识点8：应对突发事件与解决问题的策略

【技能训练】

　　任务1：婚礼服务团队的婚礼当天工作体验

　　任务2：婚礼服务团队应对婚礼中问题的应急演练

　　任务3：婚礼服务团队时间管理游戏

【内容回顾】

【能力检测】

【实务案例】

　　婚礼服务商的专业应对：突发状况下的解决方案与应对措施

【拓展阅读】

　　目的地婚礼中的创新

　　应对新人在婚礼当天身体不适的案例

学习目标

1. 掌握婚礼当天的婚礼服务团队的工作清单。
2. 掌握给新人的温馨提示,包括注意事项、常见问题和应对策略。
3. 确保准备工作的顺利进行,包括与婚礼策划团队沟通、场地布置、道具准备、核对婚礼日程等。
4. 学习如何协调仪式进行,包括安排参与者的顺序、指导仪式的进行、控制仪式的节奏等。
5. 管理时间流程,确保各个环节按时进行,避免拖延或冲突。
6. 学习如何协调拍摄活动,包括与摄影师、摄像师的合作,安排拍摄时间和地点等。
7. 学习如何协调婚宴服务,包括与酒店、餐厅的合作,安排菜单、座位等细节。
8. 学习解决问题和应对突发情况的方法,包括处理宾客的投诉、解决设备故障等。

知识要点

知识点1:婚礼当天工作清单的制定与执行

婚礼当天是目的地婚礼的高潮,是新娘和新郎及所有宾客期待的重要时刻。在目的地婚礼当天,新人可以通过精心设计的仪式、活动和细节,举办一场完美的婚礼,留下人生美好的记忆。下面以三亚目的地婚礼流程作为示例,分享婚礼当天在执行过程中应该如何做,以及应该注意的事项。

上午:

8:00—9:00:新娘在酒店客房准备化妆和发型。

9:00—10:00:新郎在酒店客房准备,穿着婚礼服装。

10:30—11:00:宾客到达婚礼场地,欢迎仪式开始。

中午:

11:00—11:30:海滩婚礼仪式,包括婚誓、交换戒指和宣读结婚证书。

11:30—12:00:新人与亲友合影并接受祝福。

12:00—13:30:在酒店宴会厅享用午宴,提供精美的菜肴和饮料。

下午:

13:30—15:30:新人与摄影师进行婚礼拍照,包括海滩景色和新人写真。

15:30—18:00:自由活动时间,新人和宾客可以在度假村内或海滩上自由活动,享受阳光和海滩的乐趣。

傍晚：

18:00—19:00：在夕阳下拍摄浪漫的婚纱照，捕捉美好的时刻和风景。

19:00—20:00：在婚礼场地的户外举行晚宴，包括餐点、演讲和音乐表演。

晚上：

20:00—22:00：舞会和派对，提供舞池和音乐，让新人和宾客尽情跳舞和享受婚礼派对的氛围。

22:00—22:30：烟花秀，点亮夜空，为婚礼增添浪漫气氛。

夜晚：

22:30以后：新人进入预订的蜜月套房，开始二人世界的浪漫时光。

婚礼服务团队在婚礼当天扮演着重要的角色，他们的任务是照顾新人和宾客的需求，解决可能出现的问题和突发情况。他们需要有良好的组织能力、协调能力和应变能力，以及对细节的关注和专业的服务态度，确保各个环节之间的流畅过渡，准时完成各项任务。通过对以上流程的分析，婚礼服务团队为了确保婚礼顺利进行，在婚礼当天应该做好这几项工作：新人温馨提示、确认准备工作、协调仪式进行、管理时间流程、协调摄影和拍摄活动、协调婚宴服务、解决问题和应对突发情况等。

知识点 2：温馨提示新人的重要事项

婚礼的目的是为新人庆祝他们的爱情和婚姻，使他们成为婚礼的主角。所有的安排和环节都是为了让新人和他们的故事得到呈现。整个婚礼都围绕着新人展开，婚礼服务团队会将新人作为核心，以满足他们的需求和期望为目标，确保新人在婚礼当天成为焦点，让每个人都能感受到他们的幸福和美好。

因此，在婚礼当天，新人保持良好状态是完美婚礼的基础和必要条件。婚礼服务团队一定要温馨提醒新人注意以下事项。

（1）保持放松和享受。提醒新人放松心情，享受婚礼当天的美好时刻。婚礼是一次难得的盛大庆典，新人应该尽情享受，不要过于紧张或焦虑。

（2）遵循时间表和流程。婚礼服务团队会制定详细的时间表和流程安排，提醒新人遵循安排，并按时参与各个环节。确保顺利进行婚礼仪式、拍摄和庆祝活动。

（3）拍摄时注意姿态和表情。婚礼是一个重要的拍摄时刻，提醒新人注意姿态和表情，与摄影师合作，放松笑容，享受拍摄过程，创造出美丽的照片和回忆。

（4）与宾客互动。婚礼是与亲友共享喜悦的时刻，提醒新人与宾客互动和沟通，表达感激之情。与宾客合影、接受祝福，并在庆祝活动中与他们互动和共舞。

（5）保持精力和饮食。婚礼当天可能会很繁忙和紧张，提醒新人注意保持精力和

饮食。确保适当的休息和饮食，以保持活力和良好的精神状态。

（6）享受浪漫时刻。提醒新人在婚礼当天享受浪漫时刻，与对方共享美好的瞬间。尽情享受夕阳下的婚纱照、户外晚宴和舞会派对，创造美好的回忆。

（7）与婚礼策划团队保持联系。婚礼策划团队会在婚礼当天负责协调和安排，提醒新人与他们保持联系，及时沟通和反馈需要。

知识点3：确认各项准备工作的完备性

确认准备工作是指在婚礼前核实并确保所有必要的准备工作已经完成，以保证婚礼的顺利进行。

（1）与婚礼策划团队沟通。在婚礼前一天，婚礼策划团队与新人进行最后一次沟通，确认所有的准备工作已经完成。确保了解新人的期望和需求，并与他们协商全部细节。

（2）检查物品和装饰。检查所有的物品和装饰是否都已经到位，并按照计划进行布置，确保一切都符合预期。例如，检查鲜花是否按照要求配备并摆放在正确的位置。确保装饰品和摆设符合预期，如蜡烛、花瓶、桌牌等。确认桌布、椅子套和其他装饰是否摆放整齐且没有损坏。

（3）确认供应商安排。与各个供应商进行最后确认，确保他们准时到达并按照计划工作，确保所有人员都已经做好准备。例如，与餐饮服务商沟通，确认菜单、餐食数量和服务时间；与摄影师和摄像师确认他们的到达时间和工作计划，确保他们准备就绪；与音乐人员或DJ确认播放列表和音响设备是否就位。

（4）核对婚礼日程。再次核对婚礼日程安排，确保所有活动和环节都按照计划进行，相关人员了解日程安排并准备就绪。例如，确认仪式和宴会的开始和结束时间，确保整个日程都能够按计划进行。与司仪和婚礼策划团队确认各个环节的顺序和时间安排，以及宾客的引导方式。

（5）确认宾客和座位安排。确保已经收到所有宾客的回复，并且座位安排已经完成。与场地工作人员进行确认，确保座位和桌号准确无误，与场地工作人员核实座位图和布置方案。核对宾客名单，确认所有宾客的回复和参与情况。

（6）准备新娘和新郎的个人物品。确保新娘和新郎的个人物品已经准备就绪，包括戒指、婚纱、礼服、化妆品等。与化妆师和发型师进行最后确认，确保他们了解新人的要求和期望。

（7）确认音响和灯光设备。检查音响和灯光设备是否正常工作。与音响和灯光技术人员进行沟通，明确他们了解婚礼的需求和音乐选择。

（8）确认紧急联系人和备用计划。确保知道紧急联系人的联系方式，并与他们进行沟通。同时，制订备用计划，以防意外情况发生。

通过确认以上准备工作，保证每个细节都得到妥善安排，可以放心地按照预期进行，确保新人和宾客能够享受到完美的婚礼体验。

知识点 4：仪式进行的协调与指导

仪式进行的协调是指在婚礼当天，负责统筹和安排仪式的各个环节，以确保仪式顺利进行的工作。

（1）与婚礼策划团队和司仪沟通。提前与婚礼策划团队和司仪进行沟通，确保他们了解新人的期望和仪式安排；与司仪沟通，确保他们了解新人想要的仪式内容、仪式语言、音乐等。

（2）安排仪式彩排。在婚礼的前一天或当天早些时候安排仪式彩排，保证所有参与者了解他们的角色和动作，并确保一切顺利进行。与仪式参与者、司仪和婚礼策划团队一起进行彩排，并解答他们提出的问题。

（3）与仪式参与者进行沟通。在仪式开始前，与所有仪式参与者进行沟通，确保他们了解自己的角色和任务，并明确他们的行动和时间安排。与伴郎、伴娘、花童、证婚人等进行沟通，确保他们知道仪式开始前和仪式期间的要求和指示。

（4）确保仪式现场准备就绪。在仪式开始前，确保仪式现场的布置和装饰已经完成。检查花束、摄影设备、音响设备等是否就位。保证仪式现场的座位和排列符合预期，并为特殊宾客（如父母或亲友）留出特定的座位。

（5）协调音乐和音响。与音乐人员、DJ 或婚礼策划团队一起协调音乐和音响设备。确保音乐按照计划播放，并调整音量和音质以适应仪式现场的需要。

（6）指导宾客和仪式参与者。在仪式开始前，与司仪一起指导宾客和仪式参与者。确保他们知道何时起立、何时坐下，以及如何参与仪式。

（7）确保仪式顺利进行。在仪式进行期间，与司仪、摄影师和其他相关人员密切合作，确保仪式顺利进行。及时解答任何问题或应对任何意外情况。

（8）仪式完成后的工作。仪式结束后，由婚礼策划团队和场地工作人员安排宾客有秩序地离开现场，同时安排仪式现场的清理和恢复工作，准备接下来的宴会或活动。

通过以上协调措施，可以确保婚礼仪式顺利进行，参与者都明确自己的角色和任务。与婚礼策划团队、司仪和其他相关人员的沟通和合作是婚礼仪式进行的关键，只有确保他们了解新人的期望，才能使婚礼一切就绪。

知识点 5：管理时间流程

1. 什么是管理时间流程

管理时间流程是指通过合理安排和有效利用时间，提高工作和生活效率的一种方法。一般来说，其包括以下几个方面。

（1）设定目标。首先要明确自己的目标和优先级，确保每天的时间安排与目标相一致。

（2）制订计划。根据目标和优先级，制订详细的计划，包括每天、每周、每月的任务安排和时间分配。为每个任务设定明确的截止日期，可以增加工作的紧迫感，避免拖延。

（3）优化时间安排。合理安排每天的工作和休息时间，避免拖延和浪费时间，充分利用高效的工作时段。避免分散注意力，集中精力完成一项任务后再进行下一项，提高工作效率。

（4）时间管理手段。优先处理重要且紧急的事项，避免被琐碎的事情占用过多时间。充分利用碎片化的时间，如在排队等待、坐车等空闲时间中进行一些简单的任务或学习。学会拒绝一些不重要或不紧急的任务，避免过度承担，导致时间不够用。

（5）反思总结。每天结束前反思一天的工作，总结经验，找出不足之处，并进行改进。

通过管理时间流程，可以更好地掌控自己的时间，提高工作效率，减少压力，实现个人和职业生活的平衡。

2. 婚礼执行当天的管理时间流程

管理时间流程是确保婚礼各个环节按计划进行的关键。通过制定详细的时间表、与供应商和婚礼策划团队的密切合作以及灵活应对变化，可以有效地管理时间流程，确保婚礼各个环节都能按计划进行。及时沟通和协调是关键，以确保所有参与者都知道时间安排并都能遵守。

（1）制定详细的婚礼日程表。在婚礼前制定一个详细的时间表，包括所有活动的开始和结束时间。将时间表与婚礼策划团队、司仪和相关供应商共享，以确保他们了解并遵循时间表。

（2）预留足够的时间。在制定时间表时，确保为每个环节预留足够的时间，以防备意外延误或突发情况。特别要考虑宾客到达、仪式进行、拍摄时间、用餐时间等，确保每个环节都有充分的时间。

（3）分配时间给各个环节。在时间表中，分配时间给每个环节，如仪式、照片拍摄、宴会、舞会等。确保每个环节都有适当的时间安排，以充分展示和享受每个环节。

（4）协调各个供应商的时间。与各个供应商合作，确保他们的到达和服务时间与时间表一致。与摄影师、DJ、餐饮服务商等沟通并确认时间安排。

（5）计划过渡时间。在时间表中设置过渡时间，以便在不同环节之间有时间调整和准备。过渡时间也可以用于处理任何意外情况或突发事件。

（6）与司仪和婚礼策划团队沟通。与司仪和婚礼策划团队进行密切合作，确保他们知道时间表和每个环节的时间安排。在婚礼当天，与司仪和婚礼策划团队保持沟通，能确保时间流程按计划进行，并及时解决任何时间上的问题。

（7）灵活应对变化。尽管有详细的时间表，但也要做好应对变化的准备。如果有任何意外情况或突发事件发生，要灵活调整时间表，并与相关人员进行沟通和协商。

知识点6：拍摄活动的协调与配合

婚礼是新人一生中重要的时刻，摄影和摄像可以捕捉到这些珍贵的回忆，通过构图、光影和色彩等元素，展现独特的美感和风格，表达和展示新人的爱情和感情。这些影像作品既可以让新人随时回顾，也可以进行社交分享，让更多人了解新人婚礼，让亲朋好友感受新人在婚礼现场的喜悦。

越来越多的新人意识到婚礼摄影和摄像的重要性，并愿意投入更多的时间和资源来选择合适的摄影师和摄像师，以确保他们能够捕捉到美好的瞬间。因此，保障婚礼当天的摄影活动顺利进行，是新人十分关注的一个环节。

婚礼服务团队协调拍摄活动的工作分为两个阶段：一是提前沟通和制订拍摄计划阶段；二是确保婚礼当天摄影和拍摄活动顺利进行。

1. 提前与摄影师沟通

在婚礼前几周甚至前几个月，就要与摄影师进行详细的沟通。第一，讨论拍摄需求。向摄影师提供婚礼日期、时间和地点等基本信息，以便他们安排时间和资源。第二，讨论对婚礼照片的期望，包括拍摄对象、场景、风格和特殊要求等。第三，与摄影师一起制订详细的拍摄计划，包括拍摄时间表、拍摄地点和拍摄对象等。一定要考虑到婚礼日程安排和其他活动，确保拍摄计划与其他活动不冲突。第四，与摄影师一起讨论光线和场地的情况，以确定最佳的拍摄时间和地点。如果是户外婚礼，考虑到阳光的角度和强度，选择最合适的拍摄时间。第五，如果可能，安排一个预拍摄活动，以熟悉摄影师和摄影环境。这样可以帮助摄影师了解新人的喜好、姿势和风格，从而更好地捕捉新人的个性和故事。第六，在婚礼前的最后一次沟通中，再次与摄影师确认拍摄细节和计划，确保双方都了解最新的安排。

2. 婚礼当天协调拍摄活动

婚礼服务团队在婚礼当天通常会协调拍摄活动，与摄影师和摄像师紧密合作，确保他们能够捕捉到婚礼中最美好的瞬间。

（1）确定拍摄时间和地点。与摄影师和摄像师一起确定拍摄时间表和拍摄地点，确保与整个婚礼日程安排协调一致。

（2）协调其他活动。与婚礼服务团队和其他供应商协调，以确保婚礼流程和其他活动安排能充分考虑到摄影和摄像的需求。

（3）提供必要的支持。协助摄影师和摄像师搬运设备、设置拍摄场景等，以提供必要的支持和协助。

（4）确保拍摄顺利进行。在婚礼当天，婚礼服务团队会与摄影师和摄像师保持密切联系，确保拍摄活动按计划进行，不会受到其他因素的干扰。

（5）协调拍摄对象。与新人、家人和其他拍摄对象协调，确保他们按时到达拍摄地点，并配合摄影和摄像工作。

（6）处理意外情况。在拍摄过程中，婚礼服务团队可能会处理一些意外情况，如天气突变、场地变动等，以确保拍摄顺利进行。

知识点 7：婚宴服务的安排与监督

婚礼宴会是宣告婚姻盛典的仪式，宾客可以通过敬酒、致辞、祝福等方式，表达对新人的祝福和自身的喜悦。宴会的氛围和庆祝活动，使得新人能够真切感受到亲友的支持和祝福。宴会中的美食是宾客期待的重要环节之一。通过精心准备的菜单和餐点，宴会提供了一次美食盛宴，让宾客可以品尝到各种美味佳肴，享受美食的同时，也增加了宴会的气氛和乐趣。因此，婚礼宴会在婚礼庆典中扮演着重要角色，不仅给亲友提供相聚的场所和交流的机会，也是新人和亲友表达祝福和庆贺的仪式。

协调婚礼当天的餐饮服务，保障婚宴质量是婚礼服务策划团队的一项重要工作，其主要环节包括。

1. 沟通和协调

与婚礼策划团队、婚宴场地和餐饮供应商保持密切的沟通和协调，确保各方了解婚礼的具体要求和流程，协商并解决可能出现的问题和需求。

2. 现场布置和装饰

确保婚宴场地的布置和装饰按照新人的要求进行。与场地管理方或装饰公司合作，确保摆放餐桌、椅子、鲜花等装饰物的合理和美观。

3. 宾客接待和引导

协助安排宾客的接待，包括迎接宾客、引导他们到指定的接待区域等。根据座位安排表，协助指引宾客到指定的座位，并确保座位摆放得整齐和准确。协助餐点发放，确保按照预定的时间和流程进行，宾客能够按时享用美食。提供礼貌热情的服务，确保宾客感受到宾至如归的氛围。

4. 餐饮供应和质量控制

确保餐饮供应商了解并符合服务质量和标准要求。协调餐饮供应商提供餐饮，并确保餐点的供应流畅和质量优良。检查菜品的新鲜度、味道和摆盘效果，确保宾客能够享用美味的食物。监督和检查餐饮服务的执行情况，及时处理任何问题和投诉，以提供让宾客满意的餐饮体验。

5. 时间控制和流程协调

掌握宴会的时间节奏，确保各个环节按时进行。与婚礼策划团队和供应商协调，确保宴会流程与其他婚礼活动的协调一致。

6. 处理意外情况

及时处理可能出现的意外情况，如食材供应问题、设备故障等。与场地管理方或供应商配合，采取措施解决问题，并确保宴会能够顺利进行。

知识点 8：应对突发事件与解决问题的策略

在举办目的地婚礼当天，可能会遇到各种问题和突发情况。重要的是保持冷静，及时与相关人员联系，并共同努力寻找最佳的解决方案，以保证婚礼的顺利进行。

1. 天气变化

如果举办婚礼的地点容易受到天气的影响，需要提前制订备用计划。在场地选择时，要考虑到室内外的场地的突发情况，以备不时之需。如果发生突然的暴雨或大风等天气，要迅速与场地工作人员和供应商协商，寻找合适的解决方案。例如，在举办

户外婚礼仪式时，如果突然下起了大雨，就应与场地工作人员和供应商协商，寻找备用的室内场地或设施，以确保婚礼仪式可以顺利进行。如果没有备用场地，就应提供雨伞或雨衣给宾客，或者将仪式推迟到天气好转的时候。

2. 交通问题

婚礼服务团队需要提前与供应商、场地工作人员和参与者确认到达的预计时间，并告知可能的延误情况。做婚礼策划方案的时候要预留足够的时间，以应对可能的交通延误或堵车情况。如果有宾客迟到或无法按时到达的情况，考虑推迟婚礼仪式或调整相关活动的时间。例如，重要的宾客被航班延误导致无法按时到达婚礼场地。婚礼服务团队要与航空公司保持联系，了解最新的航班信息。确定宾客无法按时到达时，及时考虑调整婚礼的时间安排，或者为他们提供私人接送服务，保证其尽快到达婚礼场地。

3. 供应商问题

在婚礼举办前一天，婚礼服务团队一般都会提前与供应商确认婚礼当天的具体安排和要求，并确保他们准时到达和完成工作。如果出现供应商问题，婚礼服务团队应立即与他们进行沟通，尽快找到最佳的解决方案或者调整方案，以确保婚礼顺利进行。例如，婚礼摄影师在婚礼当天出现了意外，无法按时到达。婚礼服务团队要立即与摄影师进行沟通，了解他们遇到的情况，并与他们一起寻找替代方案，如调整拍摄时间、找到其他摄影师或提供退款等。与备用的摄影师保持联系，以备不时之需。

4. 设备故障问题

发现设备故障问题后，婚礼服务团队需要立即与设备供应商或租赁公司联系，向他们报告设备故障情况，并要求他们尽快派遣维修人员到场处理。场地服务人员要提供详细的故障描述，以帮助维修人员更快地定位和解决问题。如果有备用设备，应立即启用备用设备，以确保婚礼可以继续进行；如果无法立即修复设备或使用备用设备，可以寻求临时解决方案，与场地工作人员或其他供应商协商，看看他们是否有可借用的设备。例如，音响设备在婚礼仪式开始前出现故障。婚礼服务团队要与音响供应商或场地工作人员紧急联系，并要求他们尽快修复或提供备用设备。如果无法立即解决问题，可以考虑使用其他的音响设备，如便携式音响或麦克风。

5. 宾客需求

在婚礼策划过程中，尽量了解宾客的特殊需求和要求，例如饮食限制、身体残障、过敏反应等。提前与宾客进行沟通，以确保他们的需求被充分考虑。如果宾客在婚礼当天提出需求，尽量立即响应和解决问题，可以指派专人负责处理宾客需求，并与宾客进行沟通，确保他们得到满意的解决方案。例如，一位宾客有特殊的饮食要求，但在宴会上被忽略了。婚礼服务团队应该立即与宴会供应商沟通，尽快提供符合宾客特殊需求的饮食选项；如果无法满足要求，可以考虑为宾客提供其他的解决方案，如推荐当地的餐厅或提供特殊配餐。

6. 不和谐氛围

如果在婚礼当天出现家庭成员或亲友之间的不和谐氛围，应及时沟通化解，确保婚礼氛围愉快和谐。作为主持人或婚礼策划团队的一员，保持冷静和专业的态度是关键，不要陷入争吵或情绪激动的状态，而是要保持冷静并试图平息局势。

尽快与当事人进行私下沟通，了解问题的根源，倾听双方的意见和诉求，并寻求达成共识的方式。如果当事人无法自行解决问题，可以考虑寻求第三方的调解。例如，请婚礼策划团队、场地工作人员或其他相关人员协助调解，以缓解紧张氛围。如果不和谐氛围影响了整个婚礼活动，可以考虑调整活动流程或安排，以减少冲突和不和谐的可能性。在不和谐氛围出现时，要提供支持和安慰受到影响的人。与他们进行交流，并尽力减轻他们的压力和困扰。

7. 服务质量

如果婚宴酒店或供应商的服务质量不达标，可以及时与其沟通，提出合理的要求和改进意见，确保婚礼顺利进行。首先，立即与相关责任方进行沟通。与婚礼策划团队、场地工作人员或其他供应商的负责人沟通，详细描述问题和期望的解决方案。其次，向责任方清楚地表达问题，并提出具体的反馈和要求，说明问题的影响和重要性，以及期望得到的解决方案。与责任方一起寻找解决问题的方案，可以讨论更换服务提供者、提供补偿或退款等解决方案。如果服务质量问题无法立即被解决，接下来，可以考虑调整活动的顺序或安排，以在最大限度上减少对服务质量问题的依赖，与婚礼策划团队、场地工作人员和其他供应商协商，寻找最佳的调整方案。

8. 意外事故

在婚礼当天，可能出现以下一些意外事故。

（1）摔倒或滑倒：宾客或婚礼参与者可能在场地内或周围的地面上摔倒或滑倒，尤其是在潮湿或不平整的地面上。

（2）食物中毒或过敏反应：如果食品没有经妥善处理，宾客可能会出现食物中毒或过敏反应。

（3）交通事故：如果婚礼场地在繁忙的道路旁，或者有较大交通流量的地方，可能会发生交通事故。

（4）突发疾病或身体不适：宾客可能在婚礼期间突然感到不适、晕厥或出现其他

突发疾病。

（5）火灾：场地可能发生火灾或电器故障。

这些意外事故只是一些可能性，具体情况会根据婚礼场地、气候和其他因素而有所不同。为了最大限度减少意外事故的发生，进行婚礼策划的时候应该进行细致的安全评估和风险管理，并采取必要的预防措施，如提供安全警示、清洁场地、与供应商合作等，采取紧急措施，保护参与者的安全，并及时报警求助。

在解决问题的同时，要做好问题的记录，这样可以在日后与责任方进行沟通和索赔时提供有力的证据。例如，记录服务质量问题的日期、时间、具体描述和与责任方的沟通记录。记录故障情况，包括日期、时间、设备类型和故障描述。

技能训练

任务1：婚礼服务团队的婚礼当天工作体验

活动目标

（1）了解婚礼服务团队在婚礼当天的工作职责和流程。

（2）加强学生对婚礼策划和服务的认识和理解。

（3）培养学生的团队合作和沟通能力。

活动安排

（1）活动前准备。

①教师准备婚礼当天工作流程的简要介绍和相关资料。

②将学生分成若干小组，每组扮演一个婚礼服务团队的角色。

（2）角色分配。

学生根据自己的兴趣和特长，选择扮演婚礼服务团队的不同角色，如策划师、主持人、摄影师、化妆师等。

（3）模拟婚礼当天工作。

①每个小组按照指定的时间表，模拟婚礼当天的工作流程。

②学生根据自己扮演的角色，完成指定的任务和工作，如策划婚礼流程、布置现场、接待宾客、拍摄照片等。

（4）团队合作和沟通。

①学生在小组内密切合作，协调各自的工作，确保婚礼当天的工作顺利进行。

②学生需要进行有效的沟通和协商，解决可能出现的问题和冲突。

（5）展示和总结。

①每个小组在模拟婚礼当天工作结束后，展示他们的成果和经验。

②学生分享他们在角色扮演中的体验和感悟，讨论团队合作中的挑战和解决方案。

（6）总结和讨论。

①教师带领学生总结婚礼服务团队在婚礼当天的工作要点和重要性。

②学生讨论婚礼服务团队的职责和作用，以及婚礼策划和服务的价值和意义。

通过这个课堂活动，学生可以通过实际角色扮演和团队合作，深入了解婚礼服务团队在婚礼当天的工作流程和职责。同时，他们也可以体验到团队合作和沟通的重要性，培养相应的能力和素质。这个活动旨在帮助学生更好地理解婚礼策划和服务行业，并为他们未来的职业发展提供启示。

任务2：婚礼服务团队应对婚礼中问题的应急演练

活动目标

（1）培养学生在婚礼服务团队中应对问题和突发情况的能力。

（2）加强学生的团队合作和沟通能力。

（3）提升学生的应急处理和解决问题的能力。

活动安排

（1）活动前准备。

①教师准备一系列婚礼出现问题的情景设定，如突然停电、餐饮供应问题、婚礼流程混乱等。

②将学生分成若干小组，每组扮演一个婚礼服务团队的角色。

（2）角色分配。

学生根据自己的兴趣和特长，选择扮演婚礼服务团队的不同角色，如策划师、主持人、摄影师、餐饮服务员等。

（3）应急演练。

①每个小组按照指定的情景设定，模拟婚礼出现问题的场景。

②学生需迅速反应并展开相应的工作，与小组其他成员协作解决问题。

（4）团队合作和沟通。

①学生需要在小组内密切合作，协调各自的工作，共同应对问题。

②学生需要进行有效的沟通和协商，解决问题并保证婚礼的顺利进行。

（5）总结和讨论。

①每个小组在应急演练结束后，展示他们的应对方案和处理结果。

②学生分享他们在应急演练中的体验和感悟，讨论团队合作中的挑战和解决方案。

（6）总结和反思。

①教师带领学生总结婚礼服务团队应对问题的关键要素和策略。

②学生讨论婚礼服务团队在紧急情况下的应对经验和技巧。

通过这个课堂活动，学生可以在模拟的情景中应对婚礼出现的问题，锻炼应急处理和解决问题的能力。同时，他们也可以体验到团队合作和沟通在应对问题中的重要性，培养相应的能力和素质。这个活动旨在帮助学生更好地应对婚礼服务中的问题和挑战，并为他们未来从事相关行业提供实践经验和启示。

任务3：婚礼服务团队时间管理游戏

活动目标

（1）了解婚礼服务团队管理时间流程的重要性和挑战。

（2）掌握时间管理技巧和策略。

（3）培养学生的团队合作和沟通能力。

活动安排

（1）活动前准备。

①教师准备一系列与婚礼策划和服务相关的任务和时间限制。

②将学生分成若干小组，每组扮演一个婚礼服务团队的角色。

（2）角色分配。

学生根据自己的兴趣和特长，选择扮演婚礼服务团队的不同角色，如策划师、主持人、摄影师、化妆师等。

（3）时间管理游戏。

①每个小组按照指定的任务和时间限制，进行时间管理游戏。

②学生需要合理安排时间，完成指定的任务，并确保婚礼流程的顺利进行。

（4）团队合作和沟通。

①学生需要在小组内密切合作，协调各自的工作，共同管理时间流程。

②学生需要进行有效的沟通和协商，解决问题和调整计划。

（5）展示和总结。

①每个小组在时间管理游戏结束后，展示他们的成果和经验。

②学生分享他们在时间管理过程中遇到的挑战和解决方案，讨论团队合作中的关键要素。

（6）总结和讨论。

①教师带领学生总结婚礼服务团队管理时间流程的重要性和技巧。

②学生讨论时间管理对婚礼服务团队和婚礼策划的影响和作用。

通过这个课堂活动，学生可以在模拟的时间管理游戏中体验到婚礼服务团队管理时间流程的挑战和重要性，掌握时间管理技巧和策略。同时，他们也可以体验到团队合作和沟通在时间管理中的关键性，培养相应的能力和素质。这个活动旨在帮助学生更好地理解婚礼服务团队的时间管理工作，并为他们未来的职业发展提供实践经验和启示。

内容回顾

1. 婚礼服务团队为了确保婚礼顺利进行，在婚礼当天应该做好的工作：新人温馨提示、确认准备工作、协调仪式进行、管理时间流程、协调摄影和拍摄活动、协调婚宴服务、解决问题和应对突发情况等。

2. 婚礼服务团队一定要温馨提醒新人注意以下事项：

（1）保持放松和享受；

（2）遵循时间表和流程；

（3）拍摄时注意姿态和表情；

（4）与宾客互动；

（5）保持精力和饮食；

（6）享受浪漫时刻；

（7）与婚礼策划团队保持联系。

3. 确认准备工作是指在婚礼前核实并确保所有的准备工作已经完成：

（1）与婚礼策划团队沟通；

（2）检查物品和装饰；

（3）确认供应商安排；

（4）核对婚礼日程；

（5）确认宾客和座位安排；

（6）准备新娘和新郎的个人物品；

（7）确认音响和灯光设备；

（8）确认紧急联系人和备用计划。

4. 管理时间流程是指通过合理安排和有效利用时间，提高工作和生活效率的一种方法。婚礼执行当天的管理时间流程包括：

（1）制定详细的婚礼日程表；

（2）预留足够的时间；

（3）分配时间给各个环节；

（4）协调各个供应商的时间；

（5）计划过渡时间；

（6）与司仪和婚礼策划团队沟通。

（7）灵活应对变化。

5.婚礼服务团队在婚礼当天协调拍摄活动，通常会涉及以下事项：

（1）确定拍摄时间和地点；

（2）协调其他活动；

（3）提供必要的支持；

（4）确保拍摄顺利进行；

（5）协调拍摄对象；

（6）处理意外情况。

6.协调婚礼当天的餐饮服务，保障婚宴质量是婚礼服务策划团队的一项重要工作，其主要环节包括：

（1）沟通和协调；

（2）现场布置和装饰；

（3）宾客接待和引导；

（4）餐饮供应和质量控制；

（5）时间控制和流程协调；

（6）处理意外情况。

7.在举办目的地婚礼当天，可能会遇到各种问题和突发情况，主要包括：天气变化、交通问题、供应商问题、设备故障问题、宾客需求、不和谐氛围、服务质量、意外事故。

能力检测

1.在婚礼当天，为了确保各项任务的顺利进行，怎样准备工作清单？请列出至少五个任务，并按照执行顺序排序。

2.给新人提供温馨提示时，需要关注哪些方面？请列举至少三个注意事项，并提供一种常见问题的解决策略。

3.在协调仪式进行时，需要注意哪些方面？请列举至少两个安排参与者的顺序的要点，并提供一种控制仪式节奏的方法。

4.如何管理时间流程，确保各个环节按时进行，避免拖延或冲突？请提供至少两个具体的方法。

5.在协调拍摄活动时，需要与摄影师、摄像师合作。请列举至少两个与摄影师、摄像师合作的细节，并提供一个安排拍摄时间和地点的例子。

6.在协调婚宴服务时，需要与酒店、餐厅合作。请列举至少两个与酒店、餐厅合作的细节，并提供一个安排座位的例子。

7.在解决问题和应对突发情况时，需要具备哪些方法和技巧？请提供至少两个解决客人投诉的方法，并提供一个解决设备故障的例子。

实务案例

婚礼服务商的专业应对：突发状况下的解决方案与应对措施

背景

ABC婚礼策划公司是一家专业的婚礼服务商，他们致力于为新人提供全方位的婚礼策划和组织服务。在一次婚礼策划过程中，他们面临了一些问题和突发事件，需要迅速解决和应对，以确保婚礼顺利进行。

问题和突发事件

天气变化：在婚礼前一天，天气突然转变，原本预计的晴天变成了大雨。这对于户外举行的婚礼仪式和室外拍摄来说是一个巨大的挑战。

厨房设备故障：在婚宴举行的当天，酒店厨房的一台关键设备发生故障，导致无法按时制作食物。这给已经入场的宾客和新人带来了困扰和担忧。

宾客座位问题：由于某种原因，座位表出现了一些错误，一些宾客没有合适的座位。这引发了一些不满和混乱，需要立即解决。

解决方案和应对措施

ABC婚礼策划公司迅速采取行动，以解决问题和应对突发事件，确保婚礼的顺利进行。

天气变化：与场地合作伙伴紧急商讨，决定将仪式场地从户外转移到室内，以避免雨水影响。他们与音响和装饰团队合作，迅速调整场地布置和音响系统，确保室内的仪式场地与原计划的户外场地一样美丽和浪漫。为新人提供备用的室内拍摄场地选项，确保他们仍然可以拍摄到美丽的照片。

厨房设备故障：立即与酒店管理层沟通，并请求他们提供备用设备或寻找其他解决方案。与新人协商，决定推迟正式的宴会开始时间，给酒店更多时间修复故障设备。同时，与酒店协调，尽快提供一些小食品和饮料给宾客，以缓解他们的饥饿和不满。

宾客座位问题：立即与座位安排团队沟通，并要求他们迅速修正座位表中的错误。与宾客沟通、解释情况，尽快为他们安排合适的座位，还提供额外的座位和桌椅，以解决临时出现的座位问题。

结果

通过ABC婚礼策划公司的努力和采取的有效措施，这场婚礼成功应对了各种问题和突发事件。尽管天气变化和厨房设备故障给婚礼带来了一些困扰，但通过迅速的反应和有效的解决方案，新人和宾客仍然能够享受到一场美丽而难忘的婚礼。

ABC婚礼策划公司的专业团队展示了他们的应变能力和危机处理能力。他们的及时沟通和协调让新人和宾客感到放心，保证了婚礼的顺利进行。

通过解决问题和应对突发事件，ABC 婚礼策划公司赢得了新人和宾客的赞誉。新人对他们的专业素质和关注细节的表现感到非常满意；宾客也对他们的快速响应和解决问题的能力给予了高度评价。

这个案例展示了婚礼服务商在面对问题和突发事件时的应对能力的重要性。ABC 婚礼策划公司通过灵活的思维和专业的团队，成功解决了各种挑战，确保了婚礼的圆满举行。他们的努力不仅是为了提供服务，更是为了让新人和宾客享受到一次无忧无虑的婚礼体验。

这个案例给其他婚礼服务商提供了启示，即在面对问题和突发事件时，及时沟通、快速反应和寻找解决方案至关重要。通过专业的处理，婚礼服务商可以确保新人和宾客的满意度，为他们打造了一场难忘的婚礼。

拓展阅读

目的地婚礼中的创新

在目的地婚礼中设置创新环节可以为婚礼增添独特的体验，让新人和宾客在异国他乡的婚礼中留下难忘的回忆。

（1）文化体验。利用目的地独特的文化元素，安排一些文化体验活动。例如，安排一场特殊的文化交流仪式，让新人和宾客互相了解和体验不同的文化。可以邀请当地的舞蹈团队或音乐家进行表演，让宾客参与学习和演绎当地的传统舞蹈或音乐。

（2）特色仪式。结合目的地的特色，设计特别的婚礼仪式。例如，在泰国婚礼中，设计一场特别的祝福仪式，让宾客为新人送上祝福和祈福。可以邀请宾客参与灯笼祈福仪式，让他们在放飞灯笼的过程中为新人送上祝愿和祈福；在夏威夷举办婚礼时，可以安排一场传统的火舞表演，让新人和宾客感受到夏威夷的热情和活力。还可以将目的地的传统仪式与婚礼仪式融合在一起，创造独特的体验。例如，在巴厘岛举办婚礼时，可以将巴厘岛传统的水祭仪式融入婚礼中，让新人和宾客一同体验浸泡在清净水中的祝福仪式。

（3）主题活动。根据目的地的特点，在婚礼仪式中安排设计一些有趣的主题活动。例如，在农庄婚礼中组织一次农场体验活动，让宾客在婚礼之外也能享受目的地的乐趣；在墨西哥婚礼中，可以邀请宾客参与传统的彩绘陶器制作，让宾客在婚礼期间体验当地的手工艺。

（4）探索之旅。为宾客安排一次探索目的地的旅行活动，可以是一次城市观光游或者是一次自然探险之旅。例如，在日本婚礼中安排一次传统的茶道体验；在巴厘岛婚礼中安排一次巴厘岛传统的舞蹈课程；在沙漠婚礼中组织一次沙漠露营和星空观赏活动，让宾客体验大自然的美丽和神奇。

（5）特色婚宴。选择当地特色的美食和饮品，为宾客提供一次独特的婚宴体验。例如，在意大利婚礼中提供正宗的意大利面食和比萨；在泰国婚礼中提供辣椒炒饭和泰式咖喱；在法国婚礼中提供正宗的法式甜点，如马卡龙、波士顿派和克雷姆布丽奇等。

通过以上创新环节，可以促进新人和宾客之间的互动和交流，增强婚礼的意义和感动，为新人和宾客带来更多的惊喜和特别的体验，让婚礼成为他们一生中难忘的回忆。

应对新人在婚礼当天身体不适的案例

新娘在婚礼当天患上了重感冒，导致她的声音沙哑，喉咙疼痛，甚至出现发烧的症状。这种情况会直接影响婚礼仪式和庆祝活动的进行，新娘可能无法清晰地宣读婚誓、与新郎交换戒指，甚至无法与宾客进行互动和庆祝。

1. 这种情况会对婚礼服务团队产生以下影响

（1）仪式进程受阻：新娘因为喉咙不适，声音沙哑，可能无法清晰地宣读婚誓，导致仪式进程受阻。这会对婚礼的氛围和庄重感产生影响。

（2）沟通受限：新娘的声音沙哑，可能无法与新郎和宾客进行清晰的交流和互动。这会影响新人与宾客之间的互动和庆祝活动的进行。

（3）新娘舒适度下降：因为身体不适，新娘可能无法享受婚礼当天的美好时刻，感到疲倦和不适，这会影响她的情绪和参与度。

（4）照片和视频受影响：新娘的状态不好，可能会影响照片和视频的呈现。新娘的面容可能不够明亮和缺乏活力，无法展现出最佳状态。

2. 婚礼服务团队可以采取以下措施

（1）提前咨询医生：如果新娘在婚礼前就有身体不适的症状，婚礼服务团队可以建议她提前咨询医生，寻求合适的治疗和缓解方法。

（2）调整仪式安排：如果新娘的喉咙疼痛严重，婚礼服务团队可以与司仪协商，调整仪式安排，减少需要新娘宣读的部分，或者提供合适的辅助措施，如话筒。

（3）关注新娘舒适度：婚礼服务团队可以关注新娘的舒适度，提供温水和蜂蜜等舒缓喉咙疼痛的物品，以及安排适当的休息和放松时间。

（4）照顾新娘情绪：婚礼服务团队可以关注新娘的情绪和心理状态，提供支持和鼓励，帮助新娘尽量享受婚礼当天的美好时刻。

总之，新人在婚礼当天的身体不适会对婚礼举办产生一定的影响，但婚礼服务团队可以通过合理的调整，帮助新人克服困难，确保婚礼的顺利进行。

项目十一：
婚礼后续工作与蜜月旅行规划

【学习目标】

【知识要点】

    知识点1：高雅送别宾客的技巧

    知识点2：回访宾客表达感谢的策略

    知识点3：婚礼影像的后期编辑与分享

    知识点4：客户反馈的收集与处理

    知识点5：客户反馈与评价管理实务

    知识点6：婚礼账单的结算与支付

    知识点7：保持与新人的长期联系

    知识点8：蜜月旅行目的地的选择与规划策略

    知识点9：旅行中的拍摄技巧与分享

【技能训练】

    任务1：目的地婚礼送别宾客体验

    任务2：处理客户反馈和评价的技巧训练

    任务3：建立与新人的长期合作关系

【内容回顾】

【能力检测】

【实务案例】

    佛罗伦萨之恋：浪漫之旅——婚礼摄影案例研究

【拓展阅读】

    客片

    婚礼的After party

学习目标

1. 掌握送别宾客的基本礼仪和技巧，包括告别致辞、感谢礼物等，以提供良好的客户服务和留下良好的印象。

2. 学习回访宾客的方法和技巧，包括电话回访、邮件回访等，了解宾客的满意度和意见，以改进服务质量。

3. 学习编辑照片和制作视频的基本知识，包括选取和调整照片、剪辑视频、添加音乐和文字等，以提供精美的婚礼作品。

4. 掌握获取客户反馈和评价的方法和渠道，包括面对面交流、在线调查等，了解客户的需求和意见，以进一步改进服务。

5. 学习客户反馈和评价的处理方式，包括分析评价内容、回复客户、改进服务等，以提高客户满意度和忠诚度。

6. 了解婚礼账单结算、支付的流程和注意事项，包括合同签订、费用明细、支付方式等，以确保婚礼服务的顺利进行。

7. 学习保持与新人长期联系的方法和技巧，包括定期沟通、提供礼品和优惠等，以建立良好的合作关系，提高客户忠诚度。

8. 了解蜜月旅行的相关知识和资源，包括旅行预算、行程安排、住宿和交通等，以及蜜月旅行中应该注意的事项。

9. 学习旅行拍摄的技巧和方法，包括选择合适的拍摄地、寻找独特的背景、利用光线和构图等，以记录和展示旅行的美好回忆。

知识要点

知识点1：高雅送别宾客的技巧

目的地婚礼后的送客环节是一个非常重要的部分，它不仅是对宾客表示感谢，也是为整个庆祝活动画上完美的句号。

1. 一一道别

如果可能的话，新婚夫妇应该尽量和宾客一一道别。这是对他们到场表示感谢的一个好方法，也是向宾客展示新人重视他们到来的一个机会。在婚礼当天，婚礼服务团队提供一份完整的宾客名单，确保没有遗漏任何人，可以考虑指派一个人帮助新人在道别的过程中记住每个人。当和宾客道别时，记住向宾客表达对他们参加婚礼的感

激之情,尤其是对于那些远道而来的宾客,他们可能花费了额外的时间和金钱。这不仅是一种礼貌,也是让新人知道他们对其大日子的重视。在道别的时候,新人可以预先准备一些结束语,可以是一些简单的表达感谢的话语,也可以是一些关于新人未来计划的分享。这个——道别的环节可能会让新人的婚礼结束得有些晚,但是,能够让每一位宾客都感到被珍视和重视,这是非常值得的。

2. 赠送小礼品

考虑在送客的时候提供一份小礼品,这样能使宾客对新人的大日子留下永久的纪念和回忆。下面是一些具体的建议。

(1)定制的婚礼纪念品。可以是定制的饰品,比如带有新人名字和婚礼日期的装饰品;或是一对定制的酒杯、T恤、帽子、照片框等。

(2)与目的地相关的特色礼品。如果婚礼是在海滩上举办的,可以给宾客送上一瓶沙子和贝壳;如果婚礼在葡萄酒产区举办,一瓶当地的葡萄酒将是完美的礼物。这种礼物不仅充满了个性,而且能让宾客回忆起举办婚礼的地点。

(3)食品礼物。一包手工糖果或者当地特色的食品也是个好选择,它既可以满足宾客的口腹之欲,也能带给他们愉快的回忆。

礼物最重要的是要有心意,它需要体现出新人对宾客的感激和欣赏,让宾客知道他们在新人的特殊日子里是多么的重要。

3. 安排交通

对于目的地婚礼,尤其是在远离城市或者交通不便的地方举办的婚礼,新人提前为宾客安排好从婚礼地点到酒店或机场的交通是非常必要的。在婚礼前,应该询问宾客的行程,了解他们的目的地和离开的时间。这将有助于更好地安排交通。提前给宾客提供关于接送的详细信息,包括接送的时间、地点和联系人的信息,这将帮助他们更好地安排自己的行程。根据新人的要求,可以根据人数,预订出租车、班车或者其他类型的交通工具。确保选择的交通方式能够满足所有人的需要,包括老人和行动不便的人,目的是让宾客在新人的婚礼中感到舒适和轻松。

知识点 2:回访宾客表达感谢的策略

在目的地婚礼结束后,回访宾客是一个很重要的礼仪。回访可以用来表达新人对宾客参加婚礼的感谢。以下是一些常用的回访宾客的方式。

1. 发送感谢卡

在婚礼结束后，新人可以发送手写的感谢卡给每位宾客。在卡片上，可以写出对宾客参加婚礼的感谢，也可以提到一些特别的记忆，例如他们的礼物，他们在婚礼上的演讲，或者他们在婚礼上的特别帮助。

2. 电子邮件

婚礼的照片和视频整理好后，可以发送感谢电子邮件来传达对宾客的到来和礼物的感谢，同时分享一些婚礼的照片或视频链接，让他们能重温婚礼的氛围。

3. 电话或视频通话

对于一些特别亲近的宾客，新人也可以通过电话或视频聊天的方式来回访他们，和他们分享婚礼上的喜悦，顺便询问他们参加婚礼的感想。

4. 社交媒体感谢

如果参加婚礼的宾客主要是年轻人，或者他们都是社交媒体的活跃用户，也可以在社交媒体上发布感谢的信息，同时发布一些婚礼的照片，搭配文字表达谢意。

5. 小型聚会

如果条件允许，新人可以在自己所在的城市或者根据宾客的所在地，安排一些小型的聚会，让大家在轻松的氛围中再次聚在一起。

无论选择哪种方式，目的都是要让宾客感到被尊重。因此，要尽量让回访有温度和个人化，显示出对他们的关心和感激。

知识点 3：婚礼影像的后期编辑与分享

目的地婚礼结束后，编辑照片和制作视频是新人惦记的一件重要的事情。新人如果对自己的编辑技巧和创意有信心，可以选择自己编辑照片和制作视频；如果对自己的编辑能力不够自信，或者想要专业水平的照片和视频，可以选择由摄影摄像师来编辑照片和制作视频。当然，如果新人雇用了专业的婚礼摄影摄像供应商，他们通常会提供照片编辑和视频制作服务。

1. 新人自己编辑照片和制作视频

作为新人，可以选择自己编辑照片和制作视频，以下是一些步骤和建议。

（1）选择合适的软件。选择一款专业的照片编辑软件和视频编辑软件，如 Adobe Photoshop 和 Adobe Premiere Pro，它们具有丰富的功能和工具，可以满足大部分人的编辑需求。

（2）照片编辑。使用照片编辑软件对照片进行调整和修饰，可以调整光线、色彩、对比度和饱和度等参数，以获得想要的效果；还可以使用修复工具修复瑕疵、裁剪和调整尺寸等。

（3）视频剪辑。使用视频编辑软件，如 Adobe Premiere Pro 或 Final Cut Pro，将拍摄的视频素材导入软件。可以剪辑视频，删除不需要的片段，调整视频的顺序和时长；还可以添加过渡效果、文字标题、音乐和音效等，以增强视频的吸引力。

（4）添加特效和调色。根据个人的创意和喜好，可以添加特效和调色效果来提升照片和视频的视觉效果。例如，添加滤镜、模糊效果、黑白效果等。

（5）制作婚礼相册和视频。将经过编辑的照片制作成婚礼相册，按照婚礼的时间顺序排列照片。可以添加一些文字描述，让相册更具意义。同样，将剪辑好的视频片段和背景音乐结合起来，制作成婚礼视频，并在视频中添加文字，如婚礼的日期、地点、新婚夫妇的名字等。

（6）导出和分享。完成编辑后，将照片和视频导出为适当的格式和分辨率。可以选择将它们保存在计算机上，或分享到社交媒体平台或云存储服务中，与朋友和家人共享作品。

请注意，编辑照片和制作视频需要一定的技巧和耐心。可以通过观看教程、参考专业摄影师的作品，以及不断练习来提升编辑技能。虽然这是一个需要花费时间和精力的过程，但当看到最终的婚礼相册和视频时，会发现这一切都是值得的。

2. 由摄影摄像师编辑照片和制作视频

雇用经验丰富的专业摄影摄像师来编辑照片和制作视频。以下是一些步骤和建议。

（1）寻找专业的摄影摄像师。选择经验丰富、技术娴熟的摄影摄像师。可以通过朋友的推荐、在线摄影社区或专业摄影网站来寻找摄影摄像师。查看他们的作品和客户评价，确保他们的风格和技术符合要求。

（2）沟通需求和期望。与摄影摄像师进行详细的沟通，将需求和期望告知他们。提出婚礼照片和视频的主题、风格、色调等方面的要求，以确保他们能够根据要求进行编辑和制作。

（3）提供素材。将拍摄的婚礼照片和视频素材交给摄影摄像师。确保提供高质量的素材，以便摄影摄像师能够在编辑过程中获得最佳的效果。

（4）预览和反馈。摄影摄像师通常会在编辑过程中提供预览版本。可以观看预览版本，并提供反馈和修改意见。与摄影摄像师保持良好的沟通，确保最终的照片和视频符合期望。

（5）完成产品交付。一旦照片和视频编辑完成，摄影摄像师会将最终的作品交付。可以与摄影摄像师商议关于作品交付的形式和方式，例如提供数字文件、打印相册或制作DVD等。

3.雇用的专业婚礼摄影摄像供应商提供影像视频

如果新人雇用了专业的婚礼摄影摄像供应商，他们通常会提供照片编辑和视频制作服务。这是一个常规的附加服务，供应商会使用他们自己的编辑团队来处理照片和视频。

（1）在选择供应商时，让他们展示其编辑流程和拍摄作品。了解他们的编辑风格和技术，确保他们能够满足新人的期望；还可以与他们讨论照片和视频的特殊需求，例如添加特效、调整色彩等。

（2）在与供应商沟通时，询问他们的交付时间和政策，了解他们的编辑周期和预计交付时间，以便新人能够合理安排时间表和计划。

选择专业供应商编辑照片和制作视频可以减轻新人的负担，并确保获得高质量的作品。此外，供应商提供的编辑和制作服务会有额外的费用，确保在与供应商达成协议之前，明确价格和其他细节。最重要的是，与供应商保持良好的沟通，确保他们理解和满足新人的期望。给供应商预留足够的时间和素材，以便他们能够提供最佳的编辑和制作服务。

知识点4：客户反馈的收集与处理

1.服务商获取客户反馈和评价的意义

（1）了解客户满意度。客户的反馈和评价可以帮助婚礼服务商了解客户对其服务的满意度。通过了解客户的反馈和评价，可以得知客户对服务的品质、专业性、沟通效果等方面的评价，从而及时发现和解决存在的问题，提升服务质量。

（2）持续改进服务质量。客户反馈和评价是婚礼服务商改进和提升服务质量的重要依据。通过客户的反馈和评价，可以了解到客户的需求和期望，及时调整和改进服务，进一步提升客户满意度，赢得更多客户的信任。

（3）优化客户体验。客户反馈和评价可以帮助婚礼服务商优化客户体验。通过客户的反馈和评价，可以了解到客户对服务流程、沟通方式、交付时间等方面的意见和建议，从而优化服务流程，提升客户的整体满意度。

（4）建立口碑和品牌形象。客户的反馈和评价是婚礼服务商口碑和品牌形象的重

要组成部分。正面的客户反馈和评价可以提升婚礼服务商的口碑和品牌形象，吸引更多的潜在客户；而负面的反馈和评价则提醒婚礼服务商继续改进，避免类似问题再次发生。

2. 服务商获取客户反馈和评价的方法

（1）调查问卷。

设计一份简洁的调查问卷，包括关于服务质量、沟通效果、交付时间、服务态度等方面的问题。可以通过电子邮件或短信给客户发送问卷链接，并鼓励他们提供宝贵的意见和建议。以下是一份摄影摄像服务商设计的调查问卷。

关于摄影摄像服务的调查问卷

一、服务质量
- 您对我们提供的服务质量是否满意？　　　　□满意　□不满意
- 您认为我们的摄影/摄像技术是否专业？　　□满意　□不满意
- 您对我们的摄影/摄像设备是否满意？　　　□满意　□不满意

二、沟通效果
- 我们在婚礼筹备和沟通过程中的反应速度是否令您满意？　□满意　□不满意
- 您认为我们的沟通方式是否清晰和有效？　□满意　□不满意
- 您对我们的沟通态度是否满意？　　　　　□满意　□不满意

三、交付时间
- 我们的照片/视频交付是否按照预定时间完成？　□满意　□不满意
- 您对我们的交付速度是否满意？　　　　　□满意　□不满意
- 您对我们的交付方式是否满意？　　　　　□满意　□不满意

四、服务态度
- 您对我们的服务态度是否满意？　　　　　□满意　□不满意
- 您认为我们对客人是否友善和尊重？　　　□满意　□不满意
- 您是否觉得我们关注到了您的需求和要求？□满意　□不满意

五、其他意见和建议
如果有任何其他意见或建议，请在此提供。

在设计调查问卷时，需要保持简洁明了，避免问题过多或冗长。同时，应该给客户提供足够的空间，让他们自由发表意见和建议。可以使用在线调查工具或问卷平台，通过电子邮件或短信给客户发送问卷链接。在发送时，可以表达对客户意见和建议的重视，并鼓励客户分享他们的宝贵意见，以帮助婚礼服务商改进和提升服务质量。

（2）面谈或电话访谈。

与客户进行面谈或电话访谈，直接询问他们对婚礼服务的评价和反馈。可以提出开放性问题，让客户自由发表意见，同时也可以针对特定方面进行深入了解。

在开始面谈或电话访谈时，工作人员要友好地打招呼并自我介绍，表明自己是该婚礼服务商的代表，目的是了解客户对服务的评价和反馈。表达对客户选择本服务商的感激之情，并感谢客户抽出时间接受访谈交流。

①提出开放性问题：让客户自由发表意见。

例如：

➢ 您对我们的服务有什么评价或反馈？

➢ 有没有什么特别满意或不满意的地方？

➢ 请分享您在整个婚礼筹备过程中遇到的任何问题或困扰。

②深入了解特定方面：根据客户的回答进一步追问一些特定方面的问题。

例如：

➢ 您对我们的服务质量是否满意？有什么具体的例子可以分享吗？

➢ 您认为我们的沟通效果如何？有什么可以改进沟通方式的建议吗？

➢ 您对我们的交付时间是否满意？有没有遇到延迟或提前交付的情况？

➢ 您对我们的服务态度是否满意？有没有遇到不友好或不专业的情况？

③接受意见和建议：鼓励客户提出任何对服务商改进的意见和建议，并确保让客户知道他们的反馈对服务商很重要。

④总结和感谢：对客户提供的意见和建议进行总结，并再次感谢他们能抽出宝贵时间和配合。告知客户服务商将会根据其反馈进行改进，并欢迎他们随时联系以获取更多的资讯或帮助。

⑤结束面谈或电话访谈：友好地结束面谈或电话访谈，工作人员要再次对客户表示感谢，并提示他们，如果有任何问题或需求可以随时联系。

在整个面谈或电话访谈过程中，工作人员需保持友好和专业的态度，倾听客户的意见，不要打断他们的发言，尽量获取详细和具体的反馈。记下重要的观点和建议，以便后续分析和改进服务。

（3）社交媒体评论和评分。

鼓励客户在社交媒体平台上分享他们的经历和评价。可以在婚礼服务商的网站或社交媒体页面上设置评论和评分功能，让客户可以直接在那里留下他们的反馈。

①设置评论和评分功能：在网站底部或页面侧边栏添加评论框，或在社交媒体平台上创建评价帖子或投票。

②提供简单的评分系统：采用简单的评分系统，例如，使用星级评分制度（1~5颗星），以便客户可以快速选择适当的评分。

③鼓励客户分享经历和评价：在婚礼服务商的网站或社交媒体平台上，用醒目的文字鼓励客户分享他们的婚礼经历和评价。例如："请分享您的婚礼经历和对我们服务

的评价，让其他人也能了解您的美好回忆。"

④提供示例评价：在网站或社交媒体页面上展示一些客户的示例评价，以促进其他客户分享他们的经历。确保这些示例评价涵盖不同方面的反馈，如服务质量、沟通效果、交付时间和服务态度等。

⑤及时回复评论：定期检查和回复客户的评论。如果客户提出问题或反馈，尽快回复并提供解决方案。这能显示出对客户意见的重视，并为其他人提供积极评论和互动的环境。

⑥感谢客户的评价：在每个评论下面回复感谢客户的评价，并表示对他们选择该服务商的感激之情，展示出服务商的专业态度，还能促进客户满意度和口碑传播。

⑦分享好评：如果客户给出了积极的评价和高分，那么在婚礼服务商的其他营销渠道上分享这些好评，如社交媒体帖子、网站上的推荐或客户参考列表等，这将吸引更多潜在客户。

⑧回应负面评价：如果出现负面评价，不要忽视或删除它们。相反，应以专业和友好的方式回应，表示理解客户的不满，并承诺采取措施改善服务，通过专业的回应展示出对客户的关注及良好的服务态度。

（4）专业婚礼服务商的评价平台。

婚礼服务商专门创建一个专业评价平台，可以是一个独立的网站或是一个单独的页面，以便客户能够方便地分享他们的评价和经验。

①提供多种评价方式：除了文字评价，还允许客户上传照片或视频，并提供评分、标签或类别选择，以便客户能够更详细地描述他们的体验。

②鼓励客户分享具体细节：在评价平台上提供一些指导性问题，鼓励客户分享婚礼服务的具体细节。例如，他们如何与服务商沟通，服务商是否按时交付，服务商的专业性和灵活性等。

③确保评价平台的透明性：确保评价平台的透明性，让客户能够看到其他客户的评价和评分，并了解更多关于服务商的信息。这可以增加客户的信任，并帮助他们作出明智的决策。

④监控评价平台和内容：定期监控评价平台上的评价和内容，及时回复客户的评价。如果有不实信息或恶意评论，及时采取适当的措施，如删除或回应。

⑤分享客户评价的亮点：在婚礼服务商的网站、社交媒体和其他营销渠道上分享客户评价的亮点和感言。这将增加服务商的可信度，吸引更多潜在客户。

⑥鼓励客户更新评价：定期与客户联系，鼓励他们更新自己的评价，这可以体现出服务商的改进和客户满意度的提高。

⑦关注行业评价平台：除了自己的评价平台，也要关注行业评价平台，如婚礼规划网站、在线婚礼服务目录等。确保在这些平台上的信息是准确和完整的，并及时回复客户的评价。

通过创建专业评价平台，婚礼服务商可以更好地管理客户评价和反馈，提高客户满意度，并吸引更多潜在客户选择他们的服务。同时，定期检查和改进服务，以满足客户的期望和需求。

（5）口碑传播。

满意的客户往往会把他们的正面体验分享给亲友。通过提供优质的服务和保持与客户良好的交流，可以鼓励客户传播口碑，从而吸引更多的潜在客户。

①提供优质的服务：提供高质量的婚礼服务，确保每一个细节都得到精心安排和执行。力求在婚礼当天超越客户的期望。

②保持良好的沟通：与客户保持良好的沟通，及时回复他们的询问和需求，让他们感受到自己的重要性和意见反馈的价值。

③鼓励客户分享经历：在与客户的交流中，鼓励他们分享婚礼的经历，并自然地提及所享受到的优质服务和专业团队，同时表达感激之情。

④提供引荐奖励：为客户提供引荐奖励计划，如折扣、礼品或其他激励措施，鼓励他们将服务推荐给朋友、家人和同事，从而拓展潜在客户群。

⑤利用社交媒体：在征得顾客同意后，通过社交媒体分享婚礼照片和感言，并在适当位置标注服务标识，增加品牌曝光，吸引更多关注。

⑥得到客户的授权：在分享顾客婚礼素材前，确保获得其书面授权，以保护顾客隐私并符合法律道德规范。

⑦跟进客户体验：婚礼结束后，继续与客户保持联系，了解他们的整体体验和反馈，感谢他们的支持，并再次鼓励分享。

⑧回应客户评价：对于客户在口碑传播渠道上的评价，及时回复并表示感谢。针对任何负面反馈，采取适当措施解决问题，以维护良好的口碑和客户关系。

（6）向其他供应商征集推荐信。

向合作过的婚礼供应商征集推荐信或参考信，以展示专业能力和服务质量，同时也可以作为客户反馈和评价的一种补充。

①选择合适的供应商：选择有良好合作基础且对服务质量有深入了解的婚礼供应商，如婚礼场地提供商、摄影师、化妆师等。

②发送请求邮件：向这些供应商发送请求邮件，说明征集推荐信的目的，并表达感激之情，询问他们是否愿意提供推荐信或参考信。

③提供参考模板：随邮件附上撰写模板，包含合作经验、服务质量及专业能力等方面的问题，以便供应商参考。

④给予充足时间：给供应商足够的时间来准备推荐信，避免过度催促，尊重他们的工作安排。

⑤提供客户反馈和评价：在请求中强调希望推荐信中包括客户的正面反馈和评价，以增强推荐信的可信度和说服力。

⑥感谢供应商的支持：无论供应商是否提供推荐信，都要在邮件中表示感谢。这将有助于维持良好的合作关系，并为将来的合作打下基础。

⑦保持联系：与这些供应商保持密切的联系，定期分享服务动态和发展成果，为将来的合作和推荐提供更多机会。

通过上述方式收集推荐信，可以有效提升品牌信誉和专业形象，促进口碑传播。这些推荐信可以用于营销材料、网站上的参考列表、社交媒体宣传等，以吸引更多潜在客户选择该婚礼服务。

无论通过哪种方式获取客户反馈和评价，婚礼服务商都应及时回复，并采取必要的措施来改进服务质量。客户的反馈和评价是极其宝贵的资源，它们能够帮助婚礼服务商深入了解客户的需求和期望，进而不断提升自身的专业水平和服务质量。

知识点 5：客户反馈与评价管理实务

客户的反馈和评价是宝贵的资源，可以帮助优化服务，吸引更多的客户，并提升口碑和品牌形象。遵循以下处理原则，婚礼服务商能够建立良好的客户关系，显著提升客户满意度，从而在市场竞争中脱颖而出。

1. 及时回复

对于客户的反馈和评价，应通过电子邮件、电话或社交媒体及时进行回复并表达感谢。

（1）关注和识别反馈来源：应及时获得客户的反馈信息。关注各种渠道，包括电子邮件、社交媒体、在线评论等，识别并记录每个反馈的来源和内容。

（2）确定回复优先级：根据反馈的性质和紧急程度，确定回复的优先级。对于紧急或重要的问题，要尽快回复；对于一般性的反馈，可以稍后回复；对于优先级高的反馈，建议尽快回复，在 24 小时内给予回复将显示对客户的重视，如果无法在 24 小时内回复，要向客户说明原因，并告知他们预计的回复时间。

（3）个性化回复：根据每个客户的反馈内容，给予个性化的回复。对于正面的评价和赞扬，要表达感谢和赞赏；对于负面的反馈，要认真倾听，理解客户的关注，然后提供解决方案。

（4）提供解决方案：对于客户的问题和不满，要提供合理的解决方案。与客户沟通，确保问题得到解决，并尽力满足他们的需求。如果问题无法立即被解决，要向客户说明正在采取的措施，并保持跟进。

（5）自动化和流程化：考虑使用自动化工具和流程来更好地管理和回复客户的反馈，包括设置自动回复邮件、使用客户服务软件等。自动化和流程化可以提高回复的效率和准确性。

通过细化及时回复的步骤，可以更好地管理和回应客户的反馈，展示对客户关注的态度，并解决问题，提高客户满意度。及时回复还有助于维护良好的客户关系，并增加口碑和信任度。

2. 聆听需求和问题

仔细聆听客户的需求和问题，并确保真正理解他们的关注和要求，要积极主动地解决问题，并提供解决方案。

（1）给予关注和尊重：当客户表达他们的需求和问题时，确保给予他们关注和尊重。避免中断或打断客户，让他们充分表达自己的观点和问题。

（2）主动倾听：积极主动地倾听客户的需求和问题。通过提问和澄清，确保完全理解客户的意图和要求，了解他们的期望和目标。

（3）记录和整理信息：在聆听客户的需求和问题时，记录重要的信息，如关键的要求、具体的问题、时间要求等。整理这些信息，以便后续分析和处理。

（4）重述和确认：在客户表达完需求和问题后，重述他们的主要观点和要求。这将有助于理解客户的需求，为客户提供可行的解决方案，并解释其优点和适用性。

（5）确认理解和同意：确保客户对提供的建议和解决方案有清楚的理解，并征得他们的同意，保证客户对所提供的解决方案满意，并愿意接受。

通过细化聆听需求和问题的步骤，可以更好地理解客户的需求，提供准确的解决方案，并提高客户满意度。聆听客户的需求和问题是建立良好客户关系的基础，它能为提供优质的服务奠定基础。

3. 跟进和反馈

在实施解决方案后，跟进客户的反馈和满意度。确认他们的问题是否得到解决，并确保他们对解决方案满意。如果客户有任何其他问题或需要进一步的支持，及时提供帮助。

（1）跟进解决方案：在提供解决方案后，及时跟进客户，确认他们是否成功解决了问题。询问他们对解决方案的满意度，并确保没有其他问题或需求。

（2）提供额外支持：如果客户在解决问题的过程中遇到困难或需要额外支持，立即提供帮助。确保客户得到充分的支持和指导，使问题得到彻底解决。

（3）反馈调查：定期进行客户满意度调查，以了解他们对服务和解决方案的评价。可以利用在线调查工具或发送满意度调查问卷给客户。通过客户的反馈，了解他们的需求和期望，并找出改进的机会。

（4）回应客户反馈：对于客户的反馈，不论是正面的还是负面的，都应及时回应。感谢客户的反馈，并重视他们的意见。对于正面的反馈，表示感激；对于负面的反馈，

认真倾听并提供解决方案。

（5）持续改进：将客户的反馈作为持续改进的动力。分析客户反馈的共同点和问题，找出改进的方向和机会。根据客户的需求和期望，不断优化服务和提升客户满意度。

（6）反馈分享：在适当的场合，分享客户的正面评价和感言。可以在官方网站、社交媒体、营销材料等渠道上展示客户的反馈。这有助于增加可信度，并吸引更多潜在客户选择该婚礼服务。

通过跟进和反馈，可以建立良好的客户关系，提高客户的满意度。及时跟进客户的问题和需求、提供额外支持以及积极回应客户的反馈，都是建立信任和提高客户忠诚度的重要步骤。同时，通过持续改进、不断优化服务，提高客户满意度，能获得更多的正面反馈和口碑。

4. 保持诚实和透明的态度

诚实和透明是建立信任和良好客户关系的基石，对于客人的反馈和评价，要诚实和透明地对待。如果存在问题或挑战，要坦诚地承认，并说明将采取措施来改进和解决问题。同时，也要诚实地分享客人的正面评价和满意度。

（1）提供准确信息：在与客户沟通时，提供准确、真实的信息。确保产品或服务描述准确无误，不夸大其优点或隐瞒其缺点。客户需要依据准确的信息作出决策，因此，诚实和准确是非常重要的。

（2）诚实回答问题：当客户提出问题时，以诚实的态度回答。如果不确定如何回答，不要随意猜测或撒谎，而是诚实地告诉客户需要进一步的研究或咨询其他人员。积极寻求答案，并及时回复客户。

（3）透明定价和费用：在涉及定价和费用方面，要保持透明。明确告知客户产品或服务的价格，以及可能涉及的额外费用。避免隐藏费用或提供虚假的价格信息，对客户造成困惑或不满。

（4）公开政策和规定：确保客户能够了解和理解公司的政策和规定。将这些信息公开并使其易于查找，例如，在官方网站或产品手册上提供详细的政策说明。这样客户可以明确知道他们的权益和责任。

（5）及时沟通问题和挑战：在提供服务过程中，如果出现问题或挑战，及时与客户沟通。诚实地告知客户出现问题的原因和解决进展，并提供可能的解决方案。避免隐瞒或推卸责任，而应与客户共同面对问题，积极寻找解决方案。

（6）接受客户反馈和建议：鼓励客户提供反馈和建议，并真诚地接受。对于客户的意见和建议，要诚实地回应，并采取相应的行动。

通过保持诚实和透明的态度，能够建立稳固的信任关系，并赢得客户的忠诚和口碑。诚实和透明的做法不仅有助于保持长期的客户关系，还能够提高客户满意度，从而形成口碑效应。

5. 改进和学习

改进和学习是提高客户关系和服务质量的关键步骤。将客户的反馈和评价视为一个改进和学习的机会，仔细分析反馈的内容，并从中找出改进点和发展方向。这将帮助提供更好的服务，从而满足客户的期望。

（1）分析客户反馈：应定期分析客户的反馈和意见。收集客户的满意度调查结果、投诉记录、客户建议等信息。通过分析客户反馈，了解客户的需求、关注点和痛点，找出改进的方向。

（2）寻找改进机会：应根据客户反馈和需求，寻找改进的机会。如提升产品质量、改进服务流程、加强员工培训等。寻找可以提升客户体验和满意度的领域，制订相关的改进计划。

（3）设定目标和指标：为改进工作设定明确的目标和指标。如提高客户满意度、减少投诉数量、提高客户回头率等。设定具体的目标和指标可以帮助衡量改进工作的效果。

（4）实施改进计划：应根据设定的目标和指标，制订改进计划并实施。确保计划明确、可操作，并涉及相关部门和员工。跟踪和监控改进计划的执行情况，确保计划按时推进。

（5）培训和发展员工：员工是提供优质服务的关键。应提供定期的培训和发展机会，提升员工的专业能力和服务水平。通过培训和发展，员工能够更好地理解客户需求，并提供更好的解决方案。

（6）持续监测和反馈：应持续监测改进工作的效果，并反馈给相关团队和员工。定期收集客户反馈和满意度调查结果，检查指标的完成情况。根据监测结果，调整和改进工作策略。

（7）学习和借鉴他人经验：应学习和借鉴其他行业或竞争对手的经验。了解其他公司在客户关系管理方面的成功实践，并找到适用于自己的方法和策略。

通过不断改进和学习，能够提高客户关系和服务质量，满足客户的需求，并不断提升客户满意度。持续的改进工作是一个循环过程，需要不断地收集反馈、分析数据、制订计划，并持续地执行和监测。这样才可以不断提升自身竞争力，赢得客户的忠诚和口碑。

知识点 6：婚礼账单的结算与支付

在婚礼筹备期间，有很多不同的供应商或服务提供商需要支付费用，如场地租赁、餐饮、摄影师、婚纱礼服等。以下是一些关于婚礼账单结算和支付的重要注意事项。

1. 确认服务供应商的费用

与各个服务供应商（如场地、餐饮、摄影师、婚纱等）进行沟通，确认他们的具体费用和支付方式。确保清楚了解每个供应商的费用明细，以及是否包含税金、小费或其他附加费用。

（1）沟通并要求费用明细：与每个服务供应商进行沟通，要求他们提供详细的费用明细，包括他们的服务项目、数量、单价以及其他附加费用（如税金、小费等）。

（2）核对费用明细：仔细核对每个供应商提供的费用明细，确保了解每个项目的费用和数量是否准确。如果有任何不清楚或不明确的地方，及时与供应商沟通并解决。

（3）确认是否包含税金和小费：有些供应商的报价可能已经包含了税金和小费，而有些可能没有。确保清楚了解每个供应商的报价是否包含了这些费用，以避免费用上的混淆和意外支出。

（4）讨论支付时间和方式：与供应商商讨支付时间和方式。有些供应商可能要求提前支付一定比例的订金，而余款可以在婚礼前或婚礼当天支付。与供应商商定支付时间和方式，以便做好相应的安排。

（5）确认最终费用：在与供应商沟通并核对费用明细后，确认最终费用。确保双方对于费用的理解和确认一致。

（6）签下确认函或签订合同：为了确保费用的准确性和可追溯性，建议与供应商签订书面的确认函或合同。在确认函或合同中明确列出每个项目的费用和支付安排，双方签字确认。

通过以上步骤，可以确保与服务供应商之间对于费用的清晰和一致，避免费用上的混淆和纠纷。及时沟通和确认费用明细，书面确认费用安排，对于婚礼账单的结算和支付是非常重要的。

2. 确定支付时间和方式

与服务供应商商定支付时间和方式。有些供应商可能要求提前支付一定比例的订金，而余款可以在婚礼前或婚礼当天支付。确保了解每个供应商的支付要求，并做好相应的安排。

（1）与供应商沟通：与每个供应商进行沟通，了解他们的支付要求和偏好。询问他们可接受的支付方式及他们期望的支付时间。

①提前支付订金：一些供应商可能要求在婚礼之前支付一定数额的订金来保留他们的服务。确保清楚了解每个供应商的订金金额和支付截止日期。

②分期付款：如果婚礼费用较高，可以与供应商商讨分期付款。确定每次分期付款的金额和支付日期，并确保能按时支付。

③婚礼前支付：一些供应商可能要求在婚礼前一定的时间内支付余款。确保清楚

了解每个供应商的支付截止日期。

④婚礼当天支付：对于某些供应商，如摄影师或婚礼策划人员，可能需要在婚礼当天支付他们的费用。

（2）确认支付方式：与供应商商讨支付方式，如现金、支票、银行转账或在线支付等。选择一种方便和安全的支付方式，并确保能够提供支付所需的凭证。

①现金支付：现金支付是最直接和简单的支付方式。可以在与供应商交易时直接支付现金，或者在婚礼当天准备好足够的现金以支付各项费用。

②银行转账：银行转账是一种安全和方便的支付方式。首先要与供应商商定银行转账的细节，包括账户信息和支付时间。在支付之前，确保在银行中有足够的资金，并在指定的时间内完成转账。

③支票支付：如果习惯使用支票进行支付，可以与供应商商定支票支付的细节，包括支付时间和收款人信息。在支付之前，确保有足够的支票，并在指定的时间内将支票交给供应商。

④在线支付：许多供应商和服务提供商接受在线支付方式，如支付宝、微信支付、PayPal等。可以与供应商商定在线支付的细节，包括支付平台和支付时间。在支付之前，确保在相应的支付平台上注册并且有足够的资金。

（3）与供应商签订合同。为了确保支付时间和方式的准确性和可追溯性，建议与供应商签订书面合同。在合同中明确列出支付时间和方式，并确保双方都签字确认。

3.统一管理账单

将所有服务供应商的费用汇总到一个账单上，以便进行管理和支付。可以使用Excel或其他账单管理工具来记录每个供应商的费用明细、支付时间和方式。

4.保留支付凭证

保留所有支付凭证，包括收据、发票或转账记录。这将有助于跟踪和管理支付情况，并在需要时提供相关的证明文件。

通过以上步骤，可以有效地管理和支付婚礼费用，确保与服务供应商之间的良好合作和顺利完成婚礼筹备过程。及时沟通和确认支付安排、保留支付凭证，对于确保支付的准确性和可追溯性非常重要。

知识点7：保持与新人的长期联系

保持与新人的长期联系对于婚礼服务供应商来说非常重要。以下是一些与新人保持长期联系的方法。

（1）建立良好的沟通渠道。与新人建立起包括电话、电子邮件、社交媒体在内的良好的沟通方式，以便他们随时联系婚礼服务供应商，并及时获得反馈。

（2）跟进和回顾。在婚礼结束后，持续与新人保持联系，进行服务评价和反馈的跟进与回顾。这不仅有助于改进服务质量，还体现了对新人的关怀。

（3）转介绍和推荐。若新人对服务表示满意，可适当询问他们是否愿意将婚礼服务推荐给其他有需求的朋友。为了感激其推荐，服务商可以提供奖励，并将邀请他们参加婚礼展览及相关活动，加深他们对服务商的服务品质和专业能力的了解。

（4）提供其他相关服务。除婚礼服务外，还可以提供其他相关增值服务，如照片视频制作、蜜月及旅行策划等。这些服务旨在帮助新人规划和安排他们的蜜月或婚礼后的旅行，包括提供旅行目的地的建议、机票和酒店的预订、旅行行程的安排等。这些增值服务有助于加深与新人的联系，并为他们创造更多的价值。

（5）定期更新和活动邀请。为了保持与新人的联系，服务商定期通过发送电子邮件或短信的方式分享婚礼行业的最新趋势、优惠活动邀请及其他有价值的信息。这种定期更新和活动邀请不仅有助于服务商及时了解新人的需求和反馈，还可以增强双方的互动和信任。

通过以上措施，可以与新人建立起长期的联系与合作。保持良好的沟通、提供优质的服务及相关的支持，是与新人保持长期联系的关键。这不仅可以为服务商带来更多的业务机会，还可以提升其品牌声誉和口碑。

知识点 8：蜜月旅行目的地的选择与规划策略

蜜月旅行是新婚夫妇在婚礼后进行的旅行或度假活动。它是新人庆祝婚礼结束和开始新婚生活的一种方式。蜜月旅行通常在婚礼结束后不久开始，持续时间从几天到几周不等。

1. "蜜月"的来历

关于"蜜月"一词的来源有多种说法。一种说法是，"蜜月"一词最早可以追溯到古罗马时期，当时新人在婚礼后的一个月内通常会喝蜂蜜酒（即蜂蜜与酒混合的饮料）来增强身体健康和活力。这个月被称为"lunae mensis"，意为"月亮的月份"，后来演变成了"蜜月"；另一种说法是，"蜜月"一词来自古代北欧的传统。在北欧地区，新人通常会在婚礼后的一个月里饮用蜂蜜酒，以庆祝新婚和保佑他们的婚姻幸福甜蜜。这个传统演变成了"蜜月"。虽然"蜜月"一词的来源尚不确定，但它已成为指代新人在婚礼后进行的浪漫旅行或度假的常用术语，被视为他们庆祝婚礼和新生活开始的重要时刻。

蜜月旅行可以选择任何新人喜欢的目的地，无论是国内还是国外，可以是海滩度假胜地、山区、城市、乡村或任何他们梦想中的地方。蜜月旅行提供了新人享受二人世界、放松心情、探索新环境并创造美好回忆的机会。

蜜月对新人来说意味着难忘的时刻和浪漫的体验。它是他们开始新生活的一个特殊时刻，为他们提供了相互了解和加深感情的机会。蜜月旅行也被认为是新婚中的一个重要部分，它为新人创造了一段特殊的回忆，为他们未来的生活奠定了基础。

2. 新人选择蜜月旅行目的地的考虑因素

新人在选择蜜月旅行目的地时，应该相互沟通，共同决定蜜月旅行的目的地，以确保双方都能享受和留下美好的回忆。

（1）共同兴趣和喜好。他们可以共同讨论并确定彼此的兴趣和喜好，选择一个能满足双方旅行期望的目的地。例如，双方都喜欢海滩和阳光，可以选择一个海岛度假胜地；喜欢冒险和户外活动，可以选择一个山区或探险目的地。

（2）预算和时间。考虑他们的蜜月旅行预算和时间，选择一个符合预算和时间安排的目的地。根据蜜月旅行的时间安排选择一个合适的目的地。如果时间有限，可以选择一个距离较近或所需旅行时间较短的目的地，以充分利用时间。预算主要考虑目的地的消费水平、交通费用、住宿费用、餐饮费用等。

（3）旅行季节和天气。了解目的地的旅行季节和天气情况，选择一个适合他们的旅行时间。如果喜欢夏季度假活动，可以选择一个气候温暖的目的地；如果喜欢冬季的滑雪和温泉，可以选择一个适合冬季旅行的目的地。

（4）目的地特色和文化。新人可以选择一个拥有悠久历史和丰富文化遗产的目的地，深入了解当地的传统和文化。例如，意大利、法国和希腊等都有悠久的历史和丰富的世界文化遗产，如古罗马遗址、巴黎艺术博物馆和雅典卫城等。还可以选择一个拥有壮丽自然风光和丰富生态环境的目的地，享受大自然的美景和宁静。如马尔代夫、塞舌尔和巴厘岛等，这些地方都有迷人的海滩、碧海蓝天和珊瑚礁等自然景观。

（5）旅行需求和偏好。根据他们的旅行需求和偏好，选择一个能满足其需求的目的地。如喜欢浪漫和宁静的环境，可以选择一个偏远和私密的度假胜地；喜欢购物和夜生活，可以选择一个繁华和时尚的城市目的地。

3. 蜜月旅行中的注意事项

蜜月旅行是新婚夫妇在目的地婚礼后的重要活动之一。蜜月是新婚夫妇难以忘怀的特殊时刻，通过精心策划和组织，可以帮助他们拥有一段难忘和浪漫的旅行经历。

（1）预算控制：制定明确的预算，并在旅行中控制开支。确保在预算范围内选择合适的住宿、用餐和活动。

（2）旅行保险：购买旅行保险，以保护旅行计划免受意外事件的影响。旅行保险可以包括行程取消保险、医疗保险和财产损失保险等。

（3）健康和安全：在旅行前咨询医生，确保身体健康适合旅行。了解目的地的安全情况，并采取必要的安全措施，保障旅行安全。

（4）食物和饮水：了解目的地的食物和饮水安全标准，并选择可靠的餐厅和供应商。尽量避免食用生水果、生蔬菜和未煮熟的食物，以预防食物中毒等问题。

（5）文化和礼仪：了解目的地的文化和礼仪，尊重当地的习俗，遵守当地的法律和规定，避免任何麻烦和问题。

（6）活动和景点：根据新人的兴趣和喜好，选择合适的活动和景点。确保有足够的时间来放松、享受和探索当地的文化和风景。

（7）通信和互联网：在旅行前了解目的地的通信和互联网情况。如果需要，购买国际漫游套餐或当地的 SIM 卡，以保持良好的通信和互联网连接。

（8）纪念品和礼物：在旅行中购买纪念品和礼物，可以为他们留下美好的回忆。选择有当地特色的纪念品和礼物，以增添旅行的特色和个性。

知识点 9：旅行中的拍摄技巧与分享

1. 新人为什么喜欢旅拍

旅行拍摄简称旅拍，是指在旅行过程中，通过摄影师或自己拍摄的照片，来记录旅行中的人物、风景，以及个人的旅行体验。旅拍的目的是通过摄影来记录和展示旅行的独特魅力和美好回忆。旅拍可以包括拍摄风景、建筑、人物、街道、美食等多种元素，以展现旅行地的特色与个人的情感。

旅拍是蜜月旅行中的重要内容，可以帮助新人记录下蜜月美好的回忆。现在越来越多的新人选择旅拍。

第一，旅拍可以为新人提供一种特殊的方式来纪念他们的蜜月旅行和新婚时光。通过将这些瞬间以照片的形式记录下来，他们可以永远留住这些美好的回忆。

第二，旅拍可以给新人提供一种独特和新鲜的体验。在不同的目的地中拍摄照片，不仅可以为他们带来新的风景、文化和体验，还能使整个旅行更加丰富和有意义。

第三，旅拍通常在风景优美的地方进行，如海滩、森林、山区或历史建筑等。这些美丽的背景可以为照片增添视觉上的吸引力，使照片更加生动和出色。

第四，旅拍照片可以看作一种艺术品。通过构图、光线和姿态等元素展现新人的美丽和爱情。这些照片可以成为他们家中的装饰品，长期展示和欣赏，并与亲朋好友分享。无论是为了纪念、体验，还是与他人分享，旅拍都已成为新人喜爱的选择之一。

2.如何选择旅拍方案

为了选择最适合自己的旅拍方案,并与摄影师共同创造出难忘的旅拍照片,可以考虑以下几个因素。

(1)目的地:确定想要去的旅行目的地。可以根据个人喜好和偏好选择海滩、山区、城市或乡村等不同类型的目的地。考虑自己和伴侣的共同兴趣,以及希望通过旅拍照片展现的主题和情感。

(2)风格与主题:确定想要的旅拍风格和主题。可以是浪漫、自然、时尚、复古等不同风格,或是以特定的主题为基础,如婚礼、甜蜜的互动、冒险等。与摄影师沟通,共同确定最合适的风格和主题。

(3)摄影师选择:寻找并选择一位专业的旅拍摄影师。查看摄影师的作品集和风格,了解他们的经验和专长。与摄影师进行面对面沟通或视频会议,了解他们的工作方式和沟通方式,确保与他们的合作愉快和舒适。

(4)预算:确定旅拍的预算。旅拍的费用包括摄影师的费用、旅行费用、住宿费用等。根据自己的预算来选择合适的目的地和旅拍方案。

(5)时间安排:确定旅拍的时间安排。考虑新婚蜜月的时间和行程安排,与摄影师协商确定最佳的拍摄日期和时段。

(6)拍摄计划:与摄影师沟通,共同制订拍摄计划。确定拍摄地点、服装、妆容等细节。与摄影师沟通,将个人的想法和愿望告诉他们,共同制订出最理想的拍摄计划。

(7)参考和研究:在选择旅拍之前,可以参考和研究其他旅拍的作品,了解不同风格和构图方式。这可以帮助更好地明确自己的喜好和期望,与摄影师进行更有针对性的讨论和合作。

3.怎样拍出效果好的旅拍照片

(1)寻找独特的背景:选择旅拍的目的地时,寻找独特而美丽的背景,可以是海滩、森林、山脉、城市街道或历史建筑等。一个独特的背景可以为照片增添视觉上的吸引力。

(2)充分利用光线:光线对于照片的质量至关重要。尽量选择早晨或傍晚时分进行拍摄,这时的光线柔和而温暖。避免在强烈阳光下直接拍摄,以免出现过曝或阴影过重的情况。

(3)注意构图和姿势:构图是照片中的元素排列和布局。尝试使用对称、对角线、三分法等经典构图原则,增加照片的艺术感。此外,还可以根据摄影师的指导摆姿势,以展现出最佳的形象。

(4)捕捉自然表情:尽量让拍摄的瞬间自然而真实。与摄影师合作,放松自己,享受当下的时刻,表达真实的情感。这样可以在照片中呈现出更加生动和有趣的场景。

(5)注意服装和整体造型:选择适合旅拍场景的服装和整体造型。根据目的地的气候和风格,选择合适的服装和配饰,使整体造型与背景相协调。避免过于花哨或过于简单的服装,以免影响照片的效果。

(6)放松和享受:最重要的是放松心情,享受旅拍的过程。不要过于担心照片的效果,而是专注于与伴侣共度的美好时光。放松自己,才会使照片更加自然和真实。

通过遵循上述建议,并与摄影师合作,可以更好地拍出令人满意的旅拍照片。最重要的是,享受旅拍的过程,并创造出难忘的回忆。

技能训练

任务1:目的地婚礼送别宾客体验

活动目标

通过模拟目的地婚礼结束后送别宾客的情景,让学生实践并体验如何优雅地送别婚礼宾客。

活动步骤

(1)活动前准备。

①将教室布置成一个模拟婚礼现场,包括婚礼装饰、座位布置、餐桌等。

②准备一些感谢礼物,如小礼品、礼品袋等。

③准备一些感谢信的模板,供学生参考。

(2)活动介绍。

①介绍目的地婚礼结束后送别宾客的重要性和意义,以及送别礼物的选择和意义。

②解释活动目标和步骤。

(3)角色分配。

①将学生分成若干小组,每个小组分配一个角色,包括新人、家人、朋友、婚礼策划师等。

②每个小组根据自己的角色准备相关的对话和行动。

(4)模拟情景。

①让每个小组在模拟的婚礼现场中进行表演,模拟目的地婚礼结束后送别宾客的情景。

②要求学生根据角色进行适当的对话和行动,传达感谢之情并送别宾客。

（5）角色交换。

让每个小组交换角色，重新表演一次，体验不同角色的感受和责任。

（6）讨论和总结。

①让学生讨论他们在模拟情景中的体验和感受。

②引导学生总结送别宾客的重要原则和技巧。

③提供反馈和建议，帮助学生进一步提升他们送别宾客的技巧。

此课堂活动旨在通过模拟情景，让学生实践和体验目的地婚礼结束后送别宾客的过程，加深他们对送别宾客的理解。通过角色分配和角色交换，学生能够全面了解不同角色的责任和感受，从而提升他们的专业能力和综合素质。

任务 2：处理客户反馈和评价的技巧训练

活动目标

通过角色扮演和讨论，让学生学习如何妥善处理客户的反馈和评价，提升他们的沟通和解决问题的能力。

活动步骤

（1）活动前准备。

①准备客户反馈和评价的案例，包括正面和负面的反馈。

②准备角色扮演的道具和场景设置。

（2）活动介绍。

①介绍处理客户反馈和评价的重要性和技巧。

②解释活动目标和步骤。

（3）角色分配。

①将学生分成若干小组，每个小组分配一个角色，包括客户、婚礼策划师等。

②每个小组根据自己的角色准备相关的对话和场景。

（4）角色扮演。

①让每个小组在模拟的场景中进行角色扮演，模拟客户提出反馈和评价的情景。

②要求学生根据自己的角色进行适当的对话和行动，演示如何积极回应问题和改进不足之处。

（5）讨论和总结。

①让学生讨论他们在角色扮演中的体验和感受。

②引导学生总结处理客户反馈和评价的重要原则和技巧。

③提供反馈和建议，帮助学生进一步提升他们处理客户反馈的能力。

（6）案例分析。

①提供一些实际案例，让学生分析并给出合适的回应和解决方案。

②引导学生思考如何利用积极的语言和态度回应客户的反馈，以及如何改进不足之处。

此课堂活动旨在通过角色扮演和案例分析，让学生实践和掌握处理客户反馈和评价的技巧。通过模拟情景，学生能够体验不同类型的客户反馈，并学习如何积极回应问题和改进不足之处。通过讨论和案例分析，学生能够加深对处理客户反馈的理解，提升他们的沟通和解决问题的能力。

任务3：建立与新人的长期合作关系

活动目标

通过讨论和角色扮演，让学生学习如何建立和保持与新人的长期合作关系，提升他们的客户关系管理能力。

活动步骤

（1）活动前准备。

①准备一些与婚礼相关的新人合作案例。

②准备角色扮演的道具和场景设置。

（2）活动介绍。

①介绍建立与新人的长期合作关系的重要性和技巧。

②解释活动目标和步骤。

（3）角色分配。

①将学生分成若干小组，每个小组分配一个角色，包括婚礼策划师、新人等。

②每个小组根据自己的角色准备相关的对话和场景。

（4）角色扮演。

①让每个小组在模拟的场景中进行角色扮演，模拟与新人建立长期合作关系的情景。

②要求学生根据自己的角色进行适当的对话和行动，演示如何与新人建立信任和良好关系。

（5）讨论和总结。

①让学生讨论他们在角色扮演中的体验和感受。

②引导学生总结建立与新人的长期合作关系的重要原则和技巧。

③提供反馈和建议，帮助学生进一步提升他们的客户关系管理能力。

（6）案例分析。

①提供一些实际案例，让学生分析并给出合适的建议和解决方案，以保持与新人

的长期合作关系。

②引导学生思考如何提供婚礼相关建议和服务，以满足新人的需求和期望，并建立良好的口碑。

此课堂活动旨在通过角色扮演和案例分析，让学生实践和掌握建立与新人的长期合作关系的技巧。通过模拟情景，学生能够体验与新人建立信任和良好关系的过程，并学习如何提供婚礼相关建议和服务，以满足新人的需求和期望。通过讨论和案例分析，学生能够加深对建立与新人长期合作关系的理解，提升他们的客户关系管理能力。

内容回顾

1. 考虑在送客的时候提供一份小礼品，可以是定制的婚礼纪念品、与目的地相关的特色礼品、食品礼物。礼物最重要的是要有心意，需要体现出新人对宾客的感激和欣赏，让宾客知道他们在新人的特殊日子里是多么的重要。

2. 在目的地婚礼结束后，回访宾客是一个很重要的礼仪，回访可以用来表达新人对宾客参加婚礼的感谢。回访常用的方式有：发送感谢卡、电子邮件、电话或视频通话、社交媒体感谢、小型聚会。无论选择哪种方式，目的都是要让宾客感到被尊重。因此，要尽量让回访有温度和个人化，显示出对他们的关心和感激。

3. 服务商获取客户反馈和评价的方法有：

（1）调查问卷；

（2）面谈或电话访谈；

（3）社交媒体评论和评分；

（4）专业婚礼服务商的评价平台；

（5）口碑传播；

（6）向其他供应商索取推荐信。

4. 客人反馈和评价的处理原则包括：及时回复、聆听需求和问题、跟进和反馈、保持诚实和透明的态度、改进和学习。

5. 婚礼账单结算和支付的重要注意事项包括：确认服务供应商的费用、确定支付时间和方式、统一管理账单、保留支付凭证。

6. 与新人保持长期联系的方法：

（1）建立良好的沟通渠道；

（2）跟进和回顾；

（3）转介绍和推荐；

（4）提供其他相关服务；

（5）定期更新和活动邀请。

7. 新人选择蜜月旅行目的地的考虑因素包括：

（1）共同兴趣和喜好；

（2）预算和时间；

（3）旅行季节和天气；

（4）目的地特色和文化；

（5）旅行需求和偏好。

8. 旅行拍摄简称旅拍，是指在旅行过程中，通过摄影师或自己拍摄的照片，来记录旅行中的人物、风景以及个人的旅行体验。旅拍的目的是通过摄影来记录和展示旅行的独特魅力和美好回忆。旅拍可以包括拍摄风景、建筑、人物、街道、美食等多种元素，以展现旅行地的特色与个人的情感。

能力检测

1. 在婚礼结束后，送别宾客的目的是什么？在送别宾客时，如何表达感谢之情？请列举三种适合作为送别礼物的选择。

2. 为什么回访宾客在婚礼策划和服务中非常重要？请描述一种有效的回访宾客的方式。回访宾客时，应该注意哪些事项？

3. 在照片编辑过程中，有哪些常见的调整和修饰方法？

4. 为什么获取客户反馈和评价对提升服务质量很重要？列举几种主动获取客户反馈的方法。如何处理客户的反馈和评价，以提升客户满意度？

5. 当客户提出投诉或不满意时，应该如何处理？在处理客户反馈和评价时，应该遵循哪些沟通技巧和原则？

6. 在婚礼账单结算中，应该注意哪些重要事项？如何确保婚礼账单的准确性和清晰性？

7. 为什么保持与新人的长期联系对于婚礼策划师和服务提供者很重要？列举几种保持与新人联系的方式和方法。

8. 在蜜月旅行前，应该如何帮助新人选择合适的目的地和行程？如何控制蜜月旅行的预算？

9. 为什么越来越多的年轻新人愿意选择旅拍？

实务案例

佛罗伦萨之恋：浪漫之旅——婚礼摄影案例研究

背景

李先生和张女士是一对即将步入婚姻殿堂的新人，他们希望能够在婚礼之前进行一次浪漫而难忘的旅拍。他们选择了意大利佛罗伦萨作为旅拍目的地，因为佛罗伦萨拥有丰富的文化遗产和美丽的风景，适合展现他们的爱情故事。

需求

李先生和张女士希望旅拍的照片能够捕捉到佛罗伦萨独特的魅力和浪漫的氛围，并展现他们的爱情和个性。他们希望能够游览佛罗伦萨的著名景点，如佛罗伦萨大教堂、乌菲齐美术馆和彼特拉宫等，并在这些地方留下美丽的合照。此外，他们还希望能够在佛罗伦萨的小巷和街道上拍摄一些充满浪漫气息的照片。

策划和安排

为了满足李先生和张女士的需求，策划团队根据他们的爱情故事和个性特点，制订了一份详细的旅拍计划。

第一天：

上午：在佛罗伦萨大教堂前拍摄一组庄重而典雅的合照，展现新人的高贵和浪漫；

下午：前往乌菲齐美术馆，利用美术馆内的艺术品作为背景，拍摄一些艺术气息浓厚的照片。

第二天：

上午：前往佛罗伦萨彼特拉宫，以宫殿的壮丽建筑为背景拍摄一组气势恢宏的照片；

下午：在佛罗伦萨的小巷和街道上漫步，捕捉新人的温馨互动和浪漫时刻。

第三天：

上午：前往佛罗伦萨的橄榄园，享受大自然的宁静和美丽，拍摄一组自然风光照片；

下午：在佛罗伦萨的咖啡馆里品尝当地美食，拍摄一组休闲而愉快的照片。

服务

为了确保旅拍顺利进行，策划团队提供了以下服务。

专业摄影师：负责捕捉每个特殊瞬间，确保照片的质量和精美程度。

化妆师和造型师：为新人提供妆容和服装的搭配建议，确保他们在照片中的美丽和自信。

翻译和导游：提供专业的翻译和导游服务，协助新人了解佛罗伦萨的历史文化，并解答他们的问题。

后期制作：对拍摄的照片进行精心的后期制作，使照片更加美观和专业。

结果

李先生和张女士在佛罗伦萨度过了一次难忘的旅拍之旅,他们获得了许多令人惊叹的照片。这些照片展现了他们在佛罗伦萨的浪漫与快乐,记录下了他们的爱情故事。

李先生和张女士非常满意这次旅拍的结果。他们认为照片展现了他们的个性和情感,并成功地捕捉到了佛罗伦萨的独特魅力。他们将这些照片用于婚礼的宣传和现场的装饰,为他们的婚礼增添了浪漫和特色。

除了照片,他们还对策划团队的服务非常满意。表示策划团队在整个旅拍过程中提供了细致周到的服务,确保了他们的需求得到满足。从行程安排到导游解说,策划团队为他们提供了舒适和愉快的旅行体验。

这次旅拍不仅给李先生和张女士留下了美好的回忆,也加深了他们对彼此的感情。他们在佛罗伦萨的旅拍之旅成为他们婚礼前的特别时刻,为他们的婚姻故事增添了更多的美好回忆。

这个案例充分展示了如何满足新人的需求,为他们量身打造一次难忘的旅拍体验。无论是照片的质量还是服务的细节,都能让新人感受到策划团队的用心和专业。在当下,旅拍越来越成为年轻人选择婚礼的形式之一,策划团队只有不断提高其服务,才能为新人的婚礼增添更多的浪漫和特色。

拓展阅读

客片

客片又称客照,是摄影机构为客户提供的实际服务的作品。它是摄影师通过拍摄和后期处理,为客户留下的精心制作的照片。客片可以是各种不同类型的摄影作品,如婚礼照片、家庭照片、商业照片等。

客片通常展示了摄影师的技术水平、创意和艺术眼光。不仅是对客户要求的满足,还展示了摄影机构的专业能力和服务质量。客片可以作为摄影机构的案例作品:用于推广和展示,吸引更多的客户选择他们的服务。

客片的质量和效果对摄影机构的口碑和信誉至关重要。摄影师应该注重细节,并根据客户的需求和风格要求,创作出令人满意的作品。同时,摄影机构也可以通过客片来展示他们的专业设备和技术,吸引更多的客户。

1. 评判和定义"客片"的标准

(1)曝光和构图:确保照片曝光要准确,明暗细节清晰展现;构图合理,视觉效果流畅且吸引人。

（2）无杂点和不穿帮：照片不应有明显的杂点、污迹或瑕疵。同时，要确保没有不应出现的物体或元素，以避免分散观看者的注意力。

（3）颜色协调和自然：颜色应该协调并保持自然，不应过于突兀或失真。色彩的处理应符合照片的整体风格和氛围，以展示照片的真实色彩和质感。

（4）照片精准度和细节：照片应准确地展现商品的细节和特点，以便观看者清晰地了解商品的外观和功能。细节的处理要细致入微，以提升照片的质量和吸引力。

（5）照片修饰难度：照片修饰难度涉及对照片的后期处理和修饰的复杂程度。更高层次的客片可能需要更多的技术和专业知识，以突出主题和创造更具艺术感的效果。

2. "客片"与"样片"的区别

样片指摄影师用于展示自己的作品和能力的照片。样片是摄影师实际拍摄的作品，用于展示其拍摄技巧、创意和风格。这些照片通常用于在网站、社交媒体或摄影作品集中展示，以吸引潜在客户，并展示摄影师的专业水平和风格特点。

客片和样片在摄影行业中有以下几个明显区别。

（1）用途和目的。

客片：客片是经过摄影师拍摄，后期处理后，最终交给客户的成品照片。它们是根据客户的需求和预期进行筛选和修饰的，用于满足特定的用途和展示需求，如打印、展示、分享等。

样片：样片是摄影师用于展示自己的作品和能力的照片。它们是摄影师实际拍摄的作品，用于在网站、社交媒体、摄影作品集等渠道中展示，以吸引潜在客户，能展示摄影师的专业水平和风格特点。

（2）选择和修饰。

客片：客片是经过精选和修饰的照片，以满足客户需求和预期。摄影师会从拍摄的众多照片中选择最佳的几张，然后进行后期处理，调整曝光、对比度、色彩等，以达到最佳效果，并确保照片符合客户的要求。

样片：样片展示了摄影师的拍摄技巧、创意和风格，因此通常会选择最具代表性和高质量的照片。摄影师会根据自己的审美和专业标准，对样片精心挑选，并进行一定的修饰，以展示自己的摄影水平和个人风格。

（3）受众和评价。

客片：客片的受众是客户，他们对照片的满意度和其达到预期的程度是评价客片质量的主要标准。客片需要符合客户的需求和期望，以赢得客户的认可和满意度。

样片：样片的受众是潜在客户和观众，他们会根据样片的质量和呈现来评价摄影师的实力和风格。样片的目的是吸引潜在客户并展示摄影师的专业水平，因此样片需要展示出高质量、独特和引人注目的特点，以吸引潜在客户的关注。

总的来说，客片是为了满足特定客户需求而定制和交付的照片，而样片是摄影师用于展示自己作品和能力的照片。两者的用途、目的和受众都有所不同，但都是摄影作品的一种形式。

婚礼的 After party

After party 作为婚礼庆祝活动的一部分，起源于西方文化，尤其流行于美国和欧洲地区。它是在传统的婚礼仪式和宴会之后，为了延续庆祝氛围而举办的一个额外的活动。

传统上，婚礼仪式和宴会多在白天或傍晚进行，包括宣誓、交换誓言、宴会和舞会等环节。然而，随着时间的推移，新人和宾客希望能够继续庆祝这个特殊的日子，享受更多的社交和娱乐时间。因此，After party 应运而生。

After party 通常在婚礼仪式和宴会之后的晚上开始，持续到深夜或凌晨。它提供了一个让新人和宾客放松、跳舞、享受音乐和美食的机会。After party 为宾客提供了更加自由的空间，让他们能够互动和交流，共享婚礼的喜悦，并与新人一同庆祝新婚生活的开始。

婚礼的 After party 可以在各种场地举行，如酒店的酒吧、宴会厅、夜总会或者私人租赁场地。它可以包括 DJ、乐队、现场表演、舞蹈和其他娱乐活动，以增加派对的氛围和乐趣。

婚礼的 After party 逐渐成为西方婚礼的一部分，并且在现代婚礼中越来越受欢迎。它为新人和宾客提供了一个额外的机会，让他们延续庆祝的氛围，享受更多的欢乐和社交时间。

新人可以根据自己的喜好和婚礼主题选择合适的 After party 形式。举办一个成功的 After party，新人需要考虑以下几点。

（1）场地选择。选择一个适合举办 After party 的场地，如酒店的酒吧、宴会厅、夜总会或者租赁私人场地，确保场地具备良好的音响设备、照明效果和舒适的环境，以便宾客能够尽情享受婚礼后的派对。

（2）音乐和娱乐。为 After party 选择合适的音乐和娱乐形式，可以是 DJ、乐队、现场表演或其他娱乐活动。音乐和娱乐应该能够吸引和娱乐宾客，营造欢乐的氛围。

（3）美食和饮品。在 After party 中提供丰富的小吃、美食和饮品，让宾客能够尽情享受美食和饮品，同时增强派对的氛围。

（4）安排交通。为宾客提供安全的交通方式，确保他们能够在派对结束后安全返回。

（5）安排细节。确定 After party 的时间、地点和其他细节，与宾客提前沟通，并在婚礼当天进行提醒和安排。

附　录

附录一：目的地婚礼常用术语解释

目的地婚礼

（Destination Wedding）

目的地婚礼是指在新人生活居住地以外特定的目的地举办婚礼。这种形式打破了传统的束缚，由新人和他们的亲友一同前往目的地，共同参与婚礼的举办和庆祝，一起完成终身大事。

目的地婚礼策划师

（Destination Wedding Planner）

目的地婚礼策划师是为新人提供目的地婚礼流程创意策划、进行婚礼现场监督，帮助新人在婚礼中完成他们梦想的专业人士。其主要工作是根据客户的具体情况作出个性化的安排，策划实施婚礼方案，对整场婚礼进行现场监督。

目的地婚礼服务团队

（Destination Wedding Team）

目的地婚礼服务团队是专门为举办目的地婚礼而组建的团队。他们是专业的婚礼策划师和组织者，具有丰富的经验和知识，能够帮助新人实现他们梦想中的目的地婚礼。

婚礼目的地

（Wedding Destination）

婚礼目的地是指新人选择的特定地点或地区，作为举办婚礼的场所。这可以是一个国内或国外的城市、海滩度假胜地、山区度假村等，通常是因为新人对该地的特殊情感、风景或文化意义而被选择。

婚礼目的地场地

（Wedding Destination Venue）

婚礼目的地场地是指在婚礼目的地选择的特定场所或地点，用于举办婚礼仪式和宴会的场地。这个场地通常是位于目的地婚礼所在地的特定地点，如度假酒店、度假村、别墅、海滩、山区景点等。婚礼目的地场地的选择通常考虑到场地的美景、设施、容纳人数、服务质量等因素，以确保婚礼在理想的环境下顺利进行。

目的地婚礼拜访行程

（Destination Wedding Site Visits）

目的地婚礼拜访行程是指新人和他们的婚礼团队前往目的地婚礼场地进行实地考察和参观的行程。这是为了确保选择的目的地和场地符合新人的期望，并且能够满足婚礼的需求。

目的地婚礼预算
（Destination Wedding Budget）

目的地婚礼预算是指在举办目的地婚礼时，安排和规划各项费用的预算计划。这包括婚礼场地租赁费、住宿费、交通费、食品和饮料费用、婚纱礼服费用、摄影摄像费用、婚礼策划师费用等。目的地婚礼预算的制定需要考虑到目的地本身的特点、季节性的价格变动、宾客人数、个人喜好和可用资源等因素，以确保婚礼在预算范围内顺利进行。

婚礼预算管理
（Wedding Budget Management）

婚礼预算管理是指在策划婚礼时，对所有预期的婚礼费用进行规划、控制和监督的过程。这包括确定婚礼的总预算，分配预算到各个婚礼的组成部分（如婚纱、餐饮、摄影、场地租赁、装饰等），并在婚礼策划和执行的过程中跟踪和调整预算。

目的地婚礼邀请函
（Destination Wedding Invitations）

目的地婚礼邀请函是指专门为目的地婚礼准备的邀请函。它不仅包含传统的婚礼邀请函内容，如新人姓名、婚礼日期和时间、婚礼仪式地点等，还会提供额外的信息，如目的地婚礼地点、住宿建议、交通指南等。邀请函通常设计精美，以反映目的地婚礼的主题和风格，并且会包含一些个性化的细节，如地图、景点推荐等，以帮助客人更好地准备和计划他们的旅行。

目的地婚礼活动指南
（Destination Wedding Activity Guide）

目的地婚礼活动指南是为目的地婚礼准备的指南，旨在为新人和宾客提供关于目的地婚礼期间可参与的活动和景点的信息。这份指南通常包括目的地的旅游景点介绍、附近的休闲娱乐活动、文化体验、美食推荐等内容。它可以帮助新人和宾客更好地了解目的地的特色和风情，并为他们提供参考，以便在婚礼期间充分利用时间，丰富他们的旅行经验。这样的指南有助于让宾客感到更加舒适和满足。

婚礼筹备时间表
（Wedding Planning Checklist）

婚礼筹备时间表是一份详细的任务清单，用于指导新人和他们的策划团队在筹备婚礼过程中的各个环节和时间安排。这份时间表通常包含从婚礼策划开始到婚礼当天的各项任务和活动，如选定婚礼日期、预订场地、挑选婚纱礼服、制定婚宴菜单、发出邀请函等。婚礼筹备时间表有助于确保策划团队按时完成各项任务，并提供了一个清晰的指导框架，使整个筹备过程更加有序和高效。

目的地婚礼供应商
（Destination Wedding Vendors）

目的地婚礼供应商是指在举办目的地婚礼过程中提供各种产品和服务的专业公司或个人。这些供应商包括但不限于婚礼场地提供商、婚纱礼服设计师、婚礼摄影师、婚礼摄像师、化妆师、发型师、花艺师、音乐娱乐服务商、餐饮公司、蛋糕设计师、婚礼策划师等。目的地婚礼供应商通常具有丰富的经验和专业知识，能够根据客人的需求和目的地特点提供个性化的服务。

供应商协调
（Vendor Coordination）

供应商协调是指在婚礼策划和执行过程中，与提供各种服务和产品的供应商进行沟通和协作的过程。供应商可能包括餐饮商、摄影师、摄像师、乐队、DJ、花店、烘焙店、租赁公司、美容师、造型师等。供应商协调的主要工作包括选择合适的供应商，与供应商讨论并确立服务或产品的细节，签订合同，以及在婚礼当天确保供应商按照约定的时间和方式提供服务或产品。

目的地婚礼回忆
（Destination Wedding Memories）

目的地婚礼回忆是指新人和宾客在目的地婚礼期间留下的珍贵回忆和经历。这包括婚礼仪式、宴会、婚礼活动，以及在目的地旅行期间的各种体验和活动。目的地婚礼回忆可以是照片、视频、纪念品、感人的故事、笑声和欢乐的回忆等。这些回忆会成为新人和宾客一生中的宝贵记忆，让他们时常回味和分享。通过保留这些回忆，可以让婚礼的意义和美好在时间的推移中被永远保留下来。

目的地婚礼主题
（Destination Wedding Theme）

目的地婚礼主题是指在目的地婚礼中所选择的特定主题或概念，用于赋予婚礼仪式和宴会以特定的风格和氛围。通过选择一个主题，可以为婚礼策划和设计提供指引，在婚礼的各个方面融入相应的元素，如装饰、音乐、服装、食品等。目的地婚礼主题可以突出目的地的特色和风情，同时也能让婚礼更具个性和独特性，给新人和宾客带来难忘的体验。

婚礼当天协调员
（Wedding Day Coordinator）

婚礼当天协调员是指负责协调和管理婚礼当天的所有活动和物流的专业人士。他们与新人及其家人以及供应商密切合作，确保一切按计划进行，让新人能够全身心地享受他们特别的日子，而不必担心细节。

婚礼台本
（Wedding Script）

婚礼台本是一个详细规划了婚礼流程的蓝图，包括婚礼仪式和宴会的每一个环节，如新人和嘉宾的入场，音乐，交换誓词、戒指，婚礼司仪的讲话，祝酒，切蛋糕，抛花球，新人的退场，等等。

婚礼仪式
（Wedding Ceremony）

婚礼仪式是婚礼的核心部分，一般包括新郎新娘在亲友的见证下交换誓词和戒指，以表示他们愿意共度余生。具体的婚礼仪式形式可能因地区、文化、宗教和个人喜好的不同而不同。

婚礼音乐
（Wedding Music）

婚礼音乐是指在婚礼仪式和庆祝活动中演奏或播放的音乐。音乐在婚礼中扮演着重要的角色，它可以为婚礼增添浪漫、喜庆和感人的气氛，营造出独特而难忘的氛围。婚礼音乐通常包括入场曲、交换誓词和戒指时的音乐、签字音乐、退场曲、婚宴音乐、挥手告别或开车离开时的音乐。

婚礼花艺
（Wedding Floristry）

婚礼花艺指的是为婚礼设计和制作花卉装饰。这些装饰可以包括新娘的花束、新郎的胸花、花童的花篮、婚车装饰、婚礼仪式和宴会场地的花卉装饰等。婚礼花艺不仅仅是装饰，它们也是婚礼的重要元素，可以增添婚礼的浪漫和欢乐的氛围。

婚庆物品
（Wedding Accessories）

婚庆物品是指在婚礼中使用的各种装饰和用品，它们可以为婚礼增添个性、美感和细节。婚庆物品可以包括新娘和新郎的服装、饰品、花束、戒指盒、婚礼蜡烛、座位卡、餐桌装饰等。这些物品可以根据婚礼的主题和个人喜好来选择，以营造出独特而难忘的婚礼氛围。

婚礼回礼
（Return Gifts）

婚礼回礼是新娘和新郎在婚礼后为了答谢参加婚礼的亲友们而准备的小礼物。这是一种表达感谢和回馈的方式，用于感谢他们的出席和祝福。婚礼回礼的形式各式各样，可以是小饰品、糖果、巧克力、手工艺品、个人护理产品、植物小盆栽、照片框，甚至是定制的小酒瓶等。选择什么样的回礼，主要取决于新郎新娘的个人喜好和预算，以及婚礼的主题和风格。

婚礼签到台
（Welcome Table）

婚礼签到台是设置在婚礼场地入口处的一个专门区域，主要用于接待和指引到来的宾客。婚礼签到台通常会摆放一些必要的物品和信息，比如婚礼日程表、座位指引卡、签到册、留言册、回礼等。

婚礼签到册
（Guestbook）

婚礼签到册，也被称为婚礼留言册或婚礼客人册，是一种让嘉宾在婚礼上留下他们名字和祝福的方式。这本册子通常会放在婚礼接待处，让每位到场的客人在进入婚礼场地时签名，并且可以留下他们对新人的祝福、寄语或建议。传统的婚礼签到册通常是一本装饰精美的书，但现在有许多创新和个性化的选择，例如拼图、指纹画、照片墙、许愿瓶等。

婚礼跟车
（Wedding Car）

婚礼跟车是指专门用于接送新人和亲友的车辆。婚礼跟车通常会被装饰得非常美丽，以符合婚礼的气氛。婚礼跟车的主要任务有接送新娘到婚礼现场，接送新人从婚礼现场到接待场所，以及在婚礼结束后送新人到蜜月地点或者新家。

婚礼司仪
（Wedding Officiant）

婚礼司仪是指主持婚礼仪式并主持结婚宣誓和交换婚戒的人。他们负责引导和管理整个仪式过程，确保仪式的顺利进行。婚礼司仪可以是宗教牧师、神职人员、民事婚姻注册人员或任何被授权主持婚礼的人。他们需要具备良好的公众演讲技巧，能够清晰、流畅、感人地进行婚礼仪式的讲解和指导。

婚礼礼服
（Wedding Attire）

婚礼礼服是指在婚礼中新娘、新郎和陪婚人员所穿的特殊服装。婚礼礼服通常是根据婚礼的主题、场地和个人喜好来选择的。

旅拍
（Travel Photography）

旅拍是指在旅行中进行的摄影拍摄活动。这种拍摄方式结合了旅行和摄影的乐趣，旨在通过照片记录和展示旅行的美丽景色、特色文化和难忘瞬间。

蜜月旅行
（Honeymoon Trip）

蜜月旅行指的是新婚夫妇在结婚后的第一次旅行。这是一段特殊的旅行，旨在庆祝他们的婚姻，享受二人世界的浪漫时光。蜜月旅行通常在婚礼后不久进行，持续数天到数周不等，目的地可以是国内或国外各地。新婚夫妇可以选择海滩度假胜地、浪漫城市、冒险旅行目的地或文化遗产地等，根据自己的兴趣和预算来安排。

附录二：目的地婚礼工具箱

目的地婚礼工具箱（Destination Wedding Toolkit）是指用于规划和执行目的地婚礼的一套工具和资源。这些工具和资源可以帮助新人（和他们的婚礼策划者）更有效、更轻松地处理婚礼的各个方面，包括预算、时间表、供应商选择、宾客协调等。

婚礼时间表：制定详细的婚礼时间表，包括各个活动和环节的安排。

目的地选择指南：提供有关不同目的地的信息和建议，包括气候、旅游景点和当地婚礼服务商的评价，帮助新人选择婚礼目的地。

目的地信息手册：包括目的地的地图、景点介绍、餐馆推荐、购物指南等，帮助新人了解和规划他们在目的地的行程。

婚礼检查清单：提供详细的婚礼检查清单，确保没有遗漏任何细节。

婚礼主题和设计工具：使用婚礼灵感网站或应用程序，如 Pinterest 或 Wedding Lovely，收集和分享婚礼主题、装饰、花艺等设计灵感。

预算管理工具：使用在线预算管理工具或应用程序，如 WeddingWire 或 Mint，帮助制定和跟踪婚礼预算，确保在目的地婚礼中控制开支。

旅行指南书籍或应用程序：提供关于目的地的详细信息，如 Lonely Planet、TripAdvisor 等，让新人可以深入了解目的地的文化、风俗和旅行提示。

旅行规划工具：使用在线旅行规划工具或应用程序，如 Google Trips 或 TripIt，帮助新人组织和管理他们的行程，包括机票预订、行程安排、酒店预订等。

婚礼宾客管理工具：帮助新人管理婚礼宾客名单、RSVP 和座位安排。

目的地婚礼旅行指南：提供关于目的地的旅行建议、签证要求和当地文化礼仪的信息。

交通工具预订网站或应用程序：提供预订机票、租车或专车服务的平台，如 Expedia、Booking.com、Uber 等。

住宿预订网站或应用程序：提供预订酒店、度假村、民宿等住宿选项的平台，如 Booking.com、Airbnb 等。

翻译工具：使用在线翻译工具或应用程序，如 Google Translate，帮助新人与当地人交流，尤其是在语言不通的情况下。

婚礼定位工具：使用在线婚礼定位工具或应用程序，如 Google Maps 或 WeddingWire，帮助选择合适的目的地和场地，并计划婚礼的布置和座位安排。

婚礼供应商名单：提供可靠的婚礼供应商名单，如摄影师、摄像师、婚礼策划师、鲜花商、化妆师等。

婚礼供应商搜索平台：使用在线婚礼供应商搜索平台，如 WeddingWire 或 BridalGuide，帮助找到可靠的婚礼供应商，如摄影师、婚礼策划师、酒店、餐厅等。

通信和协作工具：使用在线协作工具，如 Google Docs、Trello 或 Slack，与婚礼团队、供应商和客人进行实时沟通和协作。

旅行和住宿预订工具：使用在线旅行和住宿预订平台，如 Expedia、Booking.com 或 Airbnb，帮助预订婚礼期间客人的机票和住宿。

婚礼宣传工具：使用社交媒体平台，如 Instagram、Facebook 或 WeddingWire 社区，宣传和分享婚礼的详情、照片和视频。

时间和日程管理工具：使用在线日历或时间管理工具，如 Google 日历或 Microsoft Outlook，帮助安排和跟踪婚礼策划中的重要时间和任务。

紧急备用计划工具：准备备用计划，包括备用场地、备用供应商等，以应对不可预见的情况，如天气变化或供应商取消供应。

附录三：目的地婚礼策划模板

目的地婚礼策划模板是一种用于策划和组织目的地婚礼的指南或计划书。它包含许多重要的方面和细节，以确保目的地婚礼的顺利进行。这个模板可以根据实际情况进行调整和定制，以满足不同婚礼的需求和要求。以下是一个目的地婚礼策划模板示例。

一、婚礼基本信息
新娘姓名：李小姐
新郎姓名：王先生
婚礼日期：2023 年 5 月 15 日
婚礼地点：巴厘岛的海边别墅
宾客人数：50 人

二、婚礼主题和风格
主题名：热带海滩
主题描述：以白和蓝为主色调，装饰以海洋元素和热带植物为主
主题色调：蓝色和白色

三、婚礼场地
场地选择：选择位于海边的豪华别墅
场地布置：使用白色的椅子和帐篷，蓝色的装饰物，以及大量的热带植物和花卉
场地设备：配置音响设备、照明设备、投影设备等

四、婚礼时间表

制定详细的婚礼时间表，包括婚礼仪式、婚礼接待和庆祝活动、旅游活动等各个环节的时间安排，确保各项活动按时进行。

第一天：

下午：抵达目的地，入住度假村，进行婚礼筹备工作

晚上：欢迎晚宴，与宾客见面，介绍婚礼安排和行程

第二天：

上午：新娘和新郎进行婚礼准备，包括化妆、发型和礼服

下午：婚礼仪式进行，包括宣读经文、交换誓言和交换戒指

晚上：婚礼接待和庆祝活动，包括晚宴、舞会和特别节目

第三天：

上午：自由活动时间，提供旅游活动建议，如水上运动、浮潜或按摩

下午：新人和宾客进行婚礼照片拍摄，捕捉美丽的自然风光

晚上：浪漫的海滩烛光晚宴，为新人和宾客提供特色美食和饮料

第四天：

上午：婚礼回顾和反馈会议，与新人和宾客分享婚礼的回忆和感受

下午：自由活动时间，新人和宾客可以继续探索目的地或享受度假村的设施

晚上：告别晚宴，向宾客表示感谢并道别

五、婚礼仪式

仪式流程：先进行新娘步入仪式，然后是交换誓词和戒指，最后是亲吻和祝福

仪式顺序：新娘步入→交换誓词→交换戒指→亲吻→祝福

仪式特殊环节：放飞和平鸽，象征和平和幸福

六、婚礼装饰

花艺布置：使用白色的花卉和热带植物进行布置

灯光音响：使用软光照明，海洋主题的音乐

其他装饰物品：用海洋元素如贝壳、海星等进行装饰

七、婚礼服务

摄影摄像：聘请专业的婚礼摄影师和摄像师记录婚礼

婚礼司仪：选择熟悉目的地文化的司仪主持婚礼

婚礼礼服：提供婚纱礼服和男士西装的租赁或购买指南

婚礼化妆：建议新人提前预约化妆师和发型师

婚礼音乐：选择轻松愉快的主题音乐

婚礼餐饮：定制以海鲜为主的菜单，并提供热带水果和饮料

八、宾客安排

宾客邀请：制作精美的目的地婚礼请柬，提前通知宾客婚礼的时间、地点和旅行

安排，包括旅行建议和酒店预订信息

酒店预订：为宾客预订附近的豪华酒店

交通安排：提供从酒店到婚礼场地的班车服务

座位安排：根据宾客的亲近程度和年龄进行座位安排

礼品和纪念品：准备有目的地特色的婚礼礼品和纪念品，如海洋主题的小礼物和当地特色的手工艺品

九、婚礼请柬

请柬设计：设计以海洋为主题的电子请柬

请柬制作：聘请设计公司进行请柬制作

请柬发放：通过电子邮件或社交媒体将请柬发送给宾客

十、婚礼活动

婚礼接待和庆祝：在度假村的海滩或户外场地设置接待区，并安排特色美食和饮料

婚礼活动和行程：为宾客提供目的地旅游活动，如浮潜、水上运动和沙滩聚会等

十一、应急预案

天气变化应对：预备帐篷和雨伞，以防突发的雨天

设备故障应对：准备备用的音响和照明设备，以防设备在婚礼当天出现故障

其他突发事件应对：聘请专业的医护人员在现场待命，以防宾客突发疾病或意外受伤

十二、婚礼预算

场地费用：别墅租赁费用 $5000，场地布置费用 $1000

装饰费用：花艺布置费用 $2000，其他装饰物料费用（如气球、彩带等）$1000

服务费用：摄影摄像费用 $3000，司仪费用 $500，音乐费用（DJ 或乐队）$500，餐饮费用（包括酒水和点心）$5000

其他费用：宾客住宿费用（如需要预订酒店）$2000，宾客交通费用（如包车或租车）$1000，婚礼纪念品和伴手礼费用 $500，应急预案费用（包括备用设备和医护人员费用）$1000，婚礼保险费用 $1000

以上就是详细的目的地婚礼策划模板，可根据实际需要进行调整和修改。

参考文献

［1］曹照，赵楠．婚礼策划实务与主题攻略［M］．北京：人民邮电出版社，2016．

［2］郑建瑜．婚礼策划与组织［M］．2版．重庆：重庆大学出版社，2019．

［3］陈斯，罗海全，林宣．婚礼故事·主题婚礼策划完全攻略［M］．北京：人民邮电出版社，2014．

［4］王晓玫，李雅若．婚礼策划实务［M］．2版．北京：中国铁道出版社，2016．

［5］费三华，李正升．目的地婚礼视角下三亚婚庆产业发展研究［J］．长沙民政职业技术学院学报，2019，26（2）：74-77．

［6］罗孟姣，宋丹瑛．"Z世代"消费观下婚庆旅游产业发展路径：基于三亚婚庆旅游目的地［J］．经济师，2023（1）：144-146．

［7］彭艳君．《婚礼策划》课程教学方法研究［J］．现代职业教育，2018（14）：189．

［8］谢海云．时尚的个性婚礼策划师［J］．中国社会导刊，2005（9）：45-46．

［9］行走的鱼．婚礼策划师陈霞：给你一场不一样的环保婚礼［J］．新青年（珍情），2020（9）：24-25．